東京弁護士会 編著

「民法(債権関係)の改正に関する
中間的な論点整理」に対する意見書

Ⅰ 改正目的関連重要論点について
Ⅱ 全 体 版

東京弁護士会 編著
（会長 竹之内 明）

「民法（債権関係）の改正に関する中間的な論点整理」に対する意見書
Ⅰ 改正目的関連重要論点について
Ⅱ 全体版

総合叢書 9

信山社

はしがき

　はじめに、本書を発刊するに至った経緯を述べる。

　まず、民法(債権法)改正の動きが活発化しはじめたのは、2005年(平成17年)に加藤雅信・上智大学教授など20名の民法学者が民法改正研究会を、翌年に法務省参与の内田貴・前東京大学教授など26名の民法学者が民法(債権法)改正検討委員会（以下「検討委員会」という）を、それぞれ発足させて研究を開始した頃からである。

　とりわけ、後者の検討委員会には、法務省の民法改正担当者などの幹部が参加したことから、法務省の諮問委員会と言う性格があるとの見方が有力であり、しかも学者有志の集まりと言うことで弁護士など実務家の参加が一切認められなかったという問題があった（民法改正研究会には実務家の参加が認められている）。

　その後、検討委員会が2年半に渡り研究を重ね、その集大成として2009年(平成21年)3月に『債権法改正の基本方針』(商事法務別冊 NBL 126号、以下「基本方針」という)を発刊したが、これに掲載された改正案は、市場のグローバル化進展を根拠に「取引法の国際的調和」を図ること、つまり「民法の規定を国際的な取引ルールに近づける」ことを最大の目的としているものと思われる（同書6頁の「設立趣意書」参照）。

　その後、法務省は同年11月に法制審議会民法部会（以下「民法部会」という）を発足させ、委員・幹事総勢38名のうち弁護士会からは当会の高須順一会員(幹事)含め4人の委員・幹事が選任された。

　しかし、全体的に在野の実務家委員が少なく、しかも民法学者19名(内田参与を含む)の委員のうち14名が検討委員会のメンバーであり、部会長も検討委員会の委員長であった鎌田薫・早稲田大学教授が就任したため、部会の議論が検討委員会ペースで進むことが懸念された。

　これに対し、法務省は、当初、特定の改正案を支持するものではなくゼロから議論すると表明したが、実際には部会の検討資料で取り上げられた論点のほとんどが上記の『基本方針』に記載された論点であり、改正案の選択肢として検討委員会案を挙げて検討を求めるという方法を採っているので、事実上、検討委員会案が改正案作成のための「たたき台」となっている。このような関係

はしがき

で、中間論点整理に記載された「今後の検討の方向性」も、ほとんどが検討委員会の挙げた方向性を提示あるいは示唆したものとなっている。

ところで、今回の民法(債権法)改正については、立法事実の存在や実務上の必要性についての疑問・批判が多いが、部会はこれに応える形で、主として「国民に分かりやすい民法の実現」と「社会・経済の変化への対応」のために、民法(債権関係)改正を行う必要があるとした。

この点、当会としては意見書Ⅰで述べているように、「国民に分かりやすい民法の実現」に賛成し、かつ「社会・経済の変化への対応」については、「格差拡大への対応」がその意味の中心をなすものと考え、真にそのための改正であれば賛成するとしている。

これに対し、今回の中間的な論点整理においては、意見書Ⅰで述べているとおり、「国民に分かりにくい見解」のみならず「格差拡大のおそれがある見解」が多く提示あるいは示唆されている。

その理由は、その見解のほとんどが検討委員会案と同じものであるところ、そもそも民法部会の設置・運営が検討委員会のペースで進められており、かつ検討委員会案が、基本的には「交渉力などにおける優位者の間のルール」である国際的な取引ルールとの整合性を改正目的として最も重視しており、その反面とりわけ「格差拡大への対応」などの国民にとって最も大切な目的が、より重要度が低いと位置づけられていることによるものであると思料される。

それ故、当会としては、このような中間論点整理については、果たして「国民のための民法改正」の方向での整理と言えるかについて重大な疑問があり、今後の改正のあり方について強い危惧の念を抱かざるを得ない状況にある。

そこで、今後の民法(債権法)改正の方向性が、真に「国民のための改正」となるための一助とするべく、中間論点整理に対する意見書を作成し発刊したものである。

読者各位におかれては、本書を通じて、現在の民法(債権関係)改正における深刻な問題点について、正しい認識をもっていただければ真に幸いである。

2011(平成23)年7月

東京弁護士会

会長　竹之内　明

意見書Ⅰ 改正目的との関係で特に重要な論点について

目　次

第1章　本意見書の基本的方向性 …………………………………………… 5
　1　改正目的(ないし必要性)について ………………………………… 5
　2　改正目的との整合性について ……………………………………… 6
　3　特別法との関係について …………………………………………… 7
　　(1)　商法との関係 …………………………………………………… 7
　　(2)　消費者契約法との関係 ………………………………………… 7
　　(3)　規律の複雑化の問題点 ………………………………………… 8
第2章　契約法の基礎に関わる重要論点 ………………………………… 8
　1　債務不履行による損害賠償について ……………………………… 8
　2　契約の解除について ………………………………………………… 16
　3　危険負担について …………………………………………………… 23
第3章　その他の重要な論点 ……………………………………………… 26
　1　債権者代位権について ……………………………………………… 26
　2　詐害行為取消権について …………………………………………… 28
　3　債権譲渡について …………………………………………………… 30
　4　相殺について ………………………………………………………… 32
　5　意思表示について …………………………………………………… 34
　6　不当条項規制について ……………………………………………… 36
　7　時効について ………………………………………………………… 39
　8　売買について ………………………………………………………… 41
　9　賃貸借について ……………………………………………………… 44
　10　請負について ………………………………………………………… 47
　11　委任について ………………………………………………………… 51
　12　準委任に代わる役務提供型契約の受皿規定について …………… 53
　13　事情変更の原則について …………………………………………… 55
　14　消費者・事業者に関する規定について …………………………… 59
第4章　まとめ ………………………………………………………………… 71

意見書Ⅱ 全 体 版
目　　次

- 第1　債権の目的 …………………………………………………………… 75
  - 1　債権の目的（民法第399条） ………………………… 75
  - 2　特定物の引渡しの場合の注意義務（民法第400条）… 75
    - (1) 特定物の引渡しの場合の注意義務 …………………… 75
    - (2) 贈与者の保存義務の特則 ……………………………… 76
  - 3　種類債権の目的物の品質（民法第401条第1項） …… 77
  - 4　種類債権の目的物の特定（民法第401条第2項） …… 77
    - (1) 種類債権の目的物の特定 ……………………………… 77
    - (2) 種類物贈与の特定に関する特則 ……………………… 78
  - 5　法定利率（民法第404条） ……………………………… 79
    - (1) 利率の変動制への見直しの要否 ……………………… 79
    - (2) 金銭債務の遅延損害金を算定する利率について ……… 80
    - (3) 中間利息控除について ………………………………… 81
    - (4) 利息の定義 ……………………………………………… 82
  - 6　選　択　債　権（民法第406条から第411条まで） ………… 83
- 第2　履行請求権等 ………………………………………………………… 83
  - 1　請求力等に関する明文規定の要否 …………………………… 83
  - 2　民法第414条（履行の強制）の取扱い ……………………… 84
  - 3　履行請求権の限界 …………………………………………… 85
  - 4　追完請求権 …………………………………………………… 86
    - (1) 追完請求権に関する一般的規定の要否 ……………… 86
    - (2) 追完方法が複数ある場合の選択権 …………………… 87
    - (3) 追完請求権の限界事由 ………………………………… 87
- 第3　債務不履行による損害賠償 ………………………………………… 88
  - 1　「債務の本旨に従った履行をしないとき」の具体化・明確化（民法第415条） ………………………………………… 88
    - (1) 履行不能による填補賠償における不履行態様の要件

　　　　　（民法第415条後段） ……………………………………… 88
　　　(2) 履行遅滞に陥った債務者に対する填補賠償の手続的要
　　　　件 …………………………………………………………… 88
　　　(3) 不確定期限付債務における履行遅滞の要件（民法第412
　　　　条） ………………………………………………………… 89
　　　(4) 履行期前の履行拒絶 ……………………………………… 89
　　　(5) 追完の遅滞及び不能による損害賠償 …………………… 90
　　　(6) 民法第415条前段の取扱い ……………………………… 91
　　2　「債務者の責めに帰すべき事由」について（民法第415
　　　条後段） ………………………………………………………… 91
　　　(1) 「債務者の責めに帰すべき事由」の適用範囲 ………… 91
　　　(2) 「債務者の責めに帰すべき事由」の意味・規定の在り
　　　　方 …………………………………………………………… 91
　　　(3) 債務者の帰責事由による履行遅滞後の債務者の帰責事
　　　　由によらない履行不能の処理 …………………………… 92
　　3　損害賠償の範囲（民法第416条） ……………………………… 93
　　　(1) 損害賠償の範囲に関する規定の在り方 ………………… 93
　　　(2) 予見の主体及び時期等（民法第416条第2項） ………… 93
　　　(3) 予見の対象（民法第416条第2項） ……………………… 94
　　　(4) 故意・重過失による債務不履行における損害賠償の範
　　　　囲の特則の要否 …………………………………………… 95
　　　(5) 損害額の算定基準時の原則規定及び損害額の算定ルー
　　　　ルについて ………………………………………………… 95
　　4　過失相殺（民法第418条） ……………………………………… 96
　　　(1) 要　件 ……………………………………………………… 96
　　　(2) 効　果 ……………………………………………………… 97
　　5　損益相殺 ……………………………………………………… 98
　　6　金銭債務の特則（民法第419条） ……………………………… 98
　　　(1) 要件の特則：不可抗力免責について ………………… 98
　　　(2) 効果の特則：利息超過損害の賠償について ………… 99
　　7　債務不履行責任の免責条項の効力を制限する規定の

　　　　要否 …………………………………………………………… 99
第4　賠償額の予定（民法第420条、第421条）………………………… 100
第5　契約の解除 ……………………………………………………………… 104
　1　債務不履行解除の要件としての不履行態様等に関
　　　する規定の整序（民法第541条から第543条まで）… 104
　　(1)　催告解除（民法第541条）及び無催告解除（民法第
　　　　542条、第543条）の要件及び両者の関係等の見直し
　　　　の要否 …………………………………………………………… 104
　　　ア　催告解除（民法第541条）…………………………… 104
　　　イ　無催告解除（民法第542条、第543条）…………… 105
　　　ウ　その他 ……………………………………………………… 105
　　(2)　不完全履行による解除 ………………………………… 106
　　(3)　履行期前の履行拒絶による解除 …………………… 106
　　(4)　債務不履行解除の包括的規定の要否……………… 107
　2　「債務者の責めに帰することができない事由」の要
　　　否（民法第543条）…………………………………………… 107
　3　債務不履行解除の効果（民法第545条）………………… 108
　　(1)　解除による履行請求権の帰すう ……………………… 108
　　(2)　解除による原状回復義務の範囲（民法第545条第2
　　　　項）………………………………………………………………… 108
　　(3)　原状回復の目的物が滅失・損傷した場合の処理 …… 110
　4　解除権者の行為等による解除権の消滅（民法第548
　　　条）………………………………………………………………… 111
　5　複数契約の解除 ……………………………………………… 111
　6　労働契約における解除の意思表示の撤回に関する
　　　特則の要否 ……………………………………………………… 112
第6　危険負担（民法第534条から第536条まで）……………………… 113
　1　債務不履行解除と危険負担との関係 ………………… 113
　2　民法第536条第2項の取扱い等 ………………………… 114
　3　債権者主義（民法第534条第1項）における危険の

xi

意見書Ⅱ 全体版 目次

　　　　移転時期の見直し ………………………………………… 115
第7　受 領 遅 滞（民法第413条）………………………………… 116
　　1　効果の具体化・明確化 ……………………………………… 116
　　2　損害賠償請求及び解除の可否 ……………………………… 116
第8　債務不履行に関連する新規規定 ……………………………… 117
　　1　追　完　権 …………………………………………………… 117
　　2　第三者の行為によって債務不履行が生じた場合に
　　　おける債務者の責任 ………………………………………… 118
　　3　代償請求権 …………………………………………………… 119
第9　債権者代位権 …………………………………………………… 119
　　1　「本来型の債権者代位権」と「転用型の債権者代位
　　　権」の区別 …………………………………………………… 119
　　2　本来型の債権者代位権の在り方 …………………………… 120
　　　(1)　本来型の債権者代位権制度の必要性 ………………… 120
　　　(2)　債権回収機能（事実上の優先弁済）の当否 ………… 121
　　3　本来型の債権者代位権の制度設計 ………………………… 121
　　　(1)　債権回収機能（事実上の優先弁済）を否定又は制限する
　　　　方法 ………………………………………………………… 121
　　　(2)　被代位権利を行使できる範囲 ………………………… 122
　　　(3)　保全の必要性（無資力要件）………………………… 123
　　4　転用型の債権者代位権の在り方 …………………………… 124
　　　(1)　根拠規定の在り方 ……………………………………… 124
　　　(2)　一般的な転用の要件 …………………………………… 124
　　　(3)　代位債権者への直接給付の可否及びその要件 ……… 125
　　5　要件・効果等に関する規定の明確化等 …………………… 125
　　　(1)　被保全債権、被代位権利に関する要件 ……………… 125
　　　(2)　債務者への通知の要否 ………………………………… 126
　　　(3)　債務者への通知の効果 ………………………………… 126
　　　(4)　善良な管理者の注意義務 ……………………………… 127
　　　(5)　費用償還請求権 ………………………………………… 127
　　6　第三債務者の地位 …………………………………………… 128

(1) 抗弁の対抗 …………………………… 128
　　(2) 供託原因の拡張 ……………………… 128
　　(3) 複数の代位債権者による請求の競合 ………… 129
　7　債権者代位訴訟 ………………………………… 129
　　(1) 規定の要否 …………………………… 129
　　(2) 債権者代位訴訟における債務者の関与 ………… 130
　　(3) 債務者による処分の制限 …………………… 130
　　(4) 債権者代位訴訟が提起された後に被代位権利が差し押えられた場合の処理 ……………………… 131
　　(5) 訴訟参加 ……………………………… 132
　8　裁判上の代位（民法第423条第2項本文）………… 132

第10　詐害行為取消権 ………………………………… 132
　1　詐害行為取消権の法的性質及び詐害行為取消訴訟の在り方 …………………………………………… 133
　　(1) 債務者の責任財産の回復の方法 ………………… 133
　　(2) 詐害行為取消訴訟における債務者の地位 ………… 134
　　(3) 詐害行為取消訴訟が競合した場合の処理 ………… 135
　2　要件に関する規定の見直し ……………………… 136
　　(1) 要件に関する規定の明確化等 …………………… 136
　　　ア　被保全債権に関する要件 ……………………… 136
　　　イ　無資力要件 ………………………………… 136
　　(2) 取消しの対象 ………………………………… 137
　　　ア　取消しの対象の類型化と一般的な要件を定める規定の要否 ………………………………… 137
　　　イ　財産減少行為 ……………………………… 138
　　　ウ　偏頗行為 ………………………………… 141
　　　エ　対抗要件具備行為 ………………………… 144
　　(3) 転得者に対する詐害行為取消権の要件 ………… 146
　　(4) 詐害行為取消訴訟の受継 …………………… 146
　3　効果に関する規定の見直し ……………………… 147
　　(1) 債権回収機能（事実上の優先弁済）の当否 ……… 147

(2) 取消しの範囲 …………………………………………… 148
　　(3) 逸出財産の回復方法 …………………………………… 148
　　(4) 費用償還請求権 ………………………………………… 149
　　(5) 受益者・転得者の地位 ………………………………… 150
　　　ア 債務消滅行為が取り消された場合の受益者の債権の復
　　　　活 ……………………………………………………… 150
　　　イ 受益者の反対給付 …………………………………… 150
　　　ウ 転得者の反対給付 …………………………………… 151
　4 詐害行為取消権の行使期間（民法第426条）………… 151
第11 多数当事者の債権及び債務（保証債務を除く）………… 152
　1 債務者が複数の場合 ………………………………………… 152
　　(1) 分 割 債 務 ……………………………………………… 152
　　(2) 連 帯 債 務 ……………………………………………… 152
　　　ア 要　件 ………………………………………………… 152
　　　イ 連帯債務者の一人について生じた事由の効力等 …… 153
　　　ウ 求 償 関 係 …………………………………………… 157
　　(3) 不 可 分 債 務 …………………………………………… 160
　2 債権者が複数の場合 ………………………………………… 161
　　(1) 分 割 債 権 ……………………………………………… 161
　　(2) 不可分債権―不可分債権者の一人について生じた事由
　　　の効力（民法第429条第1項）………………………… 161
　　(3) 連 帯 債 権 ……………………………………………… 162
　3 その他（債権又は債務の合有又は総有）………………… 162
第12 保 証 債 務 ………………………………………………… 162
　1 保証債務の成立 ……………………………………………… 162
　　(1) 主債務者と保証人との間の契約による保証債務の成
　　　立 ………………………………………………………… 162
　　(2) 保証契約締結の際における保証人保護の方策 ……… 163
　　(3) 保証契約締結後の保証人保護の在り方 ……………… 165
　　(4) 保証に関する契約条項の効力を制限する規定の要否 166
　2 保証債務の付従性・補充性 ………………………………… 166

3　保証人の抗弁等 …………………………………………… 167
　　　(1)　保証人固有の抗弁—催告・検索の抗弁 ………………… 167
　　　　ア　催告の抗弁の制度の要否（民法第452条） ………… 167
　　　　イ　適時執行義務 ………………………………………… 167
　　　(2)　主たる債務者の有する抗弁権（民法第457条）……… 168
　　4　保証人の求償権 …………………………………………… 169
　　　(1)　委託を受けた保証人の事後求償権（民法第459条）… 169
　　　(2)　委託を受けた保証人の事前求償権（民法第460条、
　　　　　第461条等） ……………………………………………… 169
　　　(3)　委託を受けた保証人の通知義務（民法第463条）…… 170
　　　(4)　委託を受けない保証人の通知義務（民法第463条）… 170
　　5　共同保証—分別の利益 …………………………………… 171
　　6　連　帯　保　証 …………………………………………… 171
　　　(1)　連帯保証制度の在り方 ………………………………… 171
　　　(2)　連帯保証人に生じた事由の効力—履行の請求 ……… 172
　　7　根　保　証 ………………………………………………… 173
　　　(1)　規定の適用範囲の拡大 ………………………………… 173
　　　(2)　根保証に関する規律の明確化 ………………………… 173
　　8　そ　の　他 ………………………………………………… 174
　　　(1)　主債務の種別等による保証契約の制限 ……………… 174
　　　(2)　保証類似の制度の検討 ………………………………… 174
　　9　追加すべき論点（東京弁護士会） ……………………… 175

第13　債　権　譲　渡 ………………………………………………… 175
　　1　譲渡禁止特約（民法第466条） …………………………… 175
　　　(1)　譲渡禁止特約の効力 …………………………………… 175
　　　(2)　譲渡禁止特約を譲受人に対抗できない事由 ………… 179
　　　　ア　譲受人に重過失がある場合 ………………………… 179
　　　　イ　債務者の承諾があった場合 ………………………… 179
　　　　ウ　譲渡人について倒産手続の開始決定があった場合… 180
　　　　エ　債務者の債務不履行の場合 ………………………… 181
　　　(3)　譲渡禁止特約付債権の差押え・転付命令による債権の

　　　　移転 …………………………………………………………… 182
　　2　債権譲渡の対抗要件（民法第467条）………………………… 183
　　　(1)　総論及び第三者対抗要件の見直し ………………………… 183
　　　(2)　債務者対抗要件(**権利行使要件**)の見直し ………………… 184
　　　(3)　対抗要件概念の整理 ………………………………………… 185
　　　(4)　債務者保護のための規定の明確化等 ……………………… 185
　　　　ア　債務者保護のための規定の明確化 ……………………… 185
　　　　イ　譲受人間の関係 …………………………………………… 186
　　　　ウ　債権差押えとの競合の場合の規律の必要性 …………… 187
　　3　抗弁の切断（民法第468条）…………………………………… 187
　　4　将来債権譲渡 …………………………………………………… 188
　　　(1)　将来債権の譲渡が認められる旨の規定の要否 …………… 188
　　　(2)　公序良俗の観点からの将来債権譲渡の効力の限界 ……… 189
　　　(3)　譲渡人の地位の変動に伴う将来債権譲渡の効力の
　　　　　限界 …………………………………………………………… 189
第14　証券的債権に関する規定 ……………………………………………… 190
　　1　証券的債権に関する規定の要否（民法第469条から
　　　第473条まで）…………………………………………………… 190
　　2　有価証券に関する規定の要否（民法第469条から第
　　　473条まで）……………………………………………………… 191
　　3　有価証券に関する通則的な規定の内容 ……………………… 192
　　4　免責証券に関する規定の要否 ………………………………… 193
第15　債　務　引　受 ………………………………………………………… 193
　　1　総　論（債務引受に関する規定の要否）…………………… 193
　　2　併存的債務引受 ………………………………………………… 194
　　　(1)　併存的債務引受の要件 ……………………………………… 194
　　　(2)　併存的債務引受の効果 ……………………………………… 194
　　　(3)　併存的債務引受と保証との関係 …………………………… 196
　　3　免責的債務引受 ………………………………………………… 196
　　　(1)　免責的債務引受の要件 ……………………………………… 196
　　　(2)　免責的債務引受の効果 ……………………………………… 198

4　その他……………………………………………………… 199
　　　(1) 将来債務引受に関する規定の要否………………… 199
　　　(2) 履行引受に関する規定の要否 …………………… 200
　　　(3) 債務引受と両立しない関係にある第三者との間の法
　　　　律関係の明確化のための規定の要否 ……………… 200
第16　契約上の地位の移転（譲渡）……………………………… 201
　　1　総論（契約上の地位の移転（譲渡）に関する規定の要
　　　否）………………………………………………………… 201
　　2　契約上の地位の移転の要件 …………………………… 202
　　3　契約上の地位の移転の効果等 ………………………… 205
　　4　対抗要件制度 …………………………………………… 207
第17　弁　済 ……………………………………………………… 208
　　1　弁済の効果 ……………………………………………… 208
　　2　第三者による弁済（民法第474条）…………………… 209
　　　(1) 「利害関係」と「正当な利益」の関係 …………… 209
　　　(2) 利害関係を有しない第三者による弁済 …………… 209
　　3　弁済として引き渡した物の取戻し（民法第476条）… 210
　　4　債権者以外の第三者に対する弁済（民法第478条から
　　　第480条まで）…………………………………………… 211
　　　(1) 受領権限を有する第三者に対する弁済の有効性 … 211
　　　(2) 債権の準占有者に対する弁済（民法第478条）…… 211
　　　　ア 「債権の準占有者」概念の見直し ………………… 211
　　　　イ 善意無過失要件の見直し………………………… 212
　　　　ウ 債権者の帰責事由の要否………………………… 212
　　　　エ 民法第478条の適用範囲の拡張の要否 ………… 213
　　　(3) 受取証書の持参人に対する弁済（民法第480条）… 213
　　5　代 物 弁 済（民法第482条）………………………… 214
　　　(1) 代物弁済に関する法律関係の明確化……………… 214
　　　(2) 第三者による代物弁済の可否 …………………… 215
　　6　弁済の内容に関する規定（民法第483条から第487条
　　　まで）……………………………………………………… 215

        (1) 特定物の現状による引渡し（民法第483条）……………215
        (2) 弁済をすべき場所、時間等に関する規定（民法第484
            条）……………………………………………………………216
        (3) 受取証書・債権証書の取扱い（民法第486条、第487
            条）……………………………………………………………216
    7 弁済の充当（民法第488条から第491条まで）…………217
    8 弁済の提供（民法第492条、第493条）……………………218
        (1) 弁済の提供の効果の明確化 ……………………………218
        (2) 口頭の提供すら不要とされる場合の明文化 …………218
    9 弁済の目的物の供託（弁済供託）（民法第494条から
      第498条まで）……………………………………………………219
        (1) 弁済供託の要件・効果の明確化 ………………………219
        (2) 自助売却の要件の拡張 ………………………………… 220
    10 弁済による代位（民法第499条から第504条まで）……220
        (1) 任意代位の見直し ……………………………………… 220
        (2) 弁済による代位の効果の明確化 ……………………… 221
            ア 弁済者が代位する場合の原債権の帰すう ………… 221
            イ 法定代位者相互間の関係に関する規定の明確化……… 222
        (3) 一部弁済による代位の要件・効果の見直し ………… 223
            ア 一部弁済による代位の要件・効果の見直し ……… 223
            イ 連帯債務の一部が履行された場合における債権者の原
              債権と一部履行をした連帯債務者の求償権との関係 … 224
            ウ 保証債務の一部を履行した場合における債権者の原債
              権と保証人の求償権の関係 ………………………… 225
        (4) 債権者の義務 …………………………………………… 225
            ア 債権者の義務の明確化……………………………… 225
            イ 担保保存義務違反による免責の効力が及ぶ範囲……… 226
第18 相　殺 ………………………………………………………………… 227
    1 相殺の要件（民法第505条）……………………………… 227
        (1) 相殺の要件の明確化 …………………………………… 227
        (2) 第三者による相殺 ……………………………………… 228

意見書Ⅱ 目　次

　　　(3) 相殺禁止の意思表示 ……………………………………… 229
　　2　相殺の方法及び効力 ……………………………………… 230
　　　(1) 相殺の遡及効の見直し（民法第506条）……………… 230
　　　(2) 時効消滅した債権を自働債権とする相殺（民法第508
　　　　 条）の見直し ………………………………………………… 230
　　　(3) 充当に関する規律の見直し（民法第512条）………… 231
　　3　不法行為債権を受働債権とする相殺（民法第509条） 232
　　4　支払の差止めを受けた債権を受働債権とする相殺の
　　　禁止（民法第511条）……………………………………… 233
　　　(1) 法定相殺と差押え ………………………………………… 233
　　　(2) 債権譲渡と相殺の抗弁 …………………………………… 234
　　　(3) 自働債権の取得時期による相殺の制限の要否 ……… 235
　　　(4) 相殺予約の効力 …………………………………………… 236
　　　5　相殺権の濫用 ……………………………………………… 237
第19　更　　改 ………………………………………………………… 238
　　1　更改の要件の明確化（民法第513条）………………… 238
　　　(1)「債務の要素」の明確化と更改意思 ………………… 238
　　　(2) 旧債務の存在及び新債務の成立 ……………………… 238
　　2　更改による当事者の交替の制度の要否（民法第514条
　　　から第516条まで）……………………………………… 239
　　3　旧債務が消滅しない場合の規定の明確化（民法第517
　　　条）…………………………………………………………… 239
第20　免除及び混同 …………………………………………………… 240
　　1　免除の規定の見直し（民法第519条）………………… 240
　　2　混同の例外の明確化（民法第520条）…………………241
第21　新たな債権消滅原因に関する法的概念（決済手法の高度
　　化・複雑化への民法上の対応）………………………………… 241
　　1　新たな債権消滅原因となる法的概念に関する規定の
　　　要否 …………………………………………………………241

2　新たな債権消滅原因となる法的概念に関する規定を
　　　　設ける場合における第三者との法律関係を明確にする
　　　　ための規定の要否 ………………………………………… 243
第22　契約に関する基本原則等 ……………………………………… 244
　　1　契約自由の原則 ……………………………………………… 244
　　2　契約の成立に関する一般的規定 …………………………… 245
　　3　原始的に不能な契約の効力 ………………………………… 246
　　4　債権債務関係における信義則の具体化 …………………… 247
第23　契約交渉段階 …………………………………………………… 248
　　1　契約交渉の不当破棄 ………………………………………… 248
　　2　契約締結過程における説明義務・情報提供義務 ………… 249
　　3　契約交渉等に関与させた第三者の行為による交渉
　　　　当事者の責任 ………………………………………………… 250
第24　申込みと承諾 …………………………………………………… 251
　　1　総　　論 ……………………………………………………… 251
　　2　申込み及び承諾の概念 ……………………………………… 252
　　　(1)　定義規定の要否 ………………………………………… 252
　　　(2)　申込みの推定規定の要否 ……………………………… 252
　　　(3)　交叉申込み ……………………………………………… 253
　　3　承諾期間の定めのある申込み ……………………………… 254
　　4　承諾期間の定めのない申込み ……………………………… 255
　　5　対話者間における承諾期間の定めのない申込み ………… 257
　　6　申込者の死亡又は行為能力の喪失 ………………………… 258
　　7　申込みを受けた事業者の物品保管義務 …………………… 259
　　8　隔地者間の契約の成立時期 ………………………………… 259
　　9　申込みに変更を加えた承諾 ………………………………… 260
第25　懸　賞　広　告 ………………………………………………… 261
　　1　懸賞広告を知らずに指定行為が行われた場合 …………… 261
　　2　懸賞広告の効力・撤回 ……………………………………… 261
　　　(1)　懸賞広告の効力 ………………………………………… 261

意見書Ⅱ 目　次

　　⑵　撤回の可能な時期 …………………………………… 262
　　⑶　撤回の方法 …………………………………………… 263
　3　懸賞広告の報酬を受ける権利 ………………………… 263
第26　第三者のためにする契約 ……………………………… 264
　1　受益の意思の表示を不要とする類型の創設等（民法第537条） …………………………………………………… 264
　2　受益者の権利の確定 …………………………………… 266
　3　受益者の現存性・特定性 ……………………………… 266
　4　要約者の地位 …………………………………………… 267
　　⑴　諾約者に対する履行請求 …………………………… 267
　　⑵　解除権の行使 ………………………………………… 267
第27　約　款（定義及び組入要件）………………………… 268
　1　約款の組入要件に関する規定の要否 ………………… 269
　2　約款の定義 ……………………………………………… 269
　3　約款の組入要件の内容 ………………………………… 271
　4　約款の変更 ……………………………………………… 273
第28　法律行為に関する通則 ………………………………… 275
　1　法律行為の効力 ………………………………………… 275
　　⑴　法律行為の意義等の明文化 ………………………… 275
　　⑵　公序良俗違反の具体化 ……………………………… 275
　　⑶　「事項を目的とする」という文言の削除（民法第90条） ………………………………………………………… 277
　2　法令の規定と異なる意思表示（民法第91条）……… 277
　3　強行規定と任意規定の区別の明記 …………………… 277
　4　任意規定と異なる慣習がある場合 …………………… 278
第29　意　思　能　力 ………………………………………… 279
　1　要　件　等 ……………………………………………… 279
　　⑴　意思能力の定義 ……………………………………… 279
　　⑵　意思能力を欠く状態で行われた法律行為が有効と扱われる場合の有無 ………………………………………… 280

2　日常生活に関する行為の特則……………………………　281
　　　3　効　果 ………………………………………………………　282
第30　意 思 表 示 …………………………………………………………… 283
　　1　心 裡 留 保 ………………………………………………………　283
　　　(1)　心裡留保の意思表示が無効となる要件 ………………　283
　　　(2)　第三者保護規定 …………………………………………　284
　　2　通謀虚偽表示 ……………………………………………………　284
　　　(1)　第三者保護要件 …………………………………………　284
　　　(2)　民法第94条第2項の類推適用法理の明文化 ………　285
　　3　錯　誤 …………………………………………………………　286
　　　(1)　動機の錯誤に関する判例法理の明文化 ………………　286
　　　(2)　要素の錯誤の明確化 ……………………………………　287
　　　(3)　表意者に重過失がある場合の無効主張の制限の例外　287
　　　(4)　効　果 ……………………………………………………　288
　　　(5)　錯誤者の損害賠償責任 …………………………………　289
　　　(6)　第三者保護規定 …………………………………………　290
　　4　詐欺及び強迫 ……………………………………………………　291
　　　(1)　沈黙による詐欺 …………………………………………　291
　　　(2)　第三者による詐欺 ………………………………………　291
　　　(3)　第三者保護規定 …………………………………………　292
　　5　意思表示に関する規定の拡充 …………………………………　293
　　6　意思表示の到達及び受領能力 …………………………………　293
　　　(1)　意思表示の効力発生時期 ………………………………　293
　　　(2)　意思表示の到達主義の適用対象 ………………………　294
　　　(3)　意思表示の受領を擬制すべき場合 ……………………　294
　　　(4)　意思能力を欠く状態となった後に到達し、又は受領し
　　　　　た意思表示の効力 ………………………………………　295
第31　不当条項規制 ………………………………………………………… 295
　　1　不当条項規制の要否、適用対象等 ……………………………　295
　　2　不当条項規制の対象から除外すべき契約条項 ………　296
　　3　不当性の判断枠組み ……………………………………………　297

　　4　不当条項の効力 …………………………………………… 298
　　5　不当条項のリストを設けることの当否 ……………… 298
第32　無効及び取消し ………………………………………………… 299
　　1　相対的無効（取消的無効） ……………………………… 299
　　2　一 部 無 効 ………………………………………………… 300
　　　(1)　法律行為に含まれる特定の条項の一部無効 ………… 300
　　　(2)　法律行為の一部無効 …………………………………… 301
　　　(3)　複数の法律行為の無効 ………………………………… 303
　　3　無効な法律行為の効果 …………………………………… 304
　　　(1)　法律行為が無効であることの帰結 …………………… 304
　　　(2)　返還請求権の範囲 ……………………………………… 304
　　　(3)　制限行為能力者・意思無能力者の返還義務の範囲 … 306
　　　(4)　無効行為の転換 ………………………………………… 307
　　　(5)　追　　認 ………………………………………………… 308
　　4　取り消すことができる行為の追認 ……………………… 309
　　　(1)　追認の要件 ……………………………………………… 309
　　　(2)　法 定 追 認 ………………………………………………… 309
　　　(3)　追認の効果 ………………………………………………310
　　　(4)　相手方の催告権 …………………………………………310
　　5　取消権の行使期間 …………………………………………311
　　　(1)　期間の見直しの要否 ……………………………………311
　　　(2)　抗弁権の永続性 …………………………………………311
第33　代　　理 ………………………………………………………… 312
　　1　有 権 代 理 …………………………………………………312
　　　(1)　代理行為の瑕疵 - 原則（民法第101条第1項）………312
　　　(2)　代理行為の瑕疵 - 例外（民法第101条第2項）………313
　　　(3)　代理人の行為能力（民法第102条）……………………313
　　　(4)　代理権の範囲（民法第103条）…………………………314
　　　(5)　任意代理人による復代理人の選任（民法第104条）……314
　　　(6)　利益相反行為（民法第108条）…………………………315
　　　(7)　代理権の濫用 ……………………………………………316

2 表見代理 ………………………………………………… 317
(1) 代理権授与の表示による表見代理（民法第109条）…… 317
ア 法定代理への適用の可否……………………………… 317
イ 代理権授与表示への意思表示規定の類推適用 ………… 318
ウ 白紙委任状 ……………………………………………… 318
エ 本人名義の使用許諾の場合 …………………………… 319
オ 民法第110条との重畳適用 …………………………… 319
(2) 権限外の行為の表見代理（民法第110条）…………… 320
ア 法定代理への適用の可否……………………………… 320
イ 代理人の「権限」 ……………………………………… 320
ウ 正当な理由 ……………………………………………… 321
(3) 代理権消滅後の表見代理（民法第112条）…………… 322
ア 法定代理への適用の可否……………………………… 322
イ 「善意」の対象 ………………………………………… 322
ウ 民法第110条との重畳適用 …………………………… 323
3 無権代理 ………………………………………………… 323
(1) 無権代理人の責任（民法第117条）……………………… 323
(2) 無権代理と相続 ………………………………………… 324
4 授　権 …………………………………………………… 325

第34 条件及び期限 …………………………………………… 326
1 停止条件及び解除条件の意義 ………………………… 326
2 条件の成否が未確定の間における法律関係 ………… 326
3 不 能 条 件（民法第133条）………………………… 327
4 期限の意義 ……………………………………………… 327
5 期限の利益の喪失（民法第137条）…………………… 328

第35 期間の計算 ……………………………………………… 328
1 総　論（民法に規定することの当否）……………… 328
2 過去に遡る方向での期間の計算方法 ………………… 329
3 期間の末日に関する規定の見直し …………………… 330

第36 消 滅 時 効 ……………………………………………… 331
1 時効期間と起算点 ……………………………………… 331

(1) 原則的な時効期間について …………………… 331
　　(2) 時効期間の特則について……………………… 333
　　　ア　短期消滅時効制度について ………………… 333
　　　イ　定期金債権 …………………………………… 335
　　　ウ　判決等で確定した権利……………………… 336
　　　エ　不法行為等による損害賠償請求権 ………… 336
　　(3) 時効期間の起算点について …………………… 338
　　(4) 合意による時効期間等の変更 ………………… 339
　2　時効障害事由 ……………………………………… 340
　　(1) 中断事由（時効期間の更新、時効の新たな進行）……… 340
　　(2) その他の中断事由の取扱い …………………… 341
　　(3) 時効の停止事由 ………………………………… 342
　　(4) 当事者間の交渉・協議による時効障害 ……… 343
　　(5) そ の 他……………………………………… 344
　　　ア　債権の一部について訴えの提起等がされた場合の取扱
　　　　い ……………………………………………… 344
　　　イ　債務者以外の者に対して訴えの提起等をした旨の債務
　　　　者への通知 …………………………………… 344
　3　時効の効果 ………………………………………… 345
　　(1) 時効の援用等 …………………………………… 345
　　(2) 債務者以外の者に対する効果（援用権者）………… 345
　　(3) 時効の利益の放棄等 …………………………… 346
　4　形成権の期間制限 ………………………………… 347
　5　そ の 他…………………………………………… 347
　　(1) その他の財産権の消滅時効 …………………… 347
　　(2) 取得時効への影響 ……………………………… 348
第37　契約各則―共通論点 ……………………………… 351
　1　冒頭規定の規定方法 ……………………………… 351
　2　強行規定と任意規定の区別の明確化 …………… 351
第38　売　買―総則 ……………………………………… 352
　1　売買の一方の予約（民法第556条）……………… 352

2　手　付（民法第 557 条） ……………………………………… 354
第39　売　買―売買の効力（担保責任） ……………………………………… 356
　　　1　物の瑕疵に関する担保責任（民法第 570 条） ………… 356
　　　　(1)　債務不履行の一般原則との関係（瑕疵担保責任の法的性質） ……………………………………………………………… 356
　　　　(2)　「瑕疵」の定義（定義規定の要否） ……………………… 357
　　　　(3)　「隠れた」という要件の要否 ……………………………… 359
　　　　(4)　代金減額請求権の要否 ……………………………………… 360
　　　　(5)　買主に認められる権利の相互関係の明確化 ………… 361
　　　　(6)　短期期間制限の見直しの要否 ……………………………… 362
　　　2　権利の瑕疵に関する担保責任（民法第 560 条から第 567 条まで）：共通論点 ………………………………………… 364
　　　3　権利の瑕疵に関する担保責任（民法第 560 条から第 567 条まで）：個別論点 ………………………………………… 364
　　　　(1)　他人の権利の売買における善意の売主の解除権（民法第 562 条）の要否 ……………………………………………… 364
　　　　(2)　数量の不足又は物の一部滅失の場合における売主の担保責任（民法第 565 条） …………………………………… 365
　　　　(3)　地上権等がある場合等における売主の担保責任（民法第 566 条） …………………………………………………… 366
　　　　(4)　抵当権等がある場合における売主の担保責任（民法第 567 条） …………………………………………………… 366
　　　4　競売における担保責任（民法第 568 条、第 570 条ただし書） ……………………………………………………………… 367
　　　5　売主の担保責任と同時履行（民法第 571 条） ………… 368
　　　6　数量超過の場合の売主の権利 ……………………………… 369
　　　7　民法第 572 条（担保責任を負わない旨の特約）の見直しの要否 ……………………………………………………………… 369
　　　8　数量保証・品質保証等に関する規定の要否 ……… 370
　　　9　当事者の属性や目的物の性質による特則の要否 … 370
第40　売　買―売買の効力（担保責任以外） ……………………………………… 371

意見書Ⅱ 目　次

　　1　売主及び買主の基本的義務の明文化 …………………371
　　　(1)　売主の引渡義務及び対抗要件具備義務 …………371
　　　(2)　買主の受領義務 ……………………………………371
　　2　代金の支払及び支払の拒絶 ……………………………372
　　　(1)　代金の支払期限（民法第573条）………………… 372
　　　(2)　代金の支払場所（民法第574条）…………………373
　　　(3)　権利を失うおそれがある場合の買主による代金支払の
　　　　　拒絶（民法第576条）…………………………　373
　　　(4)　抵当権等の登記がある場合の買主による代金支払の拒
　　　　　絶（民法第577条）……………………………………374
　　3　果実の帰属又は代金の利息の支払（民法第575条）…374
　　4　その他の新規規定 ………………………………………375
　　　(1)　他人の権利の売買と相続……………………………375
　　　(2)　解除の帰責事由を不要とした場合における解除権行使
　　　　　の限界に関する規定……………………………………376
　　　(3)　消費者と事業者との間の売買契約に関する特則 …376
　　　(4)　事業者間契約に関する特則 …………………………377
　　5　民法第559条（有償契約への準用）の見直しの要否　378
第41　売　買―買戻し、特殊の売買…………………………… 378
　　1　買　戻　し（民法第579条から第585条まで）………… 378
　　2　契約締結に先立って目的物を試用することができる
　　　　売買　　　　　　　　　　　　　　　　　　　　379
第42　交　換 ……………………………………………………… 380
第43　贈　与………………………………………………………… 380
　　1　成立要件の見直しの要否（民法第549条）……………380
　　2　適用範囲の明確化 ………………………………………381
　　3　書面によらない贈与の撤回における「書面」要件の
　　　明確化（民法第550条）…………………………………382
　　4　贈与者の担保責任（民法第551条第1項）……………384
　　5　負担付贈与（民法第551条第2項、第553条）……… 386

XXVII

6　死因贈与（民法第554条）……………………………………… 387
　　　7　その他の新規規定 ………………………………………………… 388
　　　　(1)　贈与の予約 ……………………………………………………… 388
　　　　(2)　背信行為等を理由とする撤回・解除…………………………… 388
　　　　(3)　解除による受贈者の原状回復義務の特則 …………………… 391
　　　　(4)　無償契約への準用 ……………………………………………… 392

第44　消費貸借 …………………………………………………………… 392
　　1　消費貸借の成立………………………………………………………… 392
　　　　(1)　要物性の見直し ………………………………………………… 392
　　　　(2)　無利息消費貸借についての特則 ……………………………… 393
　　　　(3)　目的物の交付前における消費者借主の解除権 ……………… 394
　　　　(4)　目的物の引渡前の当事者の一方についての破産手続の
　　　　　　開始 ……………………………………………………………… 395
　　　　(5)　消費貸借の予約 ………………………………………………… 396
　　2　利息に関する規律の明確化 ………………………………………… 396
　　3　目的物に瑕疵があった場合の法律関係 …………………………… 398
　　　　(1)　貸主の担保責任 ………………………………………………… 398
　　　　(2)　借主の返還義務 ………………………………………………… 398
　　4　期限前弁済に関する規律の明確化………………………………… 399
　　　　(1)　期限前弁済 ……………………………………………………… 399
　　　　(2)　事業者が消費者に融資をした場合の特則 …………………… 400
　　5　抗弁の接続 …………………………………………………………… 401

第45　賃貸借 ……………………………………………………………… 403
　　1　短期賃貸借に関する規定の見直し ………………………………… 403
　　2　賃貸借の存続期間 …………………………………………………… 404
　　3　賃貸借と第三者との関係 …………………………………………… 404
　　　　(1)　目的不動産について物権を取得した者その他の第三者
　　　　　　との関係…………………………………………………………… 404
　　　　(2)　目的不動産の所有権が移転した場合の賃貸借の帰す
　　　　　　う ………………………………………………………………… 405
　　　　(3)　不動産賃貸借における合意による賃貸人の地位の承

　　　　継 ……………………………………………………… 408
　　(4) 敷金返還債務の承継 …………………………… 408
　　(5) 動産賃貸借と第三者との関係 ………………… 410
　　(6) 賃借権に基づく妨害排除請求権 ……………… 411
 4　賃貸人の義務 …………………………………………… 411
　　(1) 賃貸人の修繕義務 ……………………………… 411
　　(2) 賃貸物の修繕に関する賃借人の権利………… 412
　　(3) 賃貸人の担保責任 ……………………………… 412
 5　賃借人の義務 …………………………………………… 413
　　(1) 賃料の支払義務（事情変更による増減額請求権）……… 413
　　(2) 目的物の一部が利用できない場合の賃料の減額等…… 414
 6　賃借権の譲渡及び転貸 ……………………………… 415
　　(1)　賃借権の譲渡及び転貸の制限 ……………… 415
　　(2) 適法な転貸借がされた場合の賃貸人と転借人との関
　　　　係 ……………………………………………… 416
 7　賃貸借の終了 ………………………………………… 418
　　(1) 賃貸物が滅失した場合等における賃貸借の終了 ……… 418
　　(2) 賃貸借終了時の原状回復……………………… 419
　　(3) 損害賠償及び費用の償還の請求権についての期間の制
　　　　限 ……………………………………………… 421
　　　ア　用法違反による賃貸人の損害賠償請求権についての期間
　　　　制限 ………………………………………… 421
　　　イ　賃借人の費用償還請求権についての期間制限………… 422
 8　賃貸借に関する規定の配列 …………………………… 423

第46　使用貸借 ……………………………………………… 423
 1　使用貸借契約の成立要件 ……………………………… 423
 2　使用貸借の対抗力 ……………………………… 424
 3　使用貸借の効力（貸主の担保責任）……………………… 424
 4　使用貸借の終了 ………………………………………… 426
　　(1) 使用貸借の終了事由 …………………………… 426
　　(2) 損害賠償請求権・費用償還請求権についての期間の制

　　　　限 ……………………………………………………………… 427
第47　役務提供型の典型契約（雇用、請負、委任、寄託）総論 …… 427
第48　請　負 ……………………………………………………………… 428
　1　請負の意義（民法第632条）…………………………………… 428
　2　注文者の義務 …………………………………………………… 430
　3　報酬に関する規律 ……………………………………………… 431
　　(1)　報酬の支払時期（民法第633条）………………………… 431
　　(2)　仕事の完成が不可能になった場合の報酬請求権 ……… 431
　　(3)　仕事の完成が不可能になった場合の費用償還請求権 … 433
　4　完成した建物の所有権の帰属 ………………………………… 433
　5　瑕疵担保責任 …………………………………………………… 434
　　(1)　瑕疵修補請求権の限界（民法第634条第1項）………… 434
　　(2)　瑕疵を理由とする催告解除 ……………………………… 434
　　(3)　土地の工作物を目的とする請負の解除（民法第635条
　　　　ただし書）……………………………………………………… 435
　　(4)　報酬減額請求権の要否 …………………………………… 436
　　(5)　請負人の担保責任の存続期間（民法第637条、第638条
　　　　第2項）………………………………………………………… 436
　　(6)　土地工作物に関する性質保証期間（民法第638条第1
　　　　項）……………………………………………………………… 438
　　(7)　瑕疵担保責任の免責特約（民法第640条）……………… 439
　6　注文者の任意解除権（民法第641条）………………………… 439
　　(1)　注文者の任意解除権に対する制約 ……………………… 439
　　(2)　注文者が任意解除権を行使した場合の損害賠償の範囲
　　　　（民法第641条）……………………………………………… 440
　7　注文者についての破産手続の開始による解除（民法
　　第642条）…………………………………………………………… 440
　8　下請負 …………………………………………………………… 441
　　(1)　下請負に関する原則 ……………………………………… 441
　　(2)　下請負人の直接請求権 …………………………………… 442
　　(3)　下請負人の請負の目的物に対する権利 ………………… 442

第49 委　任 …………………………………………………………… 443

1 受任者の義務に関する規定 ………………………………… 443
(1) 受任者の指図遵守義務 ………………………………… 443
(2) 受任者の忠実義務 ……………………………………… 444
(3) 受任者の自己執行義務 ………………………………… 445
(4) 受任者の報告義務（民法第645条）………………… 447
(5) 委任者の財産についての受任者の保管義務 ………… 447
(6) 受任者の金銭の消費についての責任（民法第647条） 448

2 委任者の義務に関する規定 ………………………………… 448
(1) 受任者が債務を負担したときの解放義務（民法第650条第2項）………………………………………………… 448
(2) 受任者が受けた損害の賠償義務（民法第650条第3項）………………………………………………………… 449
(3) 受任者が受けた損害の賠償義務についての消費者契約の特則（民法第650条第3項）………………………… 450

3 報酬に関する規律 …………………………………………… 450
(1) 無償性の原則の見直し（民法第648条第1項）……… 450
(2) 報酬の支払方式 ………………………………………… 451
(3) 報酬の支払時期（民法第648条第2項）……………… 452
(4) 委任事務の処理が不可能になった場合の報酬請求権 452

4 委任の終了に関する規定 …………………………………… 453
(1) 委任契約の任意解除権（民法第651条）……………… 453
(2) 委任者死亡後の事務処理を委託する委任（民法第653条第1号）………………………………………………… 454
(3) 破産手続開始による委任の終了（民法第653条第2号）………………………………………………………… 455

5 準　委　任（民法第656条）………………………………… 456

6 特殊の委任 …………………………………………………… 457
(1) 媒介契約に関する規定 ………………………………… 457
(2) 取次契約に関する規定 ………………………………… 458
(3) 他人の名で契約をした者の履行保証責任 …………… 458

第50 準委任に代わる役務提供型契約の受皿規定 ………………… 459
1 新たな受皿規定の要否 ……………………………… 459
2 役務提供者の義務に関する規律 ……………………… 460
3 役務受領者の義務に関する規律 ……………………… 462
4 報酬に関する規律 …………………………………… 462
(1) 役務提供者が経済事業の範囲で役務を提供する場合の有償性の推定 ……………………………………… 462
(2) 報酬の支払方式 …………………………………… 463
(3) 報酬の支払時期 …………………………………… 463
(4) 役務提供の履行が不可能な場合の報酬請求権 ……… 464
5 任意解除権に関する規律 ……………………………… 465
6 役務受領者について破産手続が開始した場合の規律 …………………………………………………………… 465
7 その他の規定の要否 ………………………………… 466
8 役務提供型契約に関する規定の編成方式 …………… 466

第51 雇　用 …………………………………………………………… 467
1 総　論（雇用に関する規定の在り方） ……………… 467
2 報酬に関する規律 …………………………………… 468
(1) 具体的な報酬請求権の発生時期 …………………… 468
(2) 労務が履行されなかった場合の報酬請求権 ………… 469
3 民法第626条の規定の要否 ………………………… 470
4 有期雇用契約における黙示の更新（民法第629条） 471
(1) 有期雇用契約における黙示の更新後の期間の定めの有無 …………………………………………………… 471
(2) 民法第629条第2項の規定の要否 ………………… 472

第52 寄　託 …………………………………………………………… 472
1 寄託の成立―要物性の見直し ……………………… 472
(1) 要物性の見直し …………………………………… 472
(2) 寄託物の受取前の当事者間の法律関係 …………… 473
(3) 寄託物の引渡前の当事者の一方についての破産手続の開始 ……………………………………………… 474

2　受寄者の自己執行義務（民法第658条）……………… 475
　　　(1) 再寄託の要件 ……………………………………… 475
　　　(2) 適法に再寄託が行われた場合の法律関係 ……… 476
　　3　受寄者の保管義務（民法第659条）…………………… 477
　　4　寄託物の返還の相手方 ………………………………… 478
　　5　寄託者の義務 …………………………………………… 479
　　　(1) 寄託者の損害賠償責任（民法第661条）………… 479
　　　(2) 寄託者の報酬支払義務 …………………………… 480
　　6　寄託物の損傷又は一部滅失の場合における寄託者の
　　　通知義務 ………………………………………………… 482
　　7　寄託物の譲渡と間接占有の移転 ……………………… 483
　　8　消費寄託（民法第666条）……………………………… 485
　　9　特殊の寄託—混合寄託（混蔵寄託）………………… 486
　　10　特殊の寄託—流動性預金口座 ………………………… 487
　　　(1) 流動性預金口座への振込みによる金銭債務の履行に関
　　　　する規律の要否 …………………………………… 487
　　　(2) 資金移動取引の法律関係についての規定の要否 … 490
　　　(3) 指図に関する規律の要否………………………… 490
　　　(4) 流動性預金口座に存する金銭債権の差押えに関する
　　　　規律の要否 ………………………………………… 491
　　　(5) 流動性預金口座に係る預金契約の法的性質に関する
　　　　規律の要否 ………………………………………… 492
　　11　特殊の寄託—宿泊事業者の特則 …………………… 492
第53　組　合 ………………………………………………………… 493
　　1　組合契約の成立 ………………………………………… 493
　　　(1) 組合員の一人の出資債務が履行されない場合 …… 493
　　　(2) 組合契約の無効又は取消し ……………………… 493
　　2　組合の財産関係 ………………………………………… 494
　　3　組合の業務執行及び組合代理 ………………………… 496
　　　(1) 組合の業務執行 …………………………………… 496
　　　(2) 組 合 代 理………………………………………… 496

4　組合員の変動 ………………………………………… 497
　　　　(1) 組合員の加入 …………………………………… 497
　　　　(2) 組合員の脱退 …………………………………… 497
　　　5　組合の解散及び清算 ………………………………… 498
　　　　(1) 組合の解散 ……………………………………… 498
　　　　(2) 組合の清算 ……………………………………… 499
　　　6　内的組合に関する規定の整備 ……………………… 500
第54　終身定期金 ………………………………………………… 501
第55　和　解 ……………………………………………………… 502
　　　1　和解の意義（民法第695条） ……………………… 502
　　　2　和解の効力（民法第696条） ……………………… 503
　　　　(1) 和解と錯誤 ……………………………………… 503
　　　　(2) 人身損害についての和解の特則 …………………… 504
第56　新種の契約 ………………………………………………… 505
　　　1　新たな典型契約の要否等 …………………………… 505
　　　2　ファイナンス・リース ……………………………… 505
第57　事情変更の原則 …………………………………………… 507
　　　1　事情変更の原則の明文化の要否 …………………… 507
　　　2　要件論 ………………………………………………… 507
　　　3　効果論 ………………………………………………… 508
　　　　(1) 解除、契約改訂、再交渉請求権・再交渉義務 …… 508
　　　　(2) 契約改訂の法的性質・訴訟手続との関係 ………… 509
　　　　(3) 解除権と契約改訂との相互関係 …………………… 510
第58　不安の抗弁権 ……………………………………………… 510
　　　1　不安の抗弁権の明文化の要否 ……………………… 510
　　　2　要件論 ………………………………………………… 511
　　　3　効果論 ………………………………………………… 513
第59　契約の解釈 ………………………………………………… 515
　　　1　契約の解釈に関する原則を明文化することの要否… 515
　　　2　契約の解釈に関する基本原則 ……………………… 515

3　条項使用者不利の原則 ……………………………………516
第60　継続的契約 ……………………………………………………517
　　　1　規定の要否等 ………………………………………………517
　　　2　継続的契約の解消の場面に関する規定 …………………518
　　　(1)　期間の定めのない継続的契約の終了 …………………518
　　　(2)　期間の定めのある継続的契約の終了 …………………519
　　　(3)　継続的契約の解除 ………………………………………520
　　　(4)　消費者・事業者間の継続的契約の解除 ………………520
　　　(5)　解除の効果 ………………………………………………521
　　　3　特殊な継続的契約－多数当事者型継続的契約 …………521
　　　4　分割履行契約 ………………………………………………522
第61　法定債権に関する規定に与える影響 ………………………522
第62　消費者・事業者に関する規定 ………………………………525
　　　1　民法に消費者・事業者に関する規定を設けることの
　　　　　当否 …………………………………………………………525
　　　2　消費者契約の特則 …………………………………………525
　　　3　事業者に関する特則 ………………………………………525
第63　規定の配置 ……………………………………………………525

「民法(債権関係)の改正に関する
中間的な論点整理」に対する意見書
Ⅰ 改正目的関連重要論点について
Ⅱ 全 体 版

意見書 Ⅰ

改正目的との関係で特に重要な論点について

第1章　本意見書の基本的方向性　(5)
第2章　契約法の基礎に関わる重要論点　(8)
第3章　その他の重要な論点　(26)
第4章　まとめ　(71)

I 改正目的との関係で特に重要な論点について

第1章 本意見書の基本的方向性

1 改正目的(ないし必要性)について

そもそも、今回の民法(債権関係)改正については、これについての立法事実の存在あるいは改正の必要性について、多くの疑問や批判が存在する。実際に、民法(債権関係)改正部会(以下「部会」という)においても、「改正の必要性について多くの質問が出ている」旨や、「改正に対する立法事実がないという意見が非常に強かった」旨の指摘がなされている(第1回議事録14頁・中井委員、第21回議事録7頁・内田委員)。

そこで、これに対して民法部会では、全20回(第一読会)のうちの冒頭の2回に渡って慎重に審議を行い、主として「国民に分かりやすい民法の実現」と「社会・経済の変化への対応」のために、民法改正を行う必要があるとした。

この点、まず、「国民に分かりやすい民法の実現」という改正の必要性ないし目的は、民法典の外に存在する多くの重要な判例等を法文化することなどにより、国民やユーザー(企業、団体等)の予見可能性を高め、法的安定性や取引の安全を確実にすることに繋がるので、妥当である(但し、判例法理の射的距離については慎重な検討が必要であり、かつ重要ではない論点についての判例までも細かく法文化する場合は、却って分かりにくくなるという問題がある)。

次に、「社会・経済の変化への対応」については、具体的な内容が明らかにされてはいないが、これが、「現在の国民生活の様相」が従前とは大きく異なっていることへの対応をする必要があるという趣旨であることは争いがない(第1回議事録6頁・筒井幹事。但し、その捉え方について原理的な立場の違いがある旨について第2回議事録4頁・高須幹事)。

そして、上記のような立法事実の存在や改正の必要性についての疑問・批判に応えうるほどの「社会・経済の変化への対応」とは、当然ながら「生活者である国民及びユーザーにとって重要ないし核心的な変化への対応」でなければならないと思料する。

Ⅰ 改正目的との関係で特に重要な論点について

　そのような観点から、「社会・経済の変化」ないし「国民生活の様相の変化」の意味を検討するに、まず今回の改正において注目されるのは、不当条項規制などの消費者法の規定を、「契約一般に適用される法理として民法に設ける」あるいは「一般化して民法に取り込む」旨の立法提案である。

　すなわち、その提案趣旨として、「今日の社会においては、現実に取引を行う当事者間に情報や交渉力の格差があるため、契約自由の原則にゆだねておくのが必ずしも適切ではない場合がある」ので「情報等において劣位にある一方当事者の利益が不当に害されないように……する必要がある」という説明がなされているが、これは契約自由の原則に立ちつつも、「民法において格差拡大に配慮する必要がある」旨の提案であると言い得る（部会資料13-1 1頁以下）。

　のみならず、これは「国民・ユーザーにとって重要ないし核心的な変化への対応」を意味するものと言うべきである。

　なぜなら、今日においては、民法の規定対象となる私人には、世界的な事業展開をする巨大企業から、一般市民ないし消費者、さらには町場の商店や工場などの中小零細事業者まで多種多様の者が含まれ、この間の情報や交渉力等の格差は著しく拡大しており、それへの対応として、「当事者間の格差を民法の中で考えるべきである」からである（第20回議事録28頁・岡(正)委員）。

　従って、立法事実の存在や、改正の必要性についての疑問・批判に応えることのできる「社会・経済の変化への対応」とは、すなわち「格差拡大への対応」を中心とするものと言っても過言ではなく、よって、今回の改正においては、「国民に分かりやすい民法の実現」とともに、「格差拡大への対応（ないし劣位者の保護）」という改正目的を重視するのが妥当である。

2　改正目的との整合性について

　上記のとおりであるから、改正案の検討を行うに当たっては、まず、上記の改正目的を常に念頭に置き、かつ「改正目的との整合性」を重視しなければならないと考える。

　なぜなら、このような視点が欠け、あるいは疎かにされる場合は、改正目的と無関係な改正や、改正目的にそぐわない改正が行われることになりかねず、改正に伴う大きな負担を背負わされる国民の納得を得ることができないからである。

そこで、第2章以下においては、中間的な論点整理（以下「論点整理」という）で示された各論点のうち、上記の改正目的との関係で特に重要な点について、「改正目的との整合性」を重視する立場から、今後の検討の方向性について意見を述べる。

3　特別法との関係について

(1)　商法との関係

　事業者に関する規定については、一般化して民法に取り込むことができる場合を除き商法に規定を置くべきであって、私法の一般法である民法に、事業者についての特則規定を取り込むのは適切とは言えない。

　また、そのような特則の取り込みをすると、今後は適時・迅速な法改正を行うことが困難となるおそれがあり、かえって事業者の利益にそぐわないと言うべきである。

　のみならず、事業者についての特則を民法に規定した場合は、交渉力等における劣位の事業者も優位の事業者と同等の立場に置かれてしまい、後述のように「劣位の事業者の保護」にそぐわない事態が生じるおそれがあると思われる（本書68頁以下参照）。

　よって、事業者に関する特則を民法に規定するのは失当であると思料する。

(2)　消費者契約法との関係

　次に、消費者契約法については、同法のうち契約一般に適用できる規定（不当条項規制など）を民法に取り込むことについては賛成するが、民法に「消費者契約の特則」を取り込むことについては賛成できない。

　なぜなら、上述のとおり民法は私法の一般法であるばかりか、民法に消費者契約の特則を規定した場合、今後は消費者のための改正を時期に応じて迅速・柔軟に行うことが困難となり、かえって消費者保護にもとるおそれがあるからである。

　また、民法においては、自由競争原理を強調する見解が改正法の解釈において支配的になる傾向があり、そのような場合には消費者保護が後退するおそれすらあると思料する。

　よって、消費者契約の特則を民法に取り込むことは妥当とは言えないと思料

Ⅰ 改正目的との関係で特に重要な論点について

する。

(3) 規律の複雑化の問題点

さらに、論点整理（本書59頁以下）では、民法において、私人間の規律の他に、消費者と事業者間の規律、事業者間の規律、当事者間の契約のうち一方が事業者である場合の規律、及び当事者間の契約のうち事業者の一定の事業に適用される規律の、5種類の規律を設ける旨の改正案が提示されている。

しかし、そうすると様々な種類の規律が、対等あるいは非対等な当事者間において、様々な要件・効果のもとに適用されることになり、あまりに複雑で「国民に分かりやすい民法」とは言えず、国民やユーザーの予見可能性や、取引の安全などを損なうおそれがあると言わざるを得ない。

従って、このような複雑な民法に改正することは、改正目的との整合性を失わせ国民やユーザーに多大の不利益を及ぼすことになるので、失当であると思料する。

なお、以下においては、特別法との関係で問題になる点についても言及する。

第2章 契約法の基礎に関わる重要論点

まず、契約法の基礎に関わる論点のうち、特に改正目的との関係から見て重要な論点について、意見を述べる。

1 債務不履行による損害賠償について

これについては、主として次の点が問題となる。

(2) 「債務者の責めに帰すべき事由」の意味・規定の在り方
（論点整理8頁）

「債務者の責めに帰すべき事由」の意味は、条文上必ずしも明らかではないが、伝統的には、債務不履行による損害賠償責任の帰責根拠を過失責任主義（故意・過失がない場合には責任を負わないとする考え方）に求め、「債務者の責めに帰すべき事由」の意味を、故意・過失又は信義則上これと同視すべき事由と解する見解が通説とされてきた。これに対し、判例は、

第2章 契約法の基礎に関わる重要論点

必ずしもこのような帰責根拠・判断基準を採用しているわけではなく、また、「債務者の責めに帰すべき事由」の意味を、契約から切り離された債務者の不注意と解しているわけでもないという理解が示されている。このような立場から、「債務者の責めに帰すべき事由」の意味も、帰責根拠を契約の拘束力に求めることを前提として検討すべきであるとの見解が提示された。他方で、帰責根拠を契約の拘束力のみに求めることについては、それが取引実務に与える悪影響を懸念する意見もあった。これに対しては、ここでいう「契約」が、契約書の記載内容を意味するのではなく、当事者間の合意内容を、当該合意に関する諸事情を考慮して規範的に評価することにより導かれるものであるとの指摘があった。

以上の議論を踏まえ、債務不履行による損害賠償責任の帰責根拠を契約の拘束力に求めることが妥当かという点や、仮に帰責根拠を契約の拘束力に求めた場合には、損害賠償責任からの免責の処理はどのようにされることが適切かという点について、判例の立場との整合性、取引実務に与える影響、債務の種類による差異の有無等に留意しつつ、更に検討してはどうか。

その上で、「債務者の責めに帰すべき事由」という文言については、債務不履行による損害賠償責任の帰責根拠との関係で、この文言をどのように理解すべきかという検討を踏まえ、他の文言に置き換える必要があるかどうか、また、それが適当かどうかという観点から、更に検討してはどうか。その際文言の変更が取引実務や裁判実務に与える影響、民法における法定債権の規定に与える影響、その他の法令の規定に与える影響等に留意しながら、検討してはどうか。

【部会資料5-2 第2、3(2)［28頁］】

〔意　見〕

1　「債務者の責めに帰すべき事由」という文言の検討において、「債務不履行による損害賠償責任の帰責根拠との関係で、他の文言に置き換える必要があるかどうか、また、それが適当かどうかという観点」を重視することについては、強く反対する。

むしろ、「国民に分かりやすい民法の実現」及び「格差拡大への対応」という改正目的及びこれとの整合性という観点を重視するのが妥当である。

Ⅰ　改正目的との関係で特に重要な論点について

2　免責文言としては、現行法の「責めに帰すべき事由」の文言を基本としつつ、「不可抗力、債権者又は第三者の行為」などの免責事由の例示を法文に加える方向で、今後検討するのが妥当である。

　これに対し、「契約により引き受けていない事由」を免責文言とする旨の見解、さらには、これを基本としつつ「不可抗力、債権者又は第三者の行為」などの例示を加える見解があるが、これらについては強く反対する。

〔理　由〕
1　まず、現時点において、「責めに帰すべき事由」という現行法の免責事由の規定を改正することについての立法事実、あるいは社会・経済ないし実務上の必要性は認められないと思われる。現に部会の議事録や論点整理等でもその旨の指摘は見あたらない。

　この点、上記論点整理においては、免責文言については「改正」ではなく「他の文言に置き換えること」の当否を検討するとされているが、たとえ「文言のみの変更」であっても、そのことも社会・経済ないし実務に多大の影響を与える（下記2、②参照）のであるから、やはり「国民に分かりやすい民法の実現」などの改正目的が達成できる場合に限られるべきである。

　また、「帰責根拠との関係」という理論的問題よりも、「改正目的との整合性」という改正の根幹に関わる問題をより重視すべきものと思料する。

　そして、前述のとおり、私人間の格差の著しい拡大という「社会・経済の変化」に鑑みるときは、「国民に分かりやすい民法の実現」とともに「格差拡大への対応」という改正目的及びこれとの整合性が重要であって（本書2頁以下参照）、免責文言を「他の文言に置き換える」ことの当否等についても、改正目的との整合性を重視して検討するのが妥当である。

　これに対し、「帰責根拠との関係」を「改正目的の整合性」よりも重視して検討した場合は、上記の改正目的とは無関係な改正、さらには改正目的にそぐわない改正が行われるおそれがあり、適切とは言えない。

　なお、損害賠償責任の帰責根拠は、現行法においては法文化の対象となっていないばかりか、上記論点整理第一段落では、帰責根拠を「契約の拘束力」に求める見解も現行の判例・実務の考え方に沿っており、これから導かれるものであるとされているので、「過失責任主義」か「契約の拘束力」かという帰責根拠のいかんによって、必ずしも免責文言の結論が変わるとは言

2 上記2について
① この点、まず「責めに帰すべき事由」という概念については、「何がこれに当たるか」が不明である旨の批判がある（「責めに帰すべき」とは「責任を取るべき」という意味に解されているので、概念自体が不明であるとの批判は正確とは言えないであろう）。

しかし、これについては、例えば「不可抗力、債権者又は第三者の行為」などの免責事由の例示を加えて法文化(一部改正)することにより、その意味を明らかにすることができるので、「分かりやすくなる」と思料する（例えば、免責文言を「不可抗力、債権者又は第三者の行為その他債務者の責めに帰することのできない事由」と規定するなど）。

また、「賠償」という言葉は一般には「償い」を意味する(広辞苑)ので、「債務者に非難可能性がある」ことが前提であり、そのことからも「債務者の責めに帰すべき事由」という文言は適合的であって「分かりやすさ」につながると考える。

この点、帰責事由の考え方に立っても、交渉力等優位者が劣位者に対して「責めに帰すべき事由がなくても損害賠償責任が発生するなどの一方的な契約書を押しつけるおそれがある」旨の批判がある。

しかし、たとえかかる劣位者であっても「責めに帰すべき事由がないのに責任を負う」旨の条項が「何ら責任を取るべき事由がないのに責任を追及される」旨を意味していることは理解できるので、その危険性には容易に気がつくのであり、従って、かかる優位者といえども、このような「あからさまな契約書」を作成することには躊躇を覚えるのが通常であるので、劣位者の利益が害されるという弊害は極めて少ない（現行実務でもそのような契約実例は極めて少ない）。

よって、免責文言については、「責めに帰すべき事由」を基本に「不可抗力、債権者又は第三者の行為」などの例示を法文に加える方向で検討するのが妥当である。

また、上記論点整理においては、帰責事由概念の「分かりにくさ」を解決するために、免責文言の「置き換え」ないし「文言のみの変更」をするか否かが問題となっていると思料される。そうすると、現行の帰責事由概念を残しつつ

Ⅰ 改正目的との関係で特に重要な論点について

「分かりやすくする」ための修正を加える方が、現行実務との連続性を維持でき混乱も少なく、「文言のみの変更」としては適切であると考える。

② これに対し、「契約において引き受けていない事由」を免責文言とする旨の見解がある。

　しかし、「引き受け」という言葉は曖昧であり、かつ「債務の引き受け」（債務内容の確定の問題）との間で一般国民に誤解・混乱が生じるおそれがあるなど、国民に「分かりにくい」と言わざるを得ない（第3回議事録29頁・鹿野幹事、35頁・岡(健)委員）。

　また、「引き受け」という言葉を用いると、論者の意図とは別に、結局は契約書の記載内容が重視され、交渉力等における優位者が劣位者に対して、過度の免責否定条項（例えば「地震、津波、落雷、火災による目的物の滅失」等の履行障害リスクを細かく掲げて「これらを全て債務者（劣位者）が引き受けた」とするもの）を含む契約書を押しつけることを容認する傾向が生じるおそれがあると思料する。

　そのことから、劣位者は、過度の免責否定条項によって無過失責任などの重い責任を問われるおそれがあると思われる。現に、論点整理の補足説明に「契約書作成能力に劣る中小企業等が重い責任を負う」という旨の懸念について指摘がある（27頁参照）。

　あるいは、この考え方では、かかる優位者が劣位者に対し、過度の免責条項（あらゆる履行障害リスクを掲げて「これらを債務者（優位者）が引き受けていない」とするもの）を含む契約書を押しつけることを容認する傾向が生じるおそれもあると思料する。

　そのことから、劣位者は、過度の免責条項のために「故意・重過失による債務不履行をした優位者（債務者）」に対してすら、損害賠償責任を追及できなくなるおそれがあると思われる。現に、部会において「交渉力の強い当事者によって過度な免責条項が挿入される事態を招く」旨の指摘がなされている（第3回議事録27頁・大島委員）。

　これに対し、このような劣位者に不利な契約条項は、「改正案の不当条項規制」によって排除すれば足りるとの意見もある。

　しかし、不当条項規制は、主として「一旦成立した契約の条項の効力を排除するという事後救済措置」に過ぎず、交渉力等劣位者が優位者に対して「不当条項の排除」を主張しても、優位者がこれに応じない場合は、劣位者

第2章 契約法の基礎に関わる重要論点

は裁判等に訴える他はない。そうすると、劣位者のうち、とりわけ「消費者や零細事業者などの経済的弱者」は、コスト等の関係から裁判提起・遂行を断念せざるを得なくなることも多く、「格差による不利益を排除することができなくなる」おそれがあると思料する。

　従って、「引き受け」という免責文言の「格差拡大のおそれ」は、不当条項規制により払拭されるとは言えず、このような免責文言は、「国民に分かりにくく」かつ「格差拡大のおそれ」があるので、失当であると思料する。

　また、このような免責文言の抜本的変更を行うと、現行実務との連続性を維持することができず、かつ大きな混乱が生じるので、「文言の置き換え」ないし「文言のみの変更」としては適切ではないと考える。

③ 次に、「引き受け」の言葉の意味が不明であるとしつつ、「不可抗力、債権者又は第三者の行為による場合」を免責事由の例示としながら「引き受け」の意味を明確化しようとする旨の見解がある(第3回議事録38頁・山本(敬)幹事)。

　しかし、この考え方の場合、免責文言としては「不可抗力、債権者又は第三者の行為、その他債務者が契約により引き受けていない事由」と規定することになろうが、一般国民の間に「天災などの不可抗力について、そもそも引き受けが問題になるのか」という重大な疑問が生じるなど、国民にとって一層「分かりにくくなる」と思料する。

　のみならず、「契約により引き受けていない」という文言を用いている以上、優位者が過剰な免責条項（「火災による滅失は一切引き受けない」など）を設けることを容認する傾向、あるいは劣位者についての過剰な免責否定条項（「火災による滅失は債務者がすべて引き受ける」など）を設けることを容認する傾向が生じるので、依然として「格差拡大のおそれ」があり、失当であると思料する。

　また、この見解についても、上述のように現行実務との連続性を維持できず、かつ大きな混乱が生じるので、「文言の置き換え」ないし「文言のみの変更」としては適切ではないと考える。

3 小 括

以上のとおりであるから、「責めに帰すべき事由」という免責文言を基本的には維持しつつ「国民に分かりやすくする」ために必要な修正を加える方向で検討するのが妥当である。

Ⅰ 改正目的との関係で特に重要な論点について

これを、「契約により引き受けていない事由」などの文言に置き変えることは、「国民に分かりにくく」かつ「格差拡大のおそれ」があり、しかも現行実務との連続性を失わせ、大きな混乱を招くことにもなるので失当であると思料する。

---

3 損害賠償の範囲（民法第416条） （論点整理9頁）
 (1) 損害賠償の範囲に関する規定の在り方
損害賠償の範囲を規定する民法第416条については、その文言から損害賠償の範囲に関する具体的な規範を読み取りづらいため、規定を明確にすべきであるという意見があることを踏まえて、判例・裁判実務の考え方、相当因果関係説、保護範囲説・契約利益説等から導かれる具体的準則の異同を整理しつつ、損害賠償の範囲を画する規律の明確化の可否について、更に検討してはどうか。
【部会資料5－2 第2、4(1)［34頁］】

〔意 見〕
1 この問題についても規律の明確化すなわち「国民に分かりやすい民法の実現」にとどまらず、「格差拡大への対応（ないし劣位者の保護）」という改正目的との整合性を最も重要な観点として今後検討するのが妥当である。
2 損害賠償の範囲の規定については、端的に現行民法416条の文言を前提として、判例法理をもとに一部訂正・補充する方向で今後検討することに賛成する。
　これに対し、「予見可能ルールを原則とする考え方」があるが、これについては強く反対する。

〔理 由〕
1 まず、現行民法416条1項を改正することについての立法事実あるいは社会・経済ないし実務上の必要性は存しないと思料する。現に、部会の議事録等においても「現行法の『通常生ずべき損害』の概念が、社会・経済ないし実務上具体的な弊害をもたらしているので改正の必要がある」などの指摘は見あたらない。
　従って、同項の改正が許されるのは、上記の改正目的を実現できる場合に限られるのであるから、これについても改正目的との整合性を重視して検討

第2章 契約法の基礎に関わる重要論点

するのが妥当である。
2　次に、民法416条1項の「通常生ずべき損害」という文言それ自体はいわば「他の同種事例において通常認められる範囲の損害」という意味として国民に理解されており、「分かりやすい」概念で実務でも定着していると思料する。実際にも、同項については、部会において「分かりやすいし、立証もしやすい」とか「現在の実務の判断手法は、通常損害と特別損害という枠組みで安定している」などの有力意見がある（第3回議事録42頁・岡(正)委員、45頁・岡(健)委員）。

　また、「通常生ずべき損害の賠償」という原則自体は、損害賠償の範囲について公平に処理をする原則であって、「格差拡大のおそれ」も存しないと考える。

　従って、「通常生ずべき損害」の概念は上記の改正目的に合致するので、今後とも、これを損害賠償の範囲を画する原則とする方向で検討するのが妥当である。

　但し、特別損害の規定である同条2項においては、予見の主体や時期等についての明文規定がないので、これを補うために判例法理をもとに改正を行うことは「国民に分かりやすくする」ために必要である。

　これに対し、いわゆる「予見可能ルール」を損害賠償の範囲を画する原則とする考え方もある。

　確かに、「予見可能ルール」は、当事者の予見可能な範囲の損害を賠償させるという考え方であって、それ自体は相当因果関係概念（416条1項ではない）よりも分かりやすい。

　しかし、「予見可能な範囲の損害の賠償」の原則に立って契約書を作成するようになれば、論者の意図とは別に、交渉力等の優位者が、契約書の中に、相手方である劣位者の予見可能性を拡大させるための文言（優位者にとっての「契約の目的」や「目的物の使用予定」の詳細など）を入れる事態が多くなり、そのために契約書のこのような記載によって損害賠償の範囲が拡大してしまい、劣位者に不利益となるおそれがあると思料する（参照、半田吉信「ドイツ新債務法と民法改正」（2009年・信山社）345頁、346頁）。

　従って、予見可能ルールは、「格差による不利益を発生させるおそれ」すなわち「格差拡大のおそれ」があるので、失当であると思料する。

Ⅰ 改正目的との関係で特に重要な論点について

2　契約の解除について

これについては、主として次の点が問題となる。

第5　契約の解除　　　　　　　　　　　（論点整理13頁）
1　債務不履行解除の要件としての不履行態様等に関する規定の整序（民法第541条から第543条まで）
　(1)　催告解除（民法第541条）及び無催告解除（民法第542条、第543条）の要件及び両者の関係等の見直しの要否
　催告解除及び無催告解除の要件としての不履行態様等及び両者の関係等に関しては、以下の各論点について、更に検討してはどうか。
ア　催告解除（民法第541条）
① 債務不履行解除制度全般における催告解除の位置付けに関しては、催告解除が実務上原則的な解除手段となっていることや、できるだけ契約関係を尊重するという観点などを理由に、現行法と同様、催告解除を原則とし、催告解除と無催告解除を別個に規定すべきであるという意見がある一方で、催告後相当期間が経過することで、無催告解除を正当化するのと同等の不履行の重大性が基礎づけられると考えれば、両者の要件を統一化することも理論上可能である旨の意見等があった。これらの意見を踏まえて、催告解除の位置付けについて、催告が取引実務において有する機能、催告解除の正当化根拠と無催告解除の正当化根拠との異同等に留意しつつ、更に検討してはどうか。
② 判例が付随的義務等の軽微な義務違反の場合には、解除の効力を否定していることを踏まえて、この判例法理の趣旨を明文化する方向で、更に検討してはどうか。
③ 前記②の判例法理の趣旨を明文化する場合の具体的な要件に関しては、不履行の内容によるものとする考え方と債務の種類によるものとする考え方があることについて、いずれの考え方においても不履行の内容や債務の種類等の様々な事情を総合考慮することに違いはなく、明文化するに当たっての視点の違いにすぎないとの意見があった。また、具体的な要件の規定ぶりに関しては、軽微な不履行を除くとする意見、重大な不

第2章　契約法の基礎に関わる重要論点

履行とする意見、本質的な不履行とする意見、契約をした目的を達することができないこととする意見等があった。これらを踏まえて、前記②の判例法理の趣旨を明文化する場合における具体的な要件の在り方について、要件の具体性・明確性の程度が取引実務に与える影響に留意しつつ、更に検討してはどうか。

④ 前記②における解除を否定する要件の主張立証責任に関しては、解除を争う者が軽微な義務違反であることの主張立証責任を負うものとすべきであるとの意見があった一方で、前記②の判例法理からすれば、解除する者が自己の解除権を根拠付けるため軽微な義務違反でないことを主張立証すべきこととなるという意見もあった。また、事業者間の契約か否かで主張立証責任の在り方を変えるという考え方（例えば、事業者間契約でない場合は解除する者が重大な不履行であることの主張立証責任を負うものとする一方、事業者間契約においては、催告に応じなければ原則として契約を解除することができ、重大な契約違反に当たらないことを債務者が立証した場合にのみ解除が否定されるとすること。後記第62、3(1)①）については、消極的な意見があったが、今後も検討を継続すべきであるという意見もあった。そこで、これらの意見を踏まえて、前記②の判例法理を明文化する際の主張立証責任の在り方について、更に検討してはどうか。

イ 無催告解除（民法第542条、第543条）

　無催告解除が認められる要件の在り方については、定期行為の遅滞（民法第542条）や履行不能（同法第543条）等、催告が無意味である場合とする意見、不履行の程度に着目し、重大な不履行がある場合とする意見、主たる債務の不履行があり、契約の目的を達成することができない場合とする意見等があったことを踏まえて、更に検討してはどうか。

ウ その他

① 前記ア及びイの各論点において不履行の程度を問題とする場合、その判断に際して不履行後の債務者の対応等を考慮することができるものとすべきか否かについては、契約の趣旨に照らして契約に拘束することを正当化できるか否かを判断基準とする観点から、不履行後の対応等も含めてよいという意見と、不履行後の対応によって本来解除できないものが解除できるようになることは不適切であるから、これを含めるべきで

Ⅰ 改正目的との関係で特に重要な論点について

はないという意見があったことを踏まえて、更に検討してはどうか。
② 解除が債務者に不利益をもたらし得ることに鑑みて、解除の要件設定においては、債務者にそのような不利益を甘受すべき事情があるか否かを考慮できるようにすべきであるという意見があり、これに関して、契約目的不達成や重大不履行等の要件の判断において、そのような事情を考慮できるという意見や、それでは不十分な場合があり得るという意見があった。これらの意見を踏まえて、解除により債務者が被る不利益を考慮できる要件設定の在り方について、「債務者の責めに帰することができない事由」を解除の障害事由とすることの要否（後記２）と併せて、更に検討してはどうか。

【部会資料５－２ 第３、２(1)［62頁］、(2)［72頁］】

〔意 見〕
ア 催告解除
① 催告解除制度を原則とし、無催告解除をその例外とすること、及び催告解除と無催告解除を別個に規定することに賛成する。これに対し、解除の正当化根拠及び要件を「重大な不履行」に求める考え方（以下「重大不履行解除論」という）があるが、強く反対する。
② 催告解除原則に立ちつつ、付随的義務違反等の場合に解除の効力を否定する判例法理を明文化する方向に賛成する。
③ 上記の判例法理を明文化する場合には、催告解除の原則を前提に、「但し、債務の本旨に関連性のない義務の不履行又は軽微な一部不能の場合は解除ができない」などの規定を置く（一部改正）方向で検討するのが妥当であると思料する。
④ 上記の判例法理を明文化する場合には、解除を否定する要件の主張立証責任を債務者に課す方向で検討するのが妥当である。
イ 無催告解除について
催告解除を原則とする立場に立って、「催告が無意味である場合」及び「債務の不履行によって契約の目的を達成することができない場合」に限り、無催告解除を例外的に認める方向で検討するのが妥当である。
また、無催告解除ができる場合をこのように限定するだけではなく、さらに無催告解除の要件について強行法規化するのが妥当であると思料する。

第2章 契約法の基礎に関わる重要論点

ウ その他について
① 相当な催告期間内における債務者の対応（不履行後の対応）を考慮することについては、賛成する。
② 債務者に解除の不利益を甘受すべき事情があることを解除要件とすること及びその場合の要件として「債務者の責めに帰すべき事由」を要求することについては、賛成する。

〔理 由〕
ア 催告解除について
　①について
　まず、現行の催告解除の要件規定を改正することについての立法事実あるいは社会・経済ないし実務上の必要性は存しないと思料する。現に、部会の議事録等においても「現行法の催告解除要件について、社会・経済ないし実務上具体的な弊害があり改正の必要性がある」などの指摘は見あたらない。
　従って、やはり「国民に分かりやすい民法の実現」及び「格差拡大への対応」という改正目的実現のためにのみ改正が許されるのであるから、これについても、「改正目的との整合性」を重視するのが妥当である。
　この点、まず、催告解除は、「契約の拘束力を維持すべき」という大原則のもとで「催告における相当期間内の本旨債務不履行」という明確で限定的な要件のもとに拘束力解消の制度を認めたものであって、「国民に分かりやすい」制度であると思料する（平成22年3月9日付東京弁護士会意見書15頁参照）。
　また、現行の催告解除制度それ自体は公平な制度であって、交渉力などの優位者に一方的に有利なものとは言えない（なお、無催告解除特約を自由に認める場合は、交渉力等優位者に有利となるので、後述のとおり、要件を限定しかつ強行法規化する旨の改正を行う必要がある）。
　従って、催告解除規定は、今回の民法改正の目的とも一致するので、基本的にはこれを維持する方向で検討するのが妥当である。
　これに対し、上記論点整理では、重大不履行解除論に立って、「催告後相当期間が経過することで、無催告解除を正当化するのと同等の不履行の重大性が基礎づけられると考えれば、両者の要件を統一化することも理論上可能である」という意見が示されている。
　しかし、まず、「重大な不履行」という要件ついては、「何が重大か」が非常

I　改正目的との関係で特に重要な論点について

に不明確であって「国民に分かりにくい」と言うべきである（第4回議事録6頁・大島委員、9頁・鹿野幹事　木村・委員、11頁・高須幹事、前掲・東京弁護士会意見書15頁）。

のみならず、「重大な不履行」を解除の要件とした場合、その意味が不明なこともあって結局は「重大性」についての契約書の文言が重視されてしまい、論者の意図とは別に、交渉力等における優位者が、契約書において「重大な債務履行の例示条項」（例えば「目的物の取扱説明書については、内容のいかんを問わず期限内に引き渡すことが債務履行として重大である」など）を盛り込むなどの傾向が生じるおそれがあると思料する（なお、同旨の提案をしている「債権法改正の基本方針」（商事法務別冊 NBL 126 号）145頁では「相手方が契約に対する正当な期待を失った」ことを「重大な不履行」と定義しているが、契約書に記載された「重大な」債務履行を怠れば、「正当な期待」が失われたことになると思料される）。

そうすると、このような契約書を押しつけられた劣位者は、たとえ些細な事由の不履行であっても、即時に契約を解除されてしまうなどの不利益を受けるおそれがあると考える。

従って、「重大な不履行」を要件とする見解は、「国民に分かりにくい」ばかりか「格差拡大のおそれ」があり、失当であると思料する。

なお、「催告に応じないことが重大な不履行に当たる」との要件を挙げる考え方もあるが、この見解も「重大な不履行」を要件としているので分かりにくく、かつ、「重大な不履行による即時解除」を前提とする場合は必ず催告がなされるとは言えず、依然として「格差拡大のおそれ」があるので、失当であると思料する。

②について

次に、付随的義務違反あるいは軽微な一部履行不能の場合に解除の効力を否定する判例法理を明文化することは、「国民に分かりやすい民法」を実現することに繋がるので妥当である。そして、解除を例外的に否定する事由であるから、これらを催告解除規定の但書において規定（一部改正）するのが適切であると考える。

この点、催告解除の原則に立っても、債務の本旨に関連性のない付随的な義務の不履行については、契約の拘束力の大原則から解除を否定するべきであり、かつ軽微な一部不能の場合も契約の目的を達することができるので契約の拘束力の大原則から解除を否定すべきであって、催告解除原則に立ちつつ上記の二

つの例外を認めることができるので、理論的にも問題がないと思料する。
　③について
　上記の解除を否定する例外事由の規定の在り方については、催告解除を原則としつつ、その但書きにおいて「債務の本旨に関連性のない義務の不履行又は軽微な一部不能の場合は解除ができない」などの規定を置く（一部改正）方向で検討するのが妥当であると考える。付随的義務という概念は一般国民には分かりにくいが、「債務の本旨に関連性がない義務」という規定であれば分かりやすくなると思料する。
　④について
　解除を否定する要件の主張立証責任については、上記のとおり催告解除規定の但書きに例外事由を規定することにより、債務者の抗弁と位置づけることが可能である。
　のみならず、催告解除の原則に立つ場合は、債権者としては催告によって「債務者に対し最後の履行機会を与える」という旨の最後通牒をなし、債務者がその間においても債務の履行を行わなかったのであるから、解除が否定される例外要件について債務者に立証責任を課すとするのが公平である。
　これに対し、重大不履行解除論の立場では、原則的には不履行の重大性の主張立証責任を解除権者（債権者）に課すべきことになるが、その前提及び結論のいずれも妥当ではないと思料する。
　また、この主張立証責任を私人間の契約と事業者間の契約で区別する見解があるが、催告解除原則の立場からは上述のとおり債務者に立証責任を課すのが当事者間の公平に資すること、及び基本的に対等な私人間の契約と対等な事業者間の契約との間で、上記区別を認める必要性・合理性はないので、失当であると思料する。

イ　無催告解除について
　次に、無催告解除は催告解除原則に対する例外であって、かつ催告は最後通牒の意義を有するのであるから、無催告解除を限定的な要件のもとにのみ認めるのが妥当である。
　そうであれば、定期行為の遅滞や履行不能など「催告を行うことが無意味である場合」、並びに「不履行によって契約の目的を達成することができない場合」に限って、催告という最後通牒を省くことができるとするのが適切であると思料する。

Ⅰ 改正目的との関係で特に重要な論点について

　また、無催告解除特約を自由に認める場合は、交渉力等優位者に有利となるので、「催告を行うことが無意味である場合」などの要件規定については強行法規化する旨の改正を行うのが妥当であると考える。

　これに対し、「重大な不履行」があるだけで無催告解除ができるとする考え方もあろうが、これでは結局のところ催告解除原則を廃止して重大不履行解除を原則とする考え方につながるので、失当であると思料する。

ウ　その他について

① 催告解除を原則とする立場からは、催告に定められた相当期間内の債務者の対応すなわち「不履行後の対応」を考慮することができるのであって、もとより妥当である。

　これに対し、重大不履行解除論に立って、催告後相当期間内の債務者の対応を考慮する考え方もあるが、重大ではない不履行の場合に、催告期間内に債務履行を行わないだけで突如として「重大な不履行」の要件が満たされることになるとするのは無理があると思料する（第4回議事録11頁・松本委員）。

② 解除は債務者に著しい不利益をもたらすので、その要件として、債務者にそのような不利益を甘受すべき事情があることを要求すべきであって、その場合の要件としては、「債務者の責めに帰すべき事由」による不履行があることを要求するのが妥当であると考える（詳細は、次の論点の〔意見〕、〔理由〕のとおり）。

　これに対し、重大不履行解除論では当事者の帰責事由の存否は問題とならず、「債権者」の責めに帰すべき事由による「重大な不履行」の場合ですら債権者が解除ができることになるはずであり（本書44頁に引用した論点整理138頁(2)第2段落参照）、国民の常識に合致せず「分かりにくい」と思われる。

2　「債務者の責めに帰することができない事由」の要否（民法第543条） （論点整理15頁）

　解除は不履行をした債務者への制裁ではなく、その相手方を契約の拘束力から解放することを目的とする制度であると理解すべきであり、また、裁判例においても帰責事由という要件は重要な機能を営んでいないなどとして、解除の要件としての債務者の帰責事由を不要とする考え方がある。このような考え方については、これに理解を示す意見があった一方、現行法との連続性を確保することの意義、危険負担制度を維持する必要性、債

務者が解除に伴う不利益を甘受すべき事情を考慮できる要件設定の必要性等の観点から否定的な意見があった。そこで、これらの意見を踏まえて、上記の考え方の当否について、催告解除及び無催告解除の要件となる不履行態様等の見直しに関する議論（前記１(1)）との関連性に留意しつつ、更に検討してはどうか。

【部会資料５－２ 第３、３［77頁］】

〔意　見〕
　解除の要件として、債務者に「責めに帰すべき事由があること」を要求することに賛成する。

〔理　由〕
　確かに、解除は、当事者間の「契約関係の解消」を主たる目的とする制度であって「制裁」を主たる目的とはしていない。
　しかし、まず解除自体が「契約の拘束力」という大原則に対する例外であって、解除の要件をできる限り限定するのが妥当である。
　のみならず、解除によって債務者が重大な不利益を受けることから、債務者にかかる不利益を甘受すべき事情として「責めに帰すべき事由がある」ことを要求するのが妥当であると思料する。

３　危険負担について

これについては、主として次の点が問題となる。

第６　危険負担（民法第534条から第536条まで）（論点整理17頁）
１　債務不履行解除と危険負担との関係
　債務不履行解除の要件につき債務者の帰責事由を不要とした場合（前記第５、２）には、履行不能の場面において解除制度と危険負担制度の適用範囲が重複するという問題が生ずるところ、この問題の処理については、解除制度に一元化すべきであるという意見や解除制度と危険負担制度を併存させるべきであるという意見等があった。解除一元化案は、履行不能と思われる場面では帰責事由の有無に立ち入ることなく原則的に催告解除を

Ⅰ 改正目的との関係で特に重要な論点について

　行う実務に適合的である上、現実の取引実務・裁判実務では危険負担制度がほとんど機能を果たしておらず、同一の目的を有する制度を併存させる意義が乏しいこと、反対債務からの解放を当事者の意思に委ねる方が私的自治の要請にかない、法律関係の明確化に資すること、債権者が反対債務の履行に利益を有する場合や不能となった債権につき代償請求権を有する場合等、債権者が契約関係の維持に利益を有する場面があることなどを理由とし、他方、解除・危険負担併存案は、履行不能の場合には反対債務が自然消滅すると考えるのが常識的な場面が多いこと、常に解除の意思表示を必要とすることが債権者に不利益となる場合があり得ることなどを理由とする。
　そこで、この問題の処理に伴う様々な課題（例えば、仮に解除制度に一元化した場合においては、危険負担の発想に基づく特則が必要な場面の整理、継続的な契約で一時的な履行不能が生じた場合における利益調整規定等の要否、解除権の存続に関する催告権や解除権消滅事由の規定の見直しの要否等。仮に解除制度と危険負担制度を併存させる場合においては、契約の終了という同一の目的・機能を有する制度を併存させる必要性と弊害の有無等）の検討を踏まえて、解除制度と危険負担制度の適用範囲が重複する場面の処理について、更に検討してはどうか。

【部会資料５－２　第４、３［100頁］】

〔意　見〕
　債務不履行解除において帰責事由を必要とする前提に立って、危険負担制度を存置する考え方に賛成する。
　これに対し、帰責事由を不要とする前提に立って、危険負担制度を廃止し解除一元論を採用する考え方があるが、これについては強く反対する。

〔理　由〕
1　まず、現行法の危険負担制度（債務者主義）を廃止すべきことについての立法事実あるいは社会・経済ないし実務上の必要性は存しないと思料する。現に、部会の議事録等でもその旨の指摘は見あたらない。
　　それ故、これについても「国民に分かりやすい民法」及び「格差拡大への対応（ないし劣位者の保護）」という改正目的実現の見地からの改正が許され

第2章　契約法の基礎に関わる重要論点

るにすぎないのであるから、「改正目的との整合性」を最も重要な観点として今後検討するのが妥当であると思料する。

2　この点、危険負担の債務者主義は、「双務契約において目的物の引渡等がなされる以前に、債務者に責めに帰すべき事由がないのに目的物が滅失等して履行不能になり債務が消滅した場合、対立する債務も当然に消滅する」というものであって、国民の常識に合致し「分かりやすい」と言うべきである（第4回議事録36頁・中井委員、41頁・岡(正)委員）。

また、現行解釈による危険負担制度（債務者主義）により「格差拡大のおそれがある」などの指摘も存しないと思われる。

そこで、今回の改正目的の実現等のためには、むしろ上記の危険負担制度（債務者主義）を存置すべきであって、解除における帰責事由を要求する立場からは、帰責事由の有無によって解除と危険負担の適用範囲を分ける現行の考え方によるのが妥当であると思料する。

3　これに対し、解除一元論では、「帰責事由無くして一方の債務履行が不能になり債務が消滅した場合にも、解除しなければ契約関係が消滅しない」とするので、「国民に分かりにくい」と思料する。

また、この立場に立って危険負担制度を廃止する場合でも、賃貸借契約の目的物の一部が利用できない場合の賃料の減額の問題などにおいて例外的措置を設ける必要が出てきており、このような重要な例外が存することによる「分かりにくさ」も存在すると思われる（第4回議事録37頁中井委員）。

のみならず、解除一元論のように「一方の債務が消滅したのに他方の債務についても解除しなければ責任を免れない」とすると、解除の仕方も知らない一般市民ないし消費者や中小零細事業者などの劣位者にとっては、特段の必要もないのに解除を求められることになるので極めて煩わしく、かつ公示送達の方法も知らない同人らについて「解除通知未到達の危険」も発生すると考える。

それ故、解除一元論は「国民に分かりにくい」ばかりか「劣位者の保護にもとるおそれ」があるので、失当であると思料する。

しかも、本年3月に発生した東日本大震災では、日本の観測記録史上最大の震度による地震及び想定を超える規模の津波が発生し、不可抗力による不履行の事例が頻発し、法律相談レベルではあるが危険負担法理が適用されて解決されている事例が増大している。そのように危険負担法理が十分に機能

Ⅰ 改正目的との関係で特に重要な論点について

している中で、主として理論的見地（解除の目的と機能重複解消）からこれを廃止し、自己の債務を消滅させるには解除及び解除通知の到達が必要であるとするのは、通知の到達可能性が著しく低下している大震災の現状もあわせ考慮すると、適切とは言えない。

よって、危険負担の廃止及び解除一元論の採用は、失当であると思料する。

第3章 その他の重要な論点

以下においては、「改正目的との整合性」の観点から見て特に重要な「その他の論点」について意見を述べる。

1 債権者代位権について

これについては、主として次の点が問題となる。

---

2 本来型の債権者代位権の在り方　　　　　　（論点整理21頁）
(1) 本来型の債権者代位権制度の必要性

　判例は、代位債権者が、第三債務者に対して、被代位権利の目的物である金銭を直接自己に引き渡すよう請求することを認めており、これによれば、代位債権者は、受領した金銭の債務者への返還債務と被保全債権とを相殺することにより、債務名義を取得することなく、債務者の有する債権を差し押さえる場合よりも簡便に、債権回収を図ることができる（こうした事態は「事実上の優先弁済」とも言われている）。これに対しては、債務者の責任財産を保全するための制度として民事保全制度(仮差押制度)を有し、債権回収のための制度として民事執行制度(強制執行制度)を有する我が国の法制の下において、本来型の債権者代位権制度を存続させることの必要性に疑問を示す見解もあるが、本来型の債権者代位権には、民事執行・保全制度では代替することのできない機能があることから、これを存続させる方向で、更に検討してはどうか。

　　　　　　　　　　　　　【部会資料7－2 第1、2(1) [2頁]】

〔意　見〕
　本来型の債権者代位権を存続することについては賛成する。

〔理　由〕
　実務上は、本来型の債権者代位権が、形成権の代位行使や被代位債権の時効中断などの機能を果たしているほか、少なくとも債権回収交渉の手段として機能したり、あるいは振り込め詐欺の救済理論として使われたように簡易の救済手段として機能している（第5回議事録4頁ないし7頁）。
　のみならず、とりわけ中小零細事業者などの少額債権者にとって、事実上の優先弁済機能は、債権回収における「劣位者の保護」の役割を果たしているので、その点からも本来型の債権者代位権を存続させるのが妥当であると思料する（詳細は次の論点のとおり）。

---

(2)　債権回収機能（事実上の優先弁済）の当否　　（論点整理21頁）
　本来型の債権者代位権における債権回収機能（事実上の優先弁済）に関しては、責任財産の保全という制度の目的を逸脱するものであるなどとして、これを許容すべきではないとする意見がある一方で、これを否定することに慎重な意見もあることから、これらを踏まえて、その見直しの要否について、更に検討してはどうか。

【部会資料7－2 第1、2⑵〔7頁〕】

〔意　見〕
　債権者代位権の事実上の優先弁済機能を一定の債権額の範囲内で肯定する方向で検討するのが妥当である。

〔理　由〕
　上記機能の否定説は、強制執行や民事保全制度が整備されていることを最大の理由としており、原則的にはそのとおりである。
　しかし、少額債権の場合は、第三債務者に対する仮差押をなして提訴し勝訴判決を得て差押をするよりも、代位権により優先弁済を受ける方が簡便である（第5回議事録14頁・岡（正）委員）。
　とりわけ少額債権者の大半が中小零細事業者であることからみて、事実上の優先弁済機能を維持することは、「劣位者の保護」にも繋がると考える。

Ⅰ 改正目的との関係で特に重要な論点について

　すなわち、代位債権者への金銭の直接給付を肯定しつつ、その金銭の債務者への返還債務と被保全債権との相殺を禁止する考え方を貫くと、少額債権者が債権回収を行うには、債務者の代位債権者に対する金銭引渡請求権を差し押さえる以外に方法はなく、その場合は他の大口の債権者が配当加入して来ることにより、少額債権者の債権回収が事実上困難になり、かかる者の保護にもとる結果になりかねないと思料する。

　従って、かかる債権回収における「劣位者の保護」のためには、一定額の範囲内での上記相殺を認めるのが妥当である。

　それ故、一定の少額の債権額の範囲内（例えば「政令で定める一定額」と規定し、その範囲内では債権者の如何を問わない）でのみ、優先弁済を受けることができるとすることが妥当であると思料する。

　これに対し、同じく少額債権者保護の見地から、下請人が注文者に対して直接請求権を有するものとすべきである旨の見解（論点整理149頁参照）がある。

　しかし、大多数が少額債権者である下請人を保護するという制度趣旨は妥当ではあるものの、そのような考え方では、少額債権者のうち、例えば売買代金債権者や賃料債権者らと、下請人との間で債権回収において不平等が生じることになり妥当でないと思われる。

　やはり、少額債権者保護のためには、一定の債権額について債権者代位権の債権回収機能を認めるのが妥当である。

2　詐害行為取消権について

これについては、主として次の点が問題となる。

3　効果に関する規定の見直し　　　　　（論点整理32頁）
(1) 債権回収機能（事実上の優先弁済）の当否

　判例は、取消債権者が、受益者又は転得者に対して、返還すべき金銭を直接自己に引き渡すよう請求することを認めており、これによれば、取消債権者は、受領した金銭の債務者への返還債務と被保全債権とを相殺することにより、受益者その他の債権者に事実上優先して、自己の債権回収を図ることができることになる。

　このような債権回収機能（事実上の優先弁済）に関しては、民法第425

第3章　その他の重要な論点

条の「すべての債権者の利益のため」との文言に反し、本来の制度趣旨を逸脱するものであるとの指摘や、債権回収に先に着手した受益者が遅れて着手した取消債権者に劣後するという結論には合理性がないといった指摘がある。これらを踏まえて、上記の債権回収機能を否定又は制限するかどうかについて、責任財産の保全という制度趣旨との関係のほか、詐害行為取消権の行使の動機付けという観点などに留意しつつ、更に検討してはどうか。

　また、仮に詐害行為取消権における債権回収機能を否定又は制限する場合には、そのための具体的な方法（仕組み）について、更に検討してはどうか。

【部会資料７－２　第２、４(1)[70頁]、(2)[72頁]、同（関連論点）[74頁]】

〔意　見〕
　原則的には、詐害行為取消権について債権回収機能を制限するために、相殺を一定期間禁止すべきであるが、少額債権者保護の観点から一定の金額の範囲内で自由な相殺を許容し、その限度で同機能を認める方向で検討するのが妥当であると思料する。

〔理　由〕
　原則的には、債権者が受益者等に対して直接に金銭等の引き渡しを請求できるとしつつも、債権者が自己の債権と、債務者の債権者に対する金銭引渡請求権との間での相殺について、これを一定期間禁止することにより、詐害行為取消権における債権回収機能を制限するのが妥当である。
　しかし、この原則を貫くと、少額債権者が債権回収を急ぐ場合（経済的余裕がない中小零細事業者等はそれが通常である）は、債務者の上記の金銭引渡請求権を差し押さえる以外に方法はなく、その場合は他に大口の債権者が配当加入してきた場合は少額債権者の債権回収は事実上困難になり、かかる者の保護にもとる結果になりかねないと思料する。
　それ故、債権者代位権と同様に、債権回収における「劣位者の保護」の見地から、一定の金額の範囲内（「政令で定める一定額」とし、その範囲内では債権者の如何を問わない）で相殺を自由に認めるのが妥当であると考える。

Ⅰ　改正目的との関係で特に重要な論点について

3　債権譲渡について

これについては、主として次の点が問題となる。

2　債権譲渡の対抗要件（民法第467条）　　（論点整理48頁）
(1)　総論及び第三者対抗要件の見直し
　債権譲渡の対抗要件制度については、債務者が債権譲渡通知や承諾の有無について回答しなければ制度が機能せず、また、競合する債権譲渡の優劣について債務者に困難な判断を強いるものであるために、債務者に過大な不利益を負わせていることのほか、確定日付が限定的な機能しか果たしていないこと等の民法上の対抗要件制度の問題点が指摘されている。また、動産及び債権の譲渡の対抗要件に関する民法の特例等に関する法律（以下「特例法」という。）と民法による対抗要件制度が並存していることによる煩雑さ等の問題点も指摘されている。これらの問題点の指摘を踏まえて、債権譲渡の対抗要件制度を見直すべきかどうかについて、更に検討してはどうか。
　債権譲渡の対抗要件制度を見直す場合には、基本的な見直しの方向について、具体的に以下のような案が示されていることを踏まえ、更に検討してはどうか。その際、A案については、その趣旨を評価する意見がある一方で、現在の特例法上の登記制度には問題点も指摘されており、これに一元化することには問題があるとの指摘があることから、まずは、特例法上の登記制度を更に利用しやすいものとするための方策について検討した上で、その検討結果をも踏まえつつ、更に検討してはどうか。
［A案］登記制度を利用することができる範囲を拡張する（例えば、個人も利用可能とする。）とともに、その範囲において債権譲渡の第三者対抗要件を登記に一元化する案
［B案］債務者をインフォメーション・センターとはしない新たな対抗要件制度（例えば、現行民法上の確定日付のある通知又は承諾に代えて、確定日付のある譲渡契約書を債権譲渡の第三者対抗要件とする制度）を設けるという案
［C案］現在の二元的な対抗要件制度を基本的に維持した上で、必要な修正を試みるという案

第3章 その他の重要な論点

【部会資料９－２ 第１、３⑴［10頁］、同（関連論点）
１から同（関連論点）３まで［13頁から18頁まで］】

〔意　見〕
１　現行の通知・承諾の制度を基本的に維持しつつ、第三者対抗要件に関する判例理論を法文化するなどの必要な修正を行う方向性（Ｃ案）に賛成する。
２　金銭債権の譲渡について債権譲渡登記に一元化する見解（Ａ案）については強く反対する。
３　債務者をインフォメーション・センターとはしない新たな対抗要件制度（Ｂ案）についても強く反対する。

〔理　由〕
　まず、Ａ案の債権譲渡登記への一元化については、種々の疑問が出されている（第７回議事録25頁ないし37頁）が、とりわけ、中小零細事業者などの少額債権者にとっては、現状では登記制度利用強制により債権譲渡のコストが上昇するので債権譲渡制度を利用すること自体が事実上困難となるおそれがある。
　また、現状では、債権譲渡登記を受け付けている法務局は全国でも一カ所（東京）のみであるから、地方の中小零細事業者にとっては債権譲渡登記の申請自体が困難になるおそれもある（インターネットによる登記申請も可能であるが、実際には分かりにくく利用しづらいのでＩＴ化対応能力格差による不利益の懸念もある）。
　そうすると、債権譲渡登記制度への一本化は、債権譲渡による資金調達等の手段を、中小零細事業者から事実上奪うことに繋がりかねず、同人らの不利益となって、大手の事業者との間で「格差拡大のおそれ」があると思料する。
　また、方向性として、当面は現状の通知制度を維持しつつ、将来において登記一元化を図ることを別途法律で規定する方法も検討されているようであるが、登記一元化による「格差拡大のおそれ」を克服できることが確実にならない限りは、法文化することは立法政策として妥当ではないと思料する。
　なお、上記Ｂ案は、第三者対抗要件について確定日付のある譲渡契約書によることとしているが、これでは債務者が債権譲渡の事実を何ら認識していないにも関わらず確定日付ある譲渡証書のみで第三者対抗要件を具備できることになり、結局のところ公示機能が全く存しない対抗要件制度を認めることになる

Ⅰ 改正目的との関係で特に重要な論点について

ので、失当であると思料する。

よって、現在の状況では上記Ｃ案を取る他はなく、これによる弊害については別途、これに対応する判例法理を法文化し、かつ配達「時間」を証明する制度その他の債務者保護規定を設けるなどの対応策を講じるのが妥当である。

4　相殺について

これについては、主として次の点が問題となる。

2　相殺の方法及び効力　　　　　　　　　（論点整理 67 頁）
(1)　相殺の遡及効の見直し（民法第 506 条）
　民法第 506 条は、相殺に遡及効を認めているところ、この規定内容を見直し、相殺の意思表示がされた時点で相殺の効力が生ずるものと改めるべきであるという考え方がある。このような考え方の当否について、遡及効が認められなくなることにより特に消費者に不利益が生ずるおそれがあるという指摘があることに留意しつつ、任意規定として遡及効の有無のいずれを規定するのが適当かという観点から、更に検討してはどうか。

【部会資料 10 − 2 第 2、3 ［43 頁］】

〔意　見〕

相殺の遡及効を認める現行民法の規定を維持するのが妥当である。これを否定する見解については強く反対する。

〔理　由〕

相殺の遡及効を否定する見解は、「実務では相殺の意思表示がなされた時点で差引計算する処理がなされており遡及効を認める実益がなく、かつ相殺の意思表示を要求する以上は、理論的には遡及効を認めないのが一貫する」としている。

しかし、このような考え方については、とりわけ「劣位者の保護」にそぐわないので、失当であると思料する。詳細は以下のとおりである。

1　相殺の遡及効を否定すると、預金者が預金を担保に借り入れた場合において、預金金利と貸付金利及び遅延損害金利率に差があるために、預金者の相

殺の意思表示が遅れただけで同人が不利益を受けるおそれがある。
　この点、一般市民ないし消費者や中小零細事業者については、適時・迅速な相殺の意思表示を行うことが期待できず、その結果同人らの利益が害されるおそれがある。
2　民法で遡及効が原則となっていれば、これを否定する約款や合意が、消費者契約法上無効となる余地があるので、実務上でも遡及効を認める実益があり、消費者保護に繋がる。（以上参照、第8回議事録36頁ないし41頁）。

> (2)　時効消滅した債権を自働債権とする相殺（民法第508条）の見直し
> 　　　　　　　　　　　　　　　　　　　　　　（論点整理67頁）
> 　民法第508条を見直し、時効期間が満了した債権の債務者に、時効援用の機会を確保するという視点から、① 債権者Aは、時効期間の経過した自らの債権の債務者Bが時効を援用する前に、当該債権を自働債権として相殺の意思表示をすることができるが、② その場合も、債務者Bは、Aによる相殺の意思表示後の一定の期間内に限り、時効を援用することができるものとするという考え方がある。このような考え方の当否について、債務者の相殺の期待を保護すべきであるとの意見や、時効制度の見直しの検討結果を踏まえて、更に検討してはどうか。
> 　　　　　　　　【部会資料10－2 第2、3（関連論点）1［45頁］】

〔意　見〕
　時効消滅した債権を自働債権とする相殺が可能であるとする現行民法を維持するのが妥当である。
　これに対し、「相殺ができるとしつつ、相殺の意思表示後一定期間内は、なお時効消滅した債権の債務者は時効を援用できる」とする見解については強く反対する。

〔理　由〕
　相殺の意思表示後一定期間内において、時効消滅した債権の債務者による時効の援用を認めると、例えば、時効が完成した過払金返還請求権でもって貸付債権との間で相殺することも制限されるので、消費者保護にそぐわないと思料する（参照、第8回議事録40頁ないし43頁）。

I 改正目的との関係で特に重要な論点について

5　意思表示について

これについては、主として次の点が問題となる。

> (5)　錯誤者の損害賠償責任　　　　　　　　（論点整理92頁）
> 　錯誤は、錯誤者側の事情で意思表示の効力を否定する制度であるから、錯誤者はこれによって相手方が被る損害を賠償する責任を伴うとして、錯誤無効が主張されたために相手方や第三者が被った損害について錯誤者は無過失責任を負うという考え方がある。これに対しては、無過失責任を負わせるのは錯誤者にとって酷な場合があり、損害賠償責任の有無は不法行為の一般原則に委ねるべきであるとの指摘もある。このような指摘も踏まえ、上記の考え方の当否について、更に検討してはどうか。
> 【部会資料12－2　第3、4(4)（関連論点）[34頁]】

〔意　見〕
錯誤者の損害賠償責任についての規定を置くことに強く反対する。

〔理　由〕
　このような特則を設けたときは、情報収集力等に劣るために錯誤に陥って無効を主張せざるを得なくなった消費者や中小零細事業者などに過酷であり、「劣位者の保護」にそぐわないと思料する（第10回議事録32頁）。損害賠償責任の有無は不法行為の一般原則に委ねるのが妥当である。

> 5　意思表示に関する規定の拡充　　　　　　（論点整理93頁）
> 　詐欺、強迫など、民法上表意者が意思表示を取り消すことができるとされている場合のほかにも、表意者を保護するため意思表示の取消しを認めるべき場合があるかどうかについて、更に検討してはどうか。
> 　例えば、契約を締結するか否かの判断に影響を及ぼすべき事項に関して誤った事実を告げられたことによって表意者が事実を誤認し、誤認に基づいて意思表示をした場合には、表意者は意思表示を取り消すことができるという考え方がある。また、表意者の相手方が表意者にとって有利な事実

第 3 章 その他の重要な論点

を告げながら、これと表裏一体の関係にある不利益な事実を告げなかったために表意者がそのような事実が存在しないと誤認し、誤認に基づいて意思表示をした場合（誤った事実を告知されたことに基づいて意思表示をした場合と併せて不実表示と呼ぶ考え方がある。）には、表意者は意思表示を取り消すことができるという考え方もある。これらの考え方に対しては、濫用のおそれを指摘する指摘や、表意者が事業者であって相手方が消費者である場合にこのような規律を適用するのは適当ではないとの指摘、相手方に過失がない場合にも取消しを認めるのであれば相手方の保護に欠けるとの指摘などもあるが、これらの指摘も踏まえ、上記の考え方の当否について、更に検討してはどうか。

【部会資料12－2　第3、6⑴〔52頁〕、⑵〔56頁〕】

〔意　見〕
1　詐欺、強迫など、民法上表意者が意思表示を取り消すことができるとされている場合のほかにも、表意者を保護するため意思表示の取消しを認めるべき場合があることについて、更に検討することに賛成する。
2　その場合に、「契約を締結するか否かの判断に影響を及ぼすべき事項に関して誤った事実を告げられたことによって表意者が事実を誤認し、誤認に基づいて意思表示をした場合」及び「そのような事項に関し不利益な事実を告げなかった場合」を不実表示と定義して民法に規定する方向性に賛成する。
　　但し、任意法規とすることには強く反対する。
3　不実表示の要件、効果等については慎重に検討すべきである。

〔理　由〕
1　詐欺、脅迫以外の場合においても、情報収集力等における優位者が劣位者に対して、契約を締結するか否かの判断に影響を及ぼすべき事項に関して誤った事実を告げたなどの場合に、「劣位者の保護」の見地から表意者を保護すべき必要が生じる。
2　相手方が、契約を締結するか否かの判断に影響を及ぼすべき事項に関し誤った事実を告げた場合、あるいはそのような事項に関し不利益な事実を告げなかった場合には、消費者契約のみならず事業者間契約も含めて契約一般における「劣位者の保護」の見地から、表意者保護の制度を設けるのが妥当

Ⅰ 改正目的との関係で特に重要な論点について

である。なお、その場合は強行規定としなければ「劣位者の保護」という改正目的にもとることになると思料する。
3 その要件については、「誤って」或いは「過失無くして」消費者が不実表示をして事業者と契約した場合に、事業者が契約の取消をなすことができるとするのは消費者保護の観点で問題がある。

　そこで、例えば「消費者契約に関する消費者の不実告知については、民法の適用をしない」（適用除外）あるいは「消費者契約法に規定する」（レファレンス規定）などと民法に規定して、消費者契約法に明文で特則を設ける方向性を検討するのが妥当である。

6 不当条項規制について

これについては、主として次の点が問題となる。

第31 不当条項規制　　　　　　　　　（論点整理95頁）
1 不当条項規制の要否、適用対象等
(1) 契約関係については基本的に契約自由の原則が妥当し、契約当事者は自由にその内容を決定できるのが原則であるが、今日の社会においては、対等な当事者が自由に交渉して契約内容を形成することによって契約内容の合理性が保障されるというメカニズムが働かない場合があり、このような場合には一方当事者の利益が不当に害されることがないよう不当な内容を持つ契約条項を規制する必要があるという考え方がある。このような考え方に従い、不当な契約条項の規制に関する規定を民法に設ける必要があるかについて、その必要性を判断する前提として正確な実態の把握が必要であるとの指摘などにも留意しつつ、更に検討してはどうか。
(2) 民法に不当条項規制に関する規定を設けることとする場合に対象とすべき契約類型については、どのような契約であっても不当な契約条項が使用されている場合には規制すべきであるという考え方のほか、一定の契約類型を対象として不当条項を規制すべきであるとの考え方がある。例えば、約款は一方当事者が作成し、他方当事者が契約内容の形成に関与しないものであること、消費者契約においては消費者が情報量や交渉力等において劣位にあることから、これらの契約においては契約内容の

第3章 その他の重要な論点

合理性を保障するメカニズムが働かないとして、これらを不当条項規制の対象とするという考え方（消費者契約については後記第62、2①）である。また、消極的な方法で不当条項規制の対象を限定する考え方として、労働契約は対象から除外すべきであるとの考え方や、労働契約においては、使用者が不当な条項を使用した場合には規制の対象とするが、労働者が不当な条項を使用しても規制の対象としないという片面的な考え方も主張されている。これらの当否を含め、不当条項規制の対象について、更に検討してはどうか。

【部会資料13－2第1、1［1頁］、2(1)［5頁］、
部会資料20－2第1、2［11頁］】

〔意　見〕
1　不当条項を規制する規定を民法に設けることに賛成する。
2　規定対象については、原則として、契約一般において不当な契約条項が使用されている場合には規制対象とするのが妥当である。これに対し、消費者契約固有の不当条項規制については消費者契約法に規定するのが妥当であると思料する。

　但し、労働契約について不当条項規制を及ぼすべきか否かについては、慎重に検討すべきである。

　また、暴力団をはじめとする反社会的勢力排除条項の効力が否定されることのないよう配慮することが必要である。

〔理　由〕
1　「格差拡大への対応」ないし「劣位者の保護」という改正目的実現の見地からは、不当条項規制を民法に設けることが妥当である。
2　規定対象についても、消費者契約に限らず事業者間契約においても格差拡大は問題となっており、約款も含めて、原則としてどのような契約であっても不当な条項が使用されている場合には、「劣位者の保護」の見地から規制を及ぼすのが妥当である。

　これに対し、消費者契約固有の不当条項規制については、消費者保護の要請から見て消費者契約法に規定するのが妥当であると思料する。

　但し、労働契約については「労働者が不当な条項を使用した場合が問題と

Ⅰ 改正目的との関係で特に重要な論点について

なる」旨の議論があり、今後慎重に検討すべきである。

> **2 不当条項規制の対象から除外すべき契約条項** （論点整理96頁）
> 　不当条項規制の対象とすべき契約類型に含まれる条項であっても、契約交渉の経緯等によって例外的に不当条項規制の対象から除外すべき条項があるかどうか、どのようなものを対象から除外すべきかについて、更に検討してはどうか。
> 　例えば、個別に交渉された条項又は個別に合意された条項を不当条項規制の対象から除外すべきであるとの考え方がある。このような考え方の当否について、どのような場合に個別交渉があったと言えるか、一定の契約類型（例えば、消費者契約）に含まれる条項は個別交渉又は個別合意があっても不当条項規制の対象から除外されないという例外を設ける必要がないかなどに留意しながら、更に検討してはどうか。
> 　また、契約の中心部分に関する契約条項を不当条項規制の対象から除外すべきかどうかについて、中心部分とそれ以外の部分の区別の明確性や、暴利行為規制など他の手段による規制の可能性、一定の契約類型（例えば、消費者契約）に含まれる条項は中心部分に関するものであっても不当条項規制の対象から除外されないという例外を設ける必要はないかなどに留意しながら、更に検討してはどうか。
> 　　　　　　　　　　【部会資料16－2 第1、2(2)［6頁］、(3)［8頁］】

〔意　見〕
1　不当条項規制の対象条項について例外を認めることについては、強く反対する。
2　「個別に交渉された条項又は個別に合意された条項」を不当条項規制の対象から除外することについては、強く反対する。
3　「契約の中心部分に関する契約条項」について不当条項規制の対象から除外することについても、強く反対する。

〔理　由〕
1 「格差拡大への対応」ないし「劣位者の保護」という改正目的達成の見地からは、不当条項規制の対象条項について例外を認めるべきではないと思料する。

2 次に、「個別に交渉又は合意された条項」を規制対象から除外するのでは、情報や交渉力に格差のある当事者間であっても、そのような交渉や合意がなされれば、たとえ著しく不当な内容の契約条項も公序良俗に反しない限り有効になることになり、結局は情報等の格差による不平等を肯定することになるので妥当でない（第8回議事録28頁）。

また、上記論点整理において「一定の契約類型（例えば、消費者契約）に含まれる条項は個別交渉が行われても不当条項規制の対象から除外されないという例外を設ける必要」があるとして消費者保護を図ろうとしているが、このことは逆に言えば「個別に交渉又は合意された契約条項を不当条項規制の対象から除外するのは、劣位者保護にもとる」ということを意味すると思われる。

それ故、中小零細事業者等を含めた「劣位者保護」のためには「個別に交渉された条項又は個別に合意された条項」について例外を認めるのは失当であると思料する。

のみならず、不実表示の制度導入においても事業者間契約を含めた契約一般について「劣位者保護」を図っていることとの均衡から見て、このような例外を認めることは適切ではないと思料する。

3 何が契約の中心かの区別が難しいばかりか、法文化により、契約の中心部分の不当条項は排除されないという誤ったメッセージを与えることになりかねない（第8回議事録28頁、34頁）ので、「契約の中心部分に関する契約条項」を除外するのは失当であると思料する。

のみならず、上記のとおり「個別に交渉又は合意された条項」についても不当条項規制を及ぼす立場に立つ以上、契約の中心部分に関する条項についても不当条項規制を及ぼさなければ、脱法的手段として利用される事態を防ぐことができないと考える。

7 時効について

これについては、主として次の点が問題となる。

⑷ 合意による時効期間等の変更　　　　　　　（論点整理113頁）
当事者間の合意で法律の規定と異なる時効期間や起算点を定めることの

Ⅰ 改正目的との関係で特に重要な論点について

> 可否について、現在の解釈論では、時効完成を容易にする方向での合意は許容される等の学説があるものの、必ずしも明確ではない。そこで、合意による時効期間等の変更を原則として許容しつつ、合意の内容や時期等に関する所要の制限を条文上明確にすべきであるという考え方が示されている。このような考え方の当否について、交渉力に劣る当事者への配慮等に留意しながら、更に検討してはどうか。
>
> 交渉力に劣る当事者への配慮の在り方として、例えば、消費者概念を民法に取り入れることとする場合には、消費者契約においては法律の規定より消費者に不利となる合意による変更を認めないという特則を設けるべきであるとの考え方がある（後記第62、2③参照）が、このような考え方の当否について、更に検討してはどうか。
>
> 【部会資料14－2 第2、2(5)〔15頁〕】

〔意 見〕
1 合意による時効期間の変更を認めることについては慎重に検討すべきである。
2 仮にこれを認める場合でも、伸長又は短縮できる期間を制限するなどの必要な制限を行うのが妥当である。
　但し、消費者に不利となる方向での合意による変更を認めないことについては、民法に規定することは賛成できない。

〔理 由〕
1 現行民法の請負の瑕疵担保責任期間につき伸長できるとする規定（民法第639条）があること、保険等の約款で時効期間を2～3年とする旨の定めにつき現在の取引社会でも通用していることなどから、これを肯定する考えもあるが、時効を公序と捉える見解も有力であるので慎重に検討すべきである。
2 仮に、肯定する場合でも、交渉力等の劣位者である一般市民ないし消費者や中小零細事業者への配慮の見地からは、少なくとも変更可能な期間の最短と最長の「枠」を明確にするなどの規制をするのが妥当である。
　なお、一方当事者が消費者である場合に、消費者に不利な変更を認めないとすることについては、趣旨には賛成するが、消費者契約に関する特則は消費者契約法その他の特別法で規定するのが消費者保護に資すると考える。

> (4) 当事者間の交渉・協議による時効障害（論点整理115頁）
> 　時効完成の間際に当事者間で交渉が継続されている場合には、訴えの提起等により時効完成を阻止する手段を講じなければならないのを回避したいという実務上の要請があることを踏まえ、当事者間における交渉・協議を新たな時効障害事由として位置付けることの当否について、更に検討してはどうか。その際には、新たな時効障害事由を設けることに伴う様々な懸念があることを踏まえ、交渉・協議の意義や、その開始・終了の時期を明確にする方策などについて、更に検討してはどうか。
> 　また、当事者間の交渉・協議を新たな時効障害事由とする場合には、その効果に関して時効の停止事由として位置付ける案や時効期間の進行の停止と位置付ける案について、更に検討してはどうか。
> 　　　　　　　　　　　　【部会資料14－2第2、3(6)〔32頁〕】

〔意　見〕
　当事者間における交渉・協議を新たな時効障害事由とすることについては、反対する。これを前提とする「位置づけ」についても反対する。
〔理　由〕
　このような規定を設けると、一般市民ないし消費者や中小零細事業者などの交渉力等における劣位者が、時効完成が近くなった段階で長期間に渡って優位者から交渉を強いられてしまい、その結果、著しく時機に後れた訴訟提起等によって時効完成による利益を奪われるなどの弊害が生じるおそれがあると思料する。

8　売買について

これについては、主として次の点が問題となる。

> 7　民法第572条（担保責任を負わない旨の特約）の見直しの要否
> 　　　　　　　　　　　　　　　　　　（論点整理123頁）
> 　担保責任を負わない旨の特約の効力を制限する民法第572条に関して、このような規定の必要性の有無及びこれを必要とする場合には、売主が事

I 改正目的との関係で特に重要な論点について

業者か否かにより規定の内容に差異を設けるべきか否かについて、不当条項規制に関する議論（前記第31）との関連性に留意しつつ、検討してはどうか。

また、このような規定の配置について、一般的な債務不履行責任の免責特約に関する規定として配置し直すことの当否について、担保責任の法的性質に関する議論（前記1(1)及び2）との整合性に留意しつつ、検討してはどうか。

〔意見〕
1 現行の民法572条を維持するのが妥当である。売主が事業者の場合にのみ572条のような規制を及ぼすべき旨の特則を設けることには強く反対する。
2 債務不履行責任の免責特約との関係に留意し、その配置に関し検討することに賛成する。

〔理由〕
1 現行民法572条は瑕疵担保責任免除の特約について、売主が悪意の場合にその効力を否定しており、これを廃止した場合は、交渉力等に優れる悪意の売主が、とりわけ一般市民ないし消費者・中小零細事業者などの劣位の買主に担保免除特約を押しつけるなどの弊害があり、「劣位者の保護」にそぐわないと思料する。

なお、572条を維持する以上は、事業者が売主の場合の特則については、不要となると考える。
2 担保責任の法的性質との関係がある以上、検討が必要である。

(2) 買主の受領義務　　　　　　　　　（論点整理124頁）

民法は、買主の基本的義務として、代金支払義務を規定する（同法第555条）が、目的物受領義務については規定がなく、判例上も買主一般に受領義務があるとは必ずしもされていない。この買主の受領義務については、様々な事例において実務上これを認める必要性があると指摘された一方で、契約に適合しない物の受領を強要されやすくなるなど消費者被害が拡大することへの懸念を示す意見、買主に一律に受領義務を認めるのではなく、契約の趣旨や目的等により買主が受領義務を負う場合があるものとする方向で検討すべきであるという意見、実務上の必要性が指摘される登

第3章　その他の重要な論点

記引取義務を超えた広い範囲での受領義務を認めるべきか否かという観点から検討すべきであるという意見、契約不適合を理由とする受領の拒絶を認めるべきであるという意見、「受領」が弁済としての受領を意味するのか、事実としての受け取りを意味するのかなど、「受領」の具体的内容について検討すべきであるという意見、債権者の受領遅滞に関する議論（前記第7）との関連性に留意しつつ、他の有償契約への準用可能性等を検討すべきであるという意見等があった。

　これらを踏まえて、買主の受領義務に関する規定を設けることの当否、規定を設ける場合の受領義務の具体的な内容等について、更に検討してはどうか。

【部会資料15-2　第3、2(2)〔48頁〕】

〔意　見〕
登記引取義務の法文化は格別、買主の一般的な受領義務の法文化には反対する。

〔理　由〕
買主に一般的に受領義務がある旨の規定を設けた場合、交渉力等において優位の売主が、とりわけ一般市民ないし消費者や中小零細事業者などの劣位の買主に対して、「受領義務規定」を根拠に、契約に適合しない物の受け取りを強いるなどの弊害が生じるおそれがあり、「劣位者の保護」にそぐわないと思料する。

(2)　解除の帰責事由を不要とした場合における解除権行使の限界に関する規定
　　　　　　　　　　　　　　　　　　　　　　（論点整理126頁）
　債務不履行解除の要件としての帰責事由を不要とした上で（前記第5、2）、解除と危険負担との適用範囲が重複する部分の処理（前記第6、1）について解除権の行使を認める考え方を採用する場合（部会資料5-2第4、3〔100頁〕における解除一元化モデルや単純併存モデル等）には、双務契約の一方の債務が債務者の帰責事由によることなく履行できなくなったときに、その危険をいずれの当事者が負担するか（反対債務が存続するか否か）という問題（前記第6、3等）は、どのような場合に債権者の解除権行使が否定されるかという形で現れる。

43

Ⅰ 改正目的との関係で特に重要な論点について

　これを踏まえ、このような解除権行使の限界を、双務契約の基本形と言える売買において規定すべきであるという考え方について、更に検討してはどうか。
　また、買主が目的物の瑕疵を理由に売主に対し代物の請求を行い、それに伴って瑕疵ある目的物の返還義務を負う場合において、目的物の滅失・損傷が生じたときのリスクを誰が負担するかという問題は、上記の基準では処理できない。そこで、この点の特則を新たに設けることの要否について、更に検討してはどうか。
【部会資料15－2 第3、5⑵［56頁］、同（関連論点）［58頁］】

〔意　見〕
1　解除の要件として帰責事由を必要とするのが妥当であり、これを不要とする前提自体に反対する。これを不要とする前提での検討、とりわけ解除一元論については強く反対する。
2　買主が瑕疵ある目的物の返還義務を負う場合に、目的物が滅失・損傷した場合の処理について新たに規定を設けることについては賛成する。

〔理　由〕
1　解除の要件として帰責事由を必要とするのが妥当である（本書22頁以下参照）。これについて不要論の前提に立って解除の限界の規定を売買の規定中に置くのは、解除一元論の考え方を前提としていると思われるが、そのような前提自体が妥当ではないと思料する。
2　上記2の問題について明文化することは「分かりやすい民法の実現」に資する。

9　賃貸借について

これについては、主として次の点が問題となる。

　(2)　目的物の一部が利用できない場合の賃料の減額等（論点整理138頁）
　目的物の一部が利用できなくなった場合の賃料の取扱いに関して、民法第611条第1項は、賃借人の過失によらないで滅失した場合に限り、賃借

第3章　その他の重要な論点

人の請求によって賃料が減額されることを規定しているが、使用収益の対価である賃料は、使用収益の可能性がなければ発生しないものとすべきであるという理解に立って、目的物の一部が利用できなくなった場合には、その理由を問わず（賃借人に帰責事由がある場合も含めて）、賃料が当然に減額されるものとすべきであるとの考え方がある。この考え方の当否について、目的物の一部が利用できなくなった事情によって区別する必要性の有無や、危険負担制度の見直し（前記第6）との関係に留意しつつ、更に検討してはどうか。

　他方、目的物の一部が利用できず賃借をした目的を達せられなくなった場合の賃借人の解除権（民法第611条第2項）についても、利用できなくなった理由を問わないで（賃借人に帰責事由がある場合も含めて）解除権を認めるという考え方がある。このような考え方の当否についても、更に検討してはどうか。

　また、目的物が一時的に利用できない場合に関して、同様に賃料の減額や賃借人による契約の解除を認めるという考え方の当否についても、更に検討してはどうか。

　このほか、目的物が利用できない場合に関する以上のような規律を明文化するに当たっては、「滅失」という用語（民法第611条参照）ではなく、目的物の機能が失われたことに着目した文言を用いることの当否について、検討してはどうか。

【部会資料16－2　第2、3⑶イ［55頁］、同（関連論点）1［56頁］、
同（関連論点）2［57頁］】

〔意　見〕
1　賃借人の責めに帰すべき事由により、目的物の一部の利用ができなくなった場合に、賃料が当然に減額されるとする考え方に反対する。その余の場合も含めて、債務不履行又は危険負担法理（但し611条は維持）についての現行の考え方によるのが妥当である。
2　賃借人の責めに帰すべき事由により、目的物の一部が利用できず賃借をした目的を達せられなくなった場合に、賃借人の解除権を認めるという考え方に反対する。その余の場合も含めて、解除の一般原則（但し、帰責性必要）及び危険負担法理についての現行の考え方によるのが妥当である。

45

Ⅰ 改正目的との関係で特に重要な論点について

3 賃借人の責めに帰すべき事由により、目的物が一時的に利用できない場合に関して、賃料の当然減額や賃借人による契約の解除を認めるという考え方に反対する。その余の場合を含めて、債務不履行、解除の一般原則（上記2）、危険負担法理についての現行の考え方によるのが妥当である。

4 目的物の「滅失」という用語を見直すことについては、慎重に検討すべきである。

〔理　由〕

1 賃借人の責めに帰すべき事由により目的物の一部の利用ができなくなった場合に、賃料が当然に減額されるものとすると、賃借人が賃借物を故意に破壊したような場合にまで賃料を免れることになり、国民の常識に合致せず「分かりにくい」と思料する。

また、この考え方では、賃貸人は損害賠償請求によって損失を補填する他はないが、そうすると賃貸人は、損害賠償の要件事実（特に損害と因果関係）を主張立証しなければならなくなり、本来、契約関係の立証さえすれば賃料請求できた筈のものが、損害と因果関係の立証責任を追うことになるのであるから、賃貸人に不利益であると考える。

また、そもそも、上記のような「理由の如何を問わず」当然に減額されるとする考え方は、危険負担制度を排除する立場に立った場合の不都合を回避するためのものと思料されるのであり、その前提自体が失当と思われる。

従って、賃借物の一部が利用できなくなった場合は、基本的には危険負担又は債務不履行についての現行の考え方により処理すれば足りると考える。

但し、民法611条1項は、賃借物の一部が賃借人の過失によらないで滅失したときは、賃借人は「賃料の減額の請求をすることができる」とし、当然減額としていない。

しかし、賃借人の意思を重視したこの規定を改正するまでの必要はないと思料する。

2 賃借人の責めに帰すべき事由により、目的物の一部が利用できず賃借をした目的を達せられなくなった場合に、賃借人の解除権を認めるという考え方も、賃借人が故意に一部破壊して賃借の目的が達せられなくなった場合にまで解除権を認めることになって、国民の常識に合致せず「分かりにくい」と考える。

また、そもそも、そのような場合にまで解除規定を置こうとするのは、重大不履行解除論に立つことが前提となっていると思われるが、そのような前提自体が失当であると思料する。
　従って、この場合も解除の一般原則（但し、帰責性必要）又は危険負担法理についての現行の考え方によるのが妥当である。
3　賃借人の責めに帰すべき事由により、目的物が一時的に利用できない場合に、賃料の当然減額や賃借人による契約の解除を認めるという考え方も、国民の常識に合致せず「分かりにくい」と思料する。
　のみならず、「理由のいかんを問わず減額する」という考え方は、危険負担制度の廃止及び解除一元論を取った場合の不都合を回避する（一時的に利用できない場合にも解除しなければ賃料の支払いを免れることができなくなる）ためのものと思料され、失当であると思料する。
　従って、この場合においても、債務不履行、解除の一般原則、又は危険負担法理についての現行の考え方によるのが妥当であり、この点を明確化するために明文の規定を置く方向で検討するのが適切であると思料する。
4　「滅失」という用語を廃して「機能が失われた」という趣旨の用語を用いる場合は、国民に分かりにくくなる可能性があり、慎重に検討すべきである。

10　請負について

これについては、主として次の点が問題となる。

---

(2)　**仕事の完成が不可能になった場合の報酬請求権**（論点整理144頁）
　仕事の完成が中途で不可能になった場合には、請負人は仕事を完成していない以上報酬を請求することができないのが原則であるが、注文者の責めに帰すべき事由によって仕事の完成が不可能になったときは、民法第536条第2項の規定に基づき、請負人は報酬を請求することができるとされている。
　もっとも、請負人が例外的に報酬を請求することができる場合を同項によって規律することについては、仕事が完成していない段階では具体的な報酬請求権が発生していないから、危険負担の問題として構成する前提を欠くという批判や、「責めに帰すべき事由」という文言が多義的で内容が

Ⅰ 改正目的との関係で特に重要な論点について

不明確であるとの批判があるほか、請求できる報酬の範囲も明確ではない。

そこで、仕事の完成が中途で不可能になった場合であっても請負人が報酬を請求することができるのはどのような場合か、どのような範囲で報酬を請求することができるかについて、現行法の下で請負人が得られる報酬請求権の内容を後退させるべきではないとの指摘があることにも留意しながら、更に検討してはどうか。

その場合の具体的な規定内容として、例えば、① 仕事の完成が不可能になった原因が注文者に生じた事由であるときは既に履行した役務提供の割合に応じた報酬を、② その原因が注文者の義務違反であるときは約定の報酬から債務を免れることによって得た利益を控除した額を、それぞれ請求することができるとの考え方がある。このような考え方の当否について、「注文者に生じた事由」や「注文者の義務違反」の具体的な内容、請負人の利益を害するおそれの有無、注文者が債務不履行を理由に解除した場合の効果との均衡などに留意しつつ、更に検討してはどうか。

〔意 見〕
1 注文者の責めに帰すべき事由によって仕事の完成が不可能になったときは、民法第536条第2項の規定に基づき、請負人は報酬を請求することができるとする現行法の考え方を維持するのが妥当である。
2 これに対し、① 仕事の完成が不可能になった原因が注文者に生じた事由であるときは既に履行した役務提供の割合に応じた報酬を、② その原因が注文者の義務違反であるときは約定の報酬から債務を免れることによって得た利益を控除した額を、それぞれ請求することができるとの考え方があるが、反対する。
3 仕事の完成が不可能になった場合であっても、既に行われた仕事の成果が可分であり、かつ、注文者が既履行部分の給付を受けることに利益を有するときは、特段の事情のない限り、既履行部分について請負契約を解除することはできず、請負人は既履行部分について報酬を請求することができる旨の判例法理を明文化することについては、基本的には賛成する。

〔理 由〕
1 この場合、注文者の責めに帰すべき事由により仕事の完成が不可能になったのであるから、民法536条2項の規定により、請負人は当然に報酬を請求

第3章 その他の重要な論点

できるとするのが妥当である。
2　これに対し、上記①の「仕事の完成が不可能になった原因が、注文者に生じた事由である場合」という要件は、何が「注文者に生じた事由」に当たるかの基準が不明確で、「国民に分かりにくい」と思料する。
　また、前述のとおり帰責事由概念を排除することも失当であると考える（本書8頁以下）。
3　判例の考え方を明文化するものであり、「分かりやすい民法の実現」に資する。但し、例外を認めるべき「特段の事情」について明文化する場合は、国民に分かりやすくすることに留意する必要があると考える。

---

(7) 瑕疵担保責任の免責特約（民法第640条）　　（論点整理148頁）
　請負人は、担保責任を負わない旨の特約をした場合であっても、知りながら告げなかった事実については責任を免れないとされている（民法第640条）が、知らなかったことに重過失がある事実についても責任を免れない旨の規定を設けるかどうかについて、検討してはどうか。また、これに加え、請負人の故意又は重大な義務違反によって生じた瑕疵についても責任を免れない旨の規定を設けるかどうかについて、更に検討してはどうか。

【部会資料17－2　第2、5(6)〔22頁〕】

〔意　見〕
1　請負人が「知らなかったことにつき重過失がある事実」についても担保責任を免れることができないとする規定を設けることに賛成する。
2　請負人の「重大な義務違反」によって生じた瑕疵について、責任を免れないと規定することについて、反対する。

〔理　由〕
1　重過失を故意と同視するという解釈が一般的であり、請負人に故意又は重過失があった場合には免責約款の効力が及ばないとするのが、交渉力等における劣位者（注文者）の保護に資すると思料する。
2　故意は主観的要件であるのに、「重大な義務違反」は客観的要件であるので並列して規定することに疑問があるばかりか、「重大な義務違反」につい

Ⅰ 改正目的との関係で特に重要な論点について

ても意味内容が不明である。

> (2) 下請負人の直接請求権　　　　　　　　（論点整理149頁）
> 　下請負契約は元請負契約を履行するために行われるものであって契約相互の関連性が密接であることなどから、適法な下請負がされた場合には、賃貸人が転借人に対して直接賃料の支払を求めることができる（民法第613条第1項）のと同様に、下請負人の元請負人に対する報酬債権と元請負人の注文者に対する報酬債権の重なる限度で、下請負人は注文者に対して直接支払を請求することができる旨を新たに規定すべきであるとの考え方がある。これに対しては、下請負人に直接請求権を認めるのは担保権以上の優先権を認めることであり、その必要性があるのか慎重な検討を要するとの指摘、元請負人が多数の下請負人を使用した場合や複数次にわたって下請負がされた場合に適切な処理が困難になるとの指摘、元請負人が第三者に仕事を請け負わせた場合には直接請求が可能になるが、元請負人が第三者から物を購入した場合には直接請求ができないのは均衡を失するとの指摘、下請負人から報酬の支払を請求される注文者が二重弁済のリスクを負うことになるとの指摘などがある。これらの指摘も考慮しながら、下請負人が注文者に対して報酬を直接請求することができるものとする考え方の当否や、直接請求権を認める場合にどのような範囲の下請負人に認めるかについて、更に検討してはどうか。
> 　　　　　　　　　　　【部会資料17－2　第2、7(2)〔24頁〕】

〔意　見〕
下請負人の直接請求権については反対する。

〔理　由〕
　下請負人の直接請求権については、通常は少額債権者である「下請負人」を保護する趣旨自体には賛成するが、理論的な問題点が指摘されているほか、実際に直接請求権が行使された場合に注文者が法律上不安定な立場に置かれるおそれがあるなど、実務上の弊害も無視できないと思料する（第17回議事録1頁ないし7頁）。
　のみならず、とりわけこの考え方では、例えば請負人に建築資材を販売した

売主、資材置き場や駐車場として土地を貸した貸主などは、請負人の債務履行に協力しているにも関わらず、下請人ではないので注文者に対する直接請求が認められない。この点、債権者代位権について「事実上の優先的回収機能」を認める場合は格別、これを否定した場合は、上記の売主や貸主は、請負人が支払をせず無資力となった場合に、注文者に対して債権者代位権を行使して優先的回収を受けることができず、かつ下請人と異なり直接請求権も認められないので、現行実務と異なり、救済のあり方に不公平が生じ妥当ではないと思料する。

従って、下請人の注文者に対する直接請求権を認めるのは妥当ではなく、下請負人ないし少額債権者の保護を図るのであれば、むしろ一定の金額の範囲内で下請負人の債権者代位権による優先的回収を認めるのが妥当であると思料する。

11 委任について

これについては、主として次の点が問題となる。

⑷ 委任事務の処理が不可能になった場合の報酬請求権

(論点整理154頁)

委任が受任者の帰責事由なく中途で終了したときは、受任者は既にした履行の割合に応じた報酬を請求することができるとされている（民法第648条第3項）が、帰責性の所在やその程度は様々であり、それぞれの事案における報酬請求権の有無や範囲は必ずしも明確ではない。

そこで、有償委任に基づく事務の処理が中途で終了しその後の事務処理が不可能になった場合であっても受任者が報酬を請求することができるのはどのような場合か、どの範囲で報酬を請求することができるかについて、現行法の下で受任者が得られる報酬請求権の内容を後退させるべきではないとの指摘があることにも留意しながら、更に検討してはどうか。

その場合の具体的な規定内容として、例えば、① 受任者が事務を処理することができなくなった原因が委任者に生じた事由であるときは既に履行した事務処理の割合に応じた報酬を請求することができ、② その原因が委任者の義務違反であるときは約定の報酬から債務を免れることによって得た利益を控除した額（ただし、委任者が任意解除権を行使することができる場合は、その場合に受任者が請求することができる損害賠償の額を考慮す

Ⅰ 改正目的との関係で特に重要な論点について

る。）を、それぞれ請求することができるとの考え方がある。このような考え方の当否について、「委任者に生じた事由」や「義務違反」の具体的な内容、請負など他の役務提供型典型契約に関する規律との整合性などに留意しながら、更に検討してはどうか。

　また、判例は、請負について、仕事の完成が不可能になった場合であっても、既に行われた仕事の成果が可分であり、かつ、注文者が既履行部分の給付を受けることに利益を有するときは、特段の事情のない限り、既履行部分について請負を解除することはできず、請負人は既履行部分について報酬を請求することができるとしているが、このような判例法理は成果完成型の報酬支払方式（前記(2)参照）を採る委任についても同様に妥当すると考えられることから、これを条文上も明記するかどうかについて、更に検討してはどうか。

【部会資料17－2 第3、4(3)［42頁］】

〔意　見〕

　委任事務の処理が中途で不可能になった場合は、基本的には帰責性の存否に応じて、債務不履行、危険負担の現行法理あるいは民法536条2項（債権者主義）の規律に従い処理するのが妥当であると思料する。

　但し、国民に「分かりやすくする」ために、その旨の準用規定を委任の規定中に置くことが適切であるが、現行民法648条3項は維持するのが妥当であると考える。

　これに対し、①履行不能の原因が委任者に生じた事由であるときは履行割合に応じた報酬を請求でき、②履行不能の原因が委任者の義務違反である場合は、原則として約定報酬額から自己の債務を免れることによって得た利益を控除した額を請求できるとする考え方があるが、反対する。

　なお、成果完成型において既に処理された部分が可分である場合に、既に履行した部分について報酬請求できる旨の規定を設けることについては、慎重に検討すべきである。

〔理　由〕

　委任者の責めに帰すべき事由によって履行不能となった場合は、基本的には委任者の債務不履行ないし危険負担の債権者主義（536条2項）の問題として

第3章 その他の重要な論点

処理すれば足り、国民に分かりやすくするためには、委任の規定においてこれらの準用規定を設けるのが妥当である。

但し、委任者、受任者いずれの責めに帰することのできない事由により履行不能となった場合は、本来は危険負担の債務者主義が適用される筈であるが、現行民法648条3項は委任の性質に鑑み「既にした履行の割合に応じて」報酬請求できるとしており、これを特別規定として維持するのが妥当である。

これに対し、上記論点整理では、「帰責事由」概念を排除する前提に立って、① 履行不能の原因が委任者に生じた事由であるときは履行割合に応じた報酬を請求でき、② 履行不能の原因が委任者の義務違反である場合は、原則として約定報酬額から自己の債務を免れることによって得た利益を控除した額を請求できるとしている。

しかし、「帰責事由」概念の排除は妥当ではなく、かつ上記の「履行不能の原因が委任者に生じた事由である」の意味が不明確で「国民には分かりにくい」ので失当であると考える。

なお、成果完成型において既に処理された部分が可分である場合は、既に履行した部分について報酬請求できる旨の規定を設けることについては、委任の報酬の在り方について、成果完成型とそれ以外を分けることについて異論があるので慎重に検討すべきである。

12 準委任に代わる役務提供型契約の受皿規定について

これについては、主として次の点が問題となる。

> (4) 役務提供の履行が不可能な場合の報酬請求権（論点整理159頁）
> 　準委任に代わる役務提供型の新たな受皿規定を設けるとした場合に、その役務提供が中途で不可能になったにもかかわらず役務提供者が報酬を請求することができるのはどのような場合か、どの範囲で報酬を請求することができるかについて、現行法の下で役務提供者が得られる報酬請求権の内容を後退させるべきではないとの指摘があることにも留意しながら、更に検討してはどうか。
> 　その場合の具体的な規定内容として、例えば、① 履行不能の原因が役務受領者に生じた事由であるときは既に履行した役務の割合に応じた報酬

I 改正目的との関係で特に重要な論点について

を請求することができ、② その原因が役務受領者の義務違反であるときは約定の報酬から債務を免れることによって得た利益を控除した額（ただし、役務受領者が任意解除権を行使することができる場合は、その場合に役務提供者が請求することができる損害賠償の額を考慮する。）を、それぞれ請求することができるとの考え方がある。このような考え方の当否について、「役務受領者に生じた事由」や「義務違反」の具体的な内容、請負や委任など他の役務提供型典型契約に関する規律との整合性などに留意しながら、更に検討してはどうか。

また、判例は、請負について、仕事の完成が不可能になった場合であっても、既に行われた仕事の成果が可分であり、かつ、注文者が既履行部分の給付を受けることに利益を有するときは、特段の事情のない限り、既履行部分について請負を解除することはできず、請負人は既履行部分について報酬を請求することができるとしているが、このような判例法理は成果完成型の支払方式を採る役務提供型契約についても同様に妥当すると考えられることから、これを条文上も明記するかどうかについて、更に検討してはどうか。

これらの規定と併せて、報酬が成果完成前（役務提供前）に支払われた後にその役務提供が中途で不可能になった場合の法律関係についての規定を設けるかどうかについて、検討してはどうか。

【部会資料17－2 第4、4(3)〔61頁〕】

〔意 見〕
役務提供型の受皿規定を設けるという前提自体に反対する。

また、役務提供が中途で不可能になった場合は、基本的には債務不履行、危険負担の現行法理、現行民法536条2項（債権者主義）の規律に従い処理するのが妥当である。

これに対し、① 履行不能の原因が役務受領者に生じた事由であるときは履行割合に応じた報酬を請求でき、② 履行不能の原因が役務受領者の義務違反である場合は、原則として約定報酬額から自己の債務を免れることによって得た利益を控除した額を請求できるとする考え方があるが、反対する。

なお、成果完成型において既に処理された部分が可分である場合に、既に履行した部分について報酬請求できる旨の規定を設けることについては、慎重に

検討すべきである。

〔理　由〕
　準委任との区別が困難であるので役務提供契約という類型を認めるべきではないことについては、意見書Ⅱ記載のとおりである。
　また、上記①及び②の要件を掲げる見解は、「帰責事由」概念排除を前提としているが、すでに述べたとおり帰責事由という概念を排除することは妥当ではないと思料する。
　また、上記の「履行不能の原因が役務受領者に生じた事由である」の意味が不明確で「国民には分かりにくい」ので失当であると思料する。
　なお、成果完成型において既に処理された部分が可分である場合は、既に履行した部分について報酬請求できる旨の規定を設けることについては、報酬の在り方について、成果完成型とそれ以外を分けることについて異論があるので慎重に検討すべきである。

13　事情変更の原則について

これについては、主として以下の点が問題となる。

第57　事情変更の原則　　　　（論点整理177頁）
1　事情変更の原則の明文化の要否
　判例が認める事情変更の原則を明文化するという考え方に関しては、濫用のおそれが増加すること、個別具体的な事案に応じて信義則や契約解釈により柔軟に解決する方が望ましいことなどを理由に明文化に否定的な意見がある一方で、濫用防止のためにも明文化により適用範囲を明確にすべきであること、信義則の具体的内容を明らかにする趣旨で明文化する方が分かりやすく望ましいこと、弱者保護に資する可能性があることなどを理由に明文化に肯定的な意見があった。また、明文化に当たって留意すべき点として、適用場面が、事情の変更による契約目的の到達不能の場面か、経済的不能や双務契約における等価関係の破壊の場面かで性質に違いがあるという意見、労働契約への適用を否定すべきであるなど、契約類型の違い等に応じて、この原則の適用の可否や適切な要件・効果が異なり得るという意見、限定的に適用されることを要件だけでなく名称によっても表現

Ⅰ　改正目的との関係で特に重要な論点について

すべきであるという意見等があった。これらを踏まえて、判例が認める事情変更の原則の明文化の要否について、明文化が取引実務に与える影響、契約目的の到達不能や経済的不能等の具体的な適用場面を踏まえた要件・効果の在り方、濫用防止の観点等に留意しつつ、更に検討してはどうか。

【部会資料19－2　第2、1［15頁］】

〔意　見〕
　基本的には、いわゆる事情変更の原則を明文化することに賛成する。但し、「事情変更の原則」という用語は、例えば「極限的事情変更の場合の特則」あるいは「極めて著しい事情変更の場合の例外法理」などの用語に変更するのが妥当である。

〔理　由〕
　「事情変更の原則」が契約の拘束力の原則に対する例外であることを示すこと、及び古くから判例が「事情変更の原則」の存在を認めてきたことから、その趣旨を明文化するのが「分かりやすい民法の実現」に資するので妥当である。
　但し、後述のように、交渉力等における優位者による濫用のおそれがあり、安易にその適用が認められるとの誤解を与えることは避けるべきであり、その定義を上記のように変更するのが妥当である。
　また、要件・効果についても後記のとおり慎重に検討することが必要であると思料する（第19回議事録21頁、28頁）。

2　要件論（論点整理178頁）

　判例が採用する事情変更の原則の要件（部会資料19－2第2、2①から④まで［16頁］参照）を明文化する考え方に関しては、重複する要件は一つにまとめるべきであるという意見があったのに対して、この原則が限定的にしか適用されないことを明らかにするため、可能な限り必要な要件を抽出して条文上明確にすべきであるという意見があり、また、例外的に適用されることを明確にする観点から、この原則と併せて、事情が変更しても契約は履行されるべきであるという原則を定める必要があるという意見等があった。これらの意見を踏まえて、前記1に関する議論及び他の法制上の契約変更に関する法理との整合性に留意しつつ、要件の在り方につい

て、更に検討してはどうか。

【部会資料19−2 第2、2［16頁］】

〔意 見〕
　判例が採用する下記の4要件を踏まえつつ、交渉力等の優位者による濫用を防止する見地から更に検討すべきである。また、事前の交渉があったことを事情変更原則の要件として掲げる有力見解もあるので、十分に検討するべきである（第19回議事録24頁）。

〔理 由〕
　判例は、古くから、① 契約成立時にその基礎とされていた事情が変更したこと、② 契約締結当時に当事者が事情の変更を予見できなかったこと、③ 事情の変更が当事者の責めに帰することのできない事由により生じたこと、④ 事情変更の結果、当初の契約内容に当事者を拘束することが信義則上著しく不当と認められること、の4要件を挙げてきており、基本的には妥当であるが、さらに上記の濫用防止の見地から①の「事情が変更した」は「事情が極めて著しく変更した」と規定し、②の「事情」を「極めて著しい事情」と規定することなどを検討するのが妥当である。
　これに対し、帰責事由概念を放棄する考え方からは、③の要件は不要であるとか、②の要件と重なるとの批判がなされているが、既に述べたように帰責事由の概念は依然として有用であり放棄すべきではないと思料する。

3　効　果　論　　　　　　　　　　　　　　　（論点整理178頁）
(1) 解除、契約改訂、再交渉請求権・再交渉義務
　事情変更の原則の効果に関しては、解除を認める考え方や、裁判所による契約改訂を認める考え方があり、また、再交渉請求権・再交渉義務を規定すべきであるとの考え方などがある。このような考え方に対しては、いずれも賛成する意見がある一方で、履行の強制を阻止できる旨を定めることにとどめるべきではないかという意見、再交渉請求権・再交渉義務について、当事者による紛争解決が硬直化するおそれがあるという意見や、効果ではなく解除等の手続要件とすべきではないかという意見、解除について、債務不履行解除による処理に委ねれば足りるという意見、裁判所によ

Ⅰ 改正目的との関係で特に重要な論点について

> る契約改訂について、裁判所による適切な契約改訂の判断が実際上可能か否か等の観点から反対する意見が、それぞれあった。また、解除に関しては、解除に当たり金銭的調整のための条件を付すことができる旨の規定を設ける考え方について、金銭的調整になじまない契約類型があることに留意すべきであるという意見があった。これらの意見を踏まえて、事情変更の効果として履行の強制の阻止、再交渉請求権・再交渉義務、解除、契約改訂を認めるべきか否かについて、前記1及び2に関する議論及び他の法制上の契約変更に関する法理との整合性等に留意しつつ、更に検討してはどうか。
>
> 【部会資料19－2 第2、3［19頁］】

〔意　見〕
1　効果として解除権を規定することについては賛成する。その場合に、裁判所が、当事者の申し出に応じた適切な金銭的調整のための条件を付すことができる旨の規定を併せ置くことについては、慎重に検討すべきである。
2　効果として裁判所による契約改定を認める旨の規定を設けることについては慎重に検討すべきである。
3　効果として再交渉請求権・再交渉義務を明文化することについては、強く反対する。

〔理　由〕
1　解除権を認めることについては、判例学説上、争いがないと思料する。
　　また、解除に基づく原状回復関係を認めるだけでは当事者間の利益関係に不均衡が生じる場合があるので、適切な金銭調整のための条件を付すことができるとする意見もあるが、そのような調整になじまない契約類型があり得るとの意見もある。
2　解除ではなく、契約の改定を認めれば足りるとした裁判例があるが、裁判所が契約改定を実際に適切に行うことができるか否かについて疑問との意見も有力である。
3　再交渉請求権・義務を明文で認める場合は、例えば交渉力等に劣る下請業者等が、交渉力等に優れる元請業者等から注文を受けて目的物を完成して引き渡した後で、元請業者等から「予期できない経済情勢の悪化による事情変

更」を理由に請負代金の減額の交渉を申し込まれることがあり得る。この場合、たとえ根拠のない代金減額の要求であっても、事情変更原則を理由とする代金減額再交渉の間は、元請業者等が請負代金の支払いを拒否する権利を有するので、下請業者等は裁判提起などの早期の請負代金回収ができなくなる危険がある。それ故、かかる明文規定は、交渉力等における優位者による濫用のおそれがあり、その防止の規定がない限りはこの請求権・義務を規定するのは妥当ではないと思料する。

14 消費者・事業者に関する規定について

これについては、次の点が問題となる。

第62 消費者・事業者に関する規定　（論点整理183頁）
1 民法に消費者・事業者に関する規定を設けることの当否
(1) 今日の社会においては、市民社会の構成員が多様化し、「人」という単一の概念で把握することが困難になっており、民法が私法の一般法として社会を支える役割を適切に果たすためには、現実の人には知識・情報・交渉力等において様々な格差があることを前提に、これに対応する必要があるとの問題意識が示されている。これに対し、契約の当事者間に格差がある場合への対応は消費者契約法や労働関係法令を初めとする特別法に委ねるべきであり一般法である民法には抽象的な「人」を念頭に置いて原則的な規定を設けるにとどめるべきであるとの指摘もある。以上を踏まえ、民法が当事者間の格差に対してどのように対応すべきかについて、消費者契約法や労働関係法令等の特別法との関係にも留意しながら、例えば下記(2)や(3)記載の考え方が示されていることを踏まえて、更に検討してはどうか。
(2) 上記(1)で述べた対応の在り方の一つとして、当事者間に知識・情報等の格差がある場合には、劣後する者の利益に配慮する必要がある旨の抽象的な解釈理念を規定すべきであるとの考え方がある（下記(3)の考え方を排斥するものではない。）。このような考え方の当否について、検討してはどうか。
(3) また、上記(1)で述べた対応の他の在り方として、抽象的な「人」概念

Ⅰ 改正目的との関係で特に重要な論点について

> に加え、消費者や事業者概念を民法に取り入れるべきであるという考え方がある（上記(2)の考え方を排斥するものではない。）。このような考え方については、現実の社会においては消費者や事業者の関与する取引が取引全体の中で大きな比重を占めていることや、消費者に関する法理を発展させていく見地から支持する意見がある一方で、法律の規定が複雑で分かりにくくなり実務に混乱をもたらすとの指摘、民法に消費者に関する特則を取り込むことにより消費者に関する特則の内容を固定化させることにつながるとの指摘、抽象的な規定が設けられることになり本来規制されるべきでない経済活動を萎縮させるとの指摘などが示されている。これらの指摘も考慮しながら、民法に「消費者」や「事業者」の概念を取り入れるかどうかについて、設けるべき規定の具体的内容の検討も進めつつ、更に検討してはどうか。
>
> 　消費者や事業者に関する規定を設ける場合には、これらの概念の定義や、民法と特別法との役割分担の在り方が問題となる。「消費者」の定義については、消費者契約法上の「消費者」と同様に定義すべきであるとの考え方や、これよりも拡大すべきであるとの考え方がある。また、民法と特別法との役割分担の在り方については、消費者契約に関する特則（具体的な内容は後記2参照）や事業者に関する特則（具体的な内容は後記3参照）を民法に規定するという考え方や、このような個別の規定は特別法に委ね、民法には、消費者契約における民法の解釈に関する理念的な規定を設けるという考え方などがある。これらの考え方の当否を含め、消費者や事業者の定義や、これらの概念を取り入れる場合の民法と特別法の役割分担について、更に検討してはどうか。
>
> 【部会資料20－2　第1、1［1頁］】

〔意　見〕
1　民法が「契約の当事者間の格差」に対応すべきことについては賛成する。
　のみならず、前述のとおり、「格差拡大への対応」ないし「劣位者の保護」が改正目的として最も重要であるので、これを念頭に更に検討するのが妥当である（本書52頁以下参照）。
2　当事者間に知識・情報等の格差がある場合に、劣後する者の利益に配慮する必要がある旨の抽象的な解釈理念を規定することは、賛成である。

のみならず、契約法の基礎に関わる制度（債務不履行による損害賠償、解除、危険負担など）を始め個々の規定の改正においても、この点に十分に配慮すべきであり、さらには不当条項規制などの具体的な措置も新たに盛り込むのが妥当と考える。
3 「消費者」及び「事業者」の概念については民法においても規定すべき箇所があるので、その概念の規定を置くこと自体は賛成する。
　また、消費者契約法または商法の規定を一般法化して民法に取り込むことにも賛成する。
　しかし、消費者契約の特則を民法に規定することは賛成できない。
　さらに、事業者に関する特則について、民法に規定することには強く反対する。
　なお、消費者の概念については、基本的には消費者契約法の定義を参考にしつつ慎重に検討すべきである。

〔理　由〕
1 前述のとおり、私人間の格差の著しい拡大という「社会・経済の変化」に対応するためには、民法において情報や交渉力等における劣位者を保護するための配慮を行うのが妥当である。
2 上記の趣旨から、劣位者保護のための抽象的規定を設けることはもとより妥当である。のみならず、上記２のとおり劣位者の保護の方向で改正を行うのが適切であると考える。
3 「消費者」「事業者」の概念については、いわゆるレファレンス規定や適用除外の規定を置くために必要であって、その観点から民法にもその概念の規定を置くのが妥当である。
　また、民法は私法の一般法であって、契約についても契約一般を対象として規律をすることを目的としている。従って、消費者契約法の規定のうち、不実告知や不当条項規制のように一般化して取り込むことができる場合には、民法に規定することについて賛成する。このような新制度の導入により、「格差拡大への対応」を行うことができるので、妥当であると思料する。
　しかし、消費者契約の特則それ自体を民法に取り込むことは、民法の一般法としての性格にそぐわないばかりか、取り込んだ規定については、機動的で迅速柔軟な改正を行うことが困難となり消費者保護にもとる事態が生じる

Ⅰ　改正目的との関係で特に重要な論点について

懸念があると考える。

　これに対し、消費者契約の特則は、本来は消費者統一法典に規定するのが望ましいとしつつ、現時点ではそのような動きが見られないので民法に規定し、将来的に消費者統一法典に移すことを検討すべきである旨の意見もある（第20回会議議事録28頁）。

　確かに、消費者統一法典の早期制定が望まれており、今回の民法改正において、これを先取りすることで早期の制定を促したいとの趣旨も大いに理解できるところであるが、消費者契約の特則を民法に規定すると、上記のとおり消費者保護にもとる事態が生じる懸念があるので賛成できない。

　次に、商法の規定のうち一般化して取り込める規定については、民法に規定することに賛成する。

　しかし、事業者間契約等の事業者の特則については、これを民法に取り込んだ場合は、時機に応じた迅速な改正を行うことが困難となるおそれがあり、かえって事業者の利益にそぐわないと思料する。さらには、後述のように事業者間の格差拡大のおそれがあることから、民法に取り込むことは失当であると考える。

　のみならず、民法において、私人間の規律の他に、非対等な消費者と事業者間の規律、対等な事業者間の規律、対等あるいは非対等な当事者間のうち一方が事業者である場合の規律、及び対等あるいは非対等な当事者間の契約のうち事業者の一定の事業に適用される規律が設けられるとすると、様々な規律が、対等あるいは非対等な当事者間において、様々な要件・効果のもとに適用されることになり、あまりに複雑で「国民に分かりやすい民法」とは到底言えなくなると思われる。

　従って、このような複雑な民法に改正することは、「国民に分かりやすい民法」という改正目的との整合性を失わせることになり、国民やユーザーの予見可能性を害し、取引の安全を損なうおそれがあるので、失当であると思料する。

　最後に、消費者の定義に関しては、消費者契約法の規定どおりであれば、形式上「事業者」であるが実質上は消費者と変わらない者が「事業者」として厳しい立場に置かれ、かえって不利益になるという弊害が生じるおそれもある。現実に、電話機リース、ホームページリース等被害事件においては、被害者は名実共に消費者ではなく形式上は「事業者」である者が圧倒的に多

いのが現状である。このように「事業者」に形式的に分類されるのでは、現在よりも被害は拡大するおそれもあるので、定義については、慎重に検討すべきである。

2 消費者契約の特則　　　　　　　　　　（論点整理184頁）

　仮に消費者・事業者概念を民法に取り入れることとする場合に、例えば、次のような事項について消費者契約（消費者と事業者との間の契約）に関する特則を設けるという考え方があるが、これらを含め、消費者契約に適用される特則としてどのような規定を設ける必要があるかについて、更に検討してはどうか。

① 消費者契約を不当条項規制の対象とすること（前記第31）

② 消費者契約においては、法律行為に含まれる特定の条項の一部について無効原因がある場合に、当該条項全体を無効とすること（前記第32、2(1)）

③ 消費者契約においては、債権の消滅時効の時効期間や起算点について法律の規定より消費者に不利となる合意をすることができないとすること（前記第36、1(4)）

④ 消費者と事業者との間の売買契約において、消費者である買主の権利を制限し、又は消費者である売主の責任を加重する合意の効力を制限する方向で何らかの特則を設けること（前記第40、4(3)）

⑤ 消費貸借を諾成契約とする場合であっても、貸主が事業者であり借主が消費者であるときには、目的物交付前は、借主は消費貸借を解除することができるものとすること（前記第44、1(3)）

⑥ 貸主が事業者であり借主が消費者である消費貸借においては、借主は貸主に生ずる損害を賠償することなく期限前弁済をすることができるとすること（前記第44、4(2)）

⑦ 消費者が物品若しくは権利を購入する契約又は有償で役務の提供を受ける契約を締結する際に、これらの供給者とは異なる事業者との間で消費貸借契約を締結して信用供与を受けた場合は、一定の要件の下で、借主である消費者が供給者に対して生じている事由をもって貸主である事業者に対抗することができるとすること（前記第44、5）

⑧ 賃貸人が事業者であり賃借人が消費者である賃貸借においては、終了

Ⅰ 改正目的との関係で特に重要な論点について

　　時の賃借人の原状回復義務に通常損耗の回復が含まれる旨の特約の効力は認められないとすること（前記第45、7⑵）
⑨　受任者が事業者であり委任者が消費者である委任契約においては、委任者が無過失であった場合は、受任者が委任事務を処理するに当たって過失なく被った損害についての賠償責任（民法第650条第3項）が免責されるとすること（前記第49、2⑶）
⑩　受託者が事業者であり寄託者が消費者である寄託契約においては、寄託者が寄託物の性質又は状態を過失なく知らなかった場合は、これによって受寄者に生じた損害についての賠償責任（民法第661条）が免責されるとすること（前記第52、5⑴）
⑪　消費者契約の解釈について、条項使用者不利の原則を採用すること（前記第59、3）
⑫　継続的契約が消費者契約である場合には、消費者は将来に向けて契約を任意に解除することができるとすること（前記第60、2⑶）

【部会資料20-2 第1、2［11頁］】

〔意　見〕
消費者契約の特則を民法に規定することには賛成できない。上記①ないし⑫についても、民法に規定することは賛成できない。

〔理　由〕
前述のとおり、民法は私法の一般法であるばかりか、消費者契約の特則は、消費者契約法に規定する方が消費者保護に資すると思料する。上記整理①ないし⑫については、以下のとおりである。
①　専ら消費者契約を対象とする不当条項規制は消費者契約法に規定するのが妥当である。
②　一部無効（法律行為に含まれる特定の条項の一部について無効原因がある場合に、原則として当該条項の残部の効力が維持されるとする）につき、消費者契約の場合に例外的に条項全体を無効とする特則については、趣旨には賛成するが、民法ではなく消費者契約法その他特別法によるのが妥当である。
③　債権の消滅時効に関して、仮に合意による時効期間等の変更を認める旨の規定を設ける場合に、事業者と消費者間の合意について特則を設けることに

については、趣旨には賛成するが、かかる規定は消費者契約法その他の特別法に設けるのが妥当である。
④ 消費者と事業者との間の売買契約において、消費者である買主の権利を制限したり消費者である売主の責任を加重する条項の効力を制限する方向での特則については、趣旨には賛成するが、消費者契約法その他の消費者法で規定するのが妥当である。
⑤ 仮に、消費貸借を諾成契約とする場合であっても、貸主が事業者であり借主が消費者であるときには、目的物交付前は、借主は消費貸借を解除することができるものとすることについては、趣旨には賛成するが、消費者契約法その他の特別法に規定するのが妥当である。
⑥ 貸主が事業者であり借主が消費者である消費貸借において、借主は貸主に生ずる損害を賠償することなく期限前弁済をすることができるとすることについては、趣旨には賛成するが、消費者契約法その他の特別法に規定するのが妥当である。
⑦ 消費者が物品若しくは権利を購入する契約又は有償で役務の提供を受ける契約を締結する際に、これらの供給者とは異なる事業者との間で消費貸借契約を締結して信用供与を受けた場合は、一定の要件の下で、借主である消費者が供給者に対して生じている事由をもって貸主である事業者に対抗することができるとすることについては、趣旨には賛成するが、消費者契約法その他の特別法に規定するのが妥当である。
⑧ 賃貸人が事業者で、賃借人が消費者である場合に、通常損耗分も賃借人の負担とする特約を無効とする旨の明文規定を設けることについては、趣旨には賛成するが、消費者契約法その他特別法で規定するのが妥当である。
⑨ 受任者が事業者であり委任者が消費者である場合に、受任者（事業者）が委任事務を処理するに当たって過失なく被った損害について、委任者が無過失責任を負う（現行民法650条3項）のではなく、委任者（消費者）は無過失を立証すれば免責されるとの特則を設けることについては、趣旨には賛成するが、消費者契約法その他の特別法に規定するのが妥当である。
⑩ 受託者が事業者であり寄託者が消費者である寄託契約においては、寄託者が寄託物の性質又は状態を過失なく知らなかった場合は、これによって受寄者に生じた損害についての賠償責任（民法第661条）が免責されるとすることについては、趣旨には賛成するが、消費者契約法その他の特別法に規定す

Ⅰ 改正目的との関係で特に重要な論点について

るのが妥当である。
⑪ 消費者契約の解釈について条項使用者不利の原則を採用すべきであるとの考え方の趣旨には賛成するが、消費者契約法に規定を設けるのが妥当である。
⑫ 継続的契約が消費者契約である場合に、消費者は将来に向けて契約を任意に解除することができるとする趣旨には賛成するが、消費者契約法その他の特別法に規定するのが妥当である。

---

3 事業者に関する特則　　　　　　　　（論点整理185頁）
(1) 事業者間契約に関する特則

仮に事業者概念を民法に取り入れることとする場合に、例えば、次のような事項について事業者と事業者との間の契約に適用される特則を設けるべきであるという考え方がある。これらを含め、事業者間契約に関する特則としてどのような規定を設ける必要があるかについて、更に検討してはどうか。

① 事業者間契約は、債務者が催告に応じなければ原則として契約を解除することができ、重大な契約違反に該当しないことを債務者が立証した場合に限り、解除が否定されるとすること（前記第5、1⑴）
② 事業者間の定期売買においては、履行を遅滞した当事者は相手方が履行の請求と解除のいずれを選択するかの確答を催告することができ、確答がなかった場合は契約が解除されたものとみなすこと（前記第40、4⑷）
③ 事業者間の売買について買主の受領拒絶又は受領不能の場合における供託権、自助売却権についての規定を設け、目的物に市場の相場がある場合には任意売却ができるとすること（前記第40、4⑷）

【部会資料20－2　第1、3⑴［14頁］】

〔意　見〕
事業者間契約に関する特則を民法に規定することについては、強く反対する。上記①ないし③についても、強く反対する。

〔理　由〕
民法は私法の一般法であり、事業者間契約の特則を規定するのは適切とは言えない。のみならず、経済事情の変動に応じて迅速な改正が望まれる事業者間

第3章　その他の重要な論点

契約の特則を民法に取り込んだ場合は、改正が困難となるおそれがあるため、かえって事業者の利益にそぐわないと思料する。
　また、上記①ないし③については、次のとおりである。
① 付随的義務違反等の解除権を否定する要件の主張立証責任について、私人間契約と事業者間契約とで区別することは、催告解除の原則のもとでは当事者間の公平にそぐわないばかりか、基本的に対等な私人間と対等な事業者間でそのような区別をすべき必要性・合理性は存しないので、失当であると思料する。
② 商法第525条の適用範囲を、商人間ではなく事業者間の取引に修正する趣旨には賛成するが、その旨の商法改正をするのが妥当である。
③ 事業者間の売買について買主の受領拒絶又は受領不能の場合における供託権、自助売却権についての規定を設け、目的物に市場の相場がある場合には任意売却ができることとするのであれば、商法に規定するのが妥当である。

(2)　契約当事者の一方が事業者である場合の特則（論点整理186頁）
　仮に事業者概念を民法に取り入れることとする場合に、例えば、次のような事項について、契約の一方当事者が事業者であれば他方当事者が消費者であるか事業者であるかを問わずに適用される特則を設けるべきであるとの考え方がある。これらを含め、契約当事者の一方が事業者である場合の特則としてどのような規定を設ける必要があるかについて、更に検討してはどうか。
① 債権者が事業者である場合には、特定物の引渡し以外の債務の履行は債権者の現在の営業所（営業所がないときは住所）においてすべきであるとすること（前記第17、6(2)）
② 事業者が事業の範囲内で不特定の者に対して契約の内容となるべき事項を提示した場合に、提示された事項によって契約内容を確定することができるときは、その提示を申込みと推定すること（前記第24、2(2)）
③ 事業者がその事業の範囲内で契約の申込みを受けた場合には、申込みとともに受け取った物品を保管しなければならないとすること（前記第24、7）
④ 買主や注文者が事業者である場合においては、売主や請負人の瑕疵担保責任の存続期間の起算点を瑕疵を知り又は知ることができた時とする

67

Ⅰ 改正目的との関係で特に重要な論点について

　　こと（前記第39、1⑹、第48、5⑸）
⑤　賃貸人が事業者である場合においては、賃貸借の目的物の用法違反に基づく損害賠償を請求すべき期間の起算点を損傷等を知り又は知ることができた時とすること（前記第45、7⑶ア）
⑥　寄託者が事業者である場合においては、返還された寄託物に損傷又は一部滅失があったことに基づく損害賠償を請求すべき期間の起算点を損傷等を知り又は知ることができた時とすること（前記第52、6）
⑦　役務提供者が事業者である場合は、無償の役務提供型契約においても注意義務の軽減を認めないとすること（前記第50、2）
⑧　宿泊事業者が宿泊客から寄託を受けた物品について厳格責任を負う原則を維持しつつ（商法第594条第1項参照）、高価品について損害賠償額を制限するには宿泊事業者が価額の明告を求めたことが必要であるとし、また、正当な理由なく保管の引受を拒絶した物品についても寄託を受けた物品と同様の厳格責任を負うとすること（前記第52、11）

【部会資料20－2第1、3⑵［16頁］】

〔意　見〕
　契約の一方が事業者である場合の特則を民法に規定することについては、強く反対する。これを前提とする上記①ないし⑧についても民法に規定することは強く反対する。
　なお、④ないし⑥については、趣旨についても強く反対する。

〔理　由〕
　前述のとおり、民法は私法の一般法であり、事業者に関する特則を規定するのは適切とは言えない。のみならず、事業者に関する特則を民法に規定すると適時・迅速な改正が困難になるおそれがあり失当であると思料する。
　さらに、私人間の規定とは別に事業者の特則を置いた場合は、中小零細事業者などの劣位者も、大企業などの優位者と同等の事業者として私人よりも厳しい立場に置かれてしまい、「劣位者の保護」にそぐわない事態が生じると思料する（特に下記④ないし⑥参照）。
　上記①ないし⑧については、次のとおりである。
①　商法第516条を、債権者が事業者である場合の規律に改め、特定物の引渡

し以外の債務の履行は、債権者の現在の事務所（事務所がないときは現在の住所）においてすべきであることについては、趣旨には賛成するが、商法の規定を改正するのが妥当である。
② 事業者が、その事業の範囲内で、不特定の者に対して契約の内容となるべき事項を提示した場合において、提示された事項によって契約内容を確定することができるときは、その提示を申込みと推定することについては、趣旨には賛成するが、商法に規定するのが妥当である。
③ 商法第510条の趣旨は、事業者がその事業の範囲内で契約の申込みを受けた場合一般にも妥当するが、同商法規定を改正するのが妥当である。
④ 事業者が買主である場合の瑕疵の通知期間を、瑕疵を「知ることができた時」から起算するとの考え方は、買主の検査義務を現行商法526条2項の規定より加重するものであるところ、瑕疵を「知ることができた時」から上記の起算をするという考え方では、実際上は「目的物の引渡を受けたとき」から「瑕疵を発見できた」とされるおそれがある。そうすると、瑕疵発見能力に劣る中小零細事業者も、引渡を受けた時から速やかに瑕疵を発見すべきことになって不利益であり、大手の事業者（買主）との間で「瑕疵発見能力による格差が拡大するおそれ」があり、失当であると思料する。

　また、請負についても、例えば小売業など請負を業としない個人ないし中小零細事業者が、建物の建築を注文した場合、上記と同様に、注文者は完成した建物の「引渡を受けた時」から遅滞なく瑕疵を発見して通知しなければ、瑕疵担保責任を問えなくなるおそれがある。これでは、現行民法638条の規定（建物の瑕疵について引渡時から5年ないし10年）より著しく短期間となってしまい妥当ではない。しかも、上記のような中小零細事業者は、概して瑕疵の発見能力が低く、さらには小売業者などにとっては請負工事は専門外の事業であるから、瑕疵の発見能力は全くないと言って良い。このような事業者に対して、瑕疵担保責任追及についての上記の期間制限を課すのは、大手の事業者（注文者）との間での「瑕疵発見能力による格差拡大のおそれ」があり、失当であると思料する。
⑤ 賃貸人が事業者である場合には、損傷等を「知ることができた時」から合理的な期間内に通知しなければ賃貸借の目的物の用法違反に基づく損害賠償を請求することができない旨の考え方についても、上記④と同様に、事業者は実際には「目的物の返還を受けた時」から損傷等を発見して通知すべきこ

Ⅰ　改正目的との関係で特に重要な論点について

ととなり、とりわけ損傷等の発見能力に劣る中小零細事業者に不利益であると思料する。従って、大手の事業者(賃貸人)との間での「損傷等発見能力による格差拡大のおそれ」があり失当であると思料する。
⑥　寄託者が事業者である場合には、損傷等を知ることができた時から合理的な期間内に通知しなければ、返還された寄託物に損傷又は一部滅失があった場合の賠償請求ができないとする考え方も、上記④及び⑤と同様に事業者は実際には「目的物の返還を受けた時」から損傷等を発見して通知すべきこととなり、とりわけ損傷等の発見能力に劣る中小零細事業者に不利益であると思料する。従って、大手の事業者（寄託者）との間での「損傷等発見能力による格差拡大のおそれ」があり失当であると思料する。
⑦　役務提供契約については、とりわけ準委任契約との区別が困難であり、そのような契約類型の規定を設ける前提自体に重大な疑問がある。また、仮に無償の役務提供において役務提供者が事業者である場合に、注意義務の軽減を認めないとする場合でも、そのことは商法に規定すべきであると思料する。
⑧　宿泊事業者が宿泊客の物品についての特別の責任を負う旨の規定を設けることについては趣旨には賛成するが、民法に規定することには反対する。あくまで商法プロパーの問題であって、商法を改正するのが妥当である。

---

(3)　**事業者が行う一定の事業について適用される特則**（論点整理187頁）
　仮に事業者概念を民法に取り入れることとする場合に、例えば次のような事項については、事業者が行う事業一般に適用するのでは適用対象が広すぎ、反復継続する事業であって収支が相償うことを目的として行われているものを指す「経済事業」という概念によって規定の適用範囲を画すべきであるという考え方がある。「経済事業」という概念を用いて規定の適用範囲を画することの当否や、経済事業に適用される特則としてどのような規定を設ける必要があるかについて、更に検討してはどうか。
①　事業者がその経済事業の範囲内で保証をしたときは、特段の合意がない限り、その保証は連帯保証とすること（前記第12、6(1)）
②　事業者間において貸主の経済事業の範囲内で金銭の消費貸借がされた場合は、特段の合意がない限り利息を支払わなければならないとすること（前記第44、2）
③　事業者が経済事業の範囲内において受任者、役務提供者（役務提供型契

約の受皿規定（前記第50参照）を設ける場合）又は受寄者として委任契約、役務提供型契約又は寄託契約を締結した場合は有償性が推定されるとすること（前記第49、3(1)、第50、4(1)、第52、5(2)）
④　事業者がその経済事業の範囲内において寄託を受けた場合は、無償の寄託においても受寄者の注意義務の軽減を認めないとすること（前記第52、3）
⑤　組合員の全員が事業者であって、経済事業を目的として組合の事業が行われる場合は、組合員が組合の債権者に対して負う債務を連帯債務とすること（前記第53、2）

【部会資料20－2　第1、3(3)［20頁］】

〔意　見〕
　民法に「経済事業」概念を設けることには強く反対する。従って、これを前提とする上記①ないし⑤についても全て強く反対する。

〔理　由〕
　「経済事業」という概念は国民には全く馴染みがなく、かつ「収支が相償う」という意味が不明確であるばかりか、何故そのような要件になるかの説得的な根拠が見あたらず、「国民に分かりにくい」と思料する。
　従って、このような概念を設けること、及びこれを前提とする（①ないし⑤のような）規定を設けることには強く反対する。また、仮に分かりやすい概念を用いたとしても、事業者に関する特則を民法に置くのは、失当であると思料する。

第4章　ま と め

　以上のとおり、法改正である以上は、改正目的の存在が必須であるところ、今般の民法改正においては、「国民に分かりやすい民法の実現」及び「格差拡大への対応」という改正目的及びこれとの整合性の観点から、各論点の今後の検討を行うことが最も重要であると思料する。
　また、消費者契約法や商法の規定については、一般化して取り込める場合は格別、消費者契約に関する特則は消費者契約法その他の特別法に規定する方が消費者保護に資し、事業者に関する特則も真に必要相当な範囲で商法に規定す

Ⅰ　改正目的との関係で特に重要な論点について

る方が事業者の利益に資すると考える。

　のみならず、消費者契約の特則に関する規律や事業者の特則に関する3種類の規律を民法に規定した場合は、民法の規律があまりに複雑化し「国民に分かりやすい民法の実現」にそぐわない事態となるので、失当であると思料する。

　最後に、今回の民法改正は「100年に1度」と称されるほどの重要な改正であるから、数度にわたってパブリックコメントの手続き行うなどして国民各階各層の意見を十分に聴取することが重要であるばかりか、改正案の検討においても学理的意見や理論的整合性のみに偏することなく、国民や実務家の現実や実務に即した意見等も幅広く取り入れ、国民やユーザーの納得が得られる内容にするべきである。

　また、大震災などの大規模な天変地異が今後も想定される日本の現状から見て、今回の震災や原子力発電所事故のもたらした新たな民法上の問題点などの実態調査・分析並びに被災者及び原子力発電所事故被害者からの別途の意見聴取を行って、その結果を改正案の検討に生かすべきである。

　さらに、とりわけ契約法の基礎に関する重要論点（本書8頁以下）などで述べたことから明らかなとおり、今回の論点整理で示された新たな重要提案については、これを正当化する立法事実や社会・経済ないし実務上の必要性が認められず、かつ「国民に分かりやすい民法の実現」や「格差拡大への対応」についても、不十分ないし現状よりも後退した内容のものとなっている。

　従って、このような状況においては、少なくとも今後2～3年で性急に民法を改正する必要は全くないと言うべきであり、むしろどのように改正すれば真に改正目的を実現でき、かつ国民・ユーザーの納得を得られるかについて、慎重のうえにも慎重に検討を行うことが必要不可欠である。

意見書 II
全 体 版

第1　債権の目的　(75)
第2　履行請求権等　(83)
第3　債務不履行による損害賠償　(88)
第4　賠償額の予定（民法第420条、第421条）　(100)
第5　契約の解除　(104)
第6　危険負担（民法第534条から第536条まで）　(113)
第7　受領遅滞（民法第413条）　(116)
第8　債務不履行に関連する新規規定　(117)
第9　債権者代位権　(119)
第10　詐害行為取消権　(132)
第11　多数当事者の債権及び債務（保証債務を除く）　(152)
第12　保証債務　(162)
第13　債権譲渡　(175)
第14　証券的債権に関する規定　(190)
第15　債務引受　(193)
第16　契約上の地位の移転（譲渡）　(201)
第17　弁済　(208)
第18　相殺　(227)
第19　更改　(238)
第20　免除及び混同　(240)
第21　新たな債権消滅原因に関する法的概念
　　　（決済手法の高度化・複雑化への民法上の対応）　(241)
第22　契約に関する基本原則等　(244)
第23　契約交渉段階　(248)
第24　申込みと承諾　(251)
第25　懸賞広告　(261)
第26　第三者のためにする契約　(264)
第27　約款（定義及び組入要件）　(268)
第28　法律行為に関する通則　(275)
第29　意思能力　(279)

第30　意 思 表 示　(283)
第31　不当条項規制　(295)
第32　無効及び取消し　(299)
第33　代　理　(312)
第34　条件及び期限　(326)
第35　期間の計算　(328)
第36　消 滅 時 効　(331)
第37　契約各則―共通論点　(351)
第38　売買―総則　(352)
第39　売買―売買の効力（担保責任）　(356)
第40　売買―売買の効力（担保責任以外）　(371)
第41　売買―買戻し、特殊の売買　(378)
第42　交　換　(380)
第43　贈　与　(380)
第44　消 費 貸 借　(392)
第45　賃 貸 借　(403)
第46　使 用 貸 借　(423)
第47　役務提供型の典型契約（雇用、請負、委任、寄託）総論　(427)
第48　請　負　(428)
第49　委　任　(443)
第50　準委任に代わる役務提供型契約の受皿規定　(459)
第51　雇　用　(467)
第52　寄　託　(472)
第53　組　合　(493)
第54　終身定期金　(501)
第55　和　解　(502)
第56　新種の契約　(505)
第57　事情変更の原則　(507)
第58　不安の抗弁権　(510)
第59　契約の解釈　(515)
第60　継続的契約　(517)
第61　法定債権に関する規定に与える影響　(522)
第62　消費者・事業者に関する規定　(525)
第63　規定の配置　(525)

Ⅱ 全体版

第1 債権の目的
1 債権の目的（民法第399条）

債権の目的について金銭での評価可能性を必要としない旨を規定する民法第399条に関しては、民法典において原則的な事項をどの程度まで明文化すべきであるかという観点から、同条のような確認的な規定の要否について、債権の定義規定を設けることの是非と併せて、更に検討してはどうか。

【部会資料19−2 第1、2［2頁］】

〔意　見〕
実務的にも意義は乏しいとの意見もあるが、他の原則的な規定と平仄を合わせる観点から検討すべきである。

〔理　由〕
国民に分かりやすい民法（以下「分かりやすい民法」という）にするという観点からすれば、当然と思われるものであっても、原則的な規定を明記することには意義がある。

この点は他の規定とも併せ、どこまで明記するのが妥当か検討すべきである。

2 特定物の引渡しの場合の注意義務（民法第400条）
(1) 特定物の引渡しの場合の注意義務

特定物の引渡しを目的とする債務における債務者の保存義務とその内容を定める民法第400条に関しては、契約で定められた品質・性能を有する目的物の引渡しが履行期にあったか否かを問題にすれば足りるとして不要とする意見や、契約解釈が困難な事例もあるため任意規定として存置する意義があるとする意見、契約等で定められた内容の保存義務を負うと規定する点には意義があるが、その保存義務の内容を一律に「善良な管理者の注意」と定める点は見直すべきであるという意見があった。このような意

Ⅱ 全体版

見を踏まえて、同条の規定の要否やその規定内容の見直しについて、担保責任の法的性質に関する議論（後記第39、1(1)及び(2)）との整合性に留意しつつ、更に検討してはどうか。

【部会資料19－2 第1、3［3頁］】

〔意　見〕
現行規定を維持すべきである。
〔理　由〕
補充的な解釈をしても当事者間の取り決めが不明となる場合はあり、本規定にはなお有用性がある。

合意した目的物の引渡しの確実性を担保する意味で、保存の場面で注意義務を定める規定があることに意義がある。
（第19回議事録2頁・岡本委員、4頁・岡委員、5頁・佐成委員・潮見委員、6頁・鹿野幹事）

(2) 贈与者の保存義務の特則

特定物の引渡しを目的とする贈与の贈与者が負う目的物保存義務の内容に関して、現在は民法第400条が適用されているところ、贈与の無償性を考慮して、自己の財産に対するのと同一の注意義務をもって保存すべき旨の特則を新たに規定すべきであるという考え方について、特定物の引渡しの場合一般の注意義務に関する議論（前記(1)）との整合性に留意しつつ、更に検討してはどうか。

【部会資料19－2 第1、3（関連論点）［4頁］】

〔意　見〕
贈与の無償性を考慮して、自己の財産に対するのと同一の注意義務をもって保存すべき旨の特則を新たに規定すべきであるという考え方に賛成である。
〔理　由〕
無償契約たる贈与において、贈与者に善管注意義務まで課すのは酷であり、義務の程度は軽減すべきである。

他方、前記(1)に関して述べたとおり、現行民法400条は存続させるべきであるが、そうであるとすれば、無償性を有する契約については特則が必要となる。

76

第1　債権の目的

(第19回議事録3頁・岡本委員)

> 3　種類債権の目的物の品質（民法第401条第1項）
> 　債権の目的を種類のみで指定した場合において、法律行為の性質又は当事者の意思によってその品質を定めることができないときは、債務者は、中等の品質を有する物を給付しなければならないと規定する民法第401条第1項に関しては、契約で定められた品質の目的物の引渡しの有無を問題にすれば足りるので不要であるという意見と、契約解釈が困難な事例もあるため任意規定として存置すべきであるという意見があったことを踏まえて、規定の要否について、更に検討してはどうか。
>
> 【部会資料19－2 第1、4［4頁］】

〔意　見〕
現行規定は維持すべきである。
〔理　由〕
補充的な解釈をしても当事者間の取り決めが不明となる場合はあり、本規定にはなお有用性がある。

(第19回議事録3頁・岡本委員、4頁・岡委員)

> 4　種類債権の目的物の特定（民法第401条第2項）
> ⑴　種類債権の目的物の特定
> 　種類債権の目的物の特定に関する民法第401条第2項については、契約解釈の問題に解消できるとして不要とする意見と、任意規定として存置する意義があるとする意見があったことを踏まえて、規定の要否について、更に検討してはどうか。
> 　また、規定を存置する場合には、債権者と債務者の合意によっても特定が生ずる旨を新たに規定する方向で、更に検討してはどうか。
> 　さらに、判例が認める変更権（種類債権の目的物が特定した後であっても、一定の場合には、債務者がその目的物を同種同量の別の物に変更することができる権利）については、単に「債権者の利益を害さないこと」を要件とするのでは要件が広すぎるとの指摘があることも踏まえ、具体的かつ適切な要件設定が可能か否かに留意しつつ、明文化の要否について、更に検討し

Ⅱ 全体版

てはどうか。

【部会資料19－2 第1、5［5頁］】

〔意 見〕
1 民法401条2項の存置の是非
現行規定を維持すべきである。
2 債権者と債務者の合意による特定
新たに規定すべきである。
3 判例が認める変更権の明文化の要否及び明文化する場合の要件
判例が認める変更権については新たに規定すべきである。
明文化する場合、「債権者の利益を害さない」という要件を設定することに賛成である。

〔理 由〕
1 補充的な解釈をしても当事者間の取り決めが不明となる場合はあり、本規定にはなお有用性がある。
2 当然ではあるが、明文化した方が可能なことを明示することになり、分かりやすい。
3 元々の債権が種類債権である以上、性質上、目的物の変更権を認めても問題はない。この点、明文化した方が法律関係の予測可能性が増し、利用しやすい。

また、その要件についても信義則や特段の事情を考慮する形にするよりも、端的に「債権者の利益を害さない」とした方が、基準が明確となり、分かりやすい。

この点、いったん特定している以上、債権者の法的安定にも配慮すべきであるが、この場合も「債権者の利益を害さない」という要件により調整できるものと解され、問題はないと考える。

（第19回議事録3頁・岡本委員、4頁・岡委員）

(2) 種類物贈与の特定に関する特則

種類物贈与の贈与者は、当然に目的物を指定する権利を有する旨の特則を置くべきであるという考え方については、贈与者に指定権を当然に付与することが贈与の実態を適切に反映しているかという点に疑問を呈する意

第1　債権の目的

見があったことを踏まえて、種類債権の目的物の特定に関する議論（前記(1)）との整合性に留意しつつ、更に検討してはどうか。

【部会資料19－2　第1、5（関連論点）［7頁］】

〔意　見〕
　種類物贈与については、贈与者は、当然に目的物を指定する権利を有する旨の規定を置くという考え方に賛成である。
〔理　由〕
　贈与契約における通常の当事者意思に合致すると思われる。
　受贈者が選んでよいという場合は例外的であり、このような場合は特約を設けることとしても問題はない。
（第19回議事録7頁・村上委員）

5　法定利率（民法第404条）
(1)　利率の変動制への見直しの要否
　法定利率として利率の変動制を採用することについては、これに賛成する立場から具体的な規定方法について様々な意見があった一方で、法定利率が現実に機能する場面は限定的であり、その場面のために利率の変動制を導入する意義があるのか等の疑問を呈する意見や、法定利率が用いられる場面に応じて適切な利率は異なるため、一律に法定利率を定めるのではなく、個別具体的な場面ごとに適切な利率を定めることを検討すべきではないかという意見があった。これらの意見を踏まえて、利率の変動制への見直しの要否について、法定利率が用いられる個別具体的な場面に適した利率の在り方及び利率の変動制を採用する場合における具体的な規定方法（例えば、利息等が発生している期間中に利率が変動した場合に、当初の利率で固定するか適用利率を変動させるか）等に留意しつつ、更に検討してはどうか。

【部会資料19－2　第1、6［7頁］】

〔意　見〕
1　利率の変動制の導入
　　賛成である。

Ⅱ　全体版

2　法定利率が用いられる個別具体的な場面に適した利率の在り方の検討
　賛成である。
3　利率の変動制を採用する場合における具体的な規定方法
　利率変動の基準については日銀の基準貸付利率とし、また、利率の変動は1年に1回程度とするのが妥当と考える。
〔理　由〕
1　計算の煩雑さという問題を考えても、当事者間の公平を図るためには市場金利の変動について、事情変更の原則等を待たずに反映される仕組みが望ましい。
2　利率を定めない金銭消費貸借の場面と不法行為の場面では、利率を定める前提となる事情が異なるという考えに賛成である。
　例えば、金銭消費貸借の場面では、貸主が利率を定めなかったことに照らして借主に最も有利な形の解釈として市場における最低の金利または日銀の基準貸付利率とし、不法行為の場面では被害者の側の有利な運用利率として、日銀の基準貸付利率に一定の加算をする考え方も可能である。
3　利率変動の基準とするためには、公的性質を持ち、基準として公告されているものである必要があるから、当面は日銀の基準貸付利率を基準にすべきである。
　また利率の変動は、当事者の公平を考慮し得る範囲で、少ない頻度とされるべきであり、1年に1回程度とするのが妥当である。
（第19回議事録10頁・岡本委員、11頁・中井委員、14頁・岡委員）

(2)　金銭債務の遅延損害金を算定する利率について
　仮に法定利率を利率の変動制とした場合における金銭債務の遅延損害金を算定する利率に関して、法定利率に一定の数値の加算等をしたものにすべきであるという考え方については、金銭債務の遅延損害金について制裁的要素を導入することになり得る点を肯定的に捉える意見と否定的に捉える意見があったほか、金銭債権の発生原因によって制裁的要素が妥当しやすいものとしづらいものがあるという意見や、制裁的要素の導入に否定的な立場から、法定利率を超える損害については金銭債務における利息超過損害の損害賠償を認めることで対処すべきであるという意見等があった。このような意見を踏まえて、金銭債務の遅延損害金を算定する利率を法定

第1　債権の目的

利率よりも高くすることの当否について、金銭債務の発生原因の違いや金銭債務において利息超過損害の賠償を認めるかという点（後記第3、6(2)）との関連性に留意しつつ、更に検討してはどうか。

【部会資料19－2　第1、6（関連論点）1［9頁］】

〔意　見〕
1　金銭債務における遅延損害金の算定に適用される利率
　法定利率よりも高い利率とすべきであるという考え方に賛成である。
2　法定利率に一定の加算をする方法
　慎重に検討すべきである。但し、このようにする場合は、法定利率に対する加算等は過度に制裁的な利率にすべきではなく、また、金銭債務の不履行により実損害が生じたことを立証した場合はその損害に対する賠償も請求することができるものとすべきである。

〔理　由〕
1　あえて契約の履行遅滞を選ぶ債務者が生じることを防止するため、一定の加算が必要である。
2　上記1で過度の加算を行うことは、填補賠償を原則とする民法における整合性が損なわれる。他方、実際の損害が立証されてもなお、その賠償を認めないとする現行419条は行き過ぎで不公平であり、他の場面と同様、立証があれば、その損害賠償が認められるべきである。
（1について　第19回議事録8頁・新谷委員、12頁・中井委員・鹿野幹事、9頁・松岡委員、17頁・奈須野関係官）
（2について　第19回議事録13頁・道垣内幹事、15頁・岡委員）

(3)　中間利息控除について
　将来取得されるはずの純利益の損害賠償の支払が、現在の一時点において行われる場合には、支払時から将来取得されるべき時点までの運用益を控除する必要がある（中間利息控除）とされている。この中間利息控除に関して、判例が、控除すべき運用益の計算に法定利率を用いるべきであるとしている点については、その合理性に疑問を呈し、見直しを検討すべきであるという意見が複数あったが、具体的な検討の在り方については、中間利息控除だけでなく賠償額の算定方法全体の問題と捉えるべきであると

Ⅱ 全体版

いう意見や、将来の請求権の現在価額への換算という問題との関係にも留意する必要があるという意見等があり、また、現時点において立法により一定の結論を採用することに対して慎重な意見があった。このような意見をも踏まえて、中間利息控除及び賠償額の算定方法の在り方を立法的に見直すことの当否について、将来の請求権の現在価額への換算という問題との関係や、取引実務及び裁判実務に与える影響等に留意しつつ、更に検討してはどうか。

【部会資料19－2 第1、6（関連論点）2［10頁］】

〔意　見〕
　現時点では、長期間にわたる利率変動を平準化したもの（例えば、基準金利の過去40年分の平均）を別に法定しておき、中間利息控除を行う場合にはこれによるものとすべきであるという考え方に賛成である。
〔理　由〕
　現在の金利が法定利率より大幅に低いことが原因で中間利息控除が被害者に酷になる不合理な結果を招いていることについては是正が急務であり、激変緩和措置が検討されるべきであるとしても、早期に立法による解決が図られるべきである。
　この点、将来の予測が困難であることを前提としながらも、過去の長期間にわたる変動を前提とした数値を参照し、長期間の利息控除における不合理性を可及的に緩和しようとする考え方を基礎として、検討すべきである。
（第19回議事録16頁・高須幹事）

(4) 利息の定義
　利息の定義を明文化するという考え方に関しては、法定利率が用いられる場面の特性に応じて個別に適切な利率を定めることを検討すべきであるという立場（前記(1)参照）から、法定利率が適用されるべき「利息」の意味・内容を明らかにすべきであるという意見があった。そこで、利息の定義規定を設けることの当否について、法定利率の在り方に関する各論点（前記(1)から(3)まで）との関連性や民法上利息が多義的に用いられている点に留意しつつ、更に検討してはどうか。

【部会資料19-2 第1、6（関連論点）3［11頁］】

〔意　見〕
利息の定義規定を設けることに賛成する。
〔理　由〕
多義的に使われる「利息」という言葉について、明確にするべきである。

6　選択債権（民法第406条から第411条まで）

　選択債権に関しては、現行法に第三者の選択の意思表示の撤回に関する規定がないことから、第三者による選択の意思表示は、債権者及び債務者の承諾を得なければ撤回することができない旨の規定を設けることの当否について、更に検討してはどうか。また、選択の遡及効の制限を定める民法第411条ただし書は、適用される場面がなく、削除すべきであるという考え方の当否についても、更に検討してはどうか。

【部会資料19-2 第1、7［14頁］】

〔意　見〕
1　第三者による選択の意思表示は、債権者及び債務者の承諾を得なければ撤回することができない旨の規定を設けることにつき賛成する。
2　民法第411条ただし書は、適用される場面がなく、削除すべきであるという考え方に賛成する。
〔理　由〕
1　法律関係を明確化することに資する。
2　不動産の二重譲渡において対抗要件を具備していない譲受人双方の優先関係について第一譲受人を優先させるとする見解はそれほど有力ではないと思われ、物権変動理論への影響を考慮しても、削除して良いと考える。

第2　履行請求権等
1　請求力等に関する明文規定の要否

　一般に、債権者には請求力（債権者が債務者に任意に履行せよと請求できる権能）、給付保持力（債務者がした給付を適法に保持できる権能）、訴求力（債権者が債務者に対し訴えによって履行を請求することができる権能）、執行

Ⅱ 全体版

力・強制力（給付判決が確定しても債務者が任意に履行しない場合において、強制執行手続をとることにより、国家機関の手によって債権の内容を実現できる権能）が認められるとされる（以下、債権者に認められるこれらの権能を合わせて「履行請求権」ともいう。）。これらのうち、民法には履行の強制に関する規定（同法第414条）が設けられているが、これとは別に、債権者が債務者に対して任意の履行を請求することができる旨の規定を設けるなど、債権者には請求力や訴求力等の基本的権能が認められることを確認する趣旨の明文規定を置く方向で、更に検討してはどうか。

【部会資料5－2 第1、2［1頁］】

〔意 見〕
賛成する。
〔理 由〕
債権者の基本的権能が明確となり、分かりやすい民法の実現に資する。

2 民法第414条（履行の強制）の取扱い

履行の強制に関する規定（民法第414条）については、債権者に認められる実体法上の権能を定めた規定であるとする見解と執行方法を定めた手続法的規定であるとする見解があるなど、規定の意義が不明確であるという指摘がある。そこで、履行の強制に関する規定のうち、実体法的規定は民法に置き、手続法的規定は民事執行法等に置くべきであるという方針を確認した上で、同条各項の規定のうち、手続法的規定として民法から削除すべきものの有無等について、更に検討してはどうか。

その際、実体法的規定か手続法的規定かの区別が困難なものについては、手続法において必要な規定を設けることを妨げない形で、実体法と手続法を架橋するような一般的・総則的な規定を民法に置くことについて、更に検討してはどうか。また、そのような一般的・総則的な規定の具体例として、民法に執行方法の一覧規定を置くことについても、更に検討してはどうか。

なお、履行の強制に関する規定の民法上の配置については、引き続き債権編に置く方向で、検討してはどうか。

第2 履行請求権等

【部会資料5-2 第1、2［1頁］、同（関連論点）［5頁］】

〔意　見〕
1　履行の強制に関する規定のうち、実体法的規定を民法に、手続法的規定を民事執行法に置くことに賛成する。
　　ただし、実体法上の権能を定めた規定であるか、執行方法についての手続法的規定であるかについては、今後慎重に検討すべきである。
2　実体法的規定か否かが区別困難なものについて、実体法と手続法を架橋するような一般的・総則的な規定を民法に置くことについて、趣旨には賛成する。
3　履行の強制に関する規定を「第3編債権」に置くべきである
〔理　由〕
1　履行を強制する場面において実体法的規定と手続法的規定の配置を整理することで、「分かりやすい民法」の実現に資する。
2　区別が困難なものについて、一般的総則的な規定を民法に規定することは、一覧性の確保にもつながり、「分かりやすい民法」の実現に資する。
3　現行法で問題がなく、あえて配置を換えることで混乱を招く理由はない。

3　履行請求権の限界

　一般に、債務の履行が不能になった場合等、履行請求権の行使には限界があるとされていることから、そのことを確認する明文規定を設けるべきであるという考え方がある。この考え方に関しては、その限界の具体的な判断基準の在り方について、「社会通念」を基準としつつ、「契約の趣旨」がそれと異な場合には「契約の趣旨」によると考えれば良いという意見や、「社会通念」も「契約の趣旨」に照らして規範的に評価されるものであり、「契約の趣旨」の中に「社会通念」という要素が組み込まれているという意見等、多様な意見があった。

　履行請求権の限界に関しては、これらの意見を踏まえて、「社会通念」という基準と「契約の趣旨」という基準との関係に留意しつつ、規定の要否や具体的な判断基準の在り方等について、更に検討してはどうか。

【部会資料5-2 第1、4［9頁］、同（関連論点）1［13頁］、
　　　　　　　　　　　　　同（関連論点）2［13頁］】

Ⅱ 全体版

〔意 見〕
具体的な履行請求権の限界については、基準の明確性に留意しつつ、慎重に検討するべきである。

〔理 由〕
具体的な履行請求権の限界については、債務不履行による損害賠償等の重要な規定との関係もあることから、基準の明確性を確保する必要がある。
(第3回議事録11頁・鹿野幹事、12頁・大村幹事)

4 追完請求権
 (1) 追完請求権に関する一般的規定の要否
  一般に、債務者が不完全な履行をした場合には、債権者に追完請求権が認められるとされることから、そのことを確認する一般的・総則的な規定を設けるべきであるという考え方がある。この考え方については、追完方法の多様性等に鑑みると抽象的な規定を設けることしかできず意義が乏しいのではないかという意見や、抽象的な規定であっても無名契約の追完請求権の根拠になるなどの意義があるとする意見があったことを踏まえて、不完全履行により債権者に認められる権利を個別的・具体的に定める契約各則の規定の検討状況(後記第39、1等)に留意しつつ、有意な規定を置けるかどうかという観点から、更に検討してはどうか。また、追完請求権の要件となる「債務の不完全な履行」の具体的な内容について、代物請求権が認められる具体的な場面の検討と併せて、更に検討してはどうか。

【部会資料5-2 第1、3［7頁］】

〔意 見〕
追完請求権については、規定が不明確な場合には国民の間に混乱が生じる危険性があることに留意しながら慎重に検討すべきである。

〔理 由〕
不完全履行があった場合の追完請求権の規定を置くことについては肯定論がある。しかし、追完請求の中身は、契約内容によって千差万別であり、規定が不明確である場合は国民の間に混乱が生じる危険性がある。
(第3回議事録7頁・木村委員、8頁・深山幹事、9頁・潮見幹事、10頁・岡(正)
 委員・岡田委員、11頁・鹿野幹事、12頁・大村幹事、13頁・松本委員・山本(敬)

第 2　履行請求権等

幹事、14 頁・道垣内幹事・潮見幹事、15 頁・道垣内幹事・中田委員・大島委員・沖野幹事、16 頁・潮見幹事、17 頁・松本委員・潮見幹事）

(2) 追完方法が複数ある場合の選択権
　現行法には、当事者双方が具体的な追完方法について異なる主張をした場合に、これを解決するための規定がないため、追完方法が複数ある場合の選択権の所在に関する規定を設けることを検討すべきであるという意見があったことを踏まえて、そのような規定の要否について、追完権に関する検討状況（後記第 8、1 等）や不完全履行により債権者に認められる権利を個別・具体的に定める契約各則の規定の検討状況（後記第 39、1(5)等）を踏まえつつ、検討してはどうか。

〔意　見〕
慎重に検討すべきである。
〔理　由〕
上記(1)で述べたことに加えて、規定が不明確であった場合等、国民の間に混乱が生じる危険がある。

(3) 追完請求権の限界事由
　追完請求権の限界事由としては、例えば、瑕疵修補請求権について修補に過分の費用を要することを限界事由として規定する場合などがあるところ、この点については、追完方法の多様性や損害賠償請求に先立って追完請求をしなければならないとすることの債権者への負担等の事情を考慮して検討すべきであるという意見があった。そこで、追完請求権に特有の限界事由を定めるべきであるという考え方の採否については、以上の意見を踏まえて、追完権に関する検討状況（後記第 8、1 等）及び不完全履行の際に債権者に認められる権利を個別的・具体的に定める契約各則の規定の検討状況（後記第 39、1(5)等）との関連性に留意しつつ、更に検討してはどうか。

【部会資料 5 − 2 第 1、4（関連論点）3 [14 頁]】

II 全 体 版

〔意 見〕
慎重に検討するべきである。
〔理 由〕
上記(1)及び(2)で述べたことに加えて、規定が複雑である場合等、国民の間に混乱が生じる危険がある。

第3　債務不履行による損害賠償
1　「債務の本旨に従った履行をしないとき」の具体化・明確化（民法第415条）
(1)　履行不能による填補賠償における不履行態様の要件（民法第415条後段）

履行請求権の限界事由（前記第2、3）との関連性に留意しつつ、「履行をすることができなくなったとき」という要件（民法第415条後段）の具体的内容として、物理的に履行が不能な場合のほか、履行が不能であると法的に評価される場合も含まれるとする判例法理を明文化する方向で、更に検討してはどうか。

【部会資料5－2　第2、2(1)［21頁］】

〔意 見〕
物理的のみならず法的な履行不能についても明文化することには賛成する。但し、「法的な履行不能」の表現については慎重に検討すべきである。
〔理 由〕
判例法理を明文化することは賛成であるが、履行が不能であると法的に評価される場合というのは、結論であって判断基準ではないことから、判断基準を分かりやすく規定すべきである。

(2)　履行遅滞に陥った債務者に対する填補賠償の手続的要件

履行遅滞に陥った債務者に対する填補賠償の要件として解除が必要か否かは、現行法上不明確であるが、この点に関しては、解除することなく履行請求権と填補賠償請求権を選択的に行使できるようにすることが望ましいという考え方がある。このような考え方に基づき、履行遅滞に陥った債務者に対して、相当期間を定めて催告をしても履行がない場合（民法第

541条参照）等には、債権者は、契約の解除をしなくても、填補賠償の請求をすることができるものとしてはどうか。

【部会資料5－2　第2、2(2)［22頁］】

〔意　見〕
賛成する。
〔理　由〕
判例法理の明文化であり、「分かりやすい民法」の実現に資する。
ただし、消費者契約法9条の規定が適用されなくなることのないよう、手当をすべきである。

(3) 不確定期限付債務における履行遅滞の要件（民法第412条）
　学説上確立した法理を明文化する観点から、不確定期限付債務における履行遅滞の要件としては、債務者が期限の到来を知ったこと（民法第412条第2項）のほか、債権者が期限到来の事実を通知し、これが債務者に到達することをもって足りるものとしてはどうか。
　また、不法行為による損害賠償債務は、損害の発生と同時に遅滞に陥るとする判例法理の当否やその明文化の要否等について、検討してはどうか。

【部会資料5－2　第2、2(3)［24頁］】

〔意　見〕
基本的に賛成する。
〔理　由〕
いずれも、確定した解釈や判例を明文化するものであり、「分かりやすい民法」の実現に資する。

(4) 履行期前の履行拒絶
　債務者が履行期前に債務の履行を終局的・確定的に拒絶すること（履行期前の履行拒絶）を填補賠償請求権の発生原因の一つとすることに関しては、契約上の履行期に先立つ履行請求を認めることに類似し、債権者に契約上予定された以上の利益を与えることになるのではないかとの意見がある一方で、履行期前の履行不能による填補賠償請求が認められる以上、履

Ⅱ 全体版

> 行期前の履行拒絶による填補賠償請求も認めてよいなどという意見があった。また、効果として、反対債務の先履行義務の消滅を認めるべきであるという意見もあった。これらの意見を踏まえて、債権者に不当な利益を与えるおそれに留意しつつ、履行期前の履行拒絶により填補賠償が認められるための具体的な要件の在り方や、填補賠償及び後記の解除（後記第5、1(3)参照）以外の効果の在り方について、更に検討してはどうか。
> 【部会資料5－2 第2、2(4)［25頁］】

〔意 見〕
填補賠償が認められる履行期前の履行拒絶の要件については、履行拒絶の認定が困難であることに留意して慎重に検討すべきである。
〔理 由〕
終局的・確定的に履行拒絶したことの認定が難しく、規定することによる弊害が予想される。
（第3回議事録21頁・木村委員、22頁・深山幹事、23頁・松本委員）

> (5) 追完の遅滞及び不能による損害賠償
> 追完請求を受けた債務者が追完を遅滞した場合や追完が不能であった場合における追完に代わる損害賠償の要件については、追完方法の多様性等を考慮した適切な要件設定等が可能かどうかという観点から、契約各則における担保責任の検討と併せて、更に検討してはどうか。
> 【部会資料5－2 第2、2(5)［26頁］】

〔意 見〕
追完の遅滞や不能による損害賠償の要件の規定を置くことについては、慎重に検討するべきである。
〔理 由〕
上記第2の4の通り、追完自体について多様性があることから、国民に混乱を与える危険性がある。
一般の債務不履行で対応できないかどうかや、契約各則の担保責任との関係について留意しつつ慎重に検討するべきである。
（第3回議事録22頁・松本委員、中井委員）

第3　債務不履行による損害賠償

> (6) 民法第415条前段の取扱い
> 前記(1)から(5)までのように債務不履行による損害賠償の要件の具体化・明確化を図ることとした場合であっても、「債務の本旨に従った履行をしないとき」（民法第415条前段）のような包括的な要件は維持するものとしてはどうか。
>
> 【部会資料5－2　第2、2(6)［27頁］】

〔意　見〕
賛成する。
〔理　由〕
想定し得ない事態も生じ得る。
（第3回議事録21頁・木村委員）

2 「債務者の責めに帰すべき事由」について（民法第415条後段）

> (1) 「債務者の責めに帰すべき事由」の適用範囲
> 「債務者の責めに帰すべき事由」という要件が民法第415条後段にのみ置かれている点に関して、同条後段が規定する履行不能とそれ以外の債務不履行を区別せず、統一的な免責の要件を定める方向で、更に検討してはどうか。
>
> 【部会資料5－2　第2、3(1)［28頁］】

〔意　見〕
賛成する。
〔理　由〕
判例法理を明文化するものであり、「分かりやすい民法」の実現に資する。

> (2) 「債務者の責めに帰すべき事由」の意味・規定の在り方
> 「債務者の責めに帰すべき事由」の意味は、条文上必ずしも明らかではないが、伝統的には、債務不履行による損害賠償責任の帰責根拠を過失責任主義（故意・過失がない場合には責任を負わないとする考え方）に求め、「債務者の責めに帰すべき事由」の意味を、故意・過失又は信義則上これ

Ⅱ 全体版

と同視すべき事由と解する見解が通説とされてきた。これに対し、判例は、必ずしもこのような帰責根拠・判断基準を採用しているわけではなく、また、「債務者の責めに帰すべき事由」の意味を、契約から切り離された債務者の不注意と解しているわけでもないという理解が示されている。このような立場から、「債務者の責めに帰すべき事由」の意味も、帰責根拠を契約の拘束力に求めることを前提として検討すべきであるとの見解が提示された。他方で、帰責根拠を契約の拘束力のみに求めることについては、それが取引実務に与える悪影響を懸念する意見もあった。これに対しては、ここでいう「契約」が、契約書の記載内容を意味するのではなく、当事者間の合意内容を、当該合意に関する諸事情を考慮して規範的に評価することにより導かれるものであるとの指摘があった。

以上の議論を踏まえ、債務不履行による損害賠償責任の帰責根拠を契約の拘束力に求めることが妥当かという点や、仮に帰責根拠を契約の拘束力に求めた場合には、損害賠償責任からの免責の処理はどのようにされることが適切かという点について、判例の立場との整合性、取引実務に与える影響、債務の種類による差異の有無等に留意しつつ、更に検討してはどうか。

その上で、「債務者の責めに帰すべき事由」という文言については、債務不履行による損害賠償責任の帰責根拠との関係で、この文言をどのように理解すべきかという検討を踏まえ、他の文言に置き換える必要があるかどうか、

また、それが適当かどうかという観点から、更に検討してはどうか。その際文言の変更が取引実務や裁判実務に与える影響、民法における法定債権の規定に与える影響、その他の法令の規定に与える影響等に留意しながら、検討してはどうか。

【部会資料5-2 第2、3(2)〔28頁〕】

〔意 見〕
意見書Ⅰと同じである。

(3) 債務者の帰責事由による履行遅滞後の債務者の帰責事由によらない履行不能の処理

第3 債務不履行による損害賠償

　債務者の帰責事由による履行遅滞の後に、債務者の帰責事由によらない履行不能が生じた場合でも、履行遅滞に陥ったがために当該履行不能が生じたという関係が認められる限り、填補賠償請求が認められるとする判例法理を明文化するものとしてはどうか。

【部会資料５－２　第２、３(3)〔34頁〕】

〔意　見〕
賛成する。
〔理　由〕
判例法理の明文化であり、「分かりやすい民法」の実現に資する。

3　損害賠償の範囲（民法第416条）
(1) 損害賠償の範囲に関する規定の在り方
　損害賠償の範囲を規定する民法第416条については、その文言から損害賠償の範囲に関する具体的な規範を読み取りづらいため、規定を明確にすべきであるという意見があることを踏まえて、判例・裁判実務の考え方、相当因果関係説、保護範囲説・契約利益説等から導かれる具体的準則の異同を整理しつつ、損害賠償の範囲を画する規律の明確化の可否について、更に検討してはどうか。

【部会資料５－２　第２、４(1)〔34頁〕】

〔意　見〕
意見書Ⅰと同じである。

(2) 予見の主体及び時期等（民法第416条第2項）
　損害賠償の範囲を画する基準として当事者の予見を問題とする立場（民法第416条第2項等）においては、予見の主体と時期が問題となるが、民法の条文上はその点が不明確である。
　まず、予見の主体については、債務者とする裁判実務の考え方と両当事者とする考え方のほか、契約当事者の属性に応じた規定を設けるべきであるという意見があったことを踏まえて、前記(1)の検討と併せて、更に検討してはどうか。また、予見の時期については、不履行時とする裁判実務の

Ⅱ 全体版

考え方と契約締結時を基本とする考え方等について、損害の不当な拡大を防止する必要性に留意しつつ、前記(1)の検討と併せて、更に検討してはどうか。

【部会資料５−２ 第２、４(2)［40頁］】

〔意　見〕
予見の主体を債務者のみとし、予見の時期を「不履行時」とする判例実務を明文化する方向で検討すべきである。

〔理　由〕
上記裁判実務の考え方は、債務者が不履行時に「特別事情」を予見していた場合は、それによって生じた損害についても賠償をすべきである旨を明らかにするものであり、妥当かつ安定した考え方である。これを明文化することは「分かりやすい民法」の実現に資する。

(3) 予見の対象（民法第416条第2項）
予見の対象を「事情」とするか「損害」とするか、「損害」とする場合には損害額まで含むのかという問題は、損害賠償の範囲について予見可能性を基準とする規範を採用することの当否と関連することを踏まえて議論すべきであるという意見や、予見の対象の捉え方によっては損害賠償の範囲（前記(1)等）と損害額の算定（後記(5)）のいずれが問題になるかが左右される可能性があるという点に留意する必要があるとの意見があった。そこで、これらの意見に留意した上で、予見の対象について、更に検討してはどうか。

【部会資料５−２ 第２、４(2)（関連論点）１［42頁］】

〔意　見〕
現行法の規定を維持する方向で検討すべきである．。

〔理　由〕
予見対象を事情とするか損害とするかの議論の実質は、議論が錯綜しており、筋道だった整理がなく、現行法の規定を変更するまでの必要は認められず、維持するのが妥当である。

第3　債務不履行による損害賠償

(4) 故意・重過失による債務不履行における損害賠償の範囲の特則の要否

　債務不履行につき故意・重過失がある場合には全ての損害を賠償しなければならないとするなどの故意・重過失による債務不履行における損害賠償の範囲の特則の要否については、これを不要とする意見、要件を背信的悪意や害意等に限定する必要性を指摘する意見、損害賠償の範囲に関する予見の時期を契約締結時とした場合（前記(2)参照）には特則を設ける意義があるという意見等があった。これらを踏まえて、上記特則の要否や具体的要件の在り方について、損害賠償の範囲に関する議論との関連性に留意しつつ、更に検討してはどうか。

【部会資料5－2　第2、4(2)（関連論点）2［42頁］】

〔意　見〕
1　故意・重過失の場合の特則を設けないことに賛成する。
2　背信的悪意や害意の場合の特則については趣旨には賛成であるが、具体的要件の明確さに留意しつつ、慎重に検討すべきである。

〔理　由〕
1　故意・重過失の場合の特則を設けなくても、損害賠償の範囲に関するルールにより適切に対処できる。
2　背信的悪意や害意については、故意・過失とは異なり一般用語としては使用されておらず、国民にとってはその意味が必ずしも明確ではないという問題があるので、これを明確にする方向で慎重に検討すべきである。

(5) 損害額の算定基準時の原則規定及び損害額の算定ルールについて

　損害額の算定に関する各種の判例法理の明文化については、これらの判例に基づいて物の価額を賠償する場合を想定した一般原則を置くことが妥当かどうかという観点から、損害賠償の範囲に関する問題や債務不履行解除の要件の問題等との関連性を整理しつつ、更に検討してはどうか。

　この検討と関連して、物の引渡債務以外の債務に関する損害賠償の範囲や損害額の算定の規定の要否、履行期前の履行不能や履行拒絶に基づく填補賠償請求における損害額の算定の規定の要否について、更に検討しては

どうか。

【部会資料５－２ 第２、４(3)［43頁］、(4)［47頁］、
(5)［49頁］、同（関連論点）［51頁］】

〔意 見〕
　損害額の算定基準時の問題を損害賠償の範囲の問題と位置づける判例の立場を法文化する方向性で検討すべきである。さらに、具体的な算定基準時についても、確立した判例の立場を法文化する方向性で検討すべきである。

〔理 由〕
　判例法理の法文化により具体的な算定基準時を明らかにすることができ「分かりやすい民法」の実現に繋がる。

4 過失相殺（民法第418条）
(1) 要 件

　過失相殺の適用範囲（民法第418条）については、債務不履行の発生について過失がある場合だけではなく、損害の発生や拡大について債権者に過失がある場合にも適用されるという判例・学説の解釈を踏まえ、これを条文上明確にする方向で、更に検討してはどうか。

　その際、具体的な規定内容に関して、例えば、債権者が債務不履行の発生や損害の発生・拡大を防ぐために合理的な措置を講じたか否かという規範を定立するなど、債権者の損害軽減義務の発想を導入するという考え方については、これに肯定的な意見と債権者に過度の負担を課すおそれがあるなどの理由から否定的な意見があった。そこで、これらの意見を踏まえ、債務不履行による損害賠償責任の帰責根拠に関する議論（前記第３、２(2)）及び不法行為における過失相殺（民法第722条第2項）に関する議論との関連性や、損害賠償責任の減軽事由として具体的にどのような事情を考慮できるものとすべきかという観点に留意しつつ、この考え方の当否について、更に検討してはどうか。

　また、債務者の故意・重過失による債務不履行の場合に過失相殺を制限する法理の要否や、債権者は債務者に対して損害の発生又は拡大を防止するために要した費用を合理的な範囲内で請求できる旨の規定の要否についても、検討してはどうか。

第3　債務不履行による損害賠償

【部会資料5-2 第2、5(1)［51頁］】

〔意　見〕
1　現行の判例・学説の立場（不履行の発生のみならず、損害の発生や損害の拡大についての過失も考慮する）を明文化する方向で検討すべきである。
2　損害軽減義務という考え方については反対する。
3　債務者に故意・重過失がある場合に過失相殺を制限することを明文化する方向性に賛成する。
4　債権者が債務者に対して損害の発生または拡大を防止するために要した費用を合理的な範囲で請求できる旨の規定を置くことについては、請求できる「合理的な範囲」の明確さに留意しつつ慎重に検討すべきである。

〔理　由〕
1　判例・学説の考え方を明文化するもので、「分かりやすい民法」の実現に資する。
2　損害軽減義務という考え方が提唱されているが、現行の過失相殺規定は十分に調整的な機能を果たしており、かつ損害軽減義務という債権者側の作為的な義務とそれに基づく軽減要素のみでこれに代替できないのではないかとの疑問があるばかりか、債権者の加重負担を招く恐れがある。
3　債務者に故意・重過失がある場合の例外については、公平の観点から見て合理性がある。
4　「合理的な範囲」の内容を明確化することが困難である。
（第3回議事録47頁～49頁・林委員・松本委員・岡(正)委員）

(2)　効　果
　過失相殺の効果は必要的減免とされている（民法第418条）が、これを任意的減軽に改めるべきかについて、要件に関する議論（前記(1)）と併せて、更に検討してはどうか。

【部会資料5-2 第2、5(2)［55頁］】

〔意　見〕
賛成する。

Ⅱ 全体版

〔理由〕
不法行為における過失相殺規定(任意的軽減)との均衡から不法行為と同様に任意的軽減に改めるのが妥当である。

5 損益相殺
　裁判実務上、債務不履行により債権者が利益を得た場合には、その利益の額を賠償されるべき損害額から控除すること(損益相殺)が行われており、これを明文化するものとしてはどうか。
【部会資料5-2 第2、6［56頁］】

〔意見〕
賛成する。
〔理由〕
確立した裁判実務を明文化することで、「分かりやすい民法」の実現に資する。

6 金銭債務の特則(民法第419条)
　(1) 要件の特則:不可抗力免責について
　金銭債務の不履行について不可抗力免責を否定する民法第419条第3項の合理性に疑問を呈し、一定の免責の余地を認めるべきであるとする考え方に関しては、同項を削除して債務不履行の一般則による免責を認めるという意見や、金銭債務の特則を残した上で不可抗力免責のみを認めるという意見等があることを踏まえて、免責を認めることの可否及び免責を認める場合の具体的な要件の在り方について、更に検討してはどうか。
【部会資料5-2 第2、7(1)［56頁］】

〔意見〕
不可抗力免責を認めるかどうかについては今後慎重に検討すべきである。
〔理由〕
　一方で現行法を支持する意見があり、他方で債務者が大震災等に遭った場合などの場合に金銭債務について不可抗力免責を認めるべきである、との両論がある。

第3　債務不履行による損害賠償

> (2) 効果の特則：利息超過損害の賠償について
> 　金銭債務の不履行における利息超過損害の賠償請求を一般的に否定する判例法理の合理性を疑問視し、利息超過損害の賠償請求が認められることを条文上明記すべきであるという考え方に関しては、消費者や中小企業等が債務者である事案において債務者に過重な責任が生ずるおそれがあるとの指摘があったが、他方で、上記の考え方を支持する立場から、債務不履行による損害賠償の一般法理が適用されるため、損害賠償の範囲が無制限に拡張するわけではないとの指摘があった。これらの意見を踏まえて、利息超過損害の賠償請求を認める考え方の当否について、更に検討してはどうか。
>
> 【部会資料5－2　第2、7(2)〔58頁〕】

〔意　見〕
利息超過損害賠償請求を認めるべきではない。
〔理　由〕
利息を超える損害として、債権取立費用などが入る危険があり、消費者その他の社会的・経済的弱者保護に反する。

> 7　債務不履行責任の免責条項の効力を制限する規定の要否
> 　債務不履行責任の免責条項の効力を制限する規定の要否について、不当条項規制（後記第31）との関係や担保責任を負わない旨の特約（民法第572条）との関係に留意しつつ、検討してはどうか。

〔意　見〕
債務不履行責任の免責条項の効力を制限する規定を設けることに賛成する。今後、具体的な規定内容について更に検討すべきである。
〔理　由〕
「格差拡大への対応」に資する。但し、不当条項と同様に主として事後救済措置であるので、これによって格差問題がすべて解消されるものではない。

Ⅱ 全体版

第4 賠償額の予定（民法第420条、第421条）

1 予定された賠償額が不当に過大であった場合に、裁判所がその額を減額することができる旨を明文化するという考え方に関しては、公序良俗（民法第90条）等の一般条項に委ねるほうが柔軟な解決が可能となり望ましいなどとする否定的な意見がある一方で、一般条項の具体化として規定する意義があること、公序良俗違反による賠償額の減額を認める裁判例があるところ、裁判所による額の増減を否定する同法第420条第1項後段の存在がそのような裁判所による救済法理の適用を抑制し、裁判外の紛争解決にも悪影響を与えているおそれがあること、賠償額の予定を禁止する労働基準法が適用されない労働契約において労働者保護を図る必要があることなどを理由に、明文化に肯定的な意見があった。これらを踏まえて、予定された賠償額が不当に過大であった場合に、裁判所がその額を減額することができる旨を明文化するか否かについて、不当条項規制（後記第31）及び一部無効の効力（後記第32、2(1)）に関する議論との関連性に留意しつつ、更に検討してはどうか。

予定された賠償額の裁判所による減額を認める旨の規定を設ける場合には、要件として、予定された賠償額と実損額との比較だけでなく、賠償額の予定がされた経緯や当事者の属性等の様々な要素を総合考慮できるものとすべきであるという意見等を踏まえて、具体的な要件の在り方について、更に検討してはどうか。

また、効果については、合理的な額までの減額を認める考え方のほか、著しく過大な部分のみを無効とすべきであるという意見があるが、後者については「著しく過大な部分」を特定した上での改訂が裁判所に可能か疑問であるとの指摘もある。これらの意見を踏まえて、効果について、更に検討してはどうか。

〔意見〕

1 予定された賠償額が不当に過大であった場合に、裁判所がその額を減額することができる旨を明文化するという考え方に賛成である。
2 要件について、予定された賠償額と実損額との比較だけでなく、賠償額の予定がされた経緯や当事者の属性等の様々な要素を総合考慮できるものとす

第4 賠償額の予定（民法第420条、第421条）

る考え方に賛成である。
3 効果について、上記論点整理に指摘された考え方のいずれにも反対し、賠償額の予定の条項全部を無効とするべきである。

〔理　由〕
1 賠償額の予定は、日常的に用いられることが多いため、規定を特に明示することで不当な契約条項を抑制する効果があると期待できる。また、現在の裁判実務においても損害賠償額の予定に関する特約が公序良俗違反で無効とされているのであるから、90条の適用がありうることを明確化するためにも、賠償額の予定に関し、裁判所が介入できる旨を明文化する必要がある。

　この点、「420条の1項後段の存在が、恐らく裁判所が90条の適用する際に、抑制的な方向で影響しているのではないか」「さらに、裁判外での交渉等の場面を考えますと、過大な賠償額の予定条項が設けられているときに、これが不当であり無効だという主張が、この420条の1項後段があるために、やりにくいという実態があるのではないか」（第19回議事録　41頁　鹿野幹事）という指摘があり、また、賠償額の予定に関してのみ「ここだけにわざわざ契約自由に対して、裁判所は介入できないというのをなぜ入れるのかということの説明ができないのではないかという印象を持っております」（第19回議事録45頁　松本委員）という疑問も提示されているところである。

　以上より、現在の裁判実務に適合する形で明文化を行うべきである。
2 要件について、実損害との差は、一つの大きな考慮要素になるが、当事者の属性ないし対等性の有無、当該契約が締結され当該条項が定められた経緯等、様々な事情を考慮して、特約の有効・無効が判断されるべきであり、従来から90条の適用においては、そのような考慮がなされていたのであるから、「そのような考慮要素を盛り込んだ形で条文を置く必要がある」（第19回議事録42頁・鹿野幹事）という指摘は妥当である。
3 効果について、当該賠償額の予定条項を全部無効とするべきである。そのうえで、当事者は、実損額を立証することで賠償が認められるとすれば足りる。

　この点、「過大な場合には、ぎりぎり合理的と認められるところまでは有効だけれども、それを超えたところについては無効としましょう。著しく過小な場合も、一部無効の考え方で、その過小という金額を超える部分を全て実損害があっても放棄しているわけですから、そこの部分を無効としましょう。その結果として実損害を立証すればそこの部分は請求できる。裁判所が

Ⅱ　全体版

決めるわけではありません。その前提として、公序良俗の考え方を採る。その公序良俗違反がこの賠償額の予定のところで現実化、具体化したということです。」（第19回議事録47頁・中井委員）という考え方も提示されている。

しかし、この考え方に対しては、逆に限界ぎりぎりまでは賠償額の予定の条項が有効となり、実損額に比してかなり高額の賠償額が認められてしまう懸念があり、妥当ではないと考える。

蓋し、効果については、立法化が公序良俗の具体化である点をより念頭に置くべきである。本条項の要件を、実損額だけでなく、賠償額の予定がされた経緯、当事者の属性等を総合考慮するものとした場合、それらの要素を検討したうえで、公序良俗に反していると認定されたこと、すなわち、市民社会一般における善良の風俗に反するという要件に該当すると認定されたことと均衡する効果が導かれるべきであるから、全部無効にするべきである。

賠償額の予定が、公序良俗に反していると認められたにも拘わらず、実損額に比してかなり高額の賠償額が認められてしまうのでは、要件において公序良俗に違反すると認定されたことが否定されるような効果となってしまう。

以上より、効果としては、全部無効とするべきであり、当事者には、実損額を立証させれば足りると考える。

2　予定された賠償額が不当に過小であった場合において、不当に過大であった場合と同様の規定を設けることの当否については、上記1と同様に消極的な意見と積極的な意見があるところ、他に、過小な賠償額の予定は、減免責条項の実質を持つなど過大な賠償額の予定とは問題状況が異なるので区別して検討すべきであるとの意見があった。この立場から、予定された賠償額が不当に過小であった場合には、賠償額の予定を全部無効にした上で、賠償額算定の一般則の適用に委ねるべきであるという意見があったが、これに対しては、過大な場合も過小な場合も必要な規定は同じになるのではないかという意見があった。これらを踏まえて、予定された賠償額が不当に過大であった場合と不当に過小であった場合とで規律を異にすべきか否かという点について、不当条項規制（後記第31）及び一部無効の効力（後記第32、2(1)）に関する議論との関連性に留意しつつ、更に検討してはどうか。

第4 賠償額の予定（民法第420条、第421条）

〔意 見〕
　過小の場合についても、不当に過大であった場合と同様に、明文化をしたうえで、要件については様々な要素を総合考慮できるものとし、効果については条項全部の無効とするべきである。
〔理 由〕
　不当に過大であった場合について記載した理由の考え方からすれば、過大の場合と過小の場合とを区別する必要はない。

3　債務者に帰責事由がない場合その他免責の事由がある場合でも賠償額の予定に基づく損害賠償請求が認められるかという点や、賠償額の予定に基づく損害賠償請求に関して過失相殺が認められるかという点について、検討してはどうか。
【部会資料19－2 第4［33頁］】

〔意 見〕
1　債務者に帰責事由がない場合その他免責の事由がある場合でも賠償額の予定に基づく損害賠償請求が認められるという立場に対し、反対である。
2　賠償額の予定に基づく損害賠償請求に関して過失相殺が認められるという立場に対し、賛成する。
〔理 由〕
1　賠償額の予定について、その合意の内容は契約の解釈一般によって決定されるが、特段の合意がない場合には、責に帰すべき債務不履行があれば、債権者は、少なくとも損害及びその額の証明を要せずに予定賠償額を請求できる趣旨であると解されている。
　従って、債務者に帰責事由がない場合その他免責の事由がある場合においては、債務不履行が成立しないのであるから、債務不履行を前提とする賠償額の予定に基づく損害賠償請求は認められないのが現行実務の立場であり、これを変更する必要は認められない。
2　賠償額の予定に基づく損害賠償請求に関して過失相殺が認められるかという点については、下級審判決では過失相殺による減額を認めるものも少なくないのであるから（札幌高判平成2年5月10日金法850号177頁等）、現行実務の立場を明確にするものである。

第5 契約の解除
1 債務不履行解除の要件としての不履行態様等に関する規定の整序（民法第541条から第543条まで）
(1) 催告解除（民法第541条）及び無催告解除（民法第542条、第543条）の要件及び両者の関係等の見直しの要否

催告解除及び無催告解除の要件としての不履行態様等及び両者の関係等に関しては、以下の各論点について、更に検討してはどうか。

ア 催告解除（民法第541条）

① 債務不履行解除制度全般における催告解除の位置付けに関しては、催告解除が実務上原則的な解除手段となっていることや、できるだけ契約関係を尊重するという観点などを理由に、現行法と同様、催告解除を原則とし、催告解除と無催告解除を別個に規定すべきであるという意見がある一方で、催告後相当期間が経過することで、無催告解除を正当化するのと同等の不履行の重大性が基礎づけられると考えれば、両者の要件を統一化することも理論上可能である旨の意見等があった。これらの意見を踏まえて、催告解除の位置付けについて、催告が取引実務において有する機能、催告解除の正当化根拠と無催告解除の正当化根拠との異同等に留意しつつ、更に検討してはどうか。

② 判例が付随的義務等の軽微な義務違反の場合には、解除の効力を否定していることを踏まえて、この判例法理の趣旨を明文化する方向で、更に検討してはどうか。

③ 前記②の判例法理の趣旨を明文化する場合の具体的な要件に関しては、不履行の内容によるものとする考え方と債務の種類によるものとする考え方があることについて、いずれの考え方においても不履行の内容や債務の種類等の様々な事情を総合考慮することに違いはなく、明文化するに当たっての視点の違いにすぎないとの意見があった。また、具体的な要件の規定ぶりに関しては、軽微な不履行を除くとする意見、重大な不履行とする意見、本質的な不履行とする意見、契約をした目的を達することができないこととする意見等があった。これらを踏まえて、前記②の判例法理の趣旨を明文化する場合における具体的な要件の在り方について、要件の具体性・明確性の程度が取引実務に与える影響に留意しつつ、更に検討して

第5 契約の解除

はどうか。
④ 前記②における解除を否定する要件の主張立証責任に関しては、解除を争う者が軽微な義務違反であることの主張立証責任を負うものとすべきであるとの意見があった一方で、前記②の判例法理からすれば、解除する者が自己の解除権を根拠付けるため軽微な義務違反でないことを主張立証すべきこととなるという意見もあった。また、事業者間の契約か否かで主張立証責任の在り方を変えるという考え方（例えば、事業者間契約でない場合は解除する者が重大な不履行であることの主張立証責任を負うものとする一方、事業者間契約においては、催告に応じなければ原則として契約を解除することができ、重大な契約違反に当たらないことを債務者が立証した場合にのみ解除が否定されるとすること。後記第62、3(1)①）については、消極的な意見があったが、今後も検討を継続すべきであるという意見もあった。そこで、これらの意見を踏まえて、前記②の判例法理を明文化する際の主張立証責任の在り方について、更に検討してはどうか。

イ 無催告解除（民法第542条、第543条）
　無催告解除が認められる要件の在り方については、定期行為の遅滞（民法第542条）や履行不能（同法第543条）等、催告が無意味である場合とする意見、不履行の程度に着目し、重大な不履行がある場合とする意見、主たる債務の不履行があり、契約の目的を達成することができない場合とする意見等があったことを踏まえて、更に検討してはどうか。

ウ その他
① 前記ア及びイの各論点において不履行の程度を問題とする場合、その判断に際して不履行後の債務者の対応等を考慮することができるものとすべきか否かについては、契約の趣旨に照らして契約に拘束することを正当化できるか否かを判断基準とする観点から、不履行後の対応等も含めてよいという意見と、不履行後の対応によって本来解除できないものが解除できるようになることは不適切であるから、これを含めるべきではないという意見があったことを踏まえて、更に検討してはどうか。
② 解除が債務者に不利益をもたらし得ることに鑑みて、解除の要件設定においては、債務者にそのような不利益を甘受すべき事情があるか否かを考慮できるようにすべきであるという意見があり、これに関して、契約目的不達成や重大不履行等の要件の判断において、そのような事情を考慮で

Ⅱ 全体版

> きるという意見や、それでは不十分な場合があり得るという意見があった。これらの意見を踏まえて、解除により債務者が被る不利益を考慮できる要件設定の在り方について、「債務者の責めに帰することができない事由」を解除の障害事由とすることの要否（後記2）と併せて、更に検討してはどうか。
>
> 【部会資料5－2 第3、2(1)［62頁］、(2)［72頁］】

〔意見〕
意見書Ⅰと同じである。

> (2) 不完全履行による解除
> 　不完全履行と解除の関係について、追完可能な不完全履行については履行遅滞に、追完不能な不完全履行については履行不能に準じて規定を整備するという考え方の当否については、債務不履行解除の原則的規定の在り方（前記(1)）や売買等における担保責任の規定（後記第39等）の在り方と併せて、更に検討してはどうか。
>
> 【部会資料5－2 第3、2(3)［73頁］】

〔意見〕
不完全履行については規定を設けること、その場合は追完可能な場合は履行遅滞に、追完不能な場合は履行不能に準じて規定を整備する方向で検討すべきである。
〔理由〕
整理として合理的であり、これを明示することは「分かりやすい民法」の実現に資する。

> (3) 履行期前の履行拒絶による解除
> 　債務者が履行期前に債務の履行を終局的・確定的に拒絶したこと（履行期前の履行拒絶）を解除権の発生原因の一つとすることについては、これに賛成する意見があり、具体的な要件に関して、催告の要否を検討すべきであるという意見や、履行拒絶が重大な不履行等をもたらす程度のもので

第5　契約の解除

あることが必要であることを明文化すべきであるという意見等があった。
これらを踏まえて、履行期前の履行拒絶を解除権の発生原因とすることの当否及びその具体的な要件について、債務不履行解除の原則的な要件（前記(1)）との整合性や履行拒絶による填補賠償請求権（前記第3、1(4)）の論点との関連性に留意しつつ、更に検討してはどうか。

【部会資料5-2　第3、2(4)[74頁]】

〔意　見〕
履行拒絶を解除権成立の要件の一つとして規定することについては、以下の問題点があるので慎重に検討すべきである。
〔理　由〕
前記第3、1(4)と同様、終局的・確定的に債務の履行を拒絶したか否かの判断が難しく、規定することによる混乱が生じる危険がある。

(4)　債務不履行解除の包括的規定の要否
前記(1)から(3)までのように債務不履行解除の要件の具体化・明確化を図ることとした場合であっても、「債務を履行しない場合」（民法第541条）という包括的な要件は維持するものとしてはどうか。

【部会資料5-2　第3、2(5)[76頁]】

〔意　見〕
賛成である。
〔理　由〕
包括的要件がなければ、解除原因のすべてを網羅できない。

2　「債務者の責めに帰することができない事由」の要否（民法第543条）
　解除は不履行をした債務者への制裁ではなく、その相手方を契約の拘束力から解放することを目的とする制度であると理解すべきであり、また、裁判例においても帰責事由という要件は重要な機能を営んでいないなどとして、解除の要件としての債務者の帰責事由を不要とする考え方がある。このような考え方については、これに理解を示す意見があった一方、現行

Ⅱ 全体版

法との連続性を確保することの意義、危険負担制度を維持する必要性、債務者が解除に伴う不利益を甘受すべき事情を考慮できる要件設定の必要性等の観点から否定的な意見があった。そこで、これらの意見を踏まえて、上記の考え方の当否について、催告解除及び無催告解除の要件となる不履行態様等の見直しに関する議論(前記1(1))との関連性に留意しつつ、更に検討してはどうか。

【部会資料5-2 第3、3[77頁]】

〔意 見〕
意見書Ⅰと同じである。

3 債務不履行解除の効果(民法第545条)
(1) 解除による履行請求権の帰すう

解除の効果の法的性質論にかかわらず、解除の基本的効果として、契約当事者は、契約の解除により、いずれも履行の請求ができなくなる旨の規定を置くものとしてはどうか。

また、解除は、紛争処理に関する契約上の定め、その他の解除後に適用されるべき契約上の定め(例えば、秘密保持義務の定め等)には影響を及ぼさない旨の規定を置くことについて、検討してはどうか。

【部会資料5-2 第3、4(1)[80頁]、同(関連論点)[85頁]】

〔意 見〕
賛成である。
〔理 由〕
前段は争いがない内容であり、これを明示することは「分かりやすい民法」に資する。

後段については契約の解除が紛争処理に関する契約上の定め等に影響を及ぼさないことを注意的に規定するのも、解除の法的効果を明確にする点において意味はあると考えられる。

(2) 解除による原状回復義務の範囲(民法第545条第2項)

解除による原状回復義務に関し、金銭以外の返還義務についても果実や

第5 契約の解除

使用利益等を付さなければならないとする判例・学説の法理を条文に反映させる方向で、具体的な規定内容について、更に検討してはどうか。

　その際、① 解除が将来に向かってのみ効力を生ずる場合における原状回復義務の規定の要否、② 原状回復義務の目的の価値が時間の経過により減少した場合の処理の在り方及び規定の要否、③ 解除原因となった不履行の態様、債務者の主観的要素、不履行が生じた経緯等に応じて原状回復義務の範囲を調整する処理の在り方及び規定の要否、④ 不履行の原因に対する両当事者の寄与の程度等に応じて原状回復の負担を両当事者に分配する処理を可能とする規定の要否、⑤ なす債務の原状回復義務の内容及び規定の要否、⑥ 履行請求権の限界事由の問題（前記第2、3）等と関連して原状回復義務の限界事由についての規定の要否、⑦ 消費者が原状回復義務を負う場合の特則の要否といった点についても、併せて検討してはどうか。

【部会資料5－2 第3、4(2)［86頁］】

〔意　見〕
　金銭以外の返還義務について、判例で認められている果実や使用利益の返還義務を規定する方向を明示すべきである。①から⑦については、以下のとおり。
① 将来効のみが認められる場合には、原状回復義務が否定されることを明文化することに賛成する。
② 時間経過によって価値が減少する場合の規定を設けることに賛成する。
③ これに対し、「現行民法の545条2項を削除し、原状回復の範囲は契約の解釈に委ねるべきである」との考え方については、反対する。
④ 不履行の原因に対する両当事者の寄与の程度を考慮する規定を置くことに賛成する。
⑤ なす債務の原状回復義務の規定等を設けることについても、賛成するが、「なす債務」とは何かという観点から、規定内容は慎重に検討すべきである。
⑥ 原状回復義務の限界事由についての規定を置くことについては、履行請求権の限界事由を踏まえて慎重に検討すべきである。
⑦ 消費者が原状回復義務を負う場合の特則については、消費者契約法で規定すべきである。

Ⅱ 全体版

〔理　由〕
本文については、判例法理の法文化であり「分かりやすい民法」の実現に資する。
① 当然の内容であり、これを明示することは「分かりやすい民法」の実現に資する。
② 「分かりやすい民法」の実現に資し、かつ規定の必要性がある。
③ 原状回復義務の範囲を単に契約の解釈に委ねるべきとする見解があるが、これでは国民にとって原状回復義務の範囲が不明確なばかりか、社会的弱者などの一方当事者に不利益な結論が押しつけられてしまう危険がある。
原状回復義務の基本的な内容については、法律で原則を定めるほか、一定の場合には、原状回復の範囲の推定規定を設ける等して、社会的弱者の保護をはかるべきである。
④ 不履行の原因に対する両当事者の寄与の程度を考慮する規定を置くことは、「分かりやすい民法」の実現に資する。
⑤ 「分かりやすい民法」の実現に資するが、何が「なす債務」であるかを確定することが難しい。
⑥ 履行請求権の限界事由の問題等と関連しているので、これについての問題点を検討する必要がある。
⑦ 消費者契約に関する上記の特則は重要ではあるが、意見書Ⅰの序論で述べたとおり、消費者契約法で規定すべきである。
（第4回議事録27頁・岡(正)委員・高須幹事、28頁・西川関係官・木村委員・山本(敬)幹事）

⑶　原状回復の目的物が滅失・損傷した場合の処理
原状回復の目的物が滅失・損傷した場合の処理を定める規定の要否については、この場合にも履行請求権の限界事由に関する規定が適用ないし準用されるとする立場との整合性、目的物が滅失・損傷した場合に限らず転売された場合等を含めた規定の要否、目的物の原状回復に代わる価額返還義務を反対給付の価額の限度で認める考え方の適否等の検討を通じて、有用性のある規定を置けるか否かについて、無効な契約に基づいて給付された場合における返還義務の範囲に関する論点（後記第32、3⑵）との整合性に留意しつつ、更に検討してはどうか。

第5 契約の解除

【部会資料5-2 第3、4⑶［87頁］】

〔意　見〕
これについての規定を設ける方向で検討すべきである。
〔理　由〕
規律を明確化することは「分かりやすい民法」の実現に資する。

4　解除権者の行為等による解除権の消滅（民法第548条）
　　解除権者が解除権の存在を知らずに契約の目的物を加工又は改造した場合でも解除権は消滅すると規定する民法第548条に関しては、解除権者が解除権の存在を知らずに契約の目的物を加工又は改造した場合には解除権は消滅しないものとすべきであるという考え方がある。このような考え方の当否について、更に検討してはどうか。

【部会資料5-2 第3、5［89頁］】

〔意　見〕
賛成する。
〔理　由〕
契約の履行として目的物の引渡しを受けた者は、目的物を加工・改造するのは自由であり、解除原因を後で知ったことにより解除権が消滅するのは酷である。

5　複数契約の解除
　　同一当事者間の複数の契約のうち一つの契約の不履行に基づいて複数契約全体の解除を認めた判例（最判平成8年11月12日民集50巻10号2673頁）を踏まえて、一つの契約の不履行に基づく複数契約全体の解除に関する規定を新たに設けるべきであるという考え方に関しては、これを支持する意見と適切な要件設定が困難であるなどとして反対する意見があった。また、仮に明文化する場合における具体的な要件設定に関しては、複数契約が同一当事者間で締結された場合に限らず、異なる当事者間で締結された場合も規律することを検討すべきであるという意見があったのに対し、複数契約の解除を広く認めることが取引実務に与える影響を懸念する意見

Ⅱ 全体版

もあった。これらを踏まえて、適切な要件設定か可能か否かという点並びに複数の法律行為の無効に関する論点（後記第32、2(3)）及び抗弁の接続に関する論点（後記第44、5）との整合性に留意しつつ、一つの契約の不履行に基づいて複数契約全体の解除を認める規定を設けるという考え方の採否について、更に検討してはどうか。

【部会資料5－2　第3、6［90頁］】

〔意　見〕
判例の考え方を踏まえ、適切な要件設定が可能かどうか、今後さらに検討すべきである。
〔理　由〕
判例の考え方を明文化することに異論はないが、要件次第では、取引実務に影響を与える可能性がある。

6　労働契約における解除の意思表示の撤回に関する特則の要否
　労働契約においては、労働者が解除の意思表示をした場合であっても、一定の期間が経過するまでの間、その意思表示を撤回することができるとの規定を検討すべきであるという考え方については、労働政策的観点からの検討が必要であり当部会において取り上げることは適当でないという意見があったことから、本論点を当部会において取り上げることが適切か否かという点も含めて、その規定の要否について、検討してはどうか。

〔意　見〕
労働契約において、労働者が解除の意思表示をした場合でも、一定の期間が経過するまでの間、その意思表示を撤回することができる旨の規定は、趣旨は賛成するが、労働契約法その他の特別法に置くべきである。
〔理　由〕
労働契約における上記特則は重要な意義を有するものの、将来において時期に応じた迅速柔軟な法改正をできることの方が労働者保護に資するので、労働契約法その他の特別法に置くべきである。

第6 危険負担（民法第534条から第536条まで）
1 債務不履行解除と危険負担との関係

　債務不履行解除の要件につき債務者の帰責事由を不要とした場合（前記第5、2）には、履行不能の場面において解除制度と危険負担制度の適用範囲が重複するという問題が生ずるところ、この問題の処理については、解除制度に一元化すべきであるという意見や解除制度と危険負担制度を併存させるべきであるという意見等があった。解除一元化案は、履行不能と思われる場面では帰責事由の有無に立ち入ることなく原則的に催告解除を行う実務に適合的である上、現実の取引実務・裁判実務では危険負担制度がほとんど機能を果たしておらず、同一の目的を有する制度を併存させる意義が乏しいこと、反対債務からの解放を当事者の意思に委ねる方が私的自治の要請にかない、法律関係の明確化に資すること、債権者が反対債務の履行に利益を有する場合や不能となった債権につき代償請求権を有する場合等、債権者が契約関係の維持に利益を有する場面があることなどを理由とし、他方、解除・危険負担併存案は、履行不能の場合には反対債務が自然消滅すると考えるのが常識的な場面が多いこと、常に解除の意思表示を必要とすることが債権者に不利益となる場合があり得ることなどを理由とする。

　そこで、この問題の処理に伴う様々な課題（例えば、仮に解除制度に一元化した場合においては、危険負担の発想に基づく特則が必要な場面の整理、継続的な契約で一時的な履行不能が生じた場合における利益調整規定等の要否、解除権の存続に関する催告権や解除権消滅事由の規定の見直しの要否等。仮に解除制度と危険負担制度を併存させる場合においては、契約の終了という同一の目的・機能を有する制度を併存させる必要性と弊害の有無等）の検討を踏まえて、解除制度と危険負担制度の適用範囲が重複する場面の処理について、更に検討してはどうか。

【部会資料5－2 第4、3 ［100頁］】

〔意見〕
意見書Ⅰと同じである。

Ⅱ 全体版

> 2 民法第536条第2項の取扱い等
>   債務不履行解除と危険負担との関係（前記1）の見直しの結論にかかわらず、民法第536条第2項の実質的な規律内容（債権者の帰責事由により債務が履行不能となった場合には、反対債務は消滅しないという規律内容）は維持するものとしてはどうか。その上で、この規律を一般的な通則として置くか、各種の契約類型の特性に応じた個別規定として置くかなどといった具体的な規定方法や規定内容について、契約各則における議論及び受領遅滞との関係（後記第7、1）を踏まえて、更に検討してはどうか。
>   また、民法第535条及び第547条の見直しについては、債務不履行解除と危険負担の関係の見直し（前記1）と併せて、更に検討してはどうか。
> 【部会資料5－2 第4、3（関連論点）1から同（関連論点）3まで［102頁から103頁まで］】

〔意　見〕
1　536条2項の規定を存置するべきである。但し、同項を存置しながらも「責めに帰すべき事由」という文言を「義務違反」という文言に変更することには反対する。
2　現行法通り、この規律を一般的な通則として置くべきである。さらに、各種の契約類型の特性に応じた個別規定として置く必要があるか否かについて検討すべきである。
3　民法535条の規定の見直しをすることを明示すべきである。
4　民法547条の規定内容を存置することを明示すべきである。

〔理　由〕
1　536条2項には当然ながら合理性がある。なお、「責めに帰すべき事由」と「義務違反」は全く異なる概念であり、同項を残す以上は正当化できない。仮に「義務違反」という用語に変更すると、同項の適用範囲が変更される危険があり妥当とはいえない。
2　現行法の規定通り、一般的な通則として存置するべきである。さらに、各種の契約類型の特性に応じた個別規定として置く必要性があるか否かについてさらに検討すべきである。
3　535条は、停止条件付双務契約について、契約の目的物が滅失した場合は

第6　危険負担（民法第534条から第536条まで）

債権者主義、損傷した場合は債務者主義を適用することとしており、合理性に欠ける。
4　547条は、危険負担の規定を存置する立場からは見直しの必要がない。

3　債権者主義（民法第534条第1項）における危険の移転時期の見直し

　特定物の物権の設定又は移転を目的とする双務契約において、契約当事者の帰責事由によることなく目的物が滅失又は損傷した場合、その滅失又は損傷の負担を債権者に負わせる旨を定めている民法第534条第1項については、債権者が負担を負う時期（危険の移転時期）が契約締結時と読めることに対する批判が強いことから、危険の移転時期を目的物引渡時等と明記するなど適切な見直しを行う方向で、更に検討してはどうか。その上で、具体的な危険の移転時期について、解除の要件につき債務者の帰責事由を不要とした場合（前記第5、2）における売買契約の解除権行使の限界に関する規定の論点（後記第40、4(2)）との整合性に留意しつつ、更に検討してはどうか。

【部会資料5－2　第4、2［93頁］】

〔意　見〕
　上記の債権者主義の適用範囲を制限する方向性に賛成する。さらに、支配可能性の移転した時（引渡時または登記移転時）からとする方向で検討すべきである。

〔理　由〕
　現在においては債権者主義の適用を制限する立場が支配的であり、現行法の規定をその方向で改正すべきである。
　但し、危険の移転時期については、支配可能性の移転時とする説と、実質的に履行が終了した時期とする説とがあるが、移転時期の明確性すなわち「国民にとっての分かりやすさ」及び公平さから見て、目的物の引渡時、登記移転時に限定する方向で明示すべきである。
　なお、解除権行使との関係については、解除の要件として帰責事由を要求するべきであるので、適用範囲が明確に区別され何ら問題はない。

第7 受領遅滞（民法第413条）
1 効果の具体化・明確化

受領遅滞及びその前提となる弁済の提供のそれぞれの具体的な効果が条文上不明確であるという問題が指摘されていることを踏まえて、受領遅滞の具体的な効果について、弁済の提供の規定の見直し（後記第17、8(1)）と整合性を図りつつ、条文上明確にする方向で、更に検討してはどうか。

その際、受領遅滞の効果として反対債務の期限の利益の喪失を認める必要があるか否かという点について、履行期前の履行拒絶の効果（前記第3、1(4)及び第5、1(3)）及び民法第536条第2項の取扱い（前記第6、2）の論点と関連して、更に検討してはどうか。

【部会資料5－2 第5、2［104頁］】

〔意　見〕
1　判例・学説が認める受領遅滞の効果（同時履行抗弁権消滅、特定物引渡の注意義務軽減、増加費用の負担、目的物滅失等の場合の危険移転）を法文化することに賛成する。
2　受領遅滞の効果として反対債務の期限の利益の喪失を認めることに対しては、慎重に検討すべきである。

〔理　由〕
1　効果が明文化されることは、「分かりやすい民法」の実現に資する。
2　労働契約における使用者による就労拒否事案を念頭において、受領遅滞の効果として反対債務の期限の利益の喪失を認める必要があるという考え方については、現行実務では専ら民法第536条第2項によって処理されており、それで問題がないのであるから、受領遅滞の効果として反対債務の期限の利益の喪失を認める必要性に乏しい。

また、労働契約の場面をこえて、受領遅滞の場合に一律に反対債務の期限の利益を喪失させると、継続的契約の場合など、債権者側に大きな不利益が生じるおそれがある。

2 損害賠償請求及び解除の可否

受領遅滞の効果として、債権者が合意あるいは信義則等に基づき受領義

務を負う場合において受領義務違反があったときには、債務者に損害賠償請求権や解除権が認められる旨の規定を置くべきか否かについて、規定を置くことの実務上の必要性や弊害の有無等に留意しつつ、更に検討してはどうか。

　また、合意に基づく受領強制の規定を置くべきか否かという点について、受領遅滞の要件・効果の検討と併せて、更に検討してはどうか。
【部会資料５－２　第５、３［107頁］】

〔意　見〕
１　受領遅滞の効果として損害賠償や解除ができることを明文化すべきか否かについては、さらに検討すべきである。
２　合意に基づく受領強制については、慎重に検討すべきである。
〔理　由〕
１　相対立する意見があるので、さらに検討すべきである（第４回議事録46頁）。
２　受領することを内容とした契約上の合意があるときには、債権者に対して受領を求めることのできる債務者の地位が契約により保障されているのだから、あえて明文化をする必要はない。

　また、直接強制により債権者に受領させるためには、執行法の改正が必要であり、債権者に保管場所等がない場合には、結局のところ直接強制によっても受領強制を実現できないから、明文化は困難であると思われる。

　この点、受領強制を明文化する考え方によれば、供託が現実に問題となり得ないような場合には、受領強制を認める意味があるとするが、債務者は換価競売、間接強制などの方法も取りうる。

　以上を踏まえ、慎重に検討すべきである。

第８　債務不履行に関連する新規規定
１　追完権
債務者の追完権を認める規定を設けるかどうかについては、追完権により主張できる内容や追完権が必要となる場面を具体的に明らかにしつつ、追完権が債務者の追完利益を保護する制度として適切か否かという観点及び他の制度（例えば、催告解除の催告要件等）によって債務者の追完利益を十分に確保することができるか否かという観点から、更に検討してはどうか。

Ⅱ 全体版

【部会資料5-2 第6、1［109頁］】

〔意　見〕

　追完権（債務不履行に陥った債務者が行う履行あるいは追完が、債務不履行により債権者に認められた損害賠償請求権等に優先し、それら損害賠償請求権等の効力を停止させる権利）の規定を設けることについては、反対する。

〔理　由〕

　追完権については、肯定論もあるが、追完の内容や方法は様々なパターンがあるので国民に混乱が生じること、追完権を認めると無用の紛争が多発する危険があること、とりわけ催告解除においては催告により既に債務者の追完の利益の保護を図っているので、更なる追完権行使は認めるべきではない。

　また、解除権の行使や損害賠償請求権の行使が不適当である場合は追完権などの概念を持ち出すまでもなく別の理屈で対処できることから追完権は不要である。

（第4回議事録48～49頁・中井委員・木村委員・岡（正）委員・山野目幹事、潮見幹事、51頁・松本委員・深山幹事）

2　第三者の行為によって債務不履行が生じた場合における債務者の責任

　債務を履行するために債務者が使用する第三者の行為によって債務不履行が生じた場合における債務者の責任に関しては、第三者を類型化して各類型に応じた要件を規定する考え方や、類型化による要件設定をせず、第三者の行為による責任をどこまで債務の内容に取り込んだかによって決する考え方等を踏まえて、どのような規律が適切かについて、更に検討してはどうか。

【部会資料5-2 第6、2［112頁］】

〔意　見〕

　上記責任について明文化する方向性に賛成するが、その在り方については、債務者が使用する第三者を類型化して分類して要件を規定する考え方と、類型化による要件設定をせず第三者の行為による責任をどこまで債務の内容に取り込んだかによって決する考え方との2つの意見が対立しており、さらに検討す

第 9 債権者代位権

べきである。
〔理　由〕
「類型化を不要とする考え方では、消費者の側に不利となる危険がある」という趣旨の意見がある一方で、「類型化を規定すると取引の度に相手方の権限を確認したり、責任の分担を契約に落とし込む必要性が出てきたりして実務を混乱させる危険がある」という趣旨の意見があり，さらに検討する必要性がある（第4回議事録52頁）。

3　代償請求権
　判例が認める代償請求権の明文化の要否及び明文化する場合の適用範囲等については、債務不履行により債権者に認められる填補賠償請求権等との関係や、契約類型に応じた代償請求権の規定の必要性等に留意しつつ、更に検討してはどうか。

【部会資料5−2 第6、3 ［115頁］】

〔意　見〕
代償請求権（履行不能が生じたのと同一の原因によって、債務者が目的物の代償と認められる利益を取得した場合に、債権者が目的物の引渡等に代えて、その利益の償還を求めることのできる権利）については慎重に検討するべきである。
〔理　由〕
代償請求権という法理が妥当する場面等について不明な点がある。

第9　債権者代位権
　（前注）この「第9　債権者代位権」においては、便宜上、次の用語を用いることとする。
　「代位債権者」…債権者代位権を行使する債権者
　「債務者」………代位債権者が有する被保全債権の債務者
　「第三債務者」…代位債権者が代位行使する権利（被代位権利）の相手方

1　「本来型の債権者代位権」と「転用型の債権者代位権」の区別
　債権者代位権については、本来的には債務者の責任財産の保全のための

II 全体版

制度であると理解するのが一般的であると言われている（本来型の債権者代位権）ものの、現実には、責任財産の保全とは無関係に、非金銭債権（特定債権）の内容を実現するための手段としても用いられている（転用型の債権者代位権）。

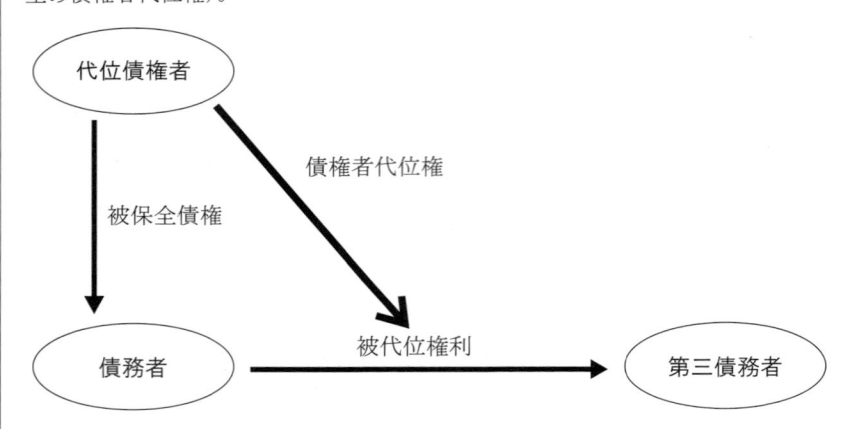

```
        代位債権者
         │   ＼
         │    ＼ 債権者代位権
   被保全債権   ＼
         │      ＼
         ↓       ↘
       債務者 ──被代位権利──→ 第三債務者
```

　本来型の債権者代位権と転用型の債権者代位権とでは、想定される適用場面が異なることから、必要に応じて両者を区別した規定を設ける方向で、更に検討してはどうか。

【部会資料７－２　第１、１（関連論点）［２頁］】

〔意　見〕
賛成する。
〔理　由〕
本来型と転用型は想定される適用場面が異なる。

２　本来型の債権者代位権の在り方
(1) 本来型の債権者代位権制度の必要性

　判例は、代位債権者が、第三債務者に対して、被代位権利の目的物である金銭を直接自己に引き渡すよう請求することを認めており、これによれば、代位債権者は、受領した金銭の債務者への返還債務と被保全債権とを相殺することにより、債務名義を取得することなく、債務者の有する債権を差し押さえる場合よりも簡便に、債権回収を図ることができる（こうし

第 9 債権者代位権

た事態は「事実上の優先弁済」とも言われている)。これに対しては、債務者の責任財産を保全するための制度として民事保全制度(仮差押制度)を有し、債権回収のための制度として民事執行制度(強制執行制度)を有する我が国の法制の下において、本来型の債権者代位権制度を存続させることの必要性に疑問を示す見解もあるが、本来型の債権者代位権には、民事執行・保全制度では代替することのできない機能があることから、これを存続させる方向で、更に検討してはどうか。

【部会資料7-2 第1、2(1) [2頁]】

〔意 見〕
意見書Ⅰと同じである。

(2) 債権回収機能(事実上の優先弁済)の当否
　本来型の債権者代位権における債権回収機能(事実上の優先弁済)に関しては、責任財産の保全という制度の目的を逸脱するものであるなどとして、これを許容すべきではないとする意見がある一方で、これを否定することに慎重な意見もあることから、これらを踏まえて、その見直しの要否について、更に検討してはどうか。

【部会資料7-2 第1、2(2) [7頁]】

〔意 見〕
意見書Ⅰと同じである。

3 本来型の債権者代位権の制度設計
(1) 債権回収機能(事実上の優先弁済)を否定又は制限する方法
　仮に本来型の債権者代位権における債権回収機能(事実上の優先弁済)を否定又は制限する場合(前記2(2)参照)には、そのための具体的な方法(仕組み)が問題となる。これについては、代位債権者が第三債務者に対して金銭の直接給付を請求することを否定又は制限するという方法や、代位債権者への金銭の直接給付を肯定しつつ、その金銭の債務者への返還債務と被保全債権との相殺を禁止する方法などを対象として、更に検討して

Ⅱ 全体版

はどうか。
　また、被代位権利が金銭以外の物の引渡しを求めるものである場合にも、代位債権者への直接給付の可否と、直接給付を認める場合の要件が問題となるが、これについても、更に検討してはどうか。
【部会資料７－２　第１、３⑴［８頁］、同（関連論点）［９頁］】

〔意　見〕
　原則的には相殺を禁止しつつ、一定額の債権の範囲内では相殺が可能とする旨の規定を設ける方向で検討すべきである。また、金銭以外の物の引き渡しを求める場合は、代位債権者への直接給付を認めるのが妥当である。

〔理　由〕
　上記のとおり原則的には債権回収機能を否定するべきであって、その方法としては相殺の禁止が妥当であるが、一定額の範囲内では相殺を認めることにより、とりわけ中小零細事業者などの少額債権者の債権回収を簡略な手続きで行えるようにすべきである。
　すなわち、上記の相殺の禁止を貫くと、少額債権者が債権回収を行うには、債務者の代位債権者に対する金銭引渡請求権を差し押さえる以外に方法はなく、その場合は他の大口の債権者が配当加入して来ることにより、少額債権者の債権回収は事実上困難になり、かかる者の保護にもとる結果となりかねない。
　それ故、かかる債権回収における「劣位者の保護」を図るためには、一定額の範囲内での上記相殺を認めるべきである。
　また、金銭以外の物の引き渡しを求める場合は、債務者がこれを受領しない危険性があるので、代位債権者への直接給付を認めるのが妥当である。

⑵　被代位権利を行使できる範囲
　判例は、代位債権者が本来型の債権者代位権に基づいて金銭債権を代位行使する場合において、被代位権利を行使し得るのは、被保全債権の債権額の範囲に限られるとしているが、仮に本来型の債権者代位権における債権回収機能（事実上の優先弁済）を否定又は制限する場合（前記２⑵参照）には、この判例と異なり、被保全債権の債権額の範囲にとどまらずに被代位権利の行使ができるものとするかどうかについて、更に検討してはどうか。

第9　債権者代位権

【部会資料7－2　第1、3(2)［10頁］】

〔意　見〕
「被保全債権の債権額の範囲にとどまらずに被代位権利の行使ができる」とすることについては、反対する。
〔理　由〕
これを肯定する意見もあるが、そうすると代位債権者が過大な直接給付を受けてこれを費消する危険があり、その場合の処理や費消の危険がある場合の対抗手段の必要性など様々な問題が生じる危険性がある。
（第5回議事録20頁・岡（健）委員）

(3)　保全の必要性（無資力要件）
　　本来型の債権者代位権の行使要件に関して、判例・通説は、民法第423条第1項本文の「自己の債権を保全するため」（保全の必要性）とは、債務者の資力がその債務の全てを弁済するのに十分ではないこと（無資力）をいうと解しており、この無資力要件を条文上も具体的に明記すべきであるという考え方がある。このような考え方の当否について、債務者の無資力を要求するのは厳格に過ぎ、保全の必要性という柔軟な要件を維持すべきであるなどの意見があることも踏まえて、更に検討してはどうか。
　　また、これに関連して、債務者名義でない債務者所有の不動産を差し押さえるために登記申請権を代位行使する場合に債務者の無資力を要件としないなど特別の取扱いをすべきであるかどうかについて、近時の判例で一定の場合に代位登記を要せず執行手続内で処理する可能性が開かれたことを指摘する意見があることなども踏まえて、更に検討してはどうか。
【部会資料7－2　第1、3(3)［10頁］、(4)［12頁］】

〔意　見〕
1　債権者代位権の要件の明確化は必要であり、どのような規定にするかは、今後さらに検討すべきである。
2　登記申請権の代位行使の要件については、1の議論の決着を待ってさらに検討すべきである。
〔理　由〕

Ⅱ　全体版
1　無資力要件を法文化すべきとする意見と、保全の必要性を要件とすれば足りるとする意見が対立している。
2　登記申請権の代位行使については、1の議論が決着するのを待って理論構成をするべきである。
（第5回議事録18頁・能見委員、19頁・深山幹事）

4　転用型の債権者代位権の在り方
(1)　根拠規定の在り方
転用型の債権者代位権について、本来型の債権者代位権とは別に規定を設ける場合（前記1参照）には、その根拠規定の在り方について、確立した債権者代位権の転用例についてそれぞれの固有領域で個別に規定を設ける方法や、転用型の債権者代位権の一般的な根拠規定を設ける方法などを対象として、更に検討してはどうか。
【部会資料7-2　第1、4(1)［15頁］】

〔意　見〕
転用型の債権者代位権の一般的な根拠規定を設けることに賛成する。
〔理　由〕
債権者代位権の規定を手がかりに様々な権利が生成されてきた。この過程に照らすと、個別の法律でそれぞれ定めるよりも、一般的な規定を設ける方が、今後の法理の発展に資する。
（第5回議事録23頁・中井委員）

(2)　一般的な転用の要件
仮に転用型の債権者代位権の一般的な根拠規定を設ける場合（前記(1)参照）には、様々な転用事例に通ずる一般的な転用の要件が問題となるが、これについては、「債権者が民法423条により債務者の権利を代位行使するには、その権利の行使により債務者が利益を享受し、その利益によつて債権者の権利が保全されるという関係」が必要であるとした判例を参考にしつつ、更に検討してはどうか。
【部会資料7-2　第1、4(2)［19頁］】

第9 債権者代位権

〔意　見〕
上記の判例が示した要件を明文化することに賛成する。
〔理　由〕
判例法理であり、合理的である。
(第5回議事録23頁・中井委員・松岡委員・中田委員、24頁・山野目幹事・松本委員、25頁・川嶋関係官)

> (3) 代位債権者への直接給付の可否及びその要件
> 　転用型の債権者代位権においても、被代位権利が金銭その他の物の引渡しを求めるものである場合には、代位債権者への直接給付の可否と、直接給付を認める場合の要件とが問題となる（前記3(1)参照）が、これについて、更に検討してはどうか。
> 【部会資料7－2 第1、4(2)（関連論点）[21頁]】

〔意　見〕
直接給付を可能とするべきである。
〔理　由〕
転用型は非金銭債権の内容実現の手段であるから直接給付を認めるべきである。

> 5　要件・効果等に関する規定の明確化等
> (1) 被保全債権、被代位権利に関する要件
> 　被保全債権に関する要件について、被保全債権の履行期が未到来の場合（民法第423条第2項）のほか、被保全債権が訴えをもって履行を請求することができず、強制執行により実現することもできないものである場合にも、債権者代位権を行使することができないものとする方向で、更に検討してはどうか。
> 　また、被代位権利に関する要件について、債務者の一身に専属する権利（同条第1項ただし書）のほか、差押えが禁止された権利についても、その代位行使は許されないものとする方向で、更に検討してはどうか。
> 【部会資料7－2 第1、5(1) [21頁]】

II 全体版
〔意 見〕
賛成する。
〔理 由〕
いずれも合理性がある。

> (2) 債務者への通知の要否
> 　債務者に被保全債権の存否等について争う機会を与えるとともに、債務者自身による被代位権利の行使の機会を確保するために、債権者代位権を行使するための要件として、債務者への通知を要求するかどうかについて、更に検討してはどうか。
> 　また、仮に債務者への通知を要求する場合には、通知の時期や通知義務違反の効果についても、更に検討してはどうか。
> 【部会資料7-2 第1、5(2)［22頁］】

〔意 見〕
1　債務者への通知の義務づけを行う方向については賛成するが、通知の義務づけをすることが権利行使を阻害する場合不都合もあるので、限定的に認める方向で検討すべきである。
2　通知の時期や通知義務違反の効果についても検討すべきである。
〔理 由〕
1　債務者が行方不明の場合、緊急性のある場合、密行性が要請される場合（債務者が第三債務者と通謀して財産隠匿をする危険がある）などの場合において、通知の義務づけは不都合であるとの意見がある。
2　上記の問題点が解決された場合に限って、通知の時期や通知義務違反の効果を検討すべきである。
(第5回議事録23頁・中田委員、25頁・川嶋関係官、26頁・三上委員、27頁・中井委員、28頁・道垣内幹事、29頁・沖野幹事)

> (3) 債務者への通知の効果
> 　判例は、代位債権者の権利行使について通知を受けた債務者は、もはや独自の訴えの提起はできず、また権利の処分もできないとしているが、裁判外の通知によって債務者の処分権限が制限されることに対しては、債務

第9 債権者代位権

者や第三債務者の地位が不安定になるなどの指摘があることから、債務者への通知によって債務者の処分権の制限が生ずることはないとするかどうかについて、更に検討してはどうか。

【部会資料7－2 第1、5(2)（関連論点）[24頁]】

〔意見〕
債務者への通知によって債務者の処分権の制限は生じないとするべきである。
〔理由〕
裁判上の行使は格別（後記7(1)）、代位権者が裁判外で通知するだけで処分権が制限されるのは妥当でない。
（第5回議事録29頁・沖野幹事）

(4) 善良な管理者の注意義務
　代位債権者は債権者代位権の行使に当たって債務者に対し善良な管理者の注意義務を負うものとするかどうかについて、更に検討してはどうか。

【部会資料7－2 第1、5(3)[24頁]】

〔意見〕
代位債権者に善管注意義務を課すことについては、代位債権者に過大な負担を追わせる可能性があることに留意しつつ慎重に検討すべきである。
〔理由〕
代位債権者と債務者との間には緊張関係があることが多く、善管注意義務の根拠となる委任類似の関係があるとは言い難い。債務者に対する善管注意義務を負わせると、代位した債権の行使方法の如何によっては、無資力に陥っており、かつ、本来の債務の履行ができない債務者の側から、損害賠償の請求がなされうるなど、代位債権者に過大な負担を負わせる可能性がある。

(5) 費用償還請求権
　代位債権者は、債権者代位権の行使のために必要な費用を支出した場合には、債務者に対してその費用の償還を請求できるものとするかどうかについて、更に検討してはどうか。
　また、仮にこの費用償還請求権を条文上も明らかにする場合には、これ

について共益費用に関する一般の先取特権が付与されることを条文上も明らかにするかどうかについても、更に検討してはどうか。

【部会資料7-2 第1、5(4)［25頁］】

〔意　見〕
　費用償還請求権を認めること及び一般先取特権付与には、下記の問題があるので、一定の限定を付す方向で更に検討すべきである。
〔理　由〕
　債権者の債権回収のための代位行使費用を債務者負担とするのは誤振り込み等の場合に行き過ぎである。一般先取特権についても同様である。
(第5回議事録26頁・三上委員)

6　第三債務者の地位
(1)　抗弁の対抗
　判例・通説は、第三債務者が債務者に対して有している抗弁を代位債権者に対しても主張することができるとしている。そこで、これを条文上も明らかにする方向で、更に検討してはどうか。
　また、第三債務者が代位債権者自身に対して有する固有の抗弁を主張することの可否については、これを条文上も明らかにするかどうかも含めて、更に検討してはどうか。

【部会資料7-2 第1、6(1)［26頁］、同（関連論点）［27頁］】

〔意　見〕
1　第三債務者が債務者に対して有している抗弁を、代位債権者に対しても主張できる方向で検討すべきである。
2　第三債務者の固有の抗弁を主張することができる方向で検討すべきである。
〔理　由〕
1　判例で認められ、また、通説的な見解でもあるなど、合理性がある。
2　直接給付の請求権を認める範囲内では、合理性がある。

(2)　供託原因の拡張
　被代位権利の目的物を引き渡す義務を負う第三債務者の負担を軽減する

第9 債権者代位権

観点から、訴訟外で債権者代位権が行使された場合などの一定の場合にも供託が可能となるように、その供託原因を拡張するかどうかについて、代位債権者や債務者の利益にも配慮しつつ、更に検討してはどうか。

【部会資料7-2 第1、6(2)〔27頁〕】

〔意 見〕
供託原因を拡張する方向性には賛成するが、具体的な供託原因については、過度に広くならないよう更に検討すべきである。

〔理 由〕
供託原因の拡張の必要性はあるが、単に代位請求があれば供託できるというのは行き過ぎであるとの意見もある。

(第5回議事録26頁・三上委員、32頁・筒井幹事)

(3) 複数の代位債権者による請求の競合
複数の代位債権者に対して金銭その他の物を交付することを命ずる判決が確定した場合には、第三債務者はそのうちの一人に対して履行をすれば債務を免れるものとするかどうかについて、更に検討してはどうか。

【部会資料7-2 第1、6(3)〔28頁〕】

〔意 見〕
請求競合の場合に「第三債務者は判決が確定した代位債権者の一人に対して履行をすれば債務を免れる」旨の規定を置く方向で検討すべきである。

〔理 由〕
第三債務者保護につながる。

7 債権者代位訴訟
(1) 規定の要否
債権者代位訴訟についての特別な手続規定の要否については、民法と手続法との役割分担に留意しつつ、前記6までの検討結果に応じて必要な規定を新たに設ける方向で、更に検討してはどうか。

【部会資料7-2 第1、7〔29頁〕】

Ⅱ 全体版

〔意見〕
特別な手続規定を設ける方向で検討すべきである。
〔理由〕
代位訴訟は三者の権利が交錯する特殊な訴訟であり、特別な手続き規定を置く必要性がある。

> (2) 債権者代位訴訟における債務者の関与
> 債権者代位訴訟についての規定を設ける場合（前記(1)参照）には、債務者に対する手続保障の観点から、代位債権者による債務者への訴訟告知を要するものとするかどうかについて、更に検討してはどうか。
> 【部会資料7-2 第1、7(1)［30頁］】

〔意見〕
債務者への訴訟告知を必要とする方向で検討すべきである。
〔理由〕
合理性がある。
（第5回議事録27頁・山本(和)幹事、28頁・山本(和)幹事・道垣内幹事）

> (3) 債務者による処分の制限
> 債権者代位訴訟についての規定を設ける場合（前記(1)参照）には、債権者代位訴訟の提起が徒労になることを防ぐ観点から、債務者が前記(2)の訴訟告知を受けたとき等に、その後の債務者による被代位権利の行使やその他の処分を制限するものとするかどうかについて、更に検討してはどうか。
> また、仮に債務者による被代位権利の処分を制限する場合には、第三債務者による弁済をも禁止するかどうかについても、更に検討してはどうか。
> 【部会資料7-2 第1、7(2)［31頁］】

〔意見〕
債務者による処分の制限及びこれを前提とする第三債務者による弁済の禁止については、差押とのバランスや、供託の可能性に留意しつつ、更に検討すべきである。

第 9 債権者代位権

〔理　由〕
　訴訟前の通知のみで処分制限を課するのが妥当でないことは上記5⑶の通りである。しかし、代位訴訟の提起後は、訴訟前の通知と異なり、濫用の危険は少ない一方で、このような場合にまで債務者による被代位権利の行使に制限を加えない場合、代位訴訟の実効性を著しく減殺することになる。
　また、債務者への弁済についても、個別的な債権回収を認める見地からは、一定の制限がされるべきである。供託を可能とするかどうかの議論と併せてさらに検討すべきである。
（第5回議事録28頁・山本（和）幹事、33頁・畑幹事）

⑷　債権者代位訴訟が提起された後に被代位権利が差し押えられた場合の処理
　判例は、債権者代位訴訟が提起された後に、他の債権者が被代位権利を差し押さえて支払を求める訴え（取立訴訟）を提起したとしても、代位債権者の債権者代位権行使の権限が失われるものではなく、裁判所は代位債権者と他の債権者の請求を併合審理し、これらを共に認容することができるとする。
　しかし、債権者代位訴訟についての規定を設ける場合（前記⑴参照）には、債権者代位権の行使によって保全された責任財産からの満足は究極的には強制執行によって実現されることを重視して、債権者代位訴訟が提起された後に被代位権利が差し押さえられたときには、差押えを優先させるものとする方向で、更に検討してはどうか。
　また、これに関連して、被代位権利が差し押さえられた場合の債権者代位訴訟の帰すうについても、更に検討してはどうか。
【部会資料7－2　第1、7⑶［33頁］、同（関連論点）［34頁］】

〔意　見〕
現行の実務通り、代位訴訟も併存させる方向で、更に検討すべきである。
〔理　由〕
　債権者代位権は強制執行の前駆的な手続であるとして差押えを優先する見解もあるが判例は異なっている。差押えの取下げの可能性もあるので、差押えがあった場合でも代位訴訟と併存させ、最終的に競合した場合の調整方法（執行

Ⅱ　全体版

段階における調整等）を検討するべきである。

> (5) 訴訟参加
> 　債権者代位訴訟についての規定を設ける場合（前記(1)参照）には、債務者が債権者代位訴訟に訴訟参加することができることや、他の債権者が債権者代位訴訟に訴訟参加することができることを条文上も明らかにする方向で、更に検討してはどうか。
> 　　　　　　　　　　　　　【部会資料7－2　第1、7(4)［34頁］】

〔意　見〕
債務者の訴訟参加、他の債権者の訴訟参加を認める方向に賛成する。
〔理　由〕
規定の必要性・合理性がある。

> 8　裁判上の代位（民法第423条第2項本文）
> 　裁判上の代位の制度（民法第423条第2項本文）を廃止するかどうかについて、更に検討してはどうか。
> 　　　　　　　　　　　　　【部会資料7－2　第1、8［38頁］】

〔意　見〕
廃止する方向で検討すべきである。
〔理　由〕
存在意義及び利用例とも乏しい。

第10　詐害行為取消権

　（前注）この「第10　詐害行為取消権」においては、便宜上、次の用語を用いることとする。
　「取消債権者」…詐害行為取消権を行使する債権者
　「債務者」………取消債権者が有する被保全債権の債務者
　「受益者」………債務者の行為（詐害行為）の相手方
　「転得者」………受益者から詐害行為の目的物を取得した者（その者から更に詐害行為の目的物を取得した者を含む。）

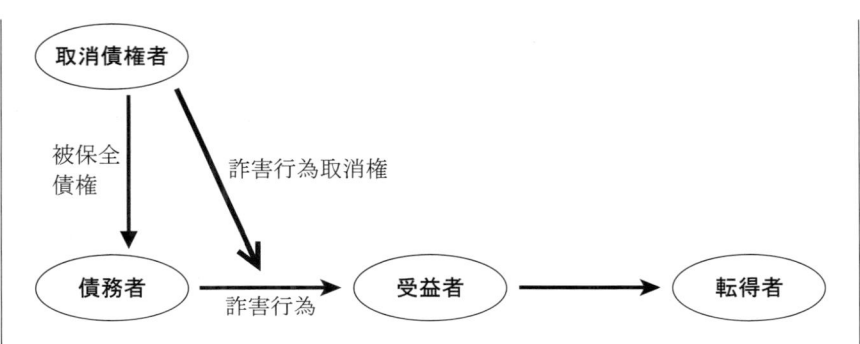

1 詐害行為取消権の法的性質及び詐害行為取消訴訟の在り方
(1) 債務者の責任財産の回復の方法

判例は、詐害行為取消権を、債務者の詐害行為を取り消し、かつ、これを根拠として逸出した財産の取戻しを請求する制度（折衷説）として把握しているとされ、取消しの効果は、取消債権者と受益者・転得者との間で相対的に生じ、債務者には及ばないとする（相対的取消し）。これに対しては、債務者の下に逸出財産が回復され、債務者の下で強制執行が行われることを理論的に説明することができないなどの問題点が指摘されており、学説上は、責任財産を保全するためには、逸出財産を受益者・転得者から現実に取り戻すまでの必要はなく、受益者・転得者の手元に置いたまま、債務者の責任財産として取り扱うべきとする見解（責任説）も有力に主張されている。

詐害行為取消権の規定の見直しに当たっては、このような学説の問題意識も踏まえつつ、まずは判例法理（折衷説）の問題点を個別的に克服していく方向で、更に検討してはどうか。

【部会資料７－２ 第２、２(1)〔42頁〕】

〔意 見〕
責任説を含め、さらに検討すべきである。
〔理 由〕
詐害行為取消権については、一方で、従来の実務との連続性から折衷説を維持すべきであるとの意見があり、他方で、債権者の公平等の観点から責任説が妥当であって民法（債権関係）改正に合わせて抜本的に見直すべきである旨の意

見がある（第5回議事録36頁ないし38頁、第21回議事録40頁参照）。

　これら2つの意見の背後には、詐害行為取消権制度を、あくまで民法上、債権者に認められる、債務者の責任財産保全のための制度と考えるか、それとも総債権者のための制度という点を強調して、破産法上の否認権制度と類似のものとして考えるかという制度の枠組み部分において、根源的な見解の対立がある。民法（債権関係）改正に当たっては、これら2つの枠組みについて、いずれの方向を目指すものか、十分な検討がなされるべきである（第5回議事録38頁ないし39頁参照）。

　責任説は、債務者の行為によって逸出した財産について、通常、生じる責任の消失を取消判決により無効とし、その権利者の下での強制執行を可能とする。これにより物権的な回復を求める判例法理(折衷説)に比べ、受益者等との利益調整が容易であり、また、債権回収にあたっては強制執行制度を直截に利用することができ、債権者間の平等弁済を図りうるという利点もある。そうであるにも関わらず、詐害行為取消権の規定の見直しに当たって、判例法理(折衷説)の問題点を個別的に克服する方向でのみ検討し、責任説の検討を抜きにすると、十分な議論がなされないことになる。

　責任説も含めたうえで、どのような詐害行為取消権制度が妥当かに関して、さらに検討すべきである。

　なお、責任説に対しては、破産手続等に移行した場合に手続法上の問題が生じるとの指摘や、債権の回収を強制執行手続に委ねることに対する危惧感などが指摘されており、運用面において未だ十分に明らかではない部分も存在している。

　従って、責任説を検討する際には、詐害行為取消制度を機能的に運用するにはいかなる手当をすべきかという問題意識を踏まえたうえで、さらに検討すべきである。

---

(2) 詐害行為取消訴訟における債務者の地位

　取消しの効力が債務者に及ばないこと（相対的取消し）に起因する理論的問題点（前記(1)参照）を克服するために、詐害行為取消訴訟において、受益者又は転得者のみならず債務者をも被告とするか、又は債務者に対する訴訟告知を要するものとするなどして、取消しの効力が債務者にも及ぶようにするかどうかについて、更に検討してはどうか。

また、仮に債務者をも被告とする場合には、債務者に対する給付訴訟の併合提起を義務付けるかどうかについても、更に検討してはどうか。
【部会資料７－２　第２、２(2)　[45頁]、同（関連論点）１　[46頁]】

〔意　見〕
　債務者に対しては、被告とすべきか、訴訟告知で足りるか等については、さらに検討すべきである。

〔理　由〕
　判例法理（折衷説）を修正し、債務者を被告とすべきとの意見があるが、責任説によれば必ずしも債務者を被告とすることは要請されない。さらには、否認訴訟において破産者を被告とすることは義務づけられておらず、詐害行為取消訴訟で債務者をも被告とすることを義務づけるのであれば、否認権との整合性が確保できなくなる旨の意見がある。
　従って、より多角的な観点から、さらに検討すべきである。

(3) 詐害行為取消訴訟が競合した場合の処理
　仮に取消しの効力が債務者にも及ぶものとする場合（前記(2)参照）には、同一の詐害行為の取消しを求める複数の詐害行為取消訴訟が提起された際に、どのようにして判決内容の合一性を確保するかや、複数の債権者がそれぞれ自己に対して逸出財産の引渡しを求めたときの規律の在り方等について、更に検討してはどうか。
【部会資料７－２　第２、２(2)（関連論点）２　[47頁]】

〔意　見〕
　判決内容の合一性の確保や、複数の債権者がそれぞれ自己に対して逸出財産の引渡を求めたときの規律の在り方については、さらに検討すべきである。

〔理　由〕
　判例法理（折衷説）を個別に修正しようとすれば、複数の取消債権者が同一の詐害行為を取り消そうとする場合に、合一確定の要請が生ずる場合があることは否定することができない。かかる場合には合一確定を実現する方法が検討されるべきであるが、その対象、手段・方法、時期等のほか、かかる法制の創設がもたらす実際上の効果について、慎重な検討が必要であるので、さらに検

Ⅱ 全体版

討すべきである。

> 2 要件に関する規定の見直し
> (1) 要件に関する規定の明確化等
> ア 被保全債権に関する要件
> 　被保全債権に関する要件について、判例と同様に、詐害行為よりも前に発生していることを要するものとするかどうかについて、詐害行為取消しの効果（後記3(2)参照）との関係にも留意しつつ、更に検討してはどうか。
> 　また、被保全債権が訴えをもって履行を請求することができず、強制執行により実現することもできないものである場合には、詐害行為取消権を行使することができないものとするかどうかについて、更に検討してはどうか。
>
> 【部会資料7－2 第2、3(1)ア［48頁］】

〔意　見〕
被保全債権の要件として、詐害行為よりも前に発生していること、及び被保全債権が強制力を欠く場合には、詐害行為取消権を行使することができないことを法文化する方向で検討すべきである。
〔理　由〕
判例を明文化するものであり、「分かりやすい民法」の実現に資する。
（第5回議事録43頁・新谷委員、44頁・山本(和)幹事）

> イ 無資力要件
> 　「債権者を害することを知ってした法律行為」（民法第424条第1項本文）の「債権者を害する」とは、債務者の行為によって債務者の責任財産が減少して不足を来すおそれがあることをいうと解されている（無資力要件）。そこで、この無資力要件を条文上も具体的に明記するかどうかや、明記する場合の具体的な内容について、更に検討してはどうか。
>
> 【部会資料7－2 第2、3(1)イ［49頁］】

〔意　見〕
無資力要件を明文化する方向で検討すべきである。ただし、その定義や内容

については、さらに検討すべきである。
　〔理　由〕
　「分かりやすい民法」の実現に資するので、無資力要件を明文化するという方向で検討すべきである。
　しかし、**無資力**（最判昭和35年4月26民集14巻6号1046頁）は、**債務超過**（弁済期未到来の債務も計算に入れる概念であり、かつ、債務者の信用や労力を考慮に入れない概念である）や、支払不能のいずれとも異なる概念である。
　また、設問では、「『債権者を害する』とは、債務者の行為によって債務者の責任財産が減少して不足を来すおそれがあることをいうと解されている（無資力要件）」と整理されているが、判例は資力に関する要素と悪意や取消の必要性など種々の要素を相関的に考慮しているのであるから、単に無資力要件のみをを取り出して明文化するとそれが一人歩きするおそれがある。
　さらに、無資力要件を明文化する場合、倒産法との整合性への配慮が必要であるという問題点があり、また、倒産法において債務超過概念の立証は必ずしも容易なものではないため、無資力要件の定義によっては取消債権者に不当に重い立証上の負担を課すことにもなりかねないという問題点もある。
　以上より、特に「債権者を害する」という要件と無資力要件は異なることを念頭に置いたうえで、さらに検討すべきである。

---

(2)　取消しの対象
ア　取消しの対象の類型化と一般的な要件を定める規定の要否
　詐害行為取消権の要件については、民法第424条第1項本文は、「債権者を害することを知ってした法律行為」という概括的な規定を置くのみであるが、取消しの対象となる行為の類型ごとに判例法理が形成されてきたことや、平成16年の破産法等の改正により倒産法上の否認権の要件が類型ごとに整理されたことなどを踏まえて、取消しの対象となる行為を類型化（後記イからエまで参照）して要件に関する規定を整理すべきであるとの意見がある。そこで、詐害行為取消権の要件に関する規定を取消しの対象となる行為ごとに類型化して整理するかどうかについて、更に検討してはどうか。
　また、仮に詐害行為取消権の要件を類型化されたものに改める場合であっても、詐害行為取消しの一般的な要件を定める規定（民法第424条第

Ⅱ 全体版

1項本文に相当するもの）を維持するかどうかについて、更に検討してはどうか。そして、一般的な要件を定める規定を維持する場合には、法律行為以外の行為も一定の範囲で取消しの対象になると解されていることから、「法律行為」という文言を改める方向で、更に検討してはどうか。

【部会資料７－２ 第２、３(2) [50頁]、同（関連論点）１ [54頁]、同（関連論点）２ [54頁]】

〔意 見〕
検討の方向性に賛成する。
〔理 由〕
取消対象ごとに類型化して要件を規定すること、及び「法律行為」の文言を改める方が、「分かりやすい民法」の実現に資する。

また、詐害行為取消権の一般的な要件を定める規定（民法第424条第１項本文に相当するもの）を維持することに特段の問題もない。

イ 財産減少行為
(ｱ) 相当価格処分行為
判例は、不動産等の財産を相当価格で処分する行為（相当価格処分行為）について、債権者に対する共同担保としての価値の高い不動産を消費、隠匿しやすい金銭に換えることは、債権者に対する共同担保を実質的に減少させることになるとして、詐害行為に該当し得るとしている。

これに対し、破産法は、相当の対価を得てした財産の処分行為の否認について、破産者が隠匿等の処分をする具体的なおそれ、破産者の隠匿等の処分をする意思、受益者の認識をその要件とするなどの規定を置き（同法第161条第１項）、否認の要件を明確にするとともに、その成立範囲を限定している。

仮に詐害行為取消権の要件に関する規定を取消しの対象となる行為ごとに類型化して整理する場合（前記ア参照）には、相当価格処分行為の取消しの要件として、相当価格処分行為の否認と同様の要件を設けるかどうかについて、更に検討してはどうか。

【部会資料７－２ 第２、３(2)ウ [59頁]】

第10 詐害行為取消権

〔意見〕
　相当価格処分行為が詐害行為に該当するかどうかは、ケースによって異なるので、様々な事情を考慮して妥当な結論を導けるような規定とするべきである。
〔理由〕
　不動産等を浪費・隠匿しやすい金銭に換えることは、経済実質的にみて責任財産の減少を図る行為と評価すべき場合もあるから、一定の場合に詐害行為取消しの対象とすることは必要である。
　他方で、相当価格処分行為は、責任財産の額に変化をもたらすものではないし、経済的危機に瀕した債務者が財産を換価して経済的再生を図ることを萎縮させるべきではないから、詐害行為の成立はある程度限定すべきである。
　ただし、民法に規定する場合には、種々の状況や事情を勘案して、柔軟に事案の解決を行えるようするべきである。

>　(イ) 同時交換的行為
>　　判例は、担保を供与して新たに借入れをする場合等のいわゆる同時交換的行為について、借入れの目的・動機及び担保目的物の価格に照らして妥当なものであれば詐害行為には当たらないとしている。これに対し、破産法は、同時交換的行為を偏頗行為否認の対象から除外している（同法第162条第1項柱書の括弧書部分）が、担保権の設定が融資に係る契約と同時に、又はこれに先行してされている場合には、経済的には、担保権の目的物を売却して資金調達をした場合と同様の実態を有すると考えられることから、相当価格処分行為の否認（同法第161条参照）と同様の要件の下で否認することができると解されている。
>　　仮に詐害行為取消権の要件に関する規定を取消しの対象となる行為ごとに類型化して整理する場合（前記ア参照）には、同時交換的行為の取消しの要件として、相当価格処分行為の否認と同様の要件を設けるかどうかについて、更に検討してはどうか。
>
>　　　　　　　　　　　　　【部会資料7－2 第2、3⑵エ［60頁］】

〔意見〕
　同時交換的行為が詐害行為に該当するかどうかは、(ｱ)と同様、ケースによって異なるので、様々な事情を考慮して妥当な結論を導けるような規定とするべ

きである。

〔理　由〕

　同時交換的行為は、新規資金の調達と引換えでの担保提供等であって、債務者の経済的再生を図ることを萎縮させるべきではないから、詐害行為の成立はある程度限定すべきである。

　もっとも、同時交換的行為であっても、実質的にみて債権者を害する行為であると評価すべき場合もあるから、一定の場合に詐害行為取消しの対象とすることも必要である。

　そこで、(ｱ)同様、民法に規定する場合は、種々の状況や事情を勘案して、柔軟に事案の解決を行えるようにするべきである。

(ｳ)　無償行為

　財産を無償で譲渡したり、無償と同視できるほどの低廉な価格で売却したり、債務を免除したり、債務負担行為を対価なく行ったりする行為（無償行為）については、債務者が「債権者を害することを知って」おり（民法第424条第1項本文）、かつ、受益者が「債権者を害すべき事実」を知っている（同項ただし書）場合には、詐害行為に該当すると解されている。これに対し、破産法は、破産者が支払の停止又は破産手続開始の申立てがあった後又はその前6か月以内にした無償行為及びこれと同視すべき有償行為については、破産者・受益者の主観を問わず、否認（無償否認）の対象となると規定している（同法第160条第3項）。

　仮に詐害行為取消権の要件に関する規定を取消しの対象となる行為ごとに類型化して整理する場合（前記ア参照）には、無償行為の取消しの要件として、無償否認の要件と同様の要件を設けるかどうかについて、無償否認の要件とは異なり受益者の主観的要件のみを不要とすべきであるとする考え方が示されていることや、時期的な限定を民法に取り込むことの是非が論じられていることにも留意しつつ、更に検討してはどうか。

　また、無償行為の取消しについて受益者の主観を問わない要件を設ける場合には、取消しの効果についても、無償否認の効果（同法第167条第2項）と同様の特則を設けるかどうかについて、更に検討してはどうか。

【部会資料7－2　第2、3(2)オ［61頁］、同（関連論点）［62頁］】

〔意　見〕
　無償行為及びこれと同視すべき有償行為に関する詐害行為取消権の規定の在り方については、さらに検討すべきである。ただし、無償否認と同様の要件とするべきではない。
〔理　由〕
　無償否認の規定との整合性を図る意見があるが、このような規定を設ける場合には、民法に支払停止概念を設ける必要があり、疑問がある。

ウ　偏頗行為
(ｱ)　債務消滅行為
　判例は、債務消滅行為のうち一部の債権者への弁済について、特定の債権者と通謀し、他の債権者を害する意思をもって弁済したような場合には詐害行為となるとし、また、一部の債権者への代物弁済についても、目的物の価格にかかわらず、債務者に、他の債権者を害することを知りながら特定の債権者と通謀し、その債権者だけに優先的に債権の満足を得させるような詐害の意思があれば、詐害行為となるとしている。これに対し、平成16年の破産法等の改正により、いわゆる偏頗行為否認の時期的要件として支払不能概念が採用されたこと等に伴い、支払不能等になる以前に行われた一部の債権者への弁済は、倒産法上の否認の対象から除外されることになった。このため、債務消滅行為に関しては、平時における詐害行為取消権の方が否認権よりも取消しの対象行為の範囲が広い場面があるといった現象（逆転現象）が生じている。
　こうした逆転現象が生じていることへの対応策として、①債権者平等は倒産手続において実現することとして、債務消滅行為については詐害行為取消しの対象から除外すべきであるとの考え方や、②倒産手続に至らない平時においても一定の要件の下で債権者平等は実現されるべきであるとして、特定の債権者と通謀し、その債権者だけに優先的に債権の満足を得させる意図で行った非義務的な債務消滅行為に限り、詐害行為取消しの対象とすべきであるとの考え方、③偏頗行為否認の要件（破産法第162条）と同様の要件を設けるべきであるとの考え方が示されているほか、④判例法理を明文化すべきであるとの考え方も示されている。
　仮に詐害行為取消権の要件に関する規定を取消しの対象となる行為ごと

II 全体版

に類型化して整理する場合（前記ア参照）には、債務消滅行為の取消しの具体的な要件について、以上の考え方などを対象として、更に検討してはどうか。

【部会資料7－2 第2、3⑵ア［55頁］、同（関連論点）［57頁］】

〔意見〕
上記②説又は上記④説を中心に要件を検討すべきである。

〔理由〕
債務消滅行為は、計数上財産状態の悪化をもたらさないといっても、平時においても悪質な抜け駆け的債権回収行為を掣肘する必要はあり、偏頗行為を完全に詐害行為取消しの対象から除くという内容である①説は相当ではない。

そこで、どのような場合に悪質性の高い抜け駆け的債権回収行為として取消しうるものと評価するかについて、債務者と特定債権者との通謀、非義務的行為という要件を設ける②説には、合理性がある。

また、判例（最判昭和33年9月26日民集12巻13号3022頁）は、弁済期の到来した債務の弁済（いわゆる本旨弁済）の事例について、「右弁済は、原則として詐害行為とならず、唯、債務者が一債権者と通謀し、他の債権者を害する意思をもって弁済したような場合にのみ詐害行為となるにすぎないと解するを相当とする」と判示しており、本旨弁済であっても悪質性の高い抜け駆け的行為と評価すべき場合もありうるから、④説のように判例法理を明文化する考え方にも合理性がある。

これに対して、上記③説は、偏頗行為否認と同様の要件を設けるという内容であって、支払不能の概念を民法に取り入れるようであるが、詐害行為取消権の要件に支払不能概念を持ち込むことには困難な面がある。すなわち、支払不能とは、債務者が、支払能力を欠くために、その債務のうち弁済期にあるものにつき、一般的かつ継続的に弁済することができない状態（破産法2条11項）をいうが、通常の民事訴訟の場面において「一般的」という対集団的に支払能力を欠くという認定が可能であるか疑問である。

この点、支払不能に「一般的」という要件が立てられているのは、支払不能が破産という対集団的、画一的な処理を開始するため申立て（入り口）の場面における要件であるからであり、集団的な処理を前提として立てられた要件を民法に取り入れるのはその性質にそぐわない。

また、否認権における支払不能については、既に裁判所が支払不能を認定し、破産手続開始決定を出しているのである。かかる国家権力による認定がない段階で、私人において支払不能を判断させるのは困難に過ぎ、債務者と取引に入ろうとする者を萎縮させてしまう。
　そして、詐害行為取消権における「債権者を害する」という要件は、無資力を含むが支払不能とは異なるものであり、あくまで当事者間において個別的、具体的妥当性を意図し柔軟に処理をしていくための要件であって、破産の場面における集団的、画一的な処理を行うための要件とは異なるのである。
　したがって、偏頗行為否認と同様の要件を設けることは相当でない。

(イ) 既存債務に対する担保供与行為
　判例は、一部の債権者に対する既存債務についての担保の供与は、その債権者に優先弁済を得させ、他の債権者を害することになるので、詐害行為に該当し得るとしている。これに対し、平成16年の破産法等の改正により、いわゆる偏頗行為否認の時期的要件として支払不能概念が採用されたこと等に伴い、支払不能等になる以前に行われた一部の債権者に対する既存債務についての担保の供与は、倒産法上の否認の対象から除外されることになった。このため、既存債務に対する担保供与行為に関しては、平時における詐害行為取消権の方が否認権よりも取消しの対象行為の範囲が広い場面があるといった現象（逆転現象）が生じている。
　こうした逆転現象が生じていることへの対応策として、①債権者平等は倒産手続において実現することとして、既存債務に対する担保供与行為については詐害行為取消しの対象から除外すべきであるとの考え方や、②倒産手続に至らない平時においても一定の要件の下で債権者平等は実現されるべきであるとして、特定の債権者と通謀し、その債権者だけに優先的に債権の満足を得させる意図で行った非義務的な既存債務に対する担保供与行為に限り、詐害行為取消しの対象とすべきであるとの案、③偏頗行為否認の要件（破産法第162条）と同様の要件を設けるべきであるとの考え方が示されているほか、④判例法理を明文化すべきであるとの考え方も示されている。
　仮に詐害行為取消権の要件に関する規定を取消しの対象となる行為ごとに類型化して整理する場合（前記ア参照）には、既存債務に対する担保供

Ⅱ 全体版

> 与行為の取消しの具体的な要件について、以上の考え方などを対象として、更に検討してはどうか。
>
> 【部会資料7-2 第2、3⑵イ［57頁］】

〔意　見〕
上記ウ㋐と同様である。
〔理　由〕
上記ウ㋐と同様である。

> エ　対抗要件具備行為
> 　判例は、対抗要件具備行為のみに対する詐害行為取消権の行使を認めることは相当ではないとしている。これに対し、破産法は、支払の停止等があった後にされた一定の対抗要件具備行為について、権利移転行為とは別に否認の対象となる旨を規定している（同法第164条）。
> 　そこで、仮に詐害行為取消権の要件に関する規定を取消しの対象となる行為ごとに類型化して整理する場合（前記ア参照）には、対抗要件具備行為を詐害行為取消しの対象とするかどうかや、これを対象とする場合に対抗要件具備行為の否認と同様の要件を設けるかどうかについて、更に検討してはどうか。
>
> 【部会資料7-2 第2、3⑵カ［63頁］】

〔意　見〕
1　対抗要件具備行為を詐害行為取消の対象とするかについては、さらに検討すべきである。
2　これを対象とする場合に、対抗要件具備行為の否認と同様の要件を設けるかどうかについては、慎重に検討すべきである。
〔理　由〕
1　詐害行為取消権に関する現在の判例では、対抗要件具備行為はそれ自体独立した取消の対象となり得ないと解されている。
　このような判例の考え方に対しては、これを支持する意見もあるが、破産法では対抗要件具備行為自体を否認権の対象としていることから、詐害行為取消においても、対抗要件具備行為自体に対する詐害行為取消権の行使を認

第 10 詐害行為取消権

めるべきであるとする考え方も存在している。
　この考え方は、対抗要件が具備されていない権利変動行為は、第三者に対抗できず、詐害行為取消を請求するまでもなく差押等が可能であることから、詐害行為取消が必要となるのは、むしろ対抗要件具備段階であると指摘し、また、詐害行為取消権の行使を受けた債務者が、あたかも過去に権利変動行為があったかのように偽装して、それを原因とする対抗要件具備行為を行うことがあるが、このような場合、判例の考え方では、取消債権者において偽装された権利変動行為（実体のない契約書等が過去の日付により偽装されているケース）を覆すことは困難であり、対抗要件具備行為自体に対する取消を認める実益があると指摘する。
　以上のとおり、判例の考え方を支持する考え方もある一方で、対抗要件具備行為に対する取消を認める実益があるとする考え方もあるので、さらに検討すべきである。
2　ただし、仮に対抗要件具備行為に対する取消権の行使を認めるものとした上で、これに関し民法に明文の規定を設ける場合には、以下のような問題点がある。
(1)　破産法第164条等と同様の規定を設ける場合
　破産法第164条は、支払の停止等（支払の停止又は破産手続開始の申立て）があった後に対抗要件具備がなされた場合について、一定の要件のもとに否認権の行使を認めるものであるが、倒産手続が開始していない段階を問題とする詐害行為取消しにおいて、破産法等と同様の支払停止概念を取り入れることは困難ではないか。
(2)　民法独自の立場で規定を設ける場合
　支払停止の前後等を問題にせず、民法独自の立場で明文の規定を設ける場合、破産法等の否認権より取消権の対象範囲が広くなる現象（いわゆる逆転現象）を生じさせる結果となり、また、その要件次第では、債権譲渡担保等の局面で実務上行われている登記留保等の措置が困難となり、ひいては債務者の経済的再生を困難とするような結果が生じるおそれもあるのではないか。
　対抗要件具備行為の取消しについては、以上のような問題意識を踏まえた上で、破産法と同様の要件を設けるべきかどうかについては、慎重に検討する必要がある。

(3) 転得者に対する詐害行為取消権の要件

判例は、「債権者を害すべき事実」について、受益者が善意であっても、転得者が悪意であれば、転得者に対する詐害行為取消権は認められるとしている。これに対し、転得者に対する否認について規定する破産法第170条第1項は、転得者が転得の当時それぞれその前者に対する否認の原因があることを知っていることを要する（同項第1号）としつつ、転得者が破産者の内部者である場合には、その前者に対する否認の原因についての悪意を推定することとし（同項第2号）、また、転得者が無償行為又はこれと同視すべき有償行為によって転得した場合には、転得者の悪意を要件とせず、それぞれその前者に対して否認の原因があれば足りる（同項第3号）としている。この結果、債権者平等が強調されるべき局面で機能する否認権よりも平時における詐害行為取消権の方が、取消しの対象行為の範囲が広い場面があるという現象（逆転現象）が生じている。

そこで、転得者に対する詐害行為取消権の要件として、転得者に対する否認と同様の要件を設けるかどうかについて、更に検討してはどうか。その際、否認権の規定のように前者に対する否認の原因があることについての悪意を要求する（この場合には、前者の主観的要件についても悪意であることが要求される。）のではなく、受益者及び全ての転得者が「債権者を害すべき事実」について悪意であることを要求することで足りるとするかどうかや、転得者が無償行為によって転得した場合の特則の要否についても、更に検討してはどうか。

【部会資料7－2　第2、3(2)キ［64頁］、同（関連論点）［66頁］】

〔意見〕

さらに検討すべきである。

〔理由〕

肯定する見解（判例）と、否認権との整合性から破産法170条と同様の要件を設けるべきであるとの見解に分かれており、さらに検討すべきである。

(4) 詐害行為取消訴訟の受継

破産法第45条は、破産債権者又は財団債権者が提起した詐害行為取消

第 10 詐害行為取消権

訴訟が破産手続開始当時に係属する場合における破産管財人による訴訟手続の受継について規定している。仮に否認権よりも詐害行為取消権の方が取消しの対象行為の範囲が広い場面があるという現象（逆転現象）が解消されない場合（前記(2)ウ(ア)(イ)、(3)参照）には、受継される詐害行為取消訴訟に否認訴訟の対象とはならないものが残ることから、このような訴訟は破産管財人が詐害行為取消訴訟のまま手続を続行できるとするかどうかについて、更に検討してはどうか。

【部会資料７－２ 第２、３(2)ク［66頁］】

〔意　見〕
上記の逆転現象が解消されない場合には、破産管財人が詐害行為取消訴訟の受継ができる旨の規定を置く方向で検討すべきである。
〔理　由〕
必要性・合理性がある。

3　効果に関する規定の見直し
(1)　債権回収機能（事実上の優先弁済）の当否
　判例は、取消債権者が、受益者又は転得者に対して、返還すべき金銭を直接自己に引き渡すよう請求することを認めており、これによれば、取消債権者は、受領した金銭の債務者への返還債務と被保全債権とを相殺することにより、受益者その他の債権者に事実上優先して、自己の債権回収を図ることができることになる。
　このような債権回収機能（事実上の優先弁済）に関しては、民法第425条の「すべての債権者の利益のため」との文言に反し、本来の制度趣旨を逸脱するものであるとの指摘や、債権回収に先に着手した受益者が遅れて着手した取消債権者に劣後するという結論には合理性がないといった指摘がある。
　これらを踏まえて、上記の債権回収機能を否定又は制限するかどうかについて、責任財産の保全という制度趣旨との関係のほか、詐害行為取消権の行使の動機付けという観点などに留意しつつ、更に検討してはどうか。
　また、仮に詐害行為取消権における債権回収機能を否定又は制限する場合には、そのための具体的な方法（仕組み）について、更に検討してはど

うか。
【部会資料7-2 第2、4(1)［70頁］、(2)［72頁］、同（関連論点）［74頁］】

〔意　見〕
意見書Ⅰの22頁以下と同じである。

> (2) 取消しの範囲
> 　判例は、被保全債権の債権額が詐害行為の目的である財産の価額に満たず、かつ、その財産が可分である場合には、取消債権者は、その債権額の範囲でのみ取り消すことができるとしているが、仮に詐害行為取消権における債権回収機能（事実上の優先弁済）を否定又は制限する場合（前記(1)参照）には、判例のような制限を設ける合理的な理由が乏しくなることから、被保全債権の債権額の範囲にとどまらずに詐害行為を取り消せるものとするかどうかについて、更に検討してはどうか。
> 【部会資料7-2 第2、4(3)［74頁］】

〔意　見〕
被保全債権の範囲にとどまらずに詐害行為を取り消すことができるとすることには反対する。

〔理　由〕
事実上の優先弁済を認める場合はもとより、そうでない場合でも債権者の債権の範囲に限られないとすると、取消債権者が過大な直接給付を受けてこれを費消する危険があり、その場合の処理や費消の危険がある場合の対抗手段の必要性など様々な問題が生じうる危険性がある（第6回議事録13頁、前掲高須順一「民法（債権法）改正を問う」112頁、113頁）。

> (3) 逸出財産の回復方法
> 　仮に、詐害行為取消権を、債務者の詐害行為を取り消し、かつ、これを根拠として逸出した財産の取戻しを請求する制度（折衷説）として把握する立場を採る場合（前記1(1)参照）には、逸出財産が登記・登録をすることのできるものであるか、金銭その他の動産であるか、債権であるかなど

第10 詐害行為取消権

に応じて、その具体的な回復方法の規定を設けるかどうかを、更に検討してはどうか。
　また、判例は、逸出財産の返還方法について、現物返還を原則とし、それが不可能又は著しく困難である場合に価額賠償を認めていることから、仮に逸出財産の具体的な回復方法についての規定を設ける場合には、これを条文上も明らかにするかどうかについて、価額の算定基準時をどのように定めるかという問題にも留意しつつ、更に検討してはどうか。

【部会資料7－2 第2、4(4)［75頁］、ア［76頁］、
イ［77頁］、ウ［78頁］、エ［79頁］】

〔意　見〕
逸出財産の回復方法についての規定を設ける方向で検討すべきである。
〔理　由〕
必要性・合理性がある。

(5)　費用償還請求権
　取消債権者が詐害行為取消権の行使のために必要な費用を支出した場合に、債務者に対してその費用の償還を請求できるものとするかどうかについて、更に検討してはどうか。
　また、仮にこの費用償還請求権を条文上も明らかにする場合には、これについて共益費用に関する一般の先取特権が付与されるかどうかについても、更に検討してはどうか。

【部会資料7－2 第2、4(5)［80頁］】

〔意　見〕
費用償還請求権を認めること及び一般先取特権付与には、一定の限定を付す方向で、さらに検討すべきである。
〔理　由〕
　否認請求・否認訴訟に関する費用は、倒産法においては財団債権又は共益債権とされ、それぞれ優先的な回収が図られているが、これは倒産法における否認権が総債権者のために利益が生じる制度であるからである。
　しかし、民法において個別回収的な側面を否定出来ないのであれば、倒産法

Ⅱ 全体版

制に従う必要性はない。
　また、費用の範囲によっては、個別回収的な側面のある制度であるにもかかわらず、債権者は回収費用まで他の債権者に優先して取れるということになり、バランスを失うとともに、インセンティブに問題が生じるおそれがある。
（第6回議事録10頁・高須幹事）

---

(5) 受益者・転得者の地位
ア　債務消滅行為が取り消された場合の受益者の債権の復活
　判例は、受益者が債務者から弁済又は代物弁済を受けた行為が取り消されたときに、受益者の債権が復活するとしていることから、仮に債務消滅行為を詐害行為取消権の対象とする場合（前記2(2)ウ(ｱ)参照）には、受益者の債権が復活する旨を条文上も明らかにするかどうかについて、更に検討してはどうか。

【部会資料7－2　第2、4(6)ア［82頁］】

〔意　見〕
受益者の債権が復活することを法文化すべきである。
〔理　由〕
判例の考え方であり公平である。

イ　受益者の反対給付
　取消債権者が詐害行為取消権を行使したことにより、受益者が債務者から取得した財産を返還した場合において、受益者は、その財産を取得した際に債務者に反対給付をしていたときであっても、直ちにその返還を求めることはできず、取消債権者が現実に被保全債権の満足を受けたときに限って、債務者に対して不当利得の返還を請求することができるにすぎないと解されている。しかし、破産法上は、受益者の反対給付については、原則として財団債権として扱われるとされており、これとの整合性を図る観点から、取り消された詐害行為において受益者が反対給付をしていた場合には、取消債権者や他の債権者に優先して、その反対給付の返還又はその価額の償還を請求することができるものとするかどうかについて、更に検討してはどうか。

第10 詐害行為取消権

　また、仮に受益者に優先的な価額償還請求権を認める場合には、取消債権者の費用償還請求権（前記(4)参照）との優劣についても、更に検討してはどうか。
【部会資料７－２ 第２、４(6)イ［83頁］、同（関連論点）［86頁］】

〔意　見〕
さらに検討すべきである。
〔理　由〕
破産法上受益者の反対給付については原則として財団債権として扱われていることとの整合性を図るために、何らかの優先権を認めるべきとの意見もあるが、判例の見解を支持する立場からは詐害行為に加担した受益者の反対給付について優先権を認めるべきではないとの意見もある。

ウ　転得者の反対給付
　取消債権者が詐害行為取消権を行使したことにより、転得者がその前者から取得した財産を返還した場合において、転得者は、その財産を取得した際に前者に反対給付をしていたときであっても、直ちにその返還を求めることはできず、取消債権者が現実に被保全債権の満足を受けたときに限って、債務者に対して不当利得の返還を請求することができるにすぎないと解されている。しかし、仮に受益者に優先的な価額償還請求権を認める場合には（前記イ参照）、これとの均衡を保つ観点から、転得者が前者に対してした反対給付の価額を優先的に回収できるようにするかどうかについても、更に検討してはどうか。
【部会資料７－２ 第２、４(6)ウ［86頁］】

〔意　見〕
さらに検討すべきである。
〔理　由〕
上記イと同じ。

4　詐害行為取消権の行使期間（民法第426条）
　詐害行為取消権の行使期間については、消滅時効制度の見直し（後記第

36参照）を踏まえて、更に検討してはどうか。

【部会資料7－2　第2、5［88頁］】

〔意　見〕
消滅時効制度の見直しを踏まえて検討すべきである。但し短期化には問題がある。

第11　多数当事者の債権及び債務（保証債務を除く）
1　債務者が複数の場合
(1)　分割債務
分割債務について、別段の意思表示がなければ、各債務者は平等の割合で債務を負担することを規定する民法第427条は、内部関係（債務者間の関係）ではなく対外関係（債権者との関係）を定めたものと解されていることから、これを条文上も明らかにする方向で、更に検討してはどうか。

【部会資料8－2　第1、2(1)［4頁］】

〔意　見〕
「別段の意思表示がなければ、各債務者は平等の割合で債務を負担する」旨の規定が対外関係（対債権者）の規定であることを法文化する方向性に賛成する。

〔理　由〕
「分かりやすい民法」の実現に資する。

(2)　連帯債務
ア　要　件
(ｱ)　意思表示による連帯債務（民法第432条）
民法第432条は、「数人が連帯債務を負担するとき」の効果を規定するのみで、連帯債務となるための要件を明記していないところ、連帯債務は、法律の規定によるほか、関係当事者の意思表示によっても成立すると解されていることから、これを条文上も明らかにする方向で、更に検討してはどうか。

第 11 多数当事者の債権及び債務（保証債務を除く）

【部会資料8-2 第1、2(2)ア［5頁］】

〔意　見〕
賛成する。
〔理　由〕
「分かりやすい民法」の実現に資する。

(イ) 商法第511条第1項の一般ルール化
「数人の者がその一人又は全員のために商行為となる行為によって債務を負担したときは、その債務は、各自が連帯して負担する」ことを規定する商法第511条第1項を参考としつつ、民事の一般ルールとして、数人が一個の行為によって債務を負担した場合には広く連帯債務の成立を認めるものとするかどうかについて、事業に関するものに限定する要件の要否も含めて、さらに検討してはどうか。

【部会資料8-2 第1、2(2)ア（関連論点）［7頁］】

〔意　見〕
数人が1個の行為によって債務を負担した場合には広く連帯債務が成立する旨を規定することについては、反対する。
〔理　由〕
これを肯定する意見もあるが、事業性のある行為を共同で行う場合に限る場合は格別、そうでない場合にも連帯債務が成立するとするのは範囲が広すぎ、一般国民に不利益である。
（第6回議事録21頁・山下委員）

イ　連帯債務者の一人について生じた事由の効力等
民法は、連帯債務者の一人について生じた事由の効力が他の連帯債務者にも及ぶかという点について、相対的効力を原則としつつも（同法第440条）、多くの絶対的効力事由を定めている（同法第434条から第439条まで）。絶対的効力事由が多いことに対しては、債務者の無資力の危険を分散するという人的担保の機能を弱める方向に作用し、通常の債権者の意思に反するのではないかという問題が指摘されていることや、共同不法行為者が負

Ⅱ 全体版

担する損害賠償債務（同法第719条）のように、絶対的効力事由に関する一部の規定が適用されないもの（不真正連帯債務）があるとされていること等を踏まえ、絶対的効力事由を見直すかどうかについて、債権者と連帯債務者との間の適切な利害調整に留意しつつ、更に検討してはどうか。

【部会資料8－2 第1、2(2)イ ［8頁］】

〔意 見〕
現行民法の絶対的効力事由の規定の見直しについては、慎重に検討すべきである。
〔理 由〕
一方で連帯債務の担保的効力を強めるために上記見直しを要求する意見があるが、他方で現行法を変更する必要がないとの意見もある。
（第6回議事録20頁・三上委員、21頁・西川関係官・山下委員、22頁・山野目幹事・中田委員、23頁・奈須野関係官・岡(正)委員、24頁・道垣内幹事、25頁・木村委員・鹿野幹事）

(ｱ) 履行の請求（民法第434条）
連帯債務者の一人に対する履行の請求が絶対的効力事由とされていること（民法第434条）に関しては、債権者の通常の意思に合致するとの評価がある一方で、請求を受けていない連帯債務者に不測の損害を与えることを避ける観点から、これを相対的効力事由とすべきであるとの考え方や、絶対的効力事由となる場面を限定すべきであるとの考え方が示されている。これらを踏まえて、履行の請求が絶対的効力事由とされていることの見直しの要否について、更に検討してはどうか。

【部会資料8－2 第1、2(2)イ(ｱ) ［12頁］】

〔意 見〕
履行の請求の絶対的効力の見直しについては、慎重に検討すべきである。
〔理 由〕
一方で、現行法で不都合がない旨の意見があり、他方で「請求を受けていない他の債務者に請求の効力が生じるのは妥当でない」旨の意見がある。
（第6回議事録23頁・岡(正)委員）

第 11 多数当事者の債権及び債務(保証債務を除く)

(イ) 債務の免除(民法第 437 条)
民法第 437 条は、連帯債務者の一人に対する債務の免除について、その連帯債務者の負担部分の限度で絶対的効力事由としているが、これを相対的効力事由とするかどうかについて、更に検討してはどうか。
【部会資料8−2 第1、2(2)イ(イ)[13 頁]】

〔意 見〕
絶対効を維持すべきか否かについて慎重に検討すべきである。
〔理 由〕
一方で、債務の免除の絶対効を認めないと求償が循環し不都合であるとの意見があり、他方で、債務の免除については、免除の意思内容によって絶対効(負担部分免除の意思ある場合)か相対効(単に当該債務者に請求しない旨の意思に過ぎない場合)かを分けるのが実際的であるとの意見がある。
(第6回議事録 23 頁・奈須野関係官意見・岡(正)委員意見、25 頁・木村委員・鹿野幹事意見)

(ウ) 更 改(民法第 435 条)
民法第 435 条は、連帯債務者の一人と債権者との間に更改があったときに、全ての連帯債務者の利益のために債権が消滅するとしているが、これを相対的効力事由とするかどうかについて、更に検討してはどうか。
【部会資料8−2 第1、2(2)イ(ウ)[16 頁]】

〔意 見〕
絶対効を維持すべきか否かについて慎重に検討すべきである。
〔理 由〕
更改を一種の代物弁済と捉えて絶対効を維持すべきとの意見があるが、相対効とすべきである旨の意見がある。
(第6回議事録 25 頁・木村委員)

(エ) 時効の完成(民法第 439 条)
民法第 439 条は、連帯債務者の一人について消滅時効が完成した場合に、

Ⅱ　全体版

> その連帯債務者の負担部分の限度で絶対的効力を認めているが、これを相対的効力事由とするかどうかについて、更に検討してはどうか。
>
> 【部会資料８－２　第１、２(2)イ(エ)［16頁］】

〔意　見〕
絶対効を維持すべきか否かについて慎重に検討すべきである。
〔理　由〕
絶対効を認めないと求償が循環し不都合であるとの意見があるが、相対効とすべきである旨の意見がある。
（第６回議事録25頁・木村委員）

> (オ)　他の連帯債務者による相殺権の援用（民法第436条第２項）
>   判例は、民法第436条第２項の規定に基づき、連帯債務者が他の連帯債務者の有する債権を用いて相殺の意思表示をすることができるとしているが、これに対しては、連帯債務者の間では他人の債権を処分することができることになり不当であるとの指摘がされている。
>   そこで、他の連帯債務者が相殺権を有する場合の取扱いについては、相殺権を有する連帯債務者の負担部分の範囲で他の連帯債務者は弁済を拒絶することができるとする案や、他の連帯債務者は弁済を拒絶することもできないとする案などを対象として、更に検討してはどうか。
>
> 【部会資料８－２　第１、２(2)イ(オ)［18頁］】

〔意　見〕
相殺権の援用については、他人の権利の処分を認めることには反対だが、連帯債務者の負担部分の範囲内で他の連帯債務者が弁済を拒絶する権利と構成することについては、慎重に検討すべきである。
〔理　由〕
他人の債権を処分できる旨の現行法の規定には問題があるが、上記の拒絶権を認めるべきかについても意見の対立がある。

> (カ)　破産手続の開始（民法第441条）
>   民法第441条は、連帯債務者の全員又はそのうちの数人が破産手続開始

第 11 多数当事者の債権及び債務（保証債務を除く）

の決定を受けたときに、債権者がその債権の全額について各破産財団の配当に加入することができるとしているが、全部の履行をする義務を負う者が数人ある場合の破産手続への参加については、破産法第 104 条第 1 項に規定が設けられており、実際に民法第 441 条が適用される場面は存在しないことから、これを削除する方向で、更に検討してはどうか。

【部会資料8－2 第1、2(2)イ(カ)[20頁]】

〔意　見〕
民法第 441 条の削除に賛成する。
〔理　由〕
破産法 104 条 1 項により規律される。

ウ　求償関係
(ア)　一部弁済の場合の求償関係（民法第 442 条）
　判例は、連帯債務者の一人が自己の負担部分に満たない弁済をした場合であっても、他の連帯債務者に対して割合としての負担部分に応じた求償をすることができるとしていることから、これを条文上も明らかにするかどうかについて、更に検討してはどうか。

【部会資料8－2 第1、2(2)ウ(ア)[23頁]】

〔意　見〕
判例理論を法文化することに賛成する。
〔理　由〕
「分かりやすい民法」の実現に資する。

(イ)　代物弁済又は更改の場合の求償関係（民法第 442 条）
　連帯債務者の一人が、代物弁済や更改後の債務の履行をした場合に、他の連帯債務者に対して、出捐額を限度として、割合としての負担部分に応じた求償ができるものとするかどうかについて、更に検討してはどうか。

【部会資料8－2 第1、2(2)ウ(ア)（関連論点）[24頁]】

〔意　見〕

Ⅱ　全体版

法文化の検討について賛成する。
〔理　由〕
「分かりやすい民法」の実現に資する。

(ウ)　連帯債務者間の通知義務（民法第443条）
　連帯債務者間の事前・事後の通知義務を規定する民法第443条に関して、他の連帯債務者の存在を認識できない場合にまでこれを要求するのは酷であるとの指摘があることから、他の連帯債務者の存在を認識できない場合には通知義務を課さないものとするかどうかについて、更に検討してはどうか。

【部会資料8－2　第1、2(2)ウ(イ)（関連論点）［26頁］】

〔意　見〕
賛成する。
〔理　由〕
合理的である。

(エ)　事前通知義務（民法第443条第1項）
　民法第443条第1項は、求償権を行使しようとする連帯債務者に他の連帯債務者への事前の通知を義務付ける趣旨の規定であるが、これに対しては、連帯債務者は、履行期が到来すれば、直ちに弁済をしなければならない立場にあるのであるから、その際に事前通知を義務付けるのは相当ではないとの批判がある。そこで、この事前通知義務を廃止するかどうかについて、更に検討してはどうか。

【部会資料8－2　第1、2(2)ウ(イ)［24頁］】

〔意　見〕
慎重に検討すべきである。
〔理　由〕
直ちに弁済しなければならないのに通知を義務づけべきではないとの意見もあるが、他の連帯債務者に、相殺等の抗弁権の主張の機会を与えるべきとの意見もある。

第 11 多数当事者の債権及び債務（保証債務を除く）

> (オ) 負担部分のある者が無資力である場合の求償関係（民法第 444 条前段）
> 判例は、負担部分のある連帯債務者が全て無資力である場合において、負担部分のない複数の連帯債務者のうちの一人が弁済等をしたときは、求償者と他の資力のある者の間で平等に負担をするとしていることから、これを条文上も明らかにするかどうかについて、更に検討してはどうか。
> 【部会資料8－2 第1、2(2)ウ(ウ)［26 頁］】

〔意　見〕
判例理論（求償者と他の資力のある者の間で平等に負担をする）を法文化することに賛成する。但し、簡潔に規定すべきである。
〔理　由〕
「分かりやすい民法」の実現に資するが、長文になると却って不透明となる。

> (カ) 連帯の免除（民法第 445 条）
> 民法第 445 条は、連帯債務者の一人が連帯の免除を得た場合に、他の連帯債務者の中に無資力である者がいるときは、その無資力の者が弁済をすることのできない部分のうち連帯の免除を得た者が負担すべき部分は、債権者が負担すると規定するが、この規定に対しては、連帯の免除をした債権者には、連帯債務者の内部的な負担部分を引き受ける意思はないのが通常であるとして、削除すべきであるとの指摘がある。そこで、同条を削除するかどうかについて、更に検討してはどうか。
> 【部会資料8－2 第1、2(2)ウ(エ)［27 頁］】

〔意　見〕
賛成する。
〔理　由〕
連帯の免除をした債権者には、連帯債務者間の内部的な負担部分を引き受ける意思がないのが通常である。

> (キ) 負担割合の推定規定
> 連帯債務者間の求償に関する紛争を防止するため、連帯債務者間の負担

Ⅱ 全体版

割合についての推定規定を新たに設けるかどうかについて、検討してはどうか。

〔意見〕
内部の負担割合についての規定を設ける方向に賛成する。
〔理由〕
「分かりやすい民法」の実現に資する。

(3) 不可分債務
　仮に、連帯債務における絶対的効力事由を絞り込んだ結果として、不可分債務と連帯債務との間に効力の差異がなくなる場合には、不可分債務は専ら不可分給付を目的とし（性質上の不可分債務）、連帯債務は専ら可分給付を目的とするという整理をするかどうかについて、更に検討してはどうか。
　また、その際には、不可分債務における債権の目的が不可分給付から可分給付となったときに、分割債務ではなく連帯債務となる旨の特約を認めるかどうかについても、併せて更に検討してはどうか。
【部会資料8-2 第1、2(3)［28頁］、同（関連論点）［30頁］】

〔意見〕
1　不可分債務の規定を変更する(性質上不可分に限る)ことについては、慎重に検討すべきである。
2　不可分債務における債権の目的が不可分給付から可分給付になったときに、分割債務ではなく連帯債務となる旨の特約を認めるか否かについても、慎重に検討すべきである。
〔理由〕
1　連帯債務の絶対的効力事由を絞り込む場合は、不可分債務と連帯債務とで効力に差がなくなるので、不可分債務の規定を変更する（性質上不可分に限る）必要があるが、上記のとおり連帯債務の絶対効の絞り込みについては否定論があり、現時点では集約されていない。
2　上記2については、上記1の議論の行方に左右される。

2 債権者が複数の場合
(1) 分割債権

分割債権について、別段の意思表示がなければ、各債権者は平等の割合で権利を有することを規定する民法第 427 条は、内部関係(債権者間の関係)ではなく対外関係(債務者との関係)を定めたものであると解されていることから、これを条文上も明らかにする方向で、更に検討してはどうか。

【部会資料 8 − 2 第 1、3(1)〔30 頁〕】

〔意 見〕
対外関係の規定であることを法文化する方向性に賛成する。
〔理 由〕
「分かりやすい民法」の実現に資する。

(2) 不可分債権―不可分債権者の一人について生じた事由の効力（民法第 429 条第 1 項）

民法第 429 条第 1 項は、不可分債権者の一人と債務者との間に更改又は免除があった場合でも、他の不可分債権者は債務の全部の履行を請求することができるが、更改又は免除により債権を失った不可分債権者に分与すべき利益は、債務者に償還しなければならないことを規定する。この規定について、混同や代物弁済の場合にも類推適用されるとする見解があることから、不可分債権者の一人と債務者との間に混同や代物弁済が生じた場合にも適用される旨を明文化するかどうかについて、更に検討してはどうか。

【部会資料 8 − 2 第 1、3(2)〔32 頁〕】

〔意 見〕
混同・代物弁済の場合にも民法 429 条と同旨の規定を置くか否かは、慎重に検討すべきである。
〔理 由〕
混同の場合に同条の類推適用を認めた判例があるが、求償が循環する場合ではないので類推適用の必要はないとの反論がある。また代物弁済についても、

Ⅱ 全 体 版

同条の類推適用を認める見解があるが、そもそも代物弁済は絶対的効力事由とすべきである旨の反論がある。

> (3) 連 帯 債 権
> 　民法には明文の規定は置かれていないものの、復代理人に対する本人と代理人の権利(同法第107条第2項)や、転借人に対する賃貸人と転貸人の権利(同法第613条)について、連帯債権という概念を認める見解があることから、連帯債権に関する規定を新設するかどうかについて、更に検討してはどうか。
> 　　　　【部会資料8-2 第1、3(3)[34頁]、同(関連論点)[35頁]】

〔意　見〕
連帯債権の規定を設ける方向性に賛成する。
〔理　由〕
「分かりやすい民法」の実現に資する。

> 3　そ の 他（債権又は債務の合有又は総有）
> 　債権又は債務について合有又は総有の関係が生じた場合に関する規定を新設するかどうかについて、検討してはどうか。

〔意　見〕
それぞれの規定を設ける方向性には賛成する。
〔理　由〕
かねてより合有、総有の概念が認められてきており、適切な具体的規定を設けられるのであれば、「分かりやすい民法」の実現に資する。

> # 第12 保 証 債 務
> ## 1　保証債務の成立
> ### (1) 主債務者と保証人との間の契約による保証債務の成立
> 　債権者と保証人との間の契約（保証契約）のほか、主債務者と保証人との間の契約（保証引受契約）によっても、保証債務が成立することを認めるものとするかどうかについて、更に検討してはどうか。

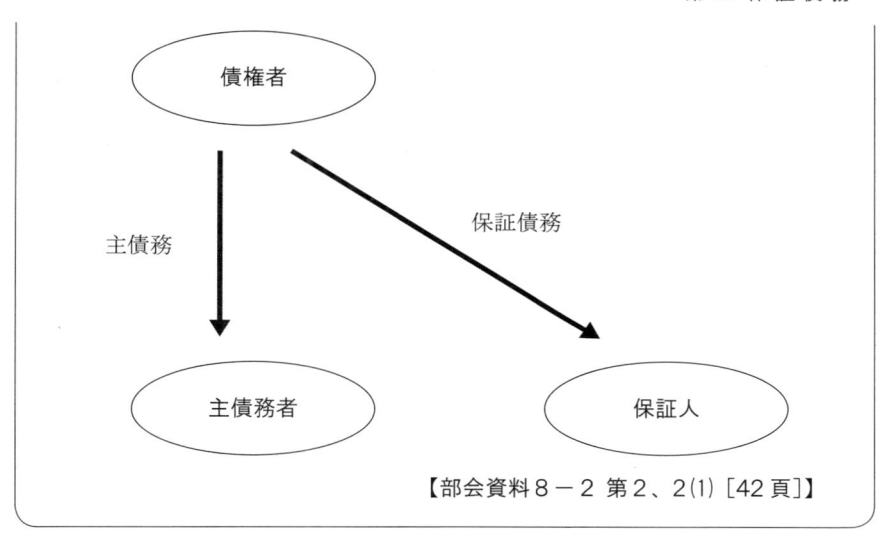

第 12 保証債務

```
債権者
 │ ＼
主債務 ＼保証債務
 │    ＼
 ▼     ▼
主債務者  保証人
```

【部会資料 8 − 2 第 2、2(1)〔42 頁〕】

〔意　見〕
　主債務者と保証人との契約（保証引受契約）だけで保証債務が生じる旨を規定することについては、慎重に検討すべきである。
〔理　由〕
　一方で、併存的債務引受契約が債務者と引受人との間の契約のみで成立していることとの均衡から肯定する見解があるが、他方で、保証の情義性、無償性、引受ける際の軽率さを考えると保証引受契約を規定することの妥当に疑問があり、また、反社会的勢力が保証人として入ってきて債務者に求償権を行使するということが起きやすくならないかという懸念も表明されており、意見が対立している。
（第 6 回議事録 29 頁・中井委員、30 頁・岡田委員、33 頁・西川関係官、35 頁・岡田委員・藤本関係官、36 頁・道垣内幹事・岡（正）委員）

(2)　保証契約締結の際における保証人保護の方策
　保証は、不動産等の物的担保の対象となる財産を持たない債務者が自己の信用を補う手段として、実務上重要な意義を有しているが、他方で、個人の保証人が想定外の多額の保証債務の履行を求められ、生活の破綻に追い込まれるような事例が後を絶たないこともあって、より一層の保証人保

Ⅱ 全体版

護の拡充を求める意見がある。このような事情を踏まえ、保証契約締結の際における保証人保護を拡充する観点から、保証契約締結の際に、債権者に対して、保証人がその知識や経験に照らして保証の意味を理解するのに十分な説明をすることを義務付けたり、主債務者の資力に関する情報を保証人に提供することを義務付けたりするなどの方策を採用するかどうかについて、保証に限られない一般的な説明義務や情報提供義務（後記第23、2）との関係や、主債務者の信用情報に関する債権者の守秘義務などにも留意しつつ、更に検討してはどうか。

また、より具体的な提案として、一定額を超える保証契約の締結には保証人に対して説明した内容を公正証書に残すことや、保証契約書における一定の重要部分について保証人による手書きを要求すること、過大な保証の禁止を導入すること、事業者である債権者が上記の説明義務等に違反した場合において保証人が個人であるときは、保証人に取消権を与えることなどの方策が示されていることから、これらの方策の当否についても、検討してはどうか。

【部会資料8-2 第2、2(2)［44頁］】

〔意 見〕
1 債権者について、「保証人が他人の債務について責任を負わせられる」点につき説明義務がある旨の規定を設けること、及び主債務者の資力に関する情報を保証人に提供することを義務づける規定を設けること、のいずれの方向性も賛成する。
2 一定額を超える保証契約の締結には、保証人に対して説明した内容を公正証書に残すこと、保証契約書における一定の重要部分について保証人による手書きを要求すること、及び過大な保証の禁止を導入することは、いずれも賛成する。
3 また、慎重な手続を確保するためのために、電磁的書面による保証は認めるべきでない。作成した書面については、保証人への交付を要求するべきである。
4 事業者が、上記説明義務に違反した場合の保証人の取消権については、趣旨は賛成するが、特別法で規定する方向で検討すべきである。

第 12 保証債務

〔理　由〕
1　債権者に対して、保証人になることについての危険性について十分に説明をさせるべきであり、主債務者の資力いかんについても同様に情報提供をさせるべきである。
2、3　契約締結時における保証人保護のため必要である。
4　説明義務の履行を担保することにつながり、保証人保護の拡充に資するが、事業者に関する特則と思われる（保証人が常に「消費者」であるとは言えない）ので、特別法で規定すべきである。
（第6回議事録 32 頁・鹿野幹事、33 頁・西川委員・山野目幹事、36 頁・岡(正)委員、37 頁・山本(敬)幹事、38 頁・藤本関係官、39 頁・中井委員）

> (3)　保証契約締結後の保証人保護の在り方
> 　保証契約締結後の保証人保護を拡充する観点から、債権者に対して主債務者の返済状況を保証人に通知する義務を負わせたり、分割払の約定がある主債務について期限の利益を喪失させる場合には保証人にも期限の利益を維持する機会を与えたりするなどの方策を採用するかどうかについて、更に検討してはどうか。
> 【部会資料8－2 第2、2(2)（関連論点）［46 頁］】

〔意　見〕
　保証契約締結後においても、債権者に対して主債務者の返済状況を保証人に通知する義務を負わせ、並びに分割払いの約定がある主債務者について期限の利益を喪失させる場合には、保証人にも期限の利益を維持する機会を与える制度を設ける方向で検討すべきである。

〔理　由〕
　債権者が保証人に対して保証債務の履行を求めるのは、主債務者の債務不履行等により期限の利益を喪失した後であることからすれば、債権者は、主債務者が期限の利益を喪失するに先立ち、返済状況等を保証人に通知させることは、保証人の保護に資する。
　また、保証人に主債務者が有していた期限の利益を認めても、債権者は、当初のスケジュールに沿った弁済を受けられるのであるから、保証人に期限の利益を維持する機会を与えても問題はない。

> **(4) 保証に関する契約条項の効力を制限する規定の要否**
> 事業者の保証人に対する担保保存義務を免除する条項や保証人が保証債務を履行した場合の主債務者に対する求償権の範囲を制限する条項に関し、その効力を制限する規定の要否について、不当条項規制（後記第31）との関係に留意しつつ、検討してはどうか。

〔意 見〕
保証に関する契約条項の効力を制限する規定を設けることに賛成する。ただし、消費者又は事業者に関する特則を定める場合は、民法ではなく、特別法に規定するべきである。

〔理 由〕
特別法との関係や、不当条項規制との関係に留意しつつ、条項の効力を制限する規定について検討すべきである。ただし、消費者又は事業者に関する特則を定める場合には、特別法に規定するべきである。

> **2 保証債務の付従性・補充性**
> 保証債務の内容（債務の目的又は態様）が主債務よりも重い場合には、その内容が主債務の限度に減縮されることを規定する民法第448条との関係で、保証契約が締結された後に主債務の内容が加重されても、保証債務には影響が及ばないことをも条文上も明らかにするかどうかについて、更に検討してはどうか。
> また、そもそも保証債務の性質については、内容における付従性に関する民法第448条や、補充性に関する同法第452条、第453条といった規定はあるものの、その多くは解釈に委ねられていることから、これらに関する明文の規定を設けるかどうかについても、更に検討してはどうか。
> 【部会資料8－2 第2、3［46頁］、同（関連論点）［47頁］】

〔意 見〕
1 保証契約が締結された後に主債務の内容が加重されても、保証債務には影響が及ばない旨を法文化する方向で検討すべきである。
2 保証債務の附従性や補充性に関する明文の規定を置く方向で検討すべきで

第 12 保証債務

ある。
〔理 由〕
1 保証債務の附従性から当然のことであり、明確に規定すべきである。
2 附従性、及び補充性についても明文で規定すべきである。

> 3 保証人の抗弁等
> (1) 保証人固有の抗弁—催告・検索の抗弁
> ア 催告の抗弁の制度の要否（民法第452条）
>   催告の抗弁の制度については、保証人保護の制度として実効性が乏しいことなどから、これを廃止すべきであるとする意見もあるが、他方で、保証人保護を後退させる方向で現状を変更すべきでないとする意見もあることから、その要否について、更に検討してはどうか。
> 【部会資料8－2 第2、4(1)ア［47頁］】

〔意 見〕
催告の抗弁については現行民法の規定を維持するべきである。廃止することには、強く反対する。
〔理 由〕
連帯保証が常態であるから廃止すべきとの意見があるが、保証に関する基本的な規定であり、廃止することは保証人保護にそぐわない。
（第6回議事録42頁・三上委員、43頁・岡（正）委員、44頁・岡田委員・鹿野幹事）

> イ 適時執行義務
>   民法第455条は、催告の抗弁又は検索の抗弁を行使された債権者が催告又は執行をすることを怠ったために主債務者から全部の弁済を得られなかった場合には、保証人は、債権者が直ちに催告又は執行をすれば弁済を得ることができた限度において、その義務を免れることを規定する。この規定について、その趣旨を拡張して、債権者が主債務者の財産に対して適時に執行をすることを怠ったために主債務者からの弁済額が減少した場合一般に適用される規定に改めるかどうか、更に検討してはどうか。
>   また、仮に適時執行義務に関する規定を設ける場合には、これが連帯保証にも適用されるものとするかどうかについても、検討してはどうか。

【部会資料8-2 第2、4(1)イ［48頁］】

〔意　見〕
　適時執行義務を強行法規化すべきという意見もあるが、これに関する規定を設けること及びこれを連帯保証にも及ぼすこと並びにその要件・効果については慎重に検討すべきである。
〔理　由〕
　基本的には、保証人、連帯保証人の保護の拡充に資する面もあるが、適時とは事後的に判断する要件となり、その意味について問題が生ずるなど弊害についての懸念がある。
（第6回議事録43～46頁・深山幹事・道垣内幹事・中田委員・西川関係官・高須幹事）

(2)　主たる債務者の有する抗弁権（民法第457条）
　保証人が主債務者の債権による相殺をもって債権者に対抗することができると規定する民法第457条第2項については、保証人は主債務者の債権による相殺によって主債務が消滅する限度で履行を拒絶できるにとどまるとする規定に改めるかどうかについて、更に検討してはどうか。
　また、民法には、主債務者が債権者に対して相殺権を有する場合の規定しか置かれていないことから、主債務者がその余の抗弁権を有している場合の規定を設けるかどうかについても、更に検討してはどうか。

【部会資料8-2 第2、4(2)［51頁］、同（関連論点）［52頁］】

〔意　見〕
1　保証人が、主たる債務者の債権による相殺によって、主債務が消滅する限度で履行を拒絶できる旨を法文化する方向で検討すべきである。
2　保証人が、原則として主債務者の有する抗弁権を援用できること、及び主債務者の取消権又は解除権については、主債務者の権利行使がなされるか否かが確定されるまでの間、保証債務の履行を拒絶できる旨を法文化する方向で検討すべきである。
〔理　由〕
1　他人の相殺権についての処分権まで認めることは過大であり、これによる

第12 保証債務

履行拒絶権があることを明示することにより、判例と学説の対立を解決するもので、分かりやすい民法の実現に資する。
2 保証人の主張できる事項を明文化する点で「分かりやすい民法」の実現と保証人保護の拡充に資する。

---

4 保証人の求償権
 (1) 委託を受けた保証人の事後求償権（民法第459条）
 委託を受けた保証人による期限前弁済は、委託の趣旨に反することがあることから、この場合における保証人の事後求償権は、委託を受けた保証人についてのもの（民法第459条第1項）ではなく、委託を受けない保証人と同内容のもの（同法第462条第1項）とするかどうかについて、更に検討してはどうか。
【部会資料8－2 第2、5(1)［52頁］】

〔意 見〕
委託を受けない保証人と同内容とすることについては慎重に検討すべきである。
〔理 由〕
期限前弁済が委託の趣旨に反しない場合についてまで委託を受けない保証人と同内容でよいとはいえるか疑問がある。

---

 (2) 委託を受けた保証人の事前求償権（民法第460条、第461条等）
 仮に適時執行義務に関する規定を設ける場合（前記3(1)イ参照）には、委託を受けた保証人が事前求償権を行使することができることを規定する民法第460条を維持するかどうかについて、更に検討してはどうか。
【部会資料8－2 第2、5(2)［54頁］】

〔意 見〕
同条廃止については、慎重に検討すべきである。
〔理 由〕
適時執行義務の規定を設ける場合には民法460条は不要となるとの意見があるが、同条の規律は、適時執行義務とは関係がないとの見解もあるなど、議論

169

が分かれており、検討を続ける必要がある。

> (3) 委託を受けた保証人の通知義務（民法第463条）
> 　保証人の通知義務について規定する民法第463条は、連帯債務者の通知義務に関する同法第443条を準用しているところ、仮に、連帯債務者の事前通知義務を廃止する場合（前記第11、1(2)ウ(エ)参照）には、委託を受けた保証人についての事前通知義務も廃止するかどうかについて、更に検討してはどうか。
> 【部会資料8－2　第2、5(3)［57頁］】

〔意見〕
廃止については慎重に検討すべきである。
〔理由〕
廃止を肯定する意見がある一方で、そもそも連帯債務者の事前通知義務を廃止すべきでないという意見や、委託を受けた保証人については主債務者保護のために事前通知義務を存続すべきであるとの意見もあり、今後も議論を深める必要がある。

> (4) 委託を受けない保証人の通知義務（民法第463条）
> 　保証人の事前通知義務（民法第463条、第443条）の趣旨は、債権者に対抗することができる事由を有している主債務者に対し、それを主張する機会を与えようとすることにあるが、委託を受けない保証人の求償権の範囲は、もとより主債務者が「その当時利益を受けた限度」（同法第462条第1項）又は「現に利益を受けている限度」（同条第2項）においてしか認められておらず、主債務者が債権者に対抗することができる事由を有している場合には「利益を受けている限度」から除外されることになるため、事前通知義務の存在意義は乏しい。そこで、委託を受けない保証人についても、事前通知義務を廃止するかどうかについて、更に検討してはどうか。
> 【部会資料8－2　第2、5(4)［58頁］】

〔意見〕
事前通知義務の廃止については慎重に検討すべきである。

第 12　保 証 債 務

〔理　由〕
　一方で上記規定について実益が認められない旨の意見があるが、他方で「債権者に対抗することができる事由には様々なものが考えられ、これらによる利益がすべて、現に利益を受けている限度という求償の要件に吸収されるとは断定できない」旨の意見がある。

5　共同保証―分別の利益

　複数の保証人が保証債務を負担する場合（共同保証）に、各共同保証人は、原則として頭数で分割された保証債務を負担するにすぎない（分別の利益）ことを規定する民法第456条に関し、分別の利益を認めずに、各共同保証人は全額について債務を保証する（保証連帯）ものとするかどうかについて、保証人保護を後退させる方向で現状を変更すべきでないとする意見があることにも留意しつつ、更に検討してはどうか。

【部会資料8－2　第2、6［60頁］】

〔意　見〕
　共同保証における分別の利益については、現行の規定を維持すべきである。これを廃止する考え方については反対する。
〔理　由〕
　保証連帯が認められるのであるから、保証人の保護を後退させてまで共同保証について分別の利益を否定する必要はない。

6　連　帯　保　証
(1)　連帯保証制度の在り方

　連帯保証人は、催告・検索の抗弁が認められず、また、分別の利益も認められないと解されている点で、連帯保証ではない通常の保証人よりも不利な立場にあり、このような連帯保証制度に対して保証人保護の観点から問題があるという指摘がされている。そこで、連帯保証人の保護を拡充する方策について、例えば、連帯保証の効果の説明を具体的に受けて理解した場合にのみ連帯保証となるとすべきであるなどの意見が示されていることを踏まえて、更に検討してはどうか。
　他方、事業者がその経済事業（反復継続する事業であって収支が相償うこ

Ⅱ 全体版

とを目的として行われるもの）の範囲内で保証をしたときには連帯保証になるとすべきであるとの考え方（後記第62、3(3)①）も提示されている。この考え方の当否について、更に検討してはどうか。
【部会資料8－2 第2、7(1)[62頁]、部会資料20－2 第1、3(3)[20頁]】

〔意　見〕
1　基本的には、連帯保証人の保護を拡充する方策を設けることには賛成する。
　　この点、少なくとも自然人（但し事業主、会社における取締役以外の者）が事業者又は会社の連帯保証人となることを禁止し、かつ自然人が連帯保証人の場合は保証人と同様に催告・検索の抗弁権を認め、各種説明義務等を債権者に課し、共同保証における分別の利益を認める規定を設ける方向性で検討すべきである。
2　事業者がその経済事業（反復継続する事業であって収支が相償うことを目的として行われるもの）の範囲内で保証をしたときには連帯保証になるとすべきであるとの考え方については、強く反対する。

〔理　由〕
1　個人(自然人)が連帯保証人となる場合、責任が過酷となるケースが多いので、保証人保護の拡充の観点から上記のような大幅な規制を行うべきである。
2　「経済事業」という概念は国民には全く馴染みがなく、かつ「収支が相償う」という意味が不明確であるばかりか、何故そのような要件になるかの説得的な根拠がなく、「国民に分かりにくい」と言うべきである。
　　従って、このような概念を設けること、及びこれを前提とする規定を設けることには強く反対する。また、仮に分かりやすい概念を用いたとしても、事業者に関する特則は、商法511条2項もあるので、民法に置くべきではない。

(2)　連帯保証人に生じた事由の効力―履行の請求
　連帯保証人に対する履行の請求の効果が主債務者にも及ぶこと（民法第458条、第434条）を見直す必要があるかどうかについて、更に検討してはどうか。

【部会資料8－2 第2、7(2)［63頁］】

第 12 保証債務

〔意　見〕
　連帯保証人に対する請求の効果が主債務者にも当然及ぶとする規定を廃止することについては、慎重に検討すべきである。
〔理　由〕
　一方で、主債務者に対する不意打ちを防ぐ必要があるとして廃止すべきとする意見があるが、他方で主債務者が行方不明の場合等に時効中断の手続を取りにくくなる等から現行法のとおりで良いとの意見もある。

7　根保証
　(1)　規定の適用範囲の拡大
　　根保証に関しては、平成16年の民法改正により、主たる債務の範囲に金銭の貸渡し又は手形の割引を受けることによって負担する債務（貸金等債務）が含まれるもの（貸金等根保証契約）に対象を限定しつつ、保証人が予想を超える過大な責任を負わないようにするための規定が新設された（同法第465条の2から第465条の5まで）が、保証人保護を拡充する観点から、主たる債務の範囲に貸金等債務が含まれない根保証にまで、平成16年改正で新設された規定の適用範囲を広げるかどうかについて、更に検討してはどうか。

【部会資料8−2　第2、8［65頁］】

〔意　見〕
　現行の貸金等根保証契約における極度額と元本確定期日に関する規律を、貸金等に限らず根保証全般に及ぼす方向で検討すべきである。
〔理　由〕
　根保証の危険性は、被担保債権が貸金以外の場合であっても貸金と同様に存在することから、適用範囲を拡大すべきである。

　(2)　根保証に関する規律の明確化
　　根保証に関して、いわゆる特別解約権を明文化するかどうかについて、更に検討してはどうか。また、根保証契約の元本確定前に保証人に対する保証債務の履行請求が認められるかどうかや、元本確定前の主債務の一部について債権譲渡があった場合に保証債務が随伴するかどうかなどについ

て、検討してはどうか。
　このほか、身元保証に関する法律の見直しについても、根保証に関する規定の見直しと併せて、検討してはどうか。

【部会資料8-2 第2、8［65頁］】

〔意　見〕
1　特別解約権（特別の元本確定請求権）を明文化する方向で検討すべきである。
2　元本確定前の主債務の一部について債権譲渡があった場合における保証債務の随伴性の在り方を検討することに賛成する。
3　身元保証に関する法律の見直しについては、趣旨に賛成する。

〔理　由〕
1　特別解約権について明文の規定を設けることは明確化に資する。
2　現時点における規律が不明確であるため、検討する必要がある。
3　身元保証について見直しすることで、より深い議論が可能となる。

8　その他

(1)　主債務の種別等による保証契約の制限

　主債務者が消費者である場合における個人の保証や、主債務者が事業者である場合における経営者以外の第三者の保証などを対象として、その保証契約を無効とすべきであるとする提案については、実務上有用なものまで過剰に規制することとなるおそれや、無効とすべき保証契約の範囲を適切に画することができるかどうかなどの観点に留意しつつ、検討してはどうか。

〔意　見〕
上記6(1)のとおり。

(2)　保証類似の制度の検討

　損害担保契約など、保証に類似するが主債務への付従性がないとされるものについて、明文規定を設けるべきであるとの提案については、その契約類型をどのように定義するか等の課題があることを踏まえつつ、検討し

てはどうか。

〔意　見〕
検討することに賛成する。
〔理　由〕
適切な具体的規定が設けられるのであれば、「分かりやすい民法」の実現に資する。

9　追加すべき論点（東京弁護士会）

〔意　見〕
連帯保証を含む個人保証制度の存廃も含め、保証人保護の拡充の観点から、抜本的な議論を行うべきである。
〔理　由〕
個人保証においては、人間関係から保証人になってしまい思わぬ債務を負わされ、経済的破綻を招く例が後を絶たない。多重債務の一因となり、自殺の原因にもなっている現状がある。したがって、個人保証について抜本的な検討が必要である。

第13　債権譲渡
1　譲渡禁止特約（民法第466条）
(1)　譲渡禁止特約の効力

　譲渡禁止特約の効力については、学説上、「物権的」な効力を有するものであり、譲渡禁止特約に違反する債権譲渡が無効であるとする考え方（物権的効力説）が有力である。判例は、この物権的効力説を前提としつつ、必要に応じてこれを修正していると評価されている。この譲渡禁止特約は、債務者にとって、譲渡に伴う事務の煩雑化の回避、過誤払の危険の回避及び相殺の期待の確保という実務上の必要性があると指摘されているが、他方で、今日では、強い立場の債務者が必ずしも合理的な必要性がないのに利用している場合もあるとの指摘や、譲渡禁止特約の存在が資金調達目的で行われる債権譲渡取引の障害となっているとの指摘もされている。
　以上のような指摘を踏まえて、譲渡禁止特約の効力の見直しの要否につ

Ⅱ 全体版

いて検討する必要があるが、譲渡禁止特約の存在について譲受人が「悪意」（後記(2)ア参照）である場合には、特約を譲受人に対抗することができるという現行法の基本的な枠組みは、維持することとしてはどうか。その上で、譲渡禁止特約を対抗できるときのその効力については、特約に反する債権譲渡が無効になるという考え方（以下「絶対的効力案」という。）と、譲渡禁止特約は原則として特約の当事者間で効力を有するにとどまり、債権譲渡は有効であるが、債務者は「悪意」の譲受人に対して特約の抗弁を主張できるとする考え方（以下「相対的効力案」という。）があることを踏まえ、更に検討してはどうか。

【債権譲渡の競合（二重譲渡）】

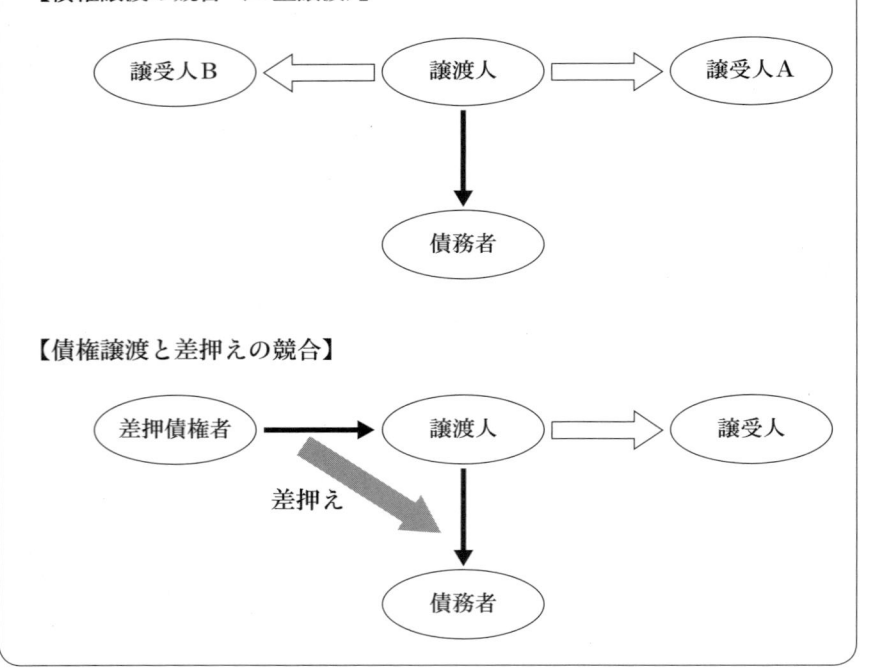

譲受人B ⇐ 譲渡人 ⇒ 譲受人A
　　　　　　　↓
　　　　　　債務者

【債権譲渡と差押えの競合】

差押債権者 → 譲渡人 ⇒ 譲受人
　　　　差押え ↘ ↓
　　　　　　　　債務者

〔意 見〕

1 譲渡禁止特約の存在について譲受人が悪意である場合に、その効力を譲受人に対抗することができる方向を維持することに賛成する。

2 同特約に違反した債権譲渡の効力について絶対的効力案と相対的効力案が

第 13 債権譲渡

あることを踏まえて更に検討することに賛成する。
〔理　由〕
1　譲受人悪意の場合に同特約の効力を譲受人に対抗できることについては争いがない。
2　同特約に違反した債権譲渡の効力については、以下のとおり意見の対立がある。
⑴　債権の流動化を促すこと及び譲渡禁止特約が強い立場の債務者に多く利用されているという現状に鑑み、譲渡禁止特約に反してなされた譲渡も当事者間で有効とすべきである。
⑵　譲渡禁止特約を有効とする以上、これに反してなされた債権譲渡が当事者間でも有効とするのは正当ではなく、かつ相対的効力説も善意の譲受人に対して上記特約の効力を対抗できないとしているので議論の実益が乏しい。
（第7回議事録4頁・大島委員・奈須野関係官、5頁・中井委員、6頁・中井委員、7頁・道垣内幹事・松本委員、8頁・木村委員・藤本関係官、9頁・深山幹事・潮見幹事、11頁・松本委員、12頁・岡（正）委員・沖野幹事・高須幹事・山野目幹事・三上委員・松本委員）

　　また、譲渡禁止特約の効力に関連する以下の各論点についても、更に検討してはどうか。
　①　譲渡禁止特約の存在に関する譲受人の善意、悪意等の主観的要件は、譲受人と債務者のいずれが主張・立証責任を負うものとすべきかについて、更に検討してはどうか。

〔意　見〕
「譲受人の主観的要件に関する主張・立証責任の分配」については、債務者が負担することに基本的に賛成するが、引き続き検討するべきである。
〔理　由〕
従来の判例により債務者がその主張・立証責任を負担することに基本的に賛成するが、なお譲受人が負担すべきとの考え方もあるので、譲渡禁止特約の効力の考え方、当事者間の公平等に留意して、引き続き検討するべきである。

　　②　譲渡禁止特約の効力についてどのような考え方を採るかにかかわらず、

Ⅱ　全　体　版

> 譲渡禁止特約の存在が、資金調達目的で行われる債権譲渡取引の障害となり得るという問題を解消する観点から、債権の流動性の確保が特に要請される一定の類型の債権につき、譲渡禁止特約を常に対抗できないこととすべきかどうかについて、特定の取引類型のみに適用される例外を民法で規定する趣旨であるなら適切ではないとの意見があることに留意しつつ、更に検討してはどうか。
>
> 　また、預金債権のように譲渡禁止特約を対抗することを認める必要性が高い類型の債権に、引き続き譲渡禁止特約に強い効力を認めるべきかどうかについても、特定の取引類型のみに適用される例外を民法で規定することについて上記の意見があることに留意しつつ、検討してはどうか。

〔意　見〕
検討することに反対する。
〔理　由〕
具体案が示されていないばかりか、「債権の流動性の確保が特に要請される取引類型」を明確にすることが困難で、国民の間に混乱が生じることが懸念される。また、「譲渡禁止特約を対抗することを認める必要性が高い取引類型」というのも同様に明確にし難く、かつ民法において、預金債権等についての特則を設けるべきではない。

> ③　将来債権の譲渡をめぐる法律関係の明確性を高める観点から、将来債権の譲渡後に、当該債権の発生原因となる契約が締結され譲渡禁止特約が付された場合に、将来債権の譲受人に対して譲渡禁止特約を対抗することの可否を、立法により明確にすべきかどうかについて、譲渡禁止特約によって保護される債務者の利益にも留意しつつ、更に検討してはどうか。
> 　　　　　　【部会資料９－２　第１、２(1)［２頁］、同（関連論点）
> 　　　　　　　　　　　　　　　　　１から同（関連論点）３まで［５頁］】

〔意　見〕
　上記の「将来債権譲渡の後に譲渡禁止特約付きで発生した債権の取扱い」について更に検討するべきである。

第 13 債権譲渡

〔理　由〕
　立法により将来債権の譲受人と債務者との間の適切な利害調整ができるかどうかが、必ずしも明らかではないが、これらの関係については明確にする必要がある。

(2) 譲渡禁止特約を譲受人に対抗できない事由
ア　譲受人に重過失がある場合
　判例は、譲受人が譲渡禁止特約の存在について悪意の場合だけでなく、存在を知らないことについて重過失がある場合にも、譲渡禁止特約を譲受人に対抗することができるとしていることから、譲渡禁止特約の効力についてどのような考え方を採るかにかかわらず、上記の判例法理を条文上明らかにすべきであるという考え方がある。このような考え方の当否について、資金調達の促進の観点から、重過失がある場合に譲渡禁止特約を譲受人に対抗することができるとすることに反対する意見があることにも留意しつつ、更に検討してはどうか。
【部会資料９－２　第１、２(2)ア［７頁］】

〔意　見〕
重過失を悪意と同視する方向性に賛成する。
〔理　由〕
判例理論の法文化であり、「分かりやすい民法」の実現に資する。

イ　債務者の承諾があった場合
　譲渡禁止特約の効力についてどのような考え方を採るかにかかわらず、債務者が譲渡を承諾することにより譲渡禁止特約を譲受人に対抗することができなくなる旨の明文規定を設けるものとしてはどうか。
【部会資料９－２　第１、２(2)イ［８頁］】

〔意　見〕
　譲渡禁止特約付債権が譲渡されても、債務者が譲渡を承認(追認)した時は譲渡が有効となる(上記特約を対抗できない)ことを法文化する方向性に賛成する。

Ⅱ 全体版

〔理 由〕
疑義がある問題を解消するという意味で「分かりやすい民法」の実現に資する。

ウ 譲渡人について倒産手続の開始決定があった場合
　譲渡人につき倒産手続の開始決定があった場合において、譲渡禁止特約の効力について相対的効力案（前記(1)参照）を採るとしたときは、管財人等が開始決定前に譲渡されていた債権の回収をしても、財団債権や共益債権として譲受人に引き渡さなければならず、管財人等の債権回収のインセンティブが働かなくなるおそれがあるという問題がある。このような問題意識を踏まえて、譲渡人について倒産手続の開始決定があったとき（倒産手続開始決定時に譲受人が第三者対抗要件を具備しているときに限る。）は、債務者は譲渡禁止特約を譲受人に対抗することができないという規定を設けるべきであるという考え方が示されている。このような考え方に対しては、債務者は譲渡人について倒産手続開始決定がされたことを適時に知ることが容易ではないという指摘や、債務者が譲渡人に対する抗弁権を譲受人に対抗できる範囲を検討すべきであるという指摘がある。そこで、このような指摘に留意しつつ、仮に相対的効力案を採用した場合に、上記のような考え方を採用することの当否について、更に検討してはどうか。
　また、上記の考え方を採用する場合には、①譲渡人の倒産手続の開始決定後に譲渡禁止特約付債権を譲り受け、第三者対抗要件を具備した譲受人に対して、債務者が譲渡禁止特約を対抗することの可否について、検討してはどうか。さらに、②譲渡禁止特約の存在について悪意の譲受人に対して譲渡がされた後、譲渡人の債権者が譲渡禁止特約付債権を差し押さえた場合も、複数の債権者が債権を奪い合う局面である点で、倒産手続が開始された場面と共通することから、譲渡禁止特約の効力について上記の考え方が適用されるべきであるという考え方がある。このような考え方を採用することの当否についても、検討してはどうか。

【部会資料９－２ 第１、２(2)ウ［８頁］】

〔意 見〕
1 **譲渡人につき倒産手続の開始決定があったとき**（倒産手続開始決定前に譲受人が第三者対抗要件を具備しているときに限る）**は、債務者は譲渡禁止特約を**

第 13 債権譲渡

譲受人に対抗できないとの考え方には、基本的に反対する。
2 1の考え方に立った場合に、譲渡人の倒産手続の開始決定後に第三者対抗要件を具備した譲受人に対して債務者が譲渡禁止特約を対抗することの可否について引き続き検討することに反対しない。
3 1及び2の考え方に立ち、譲渡禁止特約について悪意の譲受人に対して譲渡がなされた後に、譲渡人の債権者が譲渡禁止特約付き債権を差し押さえた場合に、債務者が譲受人に対して同特約の効力を対抗できないとの考え方には、基本的に反対する。
〔理　由〕
1　相対的効力案に立った場合は、引き続きこれらの点を検討すること自体には反対はしない。
　　ただし、「管財人等の債権回収のインセンティブが働かなくなるおそれ」との記述については、譲渡禁止特約の効力について相対的効力案を採った上で、譲渡人について倒産手続の開始決定があった場合に、債務者は従来通り譲渡人の管財人に支払うとされた場合に生じうる問題であると指摘されている（第7回会議議事録20頁・中井委員）ところ、管財人が回収した債権を直ちに譲受人に引き渡す義務を負っているとしても、管財人が回収すること自体に意義があるとの指摘もされている（同22頁・深山幹事・高須幹事）ので、端的に「管財人が債権回収において果たす役割に留意しつつ」検討すべきとするのが正確である。
　　この点、倒産手続開始決定の場合に譲渡禁止特約を悪意の譲受人に対抗できないとすると、倒産手続開始だけで突然に債務者保護が否定されることになるので、疑問であり、反対する。
2　倒産手続開始決定は包括的執行と同視されること、公平誠実義務を負った管財人等による適正迅速な処理の必要性等からこれに賛成する意見がある。なお、この意見は、必ずしも前段についての賛否に関わりはない。
3　1及び2と同じである。
（第7回議事録19頁・奈須野関係官・道垣内幹事・中井委員、第22回議事録5頁・岡本委員・筒井幹事）

> エ　債務者の債務不履行の場合
> 　譲渡禁止特約の効力について仮に相対的効力案（前記(1)参照）を採用し

た場合には、譲受人は債務者に対して直接請求することができず、他方、譲渡人（又はその管財人等）は譲渡した債権を回収しても不当利得返還請求に基づき譲受人に引き渡さなければならないこととなるため、譲渡人につき倒産手続の開始決定があったとき（上記**ウ**）に限らず、一般に、譲渡人に債権回収のインセンティブが働かない状況が生ずるのではないかという指摘がある。このような問題意識への対応として、譲渡人又は譲受人が、債務者に対して（相当期間を定めて）譲渡人への履行を催告したにもかかわらず、債務者が履行しないとき（ただし、履行をしないことが違法でないときを除く）には、債務者は譲受人に譲渡禁止特約を対抗することができないとする考え方が示されている。このような考え方の当否について、検討してはどうか。

〔意　見〕

相対的効力案を採用した場合には、譲渡人又は譲受人が、債務者に対して譲渡人への履行を催告したにもかかわらず、債務者が履行しないときには、債務者は譲受人に譲渡禁止特約を対抗することができないとする考え方につき、引き続き検討することに反対しない。

〔理　由〕

このような規定の必要性は認められ、また、債務者の利益も考慮されているので、検討する必要は認められる。

(3) 譲渡禁止特約付債権の差押え・転付命令による債権の移転

譲渡禁止特約付きの債権であっても、差押債権者の善意・悪意を問わず、差押え・転付命令による債権の移転が認められるという判例法理について、これを条文上も明確にしてはどうか。

【部会資料９−２　第１、２(3)〔９頁〕】

〔意　見〕

差押債権者の善意・悪意を問わず債権の移転を認めることを法文化する方向性に賛成する。

〔理　由〕

判例理論の法文化であり、「分かりやすい民法」の実現に資する。

第 13 債権譲渡

2 債権譲渡の対抗要件（民法第467条）
(1) 総論及び第三者対抗要件の見直し

　債権譲渡の対抗要件制度については、債務者が債権譲渡通知や承諾の有無について回答しなければ制度が機能せず、また、競合する債権譲渡の優劣について債務者に困難な判断を強いるものであるために、債務者に過大な不利益を負わせていることのほか、確定日付が限定的な機能しか果たしていないこと等の民法上の対抗要件制度の問題点が指摘されている。また、動産及び債権の譲渡の対抗要件に関する民法の特例等に関する法律（以下「特例法」という。）と民法による対抗要件制度が並存していることによる煩雑さ等の問題点も指摘されている。これらの問題点の指摘を踏まえて、債権譲渡の対抗要件制度を見直すべきかどうかについて、更に検討してはどうか。

　債権譲渡の対抗要件制度を見直す場合には、基本的な見直しの方向について、具体的に以下のような案が示されていることを踏まえ、更に検討してはどうか。その際、Ａ案については、その趣旨を評価する意見がある一方で、現在の特例法上の登記制度には問題点も指摘されており、これに一元化することには問題があるとの指摘があることから、まずは、特例法上の登記制度を更に利用しやすいものとするための方策について検討した上で、その検討結果をも踏まえつつ、更に検討してはどうか。

［Ａ案］登記制度を利用することができる範囲を拡張する（例えば、個人も利用可能とする）とともに、その範囲において債権譲渡の第三者対抗要件を登記に一元化する案

［Ｂ案］債務者をインフォメーション・センターとはしない新たな対抗要件制度（例えば、現行民法上の確定日付のある通知又は承諾に代えて、確定日付のある譲渡契約書を債権譲渡の第三者対抗要件とする制度）を設けるという案

［Ｃ案］現在の二元的な対抗要件制度を基本的に維持した上で、必要な修正を試みるという案

　　　　　　　【部会資料９－２ 第１、３(1)［10頁］、同（関連論点）
　　　　　　　１から同（関連論点）３まで［13頁から18頁まで］】

Ⅱ 全体版

〔意 見〕
意見書Ⅰと同じである。

> (2) 債務者対抗要件(権利行使要件)の見直し
> 　債権譲渡の当事者である譲渡人及び譲受人が、債務者との関係では引き続き譲渡人に対して弁済させることを意図して、あえて債務者に対して債権譲渡の通知をしない（債務者対抗要件を具備しない）場合があるが、債務者が債権譲渡の承諾をすることにより、譲渡人及び譲受人の意図に反して、譲受人に対して弁済する事態が生じ得るという問題があると指摘されている。このような問題に対応するために、債権譲渡の対抗要件制度について第三者対抗要件と債務者対抗要件を分離することを前提として、債務者対抗要件を通知に限った上で、債務者に対する通知がない限り、債務者は譲渡人に対して弁済しなければならないとする明文の規定を設けるべきであるとの考え方が示されている。
> 　これに対して、債務者対抗要件という概念は、本来、それが具備されなくても、債務者の側から債権譲渡の事実を認めて譲受人に対して弁済することができることを意味するものであるとの指摘があった。他方で、現行法の理解としても、債務者が譲受人に弁済できると解されているのは、承諾という債務者対抗要件があるからであって、債務者対抗要件とは無関係に債務者が弁済の相手を選択できるという結論は導けないという考え方もあり得るとの指摘があった。また、承諾によって、債務者対抗要件の具備と同時に抗弁の切断の効果が得られることから、実務上承諾に利便性が認められているとの指摘があった。
> 　以上の指摘等に留意しつつ、債務者対抗要件（債務者に対する権利行使要件）を通知に限った上で、債務者に対する通知がない限り、債務者は譲渡人に対して弁済しなければならないとする明文の規定を設けることの当否について、更に検討してはどうか。
> 【部会資料９－２　第１、３(2)［21頁］、同(3)（関連論点）１［26頁］】

〔意 見〕
債務者の承諾を対抗要件とする現行法を維持する方向性で検討すべきである。これに対し、債務者の承諾を対抗要件としないこと、及びこれを前提とする制

第 13 債権譲渡

度は今後検討すべきではない。
〔理　由〕
　現行実務では、金融機関が「債務者の承諾があってはじめて債権譲渡による担保融資をするとか、承諾が（あるいは異議を留めない承諾が）あるかないかによって融資の担保掛け目を変える等」しており、「債務者の承諾は現実の取引では非常に重要な機能を果たしている」（池田真朗「民法（債権法）改正検討委員会試案の成果と課題」ビジネス法務 2009 年 9 月号 55 頁）ので利便性が高く、これを維持すべきである。

(3)　対抗要件概念の整理
　民法第 467 条が定めている債権譲渡の対抗要件のうち、債務者との関係での対抗要件を権利行使要件と呼び、債務者以外の第三者との関係での対抗要件と文言上も区別して、同条の第 1 項と第 2 項との関係を明確にするかどうかについて、上記(2)の検討結果に留意しつつ、更に検討してはどうか。
【部会資料 9 - 2 第 1、3(2)（関連論点） 1 ［23 頁］】

〔意　見〕
　債務者との関係での対抗要件を権利行使要件と名称変更することに反対しないが慎重に検討すべきである。
〔理　由〕
　債務者対抗要件は、債務者に対する請求を可能とする要件であるが、上記のとおり債務者の承諾も含むべきであるので、通知及び承諾を包摂する適切な概念を規定すべきであり、今後慎重な検討が必要である。

(4)　債務者保護のための規定の明確化等
　ア　債務者保護のための規定の明確化
　　債権譲渡は、債務者の関与なく行われるため、債務者に一定の不利益が及ぶことは避けがたい面があり、それゆえ、できる限り債務者の不利益が少なくなるように配慮する必要があるという観点から、債権譲渡が競合した場合に債務者が誰に弁済すべきかという行為準則を整理し、これを条文上明確にする方向で、更に検討してはどうか。
　　また、供託原因を拡張することにより、債務者が供託により免責される

Ⅱ　全体版

場合を広く認めるかどうかについて、更に検討してはどうか。

【部会資料９－２　第１、３⑶［24頁］】

〔意　見〕
1　債権譲渡が競合した場合の確立した判例法理を法文化する方向性に賛成する。さらに、上記の配達時間を証明する制度の導入も検討すべきである。
2　債務者が供託により免責される場合を広く認める方向で検討することに賛成する。

〔理　由〕
1　上記のとおり、とりわけ少額債権者保護の見地から、債権譲渡の対抗要件として現行法の通知・承諾の制度を維持すべきであるが、これによる弊害については判例が債務者保護の観点から対応策を提示しているので、かかる判例法理を法文化するのが妥当である。また、判例の法文化は「分かりやすい民法」の実現にも資する。

　さらに、現代の技術では、配達日のみならず配達時間の証明も可能と思料されるので、そのような制度の導入も検討すべきである。

2　また、供託できる場合を拡張することは債務者の利益となる。

イ　譲受人間の関係
　複数の譲受人が第三者対抗要件を同時に具備した場合や、譲受人がいずれも債務者対抗要件を具備しているが第三者対抗要件を具備していない場合において、ある譲受人が債権全額の弁済を受領したときは、ほかの譲受人によるその受領額の分配請求の可否が問題となり得るが、現在の判例・学説上、この点は明らかではない。そこで、これを立法により解決するために、分配請求を可能とする旨の規定を設けるかどうかについて、更に検討してはどうか。

【部会資料９－２　第１、３⑶（関連論点）２［27頁］】

〔意　見〕
いずれも賛成する。

〔理　由〕
上述のとおり、少額債権者の保護の見地から通知・承諾の制度を維持する以

上は、複数の譲受人が第三者対抗要件を同時に具備した場合、又は譲受人がいずれも債務者対抗要件を具備しているが第三者対抗要件を具備していない場合に、ある譲受人が債権全額の弁済を受領した場合の譲受人間の関係について民法に規定を設けるのが妥当であり、債務者保護及び「分かりやすい民法」の実現に資する。

> ウ 債権差押えとの競合の場合の規律の必要性
> 　債権譲渡と債権差押えが競合した場合における優劣について、判例は、確定日付のある譲渡通知が債務者に到達した日時又は確定日付のある債務者の承諾の日時と差押命令の第三債務者への送達日時の先後によって決すべきであるとし、債権譲渡の対抗要件具備と差押命令の送達の時が同時又は先後不明の場合には、複数の債権譲渡が競合した場合と同様の結論を採っている。このような判例法理を条文上明確にするかどうかについて、更に検討してはどうか。
>
> 【部会資料９－２ 第１、３(3) (関連論点) ３ ［27頁］】

〔意　見〕
　債権譲渡と債権差押えが競合した場合の優劣の基準について規定を置く方向性に賛成する。但し、民法に規定するか民事執行法に規定するかを慎重に検討すべきである。

〔理　由〕
　上述のとおり、少額債権者の保護の見地から通知・承諾の制度を維持する以上は、かかる規定を置くことが債務者保護及び「国民にとっての分かりやすさ」に資する。但し、民事執行法との関連性が強い技術的な規定であることから民事執行法に規定する方が分かりやすいとの考え方もあるので、慎重に検討すべきである。

> 3 抗弁の切断（民法第468条）
> 　異議をとどめない承諾（民法468条）には、単に譲渡がされたことの認識の通知をすることにより抗弁の切断という重大な効果が認められる根拠が必ずしも明確ではなく、また、債務者にとって予期しない効果が生ずるおそれがあるなどの問題があることから、この制度を廃止する方向で、

Ⅱ　全体版

更に検討してはどうか。
　この制度を廃止する場合には、抗弁の切断は、基本的に抗弁を放棄するという意思表示の一般的な規律に従うことになるため、これに対する特則の要否を含めて、どのように規律の明確化を図るかが問題となる。この点について、譲受人が抗弁の存在について悪意の場合にも抗弁が切断されることになるため、特に包括的に抗弁を放棄する旨の意思表示により債務者が不利益を受けるおそれがあるとの指摘に留意しつつ、更に検討してはどうか。
　また、その場合における特則として、債務者が一方的に不利益を被ることを防止する観点から、例えば、書面によらない抗弁の放棄の意思表示を無効とする旨の規定の要否について、更に検討してはどうか。
　【部会資料９－２第１、４［27頁］、同（関連論点）１［29頁］】

〔意　見〕
　基本的には、抗弁権放棄の意思表示と構成しつつ、包括的に抗弁を放棄することや、書面によらない放棄を認めることによる債務者の不利益に配慮する方向で慎重に検討すべきである。
〔理　由〕
　基本的には抗弁権放棄の意思表示と構成するのが妥当であるが、「抗弁権放棄の意思表示と構成すると譲受人の善意・悪意に関わらず抗弁権が全部放棄されたことになりかねない」旨の批判があり、かつ書面によらない放棄を認めることによる弊害があるので、その対応について慎重に検討すべきである。
（第22回議事録12頁・岡委員・中井委員。第７回議事録38頁・三上委員・鹿野幹事）

4　将来債権譲渡
(1)　将来債権の譲渡が認められる旨の規定の要否
　将来発生すべき債権（以下「将来債権」という。）の譲渡の有効性に関しては、その効力の限界に関する議論があること（後記(2)(3)参照）に留意しつつ、判例法理を踏まえて、将来債権の譲渡が原則として有効であることや、債権譲渡の対抗要件の方法により第三者対抗要件を具備することができることについて、明文の規定を設けるものとしてはどうか。

第13 債権譲渡

【部会資料9－2 第1、5(1)［31頁］】

〔意　見〕
将来債権譲渡が基本的に可能である旨の規定及び債権譲渡の対抗要件の方法により第三者対抗要件を具備することができる旨の明文規定を置く方向性に賛成する。
〔理　由〕
疑義のある問題点が解消されるという意味で、「分かりやすい民法」の実現に資する。

(2) 公序良俗の観点からの将来債権譲渡の効力の限界
公序良俗の観点から将来債権の譲渡の効力が認められない場合に関して、より具体的な基準を設けるかどうかについては、実務的な予測可能性を高める観点から賛成する意見があったが、他方で、債権者による過剰担保の取得に対する対処という担保物権法制の問題と関連するため、今般の見直しの範囲との関係で慎重に検討すべきであるとの意見があった。また、仮に規定を設けるのであれば、譲渡人の事業活動の継続の可否や譲渡人の一般債権者を害するかどうかという点が問題となるとの意見があった。これらの意見に留意しつつ、公序良俗の観点からの将来債権譲渡の効力の限界の基準に関する規律の要否について、更に検討してはどうか。

【部会資料9－2 第1、5(1)（関連論点）［32頁］】

〔意　見〕
具体的な基準を設けるか否か更に検討することに賛成する。
〔理　由〕
公序良俗の観点から将来債権譲渡の効力の限界が存在することには異論がないが、適切な具体的な基準が設けられるかどうかが明らかではない。

(3) 譲渡人の地位の変動に伴う将来債権譲渡の効力の限界
将来債権の譲渡の後に譲渡人の地位に変動があった場合に、その将来債権譲渡の効力が及ぶ範囲に関しては、なお見解が対立している状況にあることを踏まえ、立法により、その範囲を明確にする規定を設けるかどうか

について、更に検討してはどうか。具体的には、将来債権を生じさせる譲渡人の契約上の地位を承継した者に対して、将来債権の譲渡を対抗することができる旨の規定を設けるべきであるとの考え方が示されていることから、このような考え方の当否について、更に検討してはどうか。

上記の一般的な規定を設けるか否かにかかわらず、不動産の賃料債権の譲渡後に賃貸人が不動産を譲渡した場合における当該不動産から発生する賃料債権の帰属に関する問題には、不動産取引に特有の問題が含まれているため、この問題に特有の規定を設けるかどうかについて、検討してはどうか。

【部会資料9－2 第1、5(2)［32頁］】

〔意 見〕
1 将来債権譲渡の効力を第三者（譲渡人の契約上の地位を承継した者）に対抗することができる範囲について明文の規定を設ける方向性に賛成する。
2 不動産賃料債権の譲渡における賃料債権の帰属の問題については更に検討することに賛成する。

〔理 由〕
1 仮に具体的で適切な規定を設けることができるのであれば、基本的には「分かりやすい民法」の実現に資する。
2 将来債権譲渡につき新賃貸人に対抗できないことを基本とする意見があるが、なお利益状況を適切に規律できるか否かが明らかではない。また、本問題は、売掛債権の譲渡人についての事業譲渡譲受人との関係、将来債権の譲渡人についての破産管財人との関係とも関連する。

第14 証券的債権に関する規定
1 証券的債権に関する規定の要否（民法第469条から第473条まで）

民法第469条から第473条までの規定は、講学上、証券的債権に関する規定であると言われているところ、この証券的債権の意義（有価証券との関係）については見解が分かれ、これらの規定の適用対象が必ずしも明らかではないという問題がある一方で、証券的債権の意義についての見解の如何にかかわらず、有価証券と区別される意味での証券的債権に関して独自の規定を積極的に設けるべきであるという考え方は特に主張されていな

第 14 証券的債権に関する規定

い。そこで、有価証券と区別される意味での証券的債権に関する独自の規定については、同法第86条第3項も含めて、これを置かない方向で規定の整理をすることとしてはどうか。

また、証券的債権に関する規定の要否と併せて、指名債権という概念を維持する必要があるかどうかについても、検討してはどうか。

【部会資料9－2 第2、1［37頁］、同（関連論点）［38頁］】

〔意 見〕
基本的に賛成する。
〔理 由〕
有価証券、証券的債権、無記名債権といった現行法上の概念は、その適用対象が明らかでなく、規定自体の合理性も乏しいことから、商法上の有価証券に関する規定も併せて、その整理を行う必要がある。

2 有価証券に関する規定の要否（民法第469条から第473条まで）

有価証券とは区別される意味での証券的債権に関する独自の規定を置かない方向で規定の整理をする場合（前記1参照）には、民法第470条から第473条までが実際に有価証券との関係で機能しているという見解があることを踏まえ、これらを有価証券に関する規定として改める方向で、更に検討してはどうか。その上で、有価証券に関する通則的な規定が民法と商法に分散して置かれることによる規定の分かりにくさを解消することが検討課題となるところ、学校法人債、医療法人債や受益証券発行信託のように、商事証券として整理できない証券が発行されるようになっているという現状等を踏まえて、有価証券に関する通則的な規定群を一本化した上でこれを民法に置くという考え方が示されている。このような考え方の当否について、更に検討してはどうか。

【部会資料9－2 第2、2［39頁］】

〔意 見〕
民法469条から473条までの規定は、必要に応じてこれらを有価証券に関する規律に改めるとともに、有価証券に関する通則的な規定群は、一本化した上でこれを民法に置く方向で検討すべきである。

Ⅱ 全体版

〔理　由〕
　有価証券に関する通則的な規定が民法と商法に分属している現行法の規律は非常に分かりにくいほか、学校法人債、医療法人債や受益証券発行信託のように商法の適用がない証券もあることから、民法に通則的な規定を置く必要がある。

3　有価証券に関する通則的な規定の内容

　仮に有価証券に関する通則的な規定群を民法に置くこととする場合（前記2参照）における具体的な規定の内容としては、まず、有価証券の定義規定を設けるかどうかが問題となる。この点については、有価証券が、経済活動の慣行の中で生成し変化していくものであること、現在の法制度上も、有価証券に関する一般的な定義規定が置かれていないこと等を踏まえ、定義規定は設けないものとする方向で、更に検討してはどうか。

　また、有価証券を指図証券と持参人払証券とに分類した上で、規定を整理することとし、具体的には、① 有価証券に関する通則的な規定の適用対象となる有価証券の範囲（記名証券に関する規定の要否を含む。）に関する規定、② 有価証券の譲渡の要件に関する規定、③ 有価証券の善意取得に関する規定（裏書が連続している証券の占有者に形式的資格が認められることの意義の明確化、善意取得が認められる範囲、裏書の連続の有無に関する判断基準を含む。）、④ 有価証券の債務者の抗弁の切断に関する規定（抗弁の切断のための譲受人の主観的要件を含む。）、⑤ 有価証券の債務の履行に関する規定（指図証券の債務者の注意義務の内容、持参人払証券の債務者の注意義務の内容、支払免責が認められるための主観的要件を含む。）、⑥ 有価証券の紛失時の処理に関する規定（記名証券に公示催告手続を認める必要性、公示催告手続の対象となる有価証券の範囲を含む。）に関する規定を設けるかどうかについて、更に検討してはどうか。

【部会資料9－2　第2、3(1)から(6)まで、それらの（関連論点）[42頁から54頁まで]】

〔意　見〕
　いずれも反対しない。
〔理　由〕
　特に問題はない。

4 免責証券に関する規定の要否

民法には規定がないが、講学上、免責証券という類型の証券が認められ、その所持人に対して善意でされた弁済を保護する法理が形成されていることから、その明文規定を設けるべきであるという考え方がある。このような考え方の当否について、仮に民法第480条の規定を廃止する場合（後記第17、4(3)参照）には、免責証券の要件を考える手掛かりとなる規定がなくなるという懸念を示す意見もあることに留意しつつ、更に検討してはどうか。

【部会資料9－2 第2、4［54頁］、部会資料10－2 第1、5(3)［11頁］】

〔意　見〕
免責証券についての規定を置くこと、その所持人に対して善意でされた弁済を保護する規定を置く方向で検討すべきである。

〔理　由〕
弁済者の保護につながり、「分かりやすい民法」の実現に資する。

第15 債務引受

1 総論（債務引受に関する規定の要否）

民法には債務引受に関する規定が設けられていないが、これが可能であることについては特段の異論が見られず、実務上もその重要性が認識されていることから、債務引受が可能であることを確認し、その要件・効果を明らかにするために、明文の規定を設ける方向で、更に検討してはどうか。

【部会資料9－2 第3、1［55頁］】

〔意　見〕
債務引受の要件・効果を含めた明文化の方向には賛成する。

〔理　由〕
実務上、解釈上認められている概念であり、これを明文化することは分かりやすい民法の実現に資し、かつ法的安定性を高めるために有益である。

2 併存的債務引受
(1) 併存的債務引受の要件

　併存的債務引受の要件については、必ずしも債権者、債務者及び引受人の三者間の合意を必要とせず、①債務者及び引受人の合意がある場合（ただし、債権者の承諾の要否が問題となる。）と、②債権者及び引受人の合意がある場合には、併存的債務引受をすることができるものとする方向で、更に検討してはどうか。

　①の場合における債権者の承諾の要否については、第三者のためにする契約における受益の意思表示の見直し（後記第26、1）や併存的債務引受の効果（どのような事由を絶対的効力事由とするか）（後記(2)）とも関連することに留意しつつ、更に検討してはどうか。

【部会資料９－２　第３、２(1)［57頁］】

〔意　見〕
　上記の①及び②のいずれの場合でも、併存的債務引受をすることができるとする方向について検討することは賛成する。但し、①においては、債権者の承諾を要求すべきである。

〔理　由〕
　①②とも判例を明文化するものであり、明文化により分かりやすい民法の実現に資する。

　但し、①の「債権者の承諾」については「第三者のためにする契約」との関係が問題となるところ、第三者のためにする契約については、依然として受益の意思表示を必要と解するので、併存的債務引受についても「債権者の承諾」を必要とする方向で検討すべきである。

　また、②の根拠とされる「債務者の意思に反する保証が認められること」についても、保証の規定見直しとの関係に配慮すべきであるところ、これについては議論が不十分であり、慎重に検討すべきである。

(2) 併存的債務引受の効果

　併存的債務引受の効果については、① 併存的債務引受によって引受人が負担する債務と債務者が従前から負担している債務との関係が、連帯債務

第 15 債務引受

となることと、②債務者が有する抗弁を引受人が債権者に対して主張することができることを規定する方向で、連帯債務における絶対的効力要件の見直し（前記11、1(2)）との関係に留意しつつ、更に検討してはどうか。

また、併存的債務引受がされた場合における求償権の有無について、第三者による弁済や保証における求償権の有無との関連に留意しつつ、検討してはどうか。

【部会資料９－２　第３、２(2)［59頁］】

〔意見〕
1　連帯債務、または不真正連帯債務（この概念は現行法で明文がないため明確化する必要はある。ここでは、絶対的効力を制限したものと考える。）とする方向で検討することに賛成する。
2　抗弁権を主張できると明記することについて、連帯債務の効力の見直しとの関係に留意し、さらに更に検討すること自体は賛成する。
　　ただ、その内容については、慎重に検討すべきである。
3　求償権の有無に関しても、さらなる検討をすることには賛成する。
　　ただ、全く知らない第三者が弁済し債権者に代わって過酷な取り立てを行うような場合もあり、内容については慎重に検討すべきである。

〔理由〕
1　判例を明文化するもので妥当である。但し、絶対的効力が広く認められると、例えば債務者と引受人の間で引受がなされ、債権者の受益の意思表示があったとしても、債権者の知らないうちに引受人との間で債権消滅の効力が発生した場合、債権者に不測の損害が生じる場合も考えられる。従って、連帯債務（及び不真正連帯債務）の規定見直しなどと調和的に検討する必要がある。
2　いかなる抗弁が主張可能か、明確になること自体は望ましいが、中には主張できないとすべき抗弁もあると思われ、主張可能な抗弁と主張できない抗弁とを明確に区別して規定を置くことは困難との意見もある。よって、慎重に検討すべきである。
3　求償権については、第三者弁済や保証の場合の求償との整合性も図る必要がある。
　　例えば、全く知らない第三者が弁済し債権者に代わって過酷な取り立てを

行うケースがあり得るので、これを制限する法的措置が必要となるが、債務引受に関しても同様の配慮が必要となるので、慎重に検討すべきである。
(第13回議事録25～26頁・岡本委員・深山幹事、28頁・鹿野幹事)

> (3) 併存的債務引受と保証との関係
> 併存的債務引受と保証との関係については、併存的債務引受が保証人保護のための規定の潜脱に利用されることを防止するために規定を設ける方向で、具体的な規定の内容について、更に検討してはどうか。
> 【部会資料9-2 第3、2(2)(関連論点)[60頁]】

〔意 見〕
明文の規定をおく必要はないと考えるが、それにより保証の場合と矛盾が生じないか、検討をすること自体は賛成する。
〔理 由〕
併存的債務引受と保証は、本来、別個の概念である。具体的な合意について、そのいずれに該当するかは当事者の意思解釈で決定することが可能であり、かつ、それに基づいて各規定を適用すれば足りる。
但し、実質的に保証契約の場合にどのように規定をすべきかについては問題があり、今後慎重に検討すべきである。
(第13回議事録27頁・岡委員)

> 3 免責的債務引受
> (1) 免責的債務引受の要件
> 免責的債務引受の要件については、必ずしも債権者、債務者及び引受人の三者間の合意を必要とせず、①債務者及び引受人の合意がある場合(債権者が承認した場合に限る)と、②債権者及び引受人の合意がある場合(ただし、債務者の意思に反しないことの要否が問題となる。)には、免責的債務引受をすることができるものとする方向で、更に検討してはどうか。②の場合における債務者の意思に反しないことの要否については、免責的債務引受の法的性質を併存的債務引受に債権者による免除の意思表示が付加されたものと見るかどうかと関連することや、第三者による弁済(後記第17、2(2))や免除(後記第20、1)等の利益を受ける者の意思の尊重の要否が

第15 債務引受

問題となる民法上の制度間の整合性に留意しつつ、更に検討してはどうか。
【部会資料９－２ 第３、３(1)［61頁］】

〔意　見〕
1　免責的債務引受につき、本文中の①、②の場合に免責的債務引受できるとすることに賛成する。
　　ただし、本文②については、「債務者の意思に反しない場合」に限る考え方に賛成する。
2　免責的債務引受の法的性質を、「併存的債務引受プラス免除の意思表示」とみることについては、慎重に検討すべきである。

〔理　由〕
1　現在の判例と同様であるから本文中の①、②の規定については基本的に賛成である。
　　以下、本文②の「債務者の意思に反しない場合に限るかどうか」について付言する。
⑴　免除の効力に債務者の意思を反映させない場合、又そもそも免責的債務引受を「併存的債務引受プラス免除の意思表示」と解すべきでないとする場合については、仮に引受人から債務者に対する求償権がないとしても、免除の効力の議論（第三者弁済の議論も同様）における債務者意思の反映の要請は残り、債務者の意思が無視されるのは妥当でない。したがって、「債務者の意思に反しない場合に限る」という要件を明記すべきである。
⑵　仮に、免責的債務引受を「併存的債務引受プラス免除の意思表示」と解し、免除の効力に債務者の意思を反映させる考え方を採用するのであれば、債務者の意思は反映されるから、実質的に「債務者の意思に反しない」ないため、ここでもあえて上記要件を入れる必要はない。
⑶　したがって、法的性質をどのように考えても、債務者の意思に反しないことは必要である。
2　免責的債務引受の法的性質について、「併存的債務引受プラス免除の意思表示」とすることは、「免責的債務引受は債務の承継であるのに対し、併存的債務引受が新たな債務の負担行為である」という従来の理解と異なり、又「債務引受」に関する一般的な法意識とも反し、無用の混乱を来す可能性があるため、慎重な検討が必要である。

Ⅱ 全 体 版

　これまで、単に「債務引受」という場合、これは免責的債務引受をいうものと解されており（我妻榮「債権総論」565頁）、一般的な法意識においてもやはり免責的債務引受を意味するものとして理解されているものと考える。
　これを分析的にとらえて新たな理解を導入することは、上記法意識にも変更を迫り、この法意識に立って作られた判例法理にも影響を与えるため、慎重に検討すべきである。
　併存的債務引受を債務引受の基本におくとすれば、債務者と引受人との間で免責的債務引受が企図されたが債権者の承諾が得られなかった場合、併存的債務引受としては有効との結論になるものと解される（現在でも四宮和夫「債務の引受」総合判例研究叢書・民法⑭27頁は免責的債務引受から併存的債務引受への転換を認めている）が、この結論は疑問である。

> ⑵ 免責的債務引受の効果
> 　免責的債務引受の効果については、①原債務に設定されている担保が引受人の債務を担保するものとして移転するか、それとも消滅するか、②債権者の承認を要する場合における債務引受の効力発生時期、③債務者の有する抗弁事由の引受人による主張の可否に関して、それぞれどのような内容の規定を設けるべきかについて、更に検討してはどうか。
> 　また、引受人の債務者に対する求償権の有無に関する規定の要否について、検討してはどうか。
>
> 　　　　　　　　　　　　　　　【部会資料９－２　第３、３⑵［64頁］】

〔意　見〕
1　上記①について、第三者が設定した担保は保証人または物上保証人の同意がない限り、引受人の担保とならず、消滅することを明確にすることに賛成する。また、債務者の設定した担保は消滅するとする見解に賛成する。いずれにしても、債務者と引受人のみの合意の場合を中心に慎重に検討をすべきである。
2　上記②の「債務者と引受人との間で債務引受の合意がされた場合の免責的債務引受の効力の発生時期」については、第三者の利益をいかに図るかを中心に債務者と引受人の合意の時点に遡るという方向で検討することに賛成する。

第15 債務引受

3 債務者の有する抗弁事由の引受人による主張の可否については、併存的債務引受の効果において述べたところと同様、慎重な検討が必要である。
〔理　由〕
1 第三者が設定した担保の帰趨については、判例であり学説上の争いもないから、明確化に賛成である。
　まず、債権者と引受人のみでの合意の場合、担保が消滅するのであれば、債務者には何ら不利益がなく問題がない。
　問題は債務者と引受人のみの合意の場合であるが、担保の移転につき最も利害関係を持つ債権者の意向は要件論で反映されることになるから、担保の帰趨についてもコントロールが可能であり、不都合はない。また、債務者の不利益は債務者と引受人の合意に向けた交渉で検討されるから問題がない。
　したがって、債務者の設定した担保については、債務者が決済の簡易化を目的とし、債務の負担からの解放を目的とする免責的債務引受の性質に鑑み、また一般の法意識を持つ者に対する分かりやすさからすれば、端的に消滅する旨規定すべきとする見解が妥当である。
2 債務者と引受人との合意により免責的債務引受を行い、債権者の行為が承認に過ぎないとすれば、効力発生は債務者と引受人の外形的行為時とするのが明確であると考える。
　また、この際民法116条が類推適用されるのであれば、第三者を害することもなく、問題は生じないものと考える。
3 併存的債務引受の効果において述べたところと同様である。

---

4 その他
(1) 将来債務引受に関する規定の要否
　将来債務の債務引受が有効であることやその要件に関する明文の規定を設けるかどうかについて、検討してはどうか。

〔意　見〕
検討の必要はなく、明文化には反対である。
〔理　由〕
現行実務において将来債務引受が問題となった事例に乏しい。また、解釈上の議論でも、十分な議論がされてきているとは言い難い。これについては、ま

Ⅱ 全体版

ず解釈上の議論を深めてから検討するべきである。

> (2) 履行引受に関する規定の要否
> 履行引受に関する明文の規定を設けるべきであるという考え方の当否について、その実務的な利用状況にも留意しつつ、更に検討してはどうか。
> 【部会資料9-2 第1、5(1)（関連論点）[56頁]】

〔意 見〕
明文を置く必要性に乏しく、検討の必要性も乏しいと考える。
〔理 由〕
履行引受については、実際にはどこまで利用されているかも不明であるし、あえて規定することなく、解釈に委ねれば足りる。

> (3) 債務引受と両立しない関係にある第三者との間の法律関係の明確化のための規定の要否
> 債務引受の引受人と両立しない関係にある第三者との法律関係を明確にする規定の要否について、具体的にどのような場面が問題となり得るのか検討する必要があるとの指摘があり、これに対して、① 将来発生する債務について差押えがされた場合における差押えと免責的債務引受との関係や、② 債権が譲渡された後に、当該債権について譲渡人との間の合意により債務引受がされ、その後債権譲渡について第三者対抗要件が具備された場合における、債権譲渡と債務引受との関係等が問題になり得るとの意見があったことを踏まえつつ、検討してはどうか。

〔意 見〕
検討すること自体には反対しないが、明文化するのは慎重に検討すべきである。
〔理 由〕
上記に挙げられたような事案が実務上どれほど問題となっているか、判例がどれほど集積されているのか疑問がある。
実務上特に問題となっていないのであれば、あえて明文化する必要性に乏しい。

第16 契約上の地位の移転(譲渡)
1 総論(契約上の地位の移転(譲渡)に関する規定の要否)
　民法には契約上の地位の移転(譲渡)に関する規定が設けられていないが、これが可能であることについては、判例・学説上、異論がないと言われていることから、その要件・効果等を明確にするために明文の規定を設けるかどうかについて、更に検討してはどうか。

【部会資料9-2 第4、1［67頁］】

〔意　見〕
1　契約上の地位の移転に関しては、民法に規定を設けることを積極的に検討すべきである。
2　ただし、不動産の賃貸借契約に関しては、特別の規律を設ける必要があると思われるので、検討すべきである。

〔理　由〕
1　契約上の地位の移転(譲渡)に関しては、現在の判例・学説上特に異論はみられないところであり、また特に賃貸借契約のような継続的契約においては、当事者の一方の変更にもかかわらず、将来にわたって契約の効力を存続させることができる法技術として、実務上も広く用いられている。
　このような現状に照らせば、契約上の地位の移転に関しては、民法に明文の規定を設け、その要件・効果等を明確にすることが有益である。
　もっとも、契約上の地位の移転に関する総則的規定を設ける場合、対象となる契約類型は多種多様であることから、具体的な規定の在り方については多角的見地から検討する必要がある。
2　特に、不動産の賃貸借契約に関しては、わが国では主として賃借人保護の観点から、賃貸人の所有権が移転した場合には当然に賃貸人としての地位も新所有者に移転する旨の判例法理が確立しているが、かかる判例法理の是非を「契約上の地位の移転」という総論的見地のみから検討するのは不相当であり、賃貸借契約に固有の問題として、賃借人保護の観点から具体的規律の在り方を検討する必要がある。
　その場合、賃貸不動産の所有権が移転した場合における賃貸人たる地位の帰趨に関する具体的規律は、「契約上の地位の移転」に対する特則として、

Ⅱ 全体版

契約各論の賃貸借契約に関する規定または借地借家法の規定として明文化することが相当である。
　これについて、あらゆる契約類型を想定して相手方の承諾を不要となるケースを明文化することは困難ではないかという意見もあるが、すでに判例上認められている例外的解釈を規定することは必要であり、その点は十分に検討すべきである。
（第13回議事録29頁～30頁・筒井幹事・中井委員・奈須野関係官）

> 2　契約上の地位の移転の要件
> 　契約上の地位の移転は、譲渡人、譲受人及び契約の相手方の三者間の合意がある場合だけではなく、譲渡人及び譲受人の合意がある場合にも認められ得るが、後者の場合には、原則として契約の相手方の承諾が必要とされている。しかし、例外的に契約の相手方の承諾を必要としない場合があることから、契約の相手方の承諾を必要としない場合の要件を具体的にどのように規定するかについて、更に検討してはどうか。
> 【部会資料9－2 第4、2［70頁］】

〔意　見〕
　契約上の地位の移転については、原則として譲渡人、譲受人の合意及び契約の相手方の承諾（または三者間の合意）を要するものとすべきである。
　例外的に相手方の承諾が不要となる場合の要件については、総論としては承諾が不要な場合もある旨を明記する程度にとどめ、具体的には個別の契約類型等に応じた特則を設けることによって対応する方向で検討するべきである。

〔理　由〕
　契約上の地位の移転の要件に関しては、三者間の合意のみならず、譲渡人、譲受人の合意及びこれに対する契約の相手方の承諾によることも一般に認められており、この点について明文の規定を設けることについては、特に異論はない。
　しかし、例外的に契約の相手方の承諾を不要とする要件に関しては、契約上の地位の移転を①特定の財産の譲渡に伴い移転するものと、②地位譲渡の合意によって移転するものに分類した上で、②については原則どおり契約の相手方の承諾が必要であるが、①については契約の相手方の承諾が不要であるとする

第 16 契約上の地位の移転（譲渡）

見解が提唱されている。
　しかし、以下の理由により、かかる定式化は困難であると考える。
　すなわち、上記の見解は、上記①（相手方の承諾不要）の例として、賃貸不動産の譲渡に伴う賃貸人たる地位の移転のほか、事業譲渡に伴う労働契約の使用者たる地位の移転や、目的物の譲渡に伴う損害保険契約の保険契約者の地位の移転（旧商法第650条）を挙げているが、そのいずれについても、現在の判例法理及び実務の現状に照らし、一律に相手方の承諾を不要としてよいかは大いに疑問がある。
　すなわち、まず、賃貸不動産が譲渡された場合における賃貸人の地位については、一般に賃借人の承諾がなくても移転すると解されているものの（最判昭和46年4月23日民集25巻3号388頁）、当該判例は「特段の事情がない限り」という留保を付けており、当該「特段の事情」に関する判例としては、賃貸不動産の譲渡にあたり賃貸人の地位を移転しない旨の特約がなされたとしても、これをもって直ちに特段の事情があるものということはできないとしたもの（最判平成11年3月25日判時1674号61頁）などがあるが、これらの判例も具体的に何が特段の事情になり得るかについては明示しておらず、この問題に関する判例法理は必ずしも確定したものとはなっていない。
　そして、近年よくみられる「不動産の流動化」の事案においては、例えば不動産の所有者（オリジネーター）が当該不動産を信託銀行に信託譲渡し、それによりオリジネーターが取得する信託受益権を、買主側のスポンサーが組成する特別目的会社（資産の流動化に関する法律に基づく特定目的会社のほか、合同会社、特例有限会社が用いられる場合もある）に売却し、当該不動産の管理については、スポンサー自身またはスポンサーの指定する不動産管理会社が、信託銀行から委託を受けたプロパティマネジャーとして管理業務を行い、あるいはスポンサー自身や特別目的会社（信託の受益者であるファンド自身のこともあれば、別途設立された会社であることもある）が信託銀行から当該不動産を一括して借り上げて、マスターレッシーとして当該不動産の賃貸（転貸）業務を行うといったケースが少なからず見受けられる。
　このような実務の現状においては、賃貸不動産の実質的な所有権が、何ら社会的実体を伴わないペーパーカンパニーなどに移転してしまう例も少なくないことから、当該不動産の所有権移転に伴い、賃貸人たる地位が当然に新所有者に移転するものとする現在の判例法理が、賃借人保護の見地に照らし普遍的に

妥当するものと解すべきかについては、なお疑問の余地が残る。
　一方で、上記のような「不動産の流動化」の実務においては、不動産賃貸借契約の賃貸人を不動産所有者以外の第三者に移転するにあたり、個別に賃借人の承諾を求めているのが一般的であるところ、当然ながら承諾が得られない場合もあり、同じ物件の管理にあたっても、賃貸人の交代について承諾を得た賃借人と承諾を得られなかった賃借人との間で異なる対応を強いられているのが現状である。
　このような事情を勘案すると、不動産の賃貸人たる地位の移転にあたり賃借人の承諾を不要とすべきか否かについては、形式的に所有権移転の有無のみをもって決すべきではなく、むしろ賃借人に実質的な不利益が生じるか否かを基準とした新たな立法措置が望まれるとの考え方もあり得るところであろう。
　次に、事業譲渡に伴う労働契約の使用者たる地位の移転については、たしかに事業譲渡の円滑化を推進する観点からは労働者の個別同意を不要とするニーズもあると考えられるものの、逆に労働者保護の観点からは労働者の承認を要するものとすべきであるという見解もあり、一律に決して良い問題ではない。
　そして、目的物の譲渡に伴う損害保険契約の保険契約者たる地位の移転については、旧商法650条1項では保険の目的物を譲渡したときは同時に保険契約上の権利も譲渡したものと推定する旨が定められていたところ、当該規律は保険法制定に伴い廃止され、現在は目的物の所有権移転により危険の増加（保険料算定の基礎となる危険が増加し、保険料の増額ないし保険契約の解除が必要となること）が生じることもあり得るとの考え方のもとに、損害保険の目的物が譲渡された場合の取り扱いは、危険の増加に関する規律（保険法29条1項等）に委ねられるものとされている。
　かかる保険法の趣旨に照らせば、保険目的物の譲渡に伴い、保険契約者たる地位が（保険者の承諾なく）当然に当該目的物の新所有者に移転する旨の規律を設けることは、もはや明らかに不相当である。
　以上のとおり、「特定の財産の移転に伴い契約上の地位が移転する場合」に相手方の承諾を不要とする旨の具体的規律をするには、判例の基準を明文化することが困難であったり、そもそも相手方の承諾不要とすることに解釈上問題があったりするので、適切でない。
　そこで、契約上の地位の移転に関する一般的規律としては、原則として相手方の同意を要するものとした上で、例外的に相手方の承諾が不要となる場合も

第 16 契約上の地位の移転（譲渡）

あり得る旨を明記するにとどめるのが相当であると考えられる。

　なお、不動産の賃貸借契約など、契約の性質上特別の考慮を必要とする契約類型について相手方の承諾を不要とする要件や、事業譲渡契約のように多数の契約上の地位を包括的に移転させる必要がある場合に相手方の個別的承諾を不要とする要件などについては、実務上の予測可能性を確保する観点から、特則で明確に定める必要がある（特に不動産の賃貸借契約については、契約各論の問題として、現在の判例法理及び実務の現状を踏まえ、賃借人の承諾を不要とする要件について充分に検討を行った上で立法化を行う必要がある）が、そのような特則が設けられる場合であっても、立法時には想定していなかった問題が生じた場合等に備え、一般規定として例外的に相手方の承諾が不要である場合がある旨を明記することも必要であると考えられる（ただし、「契約の性質上」という例外要件の文言については、相手方における実質的な不利益の有無という観点なども考慮する必要があると考えられることから、なお慎重な検討を要する）。

　このような趣旨は、部会でも意見が出ているが、類型化できないからすべて明文化できないというのは極端であるから、まずは基本的規定を設ける方向性で検討するのが妥当である。

（第13回議事録31頁・山川幹事・鹿野幹事・山本(和)幹事）

3　契約上の地位の移転の効果等

　契約上の地位の移転により、契約当事者の一方の地位が包括的に承継されることから、当該契約に基づく債権債務のほか、解除権、取消権等の形成権も譲受人に移転することになるが、契約上の地位の移転についての規定を設ける場合には、このほかの効果等として、①既発生の債権債務も譲受人に移転するか、②譲渡人の債務についての担保を、順位を維持しつつ移転させる方法、③契約上の地位の移転によって譲渡人が当然に免責されるか否かという点に関する規定の要否について、更に検討してはどうか。

【部会資料9－2 第4、3［72頁］、同（関連論点）［73頁］】

〔意　見〕

1　既発生の債権債務については、特約のない限り譲受人に移転しないものとする方向で検討するべきである。

2 譲渡人の債務の担保に関しては、契約上の地位の譲渡人と譲受人の合意のほか、契約の相手方及び物上保証人の承諾を得れば、従前と同順位の担保を移転させることができる旨の規律を設ける方向で検討すべきである。
3 契約上の地位の移転があった場合には、別途譲渡人を免責する旨の相手方の意思表示がされない限り、譲渡人と譲受人が併存的に責任を負うものとすべきである。ただし、これについてはなお検討を要する。

〔理由〕
1 契約上の地位の移転により、既発生の債権債務が当然に譲受人に移転するかという問題については、学説上移転しないという見解と、契約解釈の問題であり一律には定まらないという見解などがあるが、これに関する判例としては、法定地上権が成立している土地上の建物が競売された事案において、競売により建物の所有権を取得した者は、建物の前所有者が負担していた既発生の地代債務について、債務引受をした場合でない限り、当然に承継するものではないと判断したものがある（最判平成3年10月1日判時1404号79頁）。
2 契約上の地位の移転に関し、既発生の債権債務まで当然に承継するものと定めてしまうと、譲受人に不測の損害が発生する可能性が高いことから、実質的に考察しても、既発生の債権債務については、当然には譲受人に移転しないものとすべきである。

　一方、譲渡人の債務の担保に関しては、契約上の地位の移転があった場合でも当然に譲受人に移転すると解することはできないが、契約上の地位の移転を円滑に行うためには、契約の相手方、物上保証人等の意思の尊重という観点からは、それらの承諾を得られれば、当該移転に伴い従前と同順位の担保を移転させることができる旨の規律を設けることが必要であると考えられる。
3 契約上の地位の移転に関する相手方の承諾について、当然に免責的債務引受の趣旨が含まれていると解することは、当事者の合理的意思解釈として無理があり、相手方による別段の意思表示がない限りは、譲渡人と譲受人が併存的に責任を負うものとすべきである。

　また、ユニドロワ国際商事契約原則においても、契約の相手方が譲渡人を免責したり補充的な債務者としていない限り、譲渡人が連帯債務を負う旨規定しているということであり、この点において特に外国法と異なる規律を設ける必要性があるとは考えられない。

来栖三郎著作集
（全3巻）
A5判特上製カバー

Ⅰ　総則・物権　12,000円
―法律家・法の解釈・財産法
財産法判例評釈 (1)[総則・物権]―

Ⅱ　契約法　12,000円
―家族法・財産法判例評釈(2)[債権・その他]―

Ⅲ　家族法　12,000円
―家族法・家族法判例評釈[親族・相続]―

三藤邦彦 著
来栖三郎先生と私
◆清水 誠 編集協力　3,200円

安達三季生・久留都茂子・三藤邦彦
清水　誠・山田卓生 編
来栖三郎先生を偲ぶ
1,200円（文庫版予600円）

我妻 洋・唄 孝一 編
我妻栄先生の人と足跡
12,000円

信山社

藤岡康宏著 民法講義（全6巻）

民法講義Ⅰ 民法総論 近刊
民法講義Ⅱ 物権 続刊
民法講義Ⅲ 契約・事務管理・不当利得 続刊
民法講義Ⅳ 債権総論 続刊
民法講義Ⅴ 不法行為 近刊
民法講義Ⅵ 親族・相続 続刊

石田 穰著 **物権法**(民法大系2) 4,800円

石田 穰著 **担保物権法**(民法大系3) 10,000円

加賀山茂著 **現代民法学習法入門** 2,800円

加賀山茂著 **現代民法担保法** 6,800円

民法改正研究会（代表加藤雅信） 12,000円
民法改正と世界の民法典

新 正幸著 **憲法訴訟論** 第2版 8,800円

潮見佳男著 プラクティス民法 **債権総論**（第3版）4,000円

債権総論Ⅰ（第2版）4,800円 **債権総論Ⅱ**（第3版）4,800円

契約各論Ⅰ 4,200円 **契約各論Ⅱ** 近刊

不法行為法Ⅰ（第2版）4,800円
不法行為法Ⅱ（第2版）4,600円
不法行為法Ⅲ（第2版）近刊

憲法判例研究会 編 淺野博宣・尾形健・小島慎司・
宍戸常寿・曽我部真裕・中林暁生・山本龍彦

判例プラクティス憲法 予4,800円

松本恒雄・潮見佳男 編
判例プラクティス民法Ⅰ・Ⅱ・Ⅲ （全3冊完結）
Ⅰ総則物権 3,600円 Ⅱ債権 3,600円 Ⅲ親族相続 3,200円

成瀬幸典・安田拓人 編
判例プラクティス刑法Ⅰ 総論 4,800円

成瀬幸典・安田拓人・島田聡一郎 編
判例プラクティス刑法Ⅱ 各論 予4,800円

日本立法資料全集本巻201

広中俊雄 編著

日本民法典資料集成　1
第1部　民法典編纂の新方針

４６倍判変形　特上製箱入り 1,540頁

① **民法典編纂の新方針**　*200,000円*　発売中
② 修正原案とその審議：総則編関係　近刊
③ 修正原案とその審議：物権編関係　近刊
④ 修正原案とその審議：債権編関係上　続刊
⑤ 修正原案とその審議：債権編関係下　続刊
⑥ 修正原案とその審議：親族編関係上　続刊
⑦ 修正原案とその審議：親族編関係下　続刊
⑧ 修正原案とその審議：相続編関係　続刊
⑨ 整理議案とその審議　続刊
⑩ 民法修正案の理由書：前三編関係　続刊
⑪ 民法修正案の理由書：後二編関係　続刊
⑫ 民法修正の参考資料：入会権資料　続刊
⑬ 民法修正の参考資料：身分法資料　続刊
⑭ 民法修正の参考資料：諸他の資料　続刊
⑮ 帝国議会の法案審議　続刊
　　―附表　民法修正案条文の変遷

信山社

信山社

岩村正彦・菊池馨実
責任編集

社会保障法研究
創刊第1号
＊菊変判並装／約350頁／予価5,000円＊

創刊にあたって
社会保障法学の草創・現在・未来

荒木誠之 ◎ **社会保障の形成期**——制度と法学の歩み

◆ 第1部 社会保障法学の草創

稲森公嘉 ◎ **社会保障法理論研究史の一里塚**
　　　　　——荒木構造論文再読

尾形　健 ◎ **権利のための理念と実践**
　　　　　——小川政亮『権利としての社会保障』をめぐる覚書

中野妙子 ◎ **色あせない社会保障法の「青写真」**
　　　　　——籾井常喜『社会保障法』の今日的検討

小西啓文 ◎ **社会保険料拠出の意義と社会的調整の限界**——西原道雄「社会保険における拠出」「社会保障法における親族の扶養」「日本社会保障法の問題点（一　総論）」の検討

◆ 第2部 社会保障法学の現在

水島郁子 ◎ **原理・規範的視点からみる社会保障法学の現在**

菊池馨実 ◎ **社会保障法学における社会保険研究の歩みと現状**

丸谷浩介 ◎ **生活保護法研究における解釈論と政策論**

◆ 第3部 社会保障法学の未来

太田匡彦 ◎ **対象としての社会保障**
　　　　　——社会保障法学における政策論のために

岩村正彦 ◎ **経済学と社会保障法学**

秋元美世 ◎ **社会保障法学と社会福祉学**
　　　　　——社会福祉学の固有性をめぐって

第 16 契約上の地位の移転（譲渡）

　ただ、かかる意見に対しては、不動産の流通性を阻害するとの有力な反対意見もあるように意見が割れているところであるので、慎重な検討が必要である。
（第13回議事録30～33頁・沖野幹事・西川関係官・岡委員）

> **4　対抗要件制度**
> 　契約上の地位の移転の対抗要件制度については、その制度を創設する必要性を指摘する意見がある一方で、これを疑問視する意見があるほか、契約上の地位の移転一般について、二重譲渡の優劣を対抗要件具備の先後によって決することの当否や、多様な契約類型に対応可能な対抗要件制度を具体的に構想することの可否が問題となるとの指摘がある。そこで、これらの意見に留意しつつ、対抗要件制度を創設するかどうかについて、更に検討してはどうか。
>
> 【部会資料9－2第4、4［74頁］】

〔意　見〕
　契約上の地位の移転に関する対抗要件制度については、契約上の地位といいうるものに様々なものがあることから、統一的に設けるのではなく、個別に検討するべきである。
　ただし、不動産の賃貸借契約に関しては、判例法理の示すとおり登記を対抗要件とすることがなお相当であるが、これに加えて通知を必要とするという考え方も含め、更に検討すべきである。
〔理　由〕
1　契約上の地位は債権債務関係の集合体と考えられるが、これには、債権に準じて考え得るものから、逆に債務引受に近い性質のものまで、千差万別である。したがって、これについては、統一的な規定を設けるのではなく、問題となる契約上の地位の類型に応じて、個別に規定を設ける方向で検討するべきである。
2　これに対し、賃貸不動産が譲渡された場合の規律については、通知を不要とする判例が確立している。実際にも通知が競合した場合に実務上混乱が生ずる可能性があることなどを考慮すると、賃借人に対する通知ではなく登記を対抗要件としている現在の判例法理はなお維持する必要があり、この点に

Ⅱ 全体版

関しては特則を設けることによって対応すべきである。

ただし、前述のとおり不動産の所有者と賃貸人が異なるケースが実務上増加している今日においては、賃借人保護の観点に照らし、賃貸人たる地位の移転があった場合には賃借人への通知を義務づけるべきであるとの意見も有力であり、例えば対抗要件とは別途に、権利行使要件として賃借人への通知を義務づけるといった措置も検討されるべきである。

（第13回議事録32〜34頁・沖野幹事・高須幹事・岡委員・山野目幹事・鹿野幹事）

第17 弁 済
1 弁済の効果

弁済によって債権が消滅するという基本的なルールについて、明文の規定を設けるものとしてはどうか。

また、弁済の効果についての規定を設けることと関連して、弁済と履行という用語の関係や民事執行手続による満足（配当等）と弁済との関係を整理することについて、更に検討してはどうか。

【部会資料10－2 第1、2［1頁］、同（関連論点）
1［1頁］、同（関連論点）2［2頁］】

〔意 見〕
1 弁済によって債権が消滅する旨の規定を置くことに賛成する。
2 履行は債務の内容を実現するという債務者の行為の面から、弁済は債権が消滅するという面から見たものであるという用語の使い分けをする方向性に賛成する。
3 配当等と弁済との関係を整理することには賛成するが、「配当等も弁済である」旨の規定を民法に設けることには反対する。

〔理 由〕
1 明確に規定することは、「分かりやすい民法」の実現に資する。
2 用語の関係を整理することは有益である。
3 民事執行における配当と弁済は性質が違うとの意見が有力である。

（第8回議事録13頁・山本（和）幹事）

2 第三者による弁済（民法第474条）
(1)「利害関係」と「正当な利益」の関係
　債務者の意思に反しても第三者による弁済が認められる「利害関係」を有する第三者（民法第474条第2項）と、弁済によって当然に債権者に代位すること（法定代位）が認められる「正当な利益を有する者」（同法第500条）との関係が不明確であるという問題意識を踏まえて、債務者の意思に反しても第三者による弁済が認められる者と法定代位が認められる者の要件について不明確な文言の使い分けを避ける方向で、更に検討してはどうか。具体的には、例えば、法定代位が認められる者についての「弁済をするについて正当な利益を有する者」という表現を、債務者の意思に反しても弁済できる第三者の範囲を画する場面でも用いるという考え方が示されており、このような考え方の当否について、更に検討してはどうか。

【部会資料10－2 第1、3(1)［2頁］】

〔意 見〕
「利害関係」の概念（民法474条2項）と「正当な利益」の概念（民法500条）の関係については、概念の整理をする方向性に賛成する。

〔理 由〕
文言の明確化は「分かりやすい民法」の実現に資する。

(2) 利害関係を有しない第三者による弁済
　利害関係を有しない第三者による弁済が債務者の意思に反する場合には、当該弁済は無効とされている（民法第474条第2項）が、これを有効とした上で、この場合における弁済者は債務者に対する求償権を取得しないこととすべきであるという考え方がある。このような考え方の当否について、①委託を受けない保証（同法第462条）や債権譲渡（同法第466条）とは異なり、第三者による弁済の場合には債権者の積極的な関与がないという点をどのように考えるか、②事務管理や不当利得に関する規律との関係をどのように考えるか、③利害関係を有しない第三者による弁済が認められる場合における当該第三者による弁済の提供の効果をどのように考えるか（後記8(2)）などの点に留意しつつ、更に検討してはどうか。

II 全体版

【部会資料 10－2 第1、3(2)［3頁］】

〔意見〕
「利害関係を有しない第三者が債務者の意思に反して弁済した場合」の効果を有効とするか否かについては、否定論（現行法を維持する立場）の趣旨を踏まえて更に検討すべきである。

〔理由〕
以下のとおり意見の対立があり、現時点では集約がされていないので、否定論を含めて更に検討すべきである。
1 現行のように「利害関係を有しない第三者が、債務者の意思に反して弁済した場合を無効とする」との考えでは、債務者の意思に反することを知らない債権者に不利益が生じるので、有効とすべきである。但し、債務者が過酷な求償権行使にさらされないように、この場合には弁済者は債務者に対する求償権を取得しないものとすべきである。
2 上記1の考え方は、「本人の意思に反する事務管理（民法702条3項）」や「債務者の委託に基づかず、かつ意思に反して債権者と保証契約を結んで弁済する場合（民法462条2項）」等において、現受利益の限度で求償ができることと整合性を欠いており、求償権を否定するのは失当である。
3 上記1のように第三者弁済の効力を認めつつ求償権を否定するのであれば端的に、そのような第三者弁済は現行法と同様に無効とすべきである。
（第8回議事録4～12頁・鹿野幹事・深山幹事・道垣内幹事・岡田委員・松本委員・山本(敬)幹事・沖野幹事・高須幹事・鹿野幹事・山野目幹事・奈須野関係官・岡(正)委員・松岡委員・三上委員）

3 弁済として引き渡した物の取戻し（民法第476条）
民法第476条は、その適用範囲がおおむね代物弁済に限定されていて、存在意義に乏しいこと等から、これを削除する方向で、更に検討してはどうか。

【部会資料 10－2 第1、4［5頁］】

〔意見〕
削除する方向に賛成する。

第 17 弁 済

〔理　由〕
　同条の適用範囲が、おおむね代物弁済に限定されていて存在意義が乏しく、かつ売買契約の取消の場合との区別の合理性に欠ける。

4　債権者以外の第三者に対する弁済（民法第478条から第480条まで）
　(1)　受領権限を有する第三者に対する弁済の有効性
　　民法上、第三者が受領権限を有する場合についての明文の規定は置かれていないが、第三者に受領権限を与えて弁済を受領させること（代理受領）は、実務上広く活用され、重要な機能を果たしていることから、第三者が受領権限を有する場合には弁済が有効であることについて明文の規定を設ける方向で、更に検討してはどうか。
【部会資料10－2　第1、5(1)［6頁］】

〔意　見〕
　第三者に受領権限を与えて弁済を受領させること（代理受領）についての明文規定を置く方向性に賛成する。
〔理　由〕
　代理受領が実務上広く活用されて重要な機能を果たしており、これを明文化することは分かりやすい民法の実現に資する。

---

　(2)　債権の準占有者に対する弁済（民法第478条）
　ア　「債権の準占有者」概念の見直し
　　民法第478条の「債権の準占有者」という要件については、用語として分かりにくい上、財産権の準占有に関する同法第205条の解釈との整合性にも問題があると指摘されていることを踏まえて、同法第478条の適用範囲が明らかになるように「債権の準占有者」という要件の規定ぶりを見直す方向で、更に検討してはどうか。
【部会資料10－2　第1、5(2)ア［7頁］】

〔意　見〕
　「債権の準占有者」という概念は不明確であるので、分かりやすい概念に改める方向性で検討すべきである。同条の適用範囲を明確化する方向性にも賛成

Ⅱ 全体版

する。
〔理 由〕
　適用範囲を含めて規律を明確にすることは「分かりやすい民法」の実現に資する。

> イ　善意無過失要件の見直し
> 　民法第478条の善意無過失の要件に関して、通帳機械払方式による払戻しの事案において、払戻し時における過失の有無のみならず、機械払システムの設置管理についての過失の有無をも考慮して判断した判例法理を踏まえ、善意無過失という文言を見直す方向で、更に検討してはどうか。
> 【部会資料10－2 第1、5(2)イ ［8頁］】

〔意 見〕
　通帳機械払方式による払戻しの事案において、判例が「払戻し時における過失の有無のみならず、機械払システムの設置管理についての過失の有無も考慮している」ことを、簡潔に規定化する方向性を検討すべきである。但し、民法に規定するか特別法に規定するかについて見解が分かれているので、この点を今後も検討すべきである。

〔理 由〕
　通帳機械払方式における善意無過失の問題は重要であり、規定を設けることは「分かりやすさ」に資する。但し、現時点では、主として預金債権のみに関わる規定であり、民法よりも特別法に規定することが望ましいとの意見があるので、その点を更に検討すべきである。

> ウ　債権者の帰責事由の要否
> 　民法第478条が外観に対する信頼保護の法理に基づくものであるという理解に基づき、同様の法理に基づく民法上のほかの制度（表見代理、虚偽表示等）と同様に、真の債権者に帰責事由があることを独立の要件とすることの当否について、銀行預金の払戻しの場合に関する特別の規定を設ける必要性の有無を含めて、更に検討してはどうか。
> 【部会資料10－2 第1、5(2)イ（関連論点）［9頁］】

第 17 弁 済

〔意 見〕
債権者の帰責事由を独立の要件とすることについては、更に慎重に検討するべきである。
〔理 由〕
以下のような対立する意見があり、現時点では集約されていない。
1　預金などの重要財産が、債権者（預金者）に何らの帰責性もないのに喪失させられるのは不当であり、債権者の帰責性を要求すべきである。
2　銀行取引のみならず一般的な取引においても、債権者の帰責性を要求すると義務行為としての弁済において債権者の本人確認等を厳密に行わざるを得ず弁済がスムーズに行われず、取引が円滑に行かなくなるという弊害がある。
（第8回議事録14～18頁・三上委員・中井委員・岡田委員・藤本関係官・松本委員・岡（正）委員・木村委員）

エ　民法第478条の適用範囲の拡張の要否
　判例が、弁済以外の行為であっても実質的に弁済と同視することができるものについて、民法第478条の適用又は類推適用により救済を図っていることを踏まえて、同条の適用範囲を弁済以外の行為にも拡張することについて、更に検討してはどうか。
【部会資料10－2　第1、5(2)（関連論点）［10頁］】

〔意 見〕
判例法理の法文化の方向性については賛成するが、上記ウと同様の問題がある。
〔理 由〕
法文化は基本的には「分かりやすさ」に資するが、上記ウと同様の問題がある。

(3)　受取証書の持参人に対する弁済（民法第480条）
　受取証書の持参人に対する弁済に限って特別な規律を設ける必要性が乏しいとの指摘がある。そこで、免責証券の規定を設けることの要否（前記第14、4）に関する検討にも留意しつつ、民法第480条の規定を廃止する方向で、更に検討してはどうか。

Ⅱ　全 体 版

【部会資料10－2　第1、5⑶［11頁］】

〔意　見〕
480条の規定を廃止する方向性に反対しない。
〔理　由〕
「準占有者」に対する弁済の法理等で対処できる。

5　代 物 弁 済（民法第482条）
　⑴　代物弁済に関する法律関係の明確化
　　代物弁済については、諾成的な代物弁済の合意が有効であることを確認する明文の規定を設けることの要否について、更に検討してはどうか。
　　また、代物弁済の合意の効果については、①代物給付義務の有無、②交付した目的物に瑕疵があった場合における瑕疵がない物の給付義務等の有無、③代物弁済の合意後における本来の債務の履行請求の可否、④本来の債務の消滅時期、⑤代物弁済の合意に基づき給付義務を負う目的物の所有権移転時期、⑥清算義務の有無等を条文上明確にすることの要否について、任意規定としてどのような規定を設けることがふさわしいかという観点から、更に検討してはどうか。

【部会資料10－2　第1、6［12頁］、同（関連論点）1［13頁］】

〔意　見〕
　基本的に代物弁済をするという契約（諾成契約）について規定を設け、要件・効果等を規定する方向性を検討すべきである。
　その上で上記①から⑥までの規定の要否について下記の議論がある点を踏まえて更に検討することに賛成する。
〔理　由〕
　基本的には分かりやすい民法の実現のため規定を置くのが妥当である。
　但し、とりわけ③「代物弁済の合意後における本来の債務の履行請求の可否」については、以下の対立する意見があるので、これを念頭に更に検討するのが妥当である。
1　代物給付までは本来の履行を請求できるか否か、或いはこれにより債務を消滅させることができるか否かは、いずれも契約の解釈の問題であり法文で

第 17 弁 済

どちらかに決められない。
2 当事者の意思が不明な場合の解釈規定を置くべきである。
（第8回議事録20～21頁・松本委員・高須幹事・松岡委員・中井委員・中田委員・道垣内幹事）

> (2) 第三者による代物弁済の可否
> 　代物弁済にも民法第474条が類推適用され、同条の要件を充足する限り債務者以外の第三者も代物弁済をすることができることを、条文上明確にする方向で、更に検討してはどうか。
> 　　　　　　　　　　　【部会資料10－2 第1、6（関連論点）2［13頁］】

〔意　見〕
第三者も代物弁済ができる旨の規定を置く方向性に賛成する。
〔理　由〕
法律関係の明確化に資する。

> 6　弁済の内容に関する規定（民法第483条から第487条まで）
> 　(1) 特定物の現状による引渡し（民法第483条）
> 　民法第483条に関しては、本来、履行期における現状で引き渡すべき旨を定めた規定であるのに、これを引渡し時における現状と理解した上で、同条を瑕疵担保責任（同法第570条）に関する法定責任説の根拠とする立場があるなど、その規定内容が誤解されているとの指摘があり、また、実際に同条の規定が問題となる場面は乏しいことから、これを削除すべきであるという考え方がある。このような考え方の当否について、取引実務では任意規定としての同条の存在が意識されているという指摘もあることに留意しつつ、更に検討してはどうか。
> 　　　　　　　　　　　【部会資料10－2 第1、7(1)［14頁］】

〔意　見〕
民法483条の削除の要否については、現行規定を維持する意見を踏まえて慎重に検討すべきである。

Ⅱ　全体版

〔理　由〕
　誤解を生む規定は削除すべきだとの意見があるが、現行規定でも何ら問題がない旨の意見も有力である。
（第8回議事録25頁・奈須野関係官）

⑵　弁済をすべき場所、時間等に関する規定（民法第484条）
　弁済をすべき時間に関する商法の規定内容（商法第520条）は、商取引に特有のものではなく、民事一般の取引にも当てはまると考えられていることから、商法第520条に相当する民事の一般ルールの規定を民法に置く方向で、更に検討してはどうか。
　また、民法に事業者概念を取り入れる場合に、契約当事者の一方が事業者である場合の特則として、商法第516条を参照しつつ、債権者が事業者であるときには、特定物の引渡し以外の債務の履行は債権者の現在の営業所（営業所がないときは住所）においてすべきであるとの考え方（後記第62、3⑵①）が提示されている。このような考え方の当否について、更に検討してはどうか。
【部会資料10－2　第1、7⑵[15頁]、部会資料20－2　第1、3⑵[16頁]】

〔意　見〕
1　商法520条を一般化して民法に取り込む方向性に反対しない。
2　後段については強く反対する。
〔理　由〕
1　民事一般の取引にも当てはまる。
2　事業者が債権者の場合のみに関する特則であり、商法で規定するべきである。

⑶　受取証書・債権証書の取扱い（民法第486条、第487条）
　受取証書の交付と債務の履行とは同時履行の関係にあるのに対して、債権証書の返還との関係では債務の履行が先履行であるという解釈を条文上明確にする方向で、更に検討してはどうか。
【部会資料10－2　第1、7⑶[16頁]】

第17　弁済

〔意　見〕
賛成する。
〔理　由〕
「債権証書の返還との関係では債務の先履行が必要である」ことを明文化することは、「分かりやすい民法」の実現に資する。

7　弁済の充当（民法第488条から第491条まで）
　弁済の充当に関する民法第488条から第491条までの規定の内容については、合意による充当が優先すること、同法第491条が同法第488条の適用を排除するものであること、費用相互間、利息相互間又は元本相互間の充当の順序が問題となる場合における指定充当の可否について見解が分かれていること等、条文上必ずしも明確でない点があることを踏まえて、弁済の充当に関する規律の明確化を図る方向で、更に検討してはどうか。
　また、その際には、以下の各論点についても、検討してはどうか。
①　債務者が数個の債務について元本のほか利息及び費用を支払うべき場合に、費用、利息及び元本の順番で充当すべきとする民法第491条第1項の規定を改め、この場合には特定の債権ごとに充当する方向で見直すべきかどうかについて、検討してはどうか。
②　民事執行手続における配当が、同一の債権者が有する数個の債権の全てを消滅させるに足りない場合に、法定充当によるべきであるという判例法理を立法により見直し、合意による充当や指定充当（同法第488条）を認めるべきかどうかについて、執行実務に与える影響に留意しつつ、検討してはどうか。
③　信託などを原因として、複数の債権者から同一の債務者に対する債権の取立てを委託された者が、これらの債権の回収をした場合等の充当のルールに関する明文の規定を設けるべきかどうかについて、検討してはどうか。

【部会資料10－2 第1、8［17頁］、同（関連論点）［19頁］】

〔意　見〕
規定の明確化の方向性、上記①から③の規定の要否検討の方向性に賛成する。

Ⅱ 全体版

〔理 由〕
執行関係も視野に入れた検討が必要である。
(第8回議事録23～24頁・三上委員・中井委員・藤本関係官)

---

8 弁済の提供(民法第492条、第493条)
 (1) 弁済の提供の効果の明確化
　弁済の提供及びこれに基づく受領遅滞のそれぞれの具体的な効果が条文上不明確であるという問題が指摘されていることを踏まえて、弁済の提供の具体的な効果について、受領遅滞の規定の見直し(前記第7)と整合性を図りつつ、条文上明確にする方向で、更に検討してはどうか。
　また、利害関係を有しない第三者による弁済が認められる場合における、当該第三者による弁済の提供の効果を条文上明確にすべきかどうかについて、併せて検討してはどうか。

【部会資料10－2 第1、9［20頁］】

〔意 見〕
賛成する。
〔理 由〕
弁済提供の効果について明文を置くこと、利害関係を有しない第三者による弁済についても規定の明確化を図ることは、「分かりやすい民法」の実現に資する。

---

 (2) 口頭の提供すら不要とされる場合の明文化
　債権者が、契約そのものの存在を否定する等、受領拒絶の意思を明確にしている場合には、判例上、債務者は口頭の提供すらしなくても債務不履行責任を負わない場合があるとされている。このような判例法理を条文上明記するかどうかについて、この判例法理は賃貸借契約の特殊性を考慮したものであることから一般化すべきではないとの指摘や、労働契約で解雇が無効とされる事案において同様の取扱いがされているとの指摘があることに留意しつつ、更に検討してはどうか。
　また、口頭の提供すら不要とされる場合の一つとして、債務者において債務の実現につき債権者の受領行為以外に何らの協力を求める必要がなく、

第 17 弁済

履行期及び履行場所が確定している取立債務において、債務者の口頭の提供がなくても遅滞の責任を負わないとした裁判例を明文化すべきかどうかについて、検討してはどうか。

【部会資料 10 − 2 第 1、9（関連論点）[21 頁]】

〔意見〕
口頭の提供すら不要とされる場合の明文化に反対する。

〔理由〕
受領拒絶の意思が明確な場合の判例理論を法文化することは、「分かりやすい民法」の実現に資する面もあるが、上記判例は賃貸借の場合の極めて例外的なもので、一般化できない。
下段の裁判例については、いまだ確定した考えとは言えない。
（第 22 回議事録 24 頁・岡委員）

9 弁済の目的物の供託（弁済供託）（民法第 494 条から第 498 条まで）
(1) 弁済供託の要件・効果の明確化
①債権者の受領拒絶を原因とする供託で、判例は、債務者による弁済の提供が必要であるとしているが、そのことは条文上必ずしも明らかではないこと、②供託の基本的な効果は債権が消滅することであるが、供託後も弁済者が供託物を取り戻すことができるとされている（民法第 496 条第 1 項）こととの関係で、供託から取戻権の消滅までの間の法律関係が明らかではないこと、③供託の効果として債権者は供託物の還付請求権を取得するが、そのような供託の基本的な法律関係が条文上必ずしも明らかではないこと等が指摘されていることを踏まえて、弁済供託の要件・効果を条文上明らかにする方向で、更に検討してはどうか。

【部会資料 10 − 2 第 1、10(1)[21 頁]】

〔意見〕
上記①ないし③の指摘を踏まえて弁済供託の要件・効果を条文上明らかにする方向性に賛成する。

〔理由〕
条文上明記することで、「分かりやすい民法」の実現に資する。

Ⅱ 全体版

(2) 自助売却の要件の拡張
　①金銭又は有価証券以外の物品の供託について、適当な保管者が選任される見込みが低い等の場合にも自助売却による供託が認められるよう、「弁済の目的物が供託に適しないとき」（民法第497条）という要件を拡張すべきかどうかや、②弁済の目的物が腐りやすい食品や変質のおそれがある薬品である等、物理的な価値の低下のおそれがある場合のほか、市場での価値の下落のおそれがある場合にも自助売却が認められるように、「滅失若しくは損傷のおそれがあるとき」という要件を見直すべきかどうかについて、自助売却が広く認められることによる債権者の不利益にも配慮しつつ、更に検討してはどうか。
　【部会資料10－2 第1、10(2)［23頁］、同（関連論点）［25頁］】

〔意　見〕
　自助売却の要件の見直しをするか否か検討することに賛成する。但し、上記の②については「自助売却が広く認められることによる債権者の不利益」への配慮が重要であり、慎重に検討すべきである。
〔理　由〕
　要件の拡張等の必要性、合理性があるとの意見があるが、上記の債権者利益の保護も重要であり慎重に検討すべきである。

10　弁済による代位（民法第499条から第504条まで）
(1) 任意代位の見直し
　任意代位の制度に対しては、第三者による弁済を制限している同法第474条第2項との整合性を欠くという問題が指摘されているほか、債権者の承諾が要件とされている結果、債権者が任意代位を承諾しない場合には、債権者は弁済を受領しつつ弁済者には代位が認められなくなるという問題が指摘されている。これらの指摘を踏まえ、①任意代位の制度を廃止すべきであるという考え方や、②任意代位の制度を存置しつつ、その要件から、弁済と同時に債権者の承諾を得ることを不要とするという考え方に基づき制度を見直すべきかどうかについて、第三者による弁済の制度の見直しの検討結果を踏まえて、更に検討してはどうか。

第 17 弁済

【部会資料 10 − 2 第 1、11 ⑴〔26 頁〕】

〔意　見〕
任意代位の規定の廃止ないし見直しの要否について、否定論（現行法維持）も踏まえて更に検討することに賛成する。
〔理　由〕
部会では以下のような議論があり、現時点では集約されていない。
① 任意代位を廃止するか否かは、第三者弁済の位置づけの問題と関連するので、それ自体につき肯定否定両論があり得る。
② 現行民法では、第三者弁済は債務者の意思に反しない場合にしかできないので現行の任意代位の制度をそのまま維持することに問題はない。
（第 8 回議事録 31〜33 頁・中井委員・道垣内幹事・松本委員）

⑵　弁済による代位の効果の明確化
ア　弁済者が代位する場合の原債権の帰すう
　弁済により債権者に代位した者は、求償権の範囲内で原債権及びその担保権を行使することができる（民法第 501 条柱書）ところ、この場合に原債権が弁済者に移転すると説明する判例の考え方に対しては、原債権と求償権という二つの債権が弁済者に帰属することになって法律関係が複雑化している等の問題が指摘されていることを踏まえて、弁済者が代位する場合の原債権の帰すうに関する法律関係を明確にする方向で、更に検討してはどうか。
　その具体的な規定内容としては、例えば、弁済者が代位する場合であっても原債権は弁済により消滅することを明記した上で、原債権の効力として認められた権利を代位者が行使できること等を定めるべきであるという考え方が示されている。このような考え方の当否について、原債権と求償権との関係に関する現在の学説・判例法理等に与える影響の有無に留意しつつ、更に検討してはどうか。

【部会資料 10 − 2 第 1、11 ⑵ア〔28 頁〕】

〔意　見〕
1　前段の「原債権の帰すうの明確化」については、原債権が消滅するとする

Ⅱ 全体版

ことに反対する意見(現行解釈の維持)を踏まえて更に慎重に検討すべきである。
2 後段部分については、前段の検討結果を踏まえて検討すべきである。
〔理 由〕
1 前段部分については、部会では以下のような議論があり、現時点では集約されていない。
2 後段部分は、これを前提にした議論である。
 (1) 代位においては求償権は発生するが、原債権は弁済により消滅する(代位者が原債権と求償権の二つの債権を有するのは失当)」とすべきである。
 (2) 上記(1)の見解は、他方で原債権に付着した担保権の実行等を認めているので分かりにくい。
 (3) 原債権を求償権確保のための権利(一種の法定担保権)と構成できるのではないか。
(第8回議事録33~35頁・中井委員・道垣内幹事)

イ 法定代位者相互間の関係に関する規定の明確化
　民法第501条は、第1号から第6号までにおいて法定代位者相互間の関係に関する規定を置いているが、例えば、① 保証人と第三取得者との関係(保証人が第三取得者に対して代位するために付記登記を要する場合)、② 保証人が複数いる場合における保証人相互間の規律、③ 物上保証人と債務者から担保目的物を譲り受けた第三取得者との関係、④ 保証人兼物上保証人の取扱い、⑤ 物上保証人から担保目的物を譲り受けた第三取得者の取扱い等は条文上明らかでないことから、これらの点を判例等を踏まえて明確にする方向で、更に検討してはどうか。

〔意 見〕
判例理論を踏まえて明文化する方向性及び具体的に上記①から⑤に関する規定を設ける方向性に賛成する。
〔理 由〕
いずれも判例法理の法文化であり、「分かりやすい民法」の実現に資する。

　また、これと関連して、以下のような判例法理についても、条文上明確

第 17 弁 済

にする方向で、更に検討してはどうか。
　ア　法定代位者間で民法第501条各号所定の代位割合を変更する旨の特約が結ばれることがあるところ、保証人が物上保証人との間で締結した当該特約の効力を後順位抵当権者に対して主張することができるとするもの

〔意　見〕
賛成する。
〔理　由〕
「代位割合変更の特約を後順位抵当権者に対して対抗できる」旨の規定を設けることは、「分かりやすい民法」の実現に資する。

　(イ)　物上保証人所有の甲不動産と債務者所有の乙不動産に共同抵当が設定されており、甲不動産には後順位抵当権が設定されている場合に、先に甲不動産につき抵当権の実行による競売がされたときは、その後順位抵当権者が物上保証人に優先して乙不動産からの配当を受けることができるとするもの
　　【部会資料10－2 第1、11(2)イ［30頁］、同（関連論点）1［33頁］、
　　　　　　　　　　　　　　　　　　　同（関連論点）2［33頁］】

〔意　見〕
賛成する。但し、できる限り簡潔に表現すべきである。
〔理　由〕
「物上保証人所有の甲不動産と債務者所有の乙不動産に共同抵当が設定され、甲不動産に後順位抵当権が設定されている場合に、先に甲不動産につき抵当権の実行による競売がされ、売却代金が先順位抵当権の被担保債権全額に配当されると、物上保証人は代位により乙不動産に設定されていた抵当権を行使することができるが、この場合には甲不動産に設定されていた後順位抵当権者が優先して弁済を受けることができる」旨の規定を設けることは、「分かりやすい民法」の実現に資する。

　(3)　一部弁済による代位の要件・効果の見直し
　ア　一部弁済による代位の要件・効果の見直し

Ⅱ 全体版

　一部弁済による代位の場合に代位者が単独で担保権を実行することを認めた判例法理を見直し、代位者は債権者との共同でなければ担保権を実行することができない旨を明文で規定するかどうかについては、一部弁済による代位があった場合の抵当不動産からの配当上、原債権者が優先するという判例法理を明文化するかどうかと併せて、更に検討してはどうか。
　また、一部弁済による代位がある場合であっても、原債権者は単独で担保権の実行ができることを条文上明確にする方向で、更に検討してはどうか。

【部会資料10－2 第1、11(3)［34頁］、(4)［35頁］、
同（関連論点）［35頁］】

〔意　見〕
1　一部弁済による代位者は、「債権者と共同でなければ担保権を実行することができない」旨を明文化するか否かについて更に検討することに賛成する。
2　一部弁済による代位が認められる場合にも、債権者が単独で権利行使できるとする方向性で検討すべきである。

〔理　由〕
1　これを肯定する意見もあるが、担保権の準共有のような構成をすると、代位権者の承諾がなければ債権者も担保権を行使することが出来なくなるので、「抵当不動産からの配当上は債権者が優先する旨の規定を設けることを前提に、債権者が単独で担保権を実行できるとするのが妥当である」旨の反対論がある。
2　明文化することで、「分かりやすい民法」の実現に資する。
（第8回議事録35頁・松岡委員）

イ　連帯債務の一部が履行された場合における債権者の原債権と一部履行をした連帯債務者の求償権との関係
　連帯債務の一部を履行した連帯債務者は、ほかの連帯債務者に対して求償権を取得するとともに、一部弁済による代位によって、原債権及びその担保権を行使し得ることになる（求償権並びに代位によって取得した原債権及びその担保権を「求償権等」と総称する）が、この場合に連帯債務の一部を履行した連帯債務者が取得する求償権は、債権者の有する原債権に劣後

し、債権者が原債権の全額の弁済を受領するまで、当該連帯債務者は求償権等を行使することができないことを条文上明確にするかどうかについて、検討してはどうか。

〔意　見〕
検討すること自体には賛成する。
〔理　由〕
明確にする必要がある。

ウ　保証債務の一部を履行した場合における債権者の原債権と保証人の求償権の関係
　保証債務の一部を履行することにより、保証人は、求償権を取得するとともに、一部弁済による代位によって、原債権及びその担保権を行使し得ることになる（求償権並びに代位によって取得した原債権及びその担保権を「求償権等」と総称する）が、この場合に保証人が取得する求償権は、債権者の有する原債権に劣後し、債権者が原債権の全額の弁済を受領するまで、保証人は求償権等を行使することができないことを条文上明確にするかどうかについて、更に検討してはどうか。
【部会資料10－2　第1、11(4)（関連論点）[36頁]】

〔意　見〕
上記方向性に賛成する。
〔理　由〕
明確にする必要がある。

(4)　債権者の義務
ア　債権者の義務の明確化
　弁済による代位に関連する債権者の義務として、解釈上、①不動産担保権がある場合の代位の付記登記に協力すべき義務や、②債権者の担保保存義務が認められていることから、これらに関する明文の規定を設ける方向で、更に検討してはどうか。
　また、②の担保保存義務に関し、合理的な理由がある場合には債権者が

Ⅱ　全体版

担保保存義務違反を問われないとする方向で規定を設けるべきかどうかについては、法定代位をする者の代位の期待の正当性（特に保証人の保護の要請）にも留意しつつ、規定を強行規定とすべきかという点も含めて、更に検討してはどうか。
　　【部会資料10－2 第1、11(5)［36頁］、同（関連論点）1［37頁］】

〔意　見〕
1　弁済による代位に関連する債権者の義務として、不動産担保権がある場合の代位の付記登記に協力すべき義務や、担保保存義務に関する規定を設ける方向性に賛成する。
2　担保保存義務に関し、合理的な理由がある場合に債権者が同義務違反を問われないとする方向での規定を設けることの是非について、否定論も踏えて更に検討することに賛成する。また、将来において「合理的な理由」の内容を明らかにすべきである。
〔理　由〕
1　基本的には「分かりやすい民法」の実現に資するが、具体案がなければ真に分かりやすいか否か検討が困難である。
2　肯定する意見があるが、とりわけ保証人保護との要請で消極的に考える見解もあり得る。

イ　担保保存義務違反による免責の効力が及ぶ範囲
　債権者が担保保存義務に違反して担保の喪失等をした後に、抵当不動産を物上保証人や第三取得者から譲り受けた第三者が、担保保存義務違反による免責の効力を債権者に対して主張することができるかという問題がある。この問題について、判例は、債権者が故意又は懈怠により担保を喪失又は減少したときは、民法第504条の規定により、担保の喪失又は減少によって償還を受けることができなくなった金額の限度において抵当不動産によって負担すべき責任の全部又は一部は当然に消滅し、当該不動産が更に第三者に譲渡された場合においても、責任消滅の効果は影響を受けないとしていることから、このような判例法理を条文上明確にするかどうかについて、更に検討してはどうか。

第 18 相　殺

【部会資料10－2 第1、11(5)（関連論点）2［37頁］】

〔意　見〕
担保保存義務違反による免責の効力が及ぶ範囲についての判例法理の法文化の是非について、更に検討することに賛成する。
〔理　由〕
明確にする必要がある。

第 18 相　殺
1 相殺の要件（民法第505条）
(1) 相殺の要件の明確化

「双方の債務が弁済期にある」ことを相殺の要件とする民法第505条第1項の規定を見直し、受働債権の弁済期が到来していない場合でも相殺が認められるとしている判例法理を明記することの当否については、特に相殺の遡及効を維持する場合に、これが相殺適状の要件を見直すものか、あるいは相殺適状の要件は見直さず、期限の利益を放棄して相殺をすることができることを明記するものかという点が問題となることに留意しつつ、更に検討してはどうか。

また、自働債権について相手方の抗弁権が付着している場合に相殺が認められないという判例法理を条文上も明確にする方向で、更に検討してはどうか。

【部会資料10－2 第2、2(1)［40頁］】

〔意　見〕
1 受働債権の弁済期が到来していない場合でも相殺が認められる旨の規定を置く方向性に賛成する。この場合に、相殺適状の要件を見直すか、あるいはそのような見直しをせず期限の利益を放棄して相殺することができるとするかについて、更に検討することにも賛成する。
2 自働債権について相手方の抗弁権が付着している場合に相殺が認められない旨の規定を置く方向性に賛成する。
〔理　由〕
いずれも基本的には判例法理の法文化である。

Ⅱ 全体版

ただし、判例法理は、受働債権の期限の到来を不要としているのではなく、期限の利益が放棄できることを前提としているにすぎないので、検討においてはこの点に留意が必要である。

> (2) 第三者による相殺
>
> 自己の債権で他人の債務を消滅させるという第三者による相殺（下図のBが甲債権を自働債権、乙債権を受働債権としてする相殺）についても、その者が「弁済をするについて正当な利益を有する者」である場合には認められる旨の明文の規定を設けるべきであるという考え方がある。このような考え方については、第三者による相殺が認められることによって、①Bが無資力のAから事実上の優先弁済を受け、B以外のAの債権者の利益が害されるという問題や、②Aが無資力のBに対して反対債権を有する場合に、Bが甲債権をあえて乙債権と相殺することを認めると、AのBとの相殺の期待が害されるという問題のように、弁済と相殺との問題状況の違いに応じて、その要件を第三者による弁済の場合よりも制限する必要があるという指摘があることにも留意しつつ、更に検討してはどうか。
>
> また、規定を設ける場合には、受働債権の債権者（下図のA）が無資力となる前に三者間の合意により相殺権が付与されていた場合の当該合意の効力に関する規定の要否についても、検討してはどうか。
>
> 【部会資料10－2　第2、2(2)［41頁］】

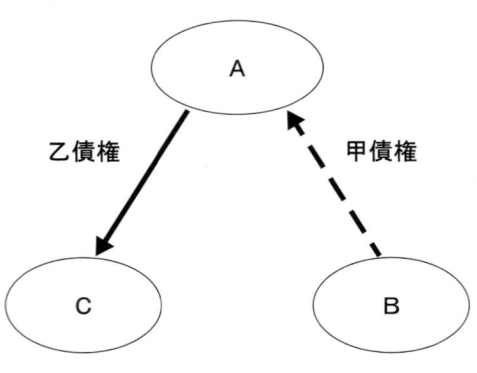

〔意　見〕

1　Bが、Aに対する債権を自働債権として、AのCに対する受働債権との間

第18 相　殺

で相殺することができるとする改正に反対である。
2　受働債権の債権者（A）が無資力となる以前に三者間の合意により相殺権が付与されていた場合の当該合意の効力に関する規定の要否の検討にも反対する。
〔理　由〕
1　第三者弁済が認められる以上は、第三者相殺を認めるべきであるとの議論もあるが、以下のような問題があり、あえて立法する必要性はない。
(1)　上記相殺を認めると、Aが無資力の場合、実際には券面額よりも低い甲債権をもって乙債権に代物弁済することを強制することになり、妥当でない。その結果、例えば、Aに対する労働債権をもとに労働者側がAのCに対する債権について先取特権等を行使しようとしたときに、先に第三者Bが、自己の債権とAのCに対する債権とを相殺して労働債権の回収原資を失わせることができることになり、問題がある。
(2)　Aに資力がある場合、第三者弁済に近く、Bの側からすれば簡便な処理に資するともいえるが、逆にAの側に債権管理上負担をかけることにもなり、立法化する必要性には疑問がある。また、A（銀行）が、Bに対する反対債権（貸付債権）と、BのAに対する債権（預金債権）とを相殺することでの回収を期待していたところ、Bが無資力となり、かつBのAに対する債権でもって、AのCに対する債権との間で相殺し、AのBに対する反対債権（貸付債権）を不良債権化させることができるという問題がある。
2　肯定論に立てば検討の必要があるが、弊害のおそれもあり、この点も立法化すべきではない。
（第8回議事録38～39頁・新谷委員・三上委員・山本(和)委員）

(3)　相殺禁止の意思表示
　民法第505条第2項の「善意」の意義について、善意であっても重大な過失によって相殺禁止の意思表示があることを知らなかった場合が除外されることを条文上明確にする方向で、更に検討してはどうか。
【部会資料10－2 第2、2(3)〔43頁〕】

〔意　見〕
現行民法規定の「相殺禁止の意思表示を善意の第三者に対抗できない」旨に

Ⅱ 全体版

加えて「重過失によって相殺禁止の合意を知らなかった場合はこの限りではない」旨を規定する方向性に賛成する。
〔理　由〕
確定した解釈であり、分かりやすい民法の実現に資する。

> 2　相殺の方法及び効力
> 　(1)　相殺の遡及効の見直し（民法第506条）
> 　　民法第506条は、相殺に遡及効を認めているところ、この規定内容を見直し、相殺の意思表示がされた時点で相殺の効力が生ずるものと改めるべきであるという考え方がある。このような考え方の当否について、遡及効が認められなくなることにより特に消費者に不利益が生ずるおそれがあるという指摘があることに留意しつつ、任意規定として遡及効の有無のいずれを規定するのが適当かという観点から、更に検討してはどうか。
> 　　　　　　　　　　　　　　【部会資料10－2　第2、3［43頁］】

〔意　見〕
意見書Ⅰと同じである。

> 　(2)　時効消滅した債権を自働債権とする相殺（民法第508条）の見直し
> 　　民法第508条を見直し、時効期間が満了した債権の債務者に、時効援用の機会を確保するという視点から、①債権者Aは、時効期間の経過した自らの債権の債務者Bが時効を援用する前に、当該債権を自働債権として相殺の意思表示をすることができるが、②その場合も、債務者Bは、Aによる相殺の意思表示後の一定の期間内に限り、時効を援用することができるものとするという考え方がある。このような考え方の当否について、債務者の相殺の期待を保護すべきであるとの意見や、時効制度の見直しの検討結果を踏まえて、更に検討してはどうか。
> 　　　　　　　　　　　【部会資料10－2　第2、3（関連論点）1［45頁］】

〔意　見〕
意見書Ⅰと同じである。

230

第18 相　殺

(3) 充当に関する規律の見直し（民法第512条）
　自働債権又は受働債権として複数の債権があり、当事者のいずれもが相殺の順序の指定をしなかった場合には、判例は、元本債権相互間では相殺適状となった時期の順に従って相殺し、その時期を同じくする元本債権相互間及び元本債権とこれについての利息・費用債権との間では、民法第489条及び第491条を準用して相殺充当を行うとしている。そこで、相殺の遡及効を維持する場合には、このような判例法理を条文上明らかにすることの当否について、更に検討してはどうか。
　他方、相殺の意思表示の時に相殺の効力が生ずるものとする場合には、上記の判例法理は妥当しなくなるが、民法第489条第2号の「債務者のために弁済の利益の多いもの」から充当するという規定を相殺に準用している同法第512条によると、相殺の場合には、当事者双方が債務者であることから、いずれの当事者のために利益の多いものから相殺すべきかが明らかではないという問題がある。そこで、同条を見直し、相殺の意思表示をした者のために利益が多いものから順に充当するという規定に改めることの当否について、更に検討してはどうか
【部会資料10−2 第2、3（関連論点）2［46頁］】

〔意　見〕
1　当事者のいずれもが相殺の順序を指定しなかった場合の充当については、「複数の元本債権相互間の相殺の順序については、相殺適状となった時期の順に従って相殺充当をする」旨、並びに「時期を同じくする元本債権相互間及び元本債権とこれについての利息・費用債権との間では、民法489条及び491条を準用して相殺充当を行う」旨の規定を設ける方向性で検討すべきである。
2　これに対し、相殺の遡及効を認めない場合における512条の見直しの要否については、検討の必要がない。

〔理　由〕
1　判例法理の法文化であり、「分かりやすい民法」の実現に資する。
2　遡及効を認めるべきであるので検討の必要がない。

3　不法行為債権を受働債権とする相殺（民法第509条）

不法行為債権を受働債権とする相殺の禁止（民法第509条）については、相殺による簡易な決済が過剰に制限されている等の問題意識から、相殺禁止の範囲を限定するかどうかについて、被害者の保護に欠けるおそれがあるとの指摘や当事者双方の保険金請求が認められている保険実務への影響等に留意しつつ、更に検討してはどうか。

仮に相殺禁止の範囲を限定するとした場合には、以下のような具体案について、更に検討してはどうか。

［A案］　民法509条を維持した上で、当事者双方の過失によって生じた同一の事故によって、双方の財産権が侵害されたときに限り、相殺を認めるという考え方

［B案］　民法509条を削除し、以下のいずれかの債権を受働債権とする場合に限り、相殺を禁止するという考え方

(1)　債務者が債権者に損害を生ぜしめることを意図してした不法行為に基づく損害賠償請求権

(2)　債務者が債権者に損害を生ぜしめることを意図して債務を履行しなかったことに基づく損害賠償請求権

(3)　生命又は身体の侵害があったことに基づく損害賠償請求権（(1)及び(2)を除く。）

【部会資料10－2　第2、4［48頁］】

〔意　見〕

1　不法行為を受動債権とする相殺の是非について否定論の趣旨に留意しながら慎重に検討するべきである。

2　仮に相殺ができるとした場合は、相殺禁止範囲の限定について更に検討することに賛成する。

〔理　由〕

1　一方で、不法行為債権を受働債権とする相殺が禁止される範囲を合理的な範囲に限定すべきとの考えがあるが、他方で、過失による損害賠償請求権が対立する場合も、「実務ではお互いに支払をするか合意で相殺しているので現行民法の変更は必要ない」とする意見もあるので、その否定論の趣旨も踏

第 18 相　殺

まえて更に検討すべきである。
2　仮に相殺できるとした場合には、上記の範囲の限定のＡ、Ｂ案並びに⑴ないし⑶の検討が必要となる。
(第 8 回議事録 44 頁・岡(正)委員)

4　支払の差止めを受けた債権を受働債権とする相殺の禁止（民法第511条）

（前注）この「第 18、4　支払の差止めを受けた債権を受働債権とする相殺の禁止」においては、以下の定義に従うこととする。
「差押債権者」…　差押債務者の有する債権を差し押さえた者
「差押債務者」…　自らが有する債権につき差押えを受けた者
「第三債務者」…　差押債権者による差押えを受けた債権の債務者

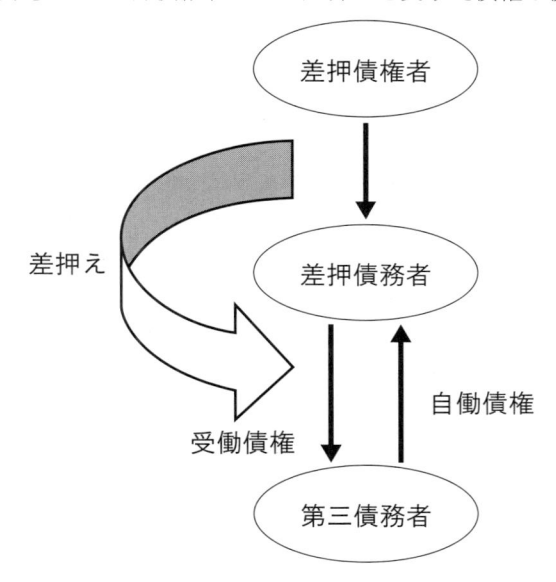

差押債権者

差押え

差押債務者

自働債権

受働債権

第三債務者

⑴　法定相殺と差押え
　受働債権となるべき債権が差し押さえられた場合に、第三債務者が相殺することができるためには、差押え時に自働債権と受働債権の弁済期がいずれも到来していなければならないか、また、到来している必要がないとしても自働債権と受働債権の弁済期の先後が問題となるかという点につい

Ⅱ 全体版

て、条文上明確にしてはどうか。
　その際には、受働債権の差押え前に取得した債権を自働債権とするのであれば、自働債権と受働債権との弁済期の先後を問わず相殺をすることができるとする判例法理（無制限説）を前提としてきた実務運用を尊重する観点から、無制限説を明文化することの当否について、無制限説により生じ得る不合理な相殺を制限するために無制限説を修正する必要があるとの意見があることに留意しつつ、更に検討してはどうか。

【部会資料10－2 第2、5(1)［51頁］】

〔意　見〕
「受働債権の差押え前に自働債権を取得している限り、自働債権と受働債権の弁済期の先後を問わず第三債務者は相殺できる」という無制限説を基本に、更に修正が必要か否かについて検討することに賛成する。
〔理　由〕
　以下のとおり実務では無制限説が定着しているが、なお意見が対立しており、現時点では集約されていない。
1　実務では無制限説（受働債権の差押え前に自働債権を取得している限り、自働債権と受働債権の弁済期の先後を問わず第三債務者は相殺できる）が定着しており、かつ継続的な取引により多数の対立する債権債務が生じるので、弁済期の先後は偶然に決まるものに過ぎず、無制限説が妥当である。
2　無制限説では、第三債務者が、自分の自働債権が弁済期に来ていない段階で受働債権の弁済期が来ているときに、その弁済を拒みつつ自働債権の弁済期が来るのを待って相殺することができることになり不合理である。制限説（自働債権の取得時期の要件に加え、自働債権の弁済期が受働債権の弁済期よりも先に到来する場合に限り、第三債務者は相殺できるとする）が妥当である。
3　無制限説と制限説の中間的な考え方（一定の場合に限り無制限説による）も十分に検討の余地がある。但し、その基準の明確化が問題である。
（第8回議事録46～52頁・大島委員・高須幹事・能美委員・中井委員・三上委員・藤本関係官・道垣内幹事・松本委員・木村委員・山野目幹事・岡(正)委員）

(2) 債権譲渡と相殺の抗弁
　債権の譲受人に対して債務者が相殺の抗弁を主張するための要件につい

第 18 相　殺

て、法定相殺と差押えに関する規律（上記(1)）に従うことを条文上明確にするかどうかについては、法定相殺と差押え、譲渡禁止特約の効力及び転付命令と相殺との関係に関する検討結果を踏まえて、債権譲渡取引に与える影響にも留意しつつ、更に検討してはどうか。

【部会資料10－2　第2、5(1)（関連論点）1［54頁］】

〔意　見〕
上記(1)と同様である。
〔理　由〕
上記(1)と同様である。

(3) 自働債権の取得時期による相殺の制限の要否

　差押えや仮差押えの申立てがあった後、差押命令や仮差押命令が第三債務者に送達されるまでの間に、第三債務者が、当該差押え等の申立てを知った上で取得した債権を自働債権とする相殺は、民法第511条による相殺の制限を潜脱しようとするものである場合があることから、このような場合には相殺の効力を認めないとする旨の規定を新たに設けるべきであるという考え方がある。このような考え方の当否について、例外的に相殺の効力を認めるべき場合の有無も併せて検討する必要がある（破産法第72条第2項各号参照）との指摘に留意しつつ、更に検討してはどうか。

　また、支払不能となった債権者に対して債務を負う者が、支払不能後に新たに取得した他人の債権を自働債権として相殺する場合の相殺の効力を、民法で制限することの要否についても、検討してはどうか。

【部会資料10－2　第2、5(2)（関連論点）2［55頁］】

〔意　見〕
1　「差押え等の申し立てがあった後、差押命令等が第三債務者に送達されるまでの間に、第三債務者が、当該差押え等の申立てを知った上で取得した債権を自働債権とする相殺の効力を認めない」旨の規定を設けることについては慎重に検討すべきである。
2　「支払不能となった債権者に対して債務を負う者が、支払不能後に新たに取得した債権を自働債権として相殺することを禁止する」旨の明文規定を設

けることについては反対である。
〔理　由〕
1　個別的な執行の妨害を禁圧しようとする民法511条の趣旨からすれば、いずれも合理性があり、かつ「分かりやすい民法」の実現に資する。
　　しかし、他方、このような規定が適用される場面は限定されるので、立法の必要性に乏しいとも考えられる。なお、立法化する場合には上記①については、破産法72条2項各号により例外的に相殺が認められているので、例外的に相殺を認めるべき場合の有無について検討する必要がある。
2　倒産時は債権者平等、公正の理念が支配するが、平時においては私的自治が妥当する。したがって、倒産時同様の相殺制限を導入することには慎重であるべきである。
　　また、「支払不能」概念は極めて認定が困難であるが、裁判所による破産開始決定という公的な判断がない場合、更にその困難度が増す。このような要件判断が困難なことに相殺の可否をかからせることは予見可能性を損ね、法的安定性を害する。

> (4)　相殺予約の効力
> 　差押え又は仮差押えの命令が発せられたこと等の事由が生じた場合に期限の利益を喪失させる旨の合意や、その場合に意思表示を要しないで相殺の効力が生ずるものとする旨の合意に関して、判例は、相殺予約の効力を、特に制限なく差押債権者等に対抗することができるという考え方を採っているとの見解が有力であるが、学説上は、相殺予約は差押えによる債権回収を回避するものであり、その効力を合理的な範囲に限定すべきであるという見解が主張される等、判例の結論に対しては、なお異論があるところである。相殺予約の効力を差押債権者又は仮差押債権者（差押債権者等）に対抗することの可否に関する明文の規定を設けるかどうかについては、自働債権と受働債権の弁済期の先後によって、相殺予約の効力を差押債権者等に対抗することの可否を決するという考え方は採らないことを確認した上で、その効力を一律に認めるという考え方（無制限説）を採るべきか、それとも一定の場合にその効力を制限すべきかについて、更に検討してはどうか。

第 18 相　殺

【部会資料10－2 第2、5⑵［57頁］】

〔意　見〕
相殺予約の効力を差押債権者に対抗することの可否について、更に検討することに賛成する。

〔理　由〕
この問題でも、以下のとおり部会で意見が分かれ現時点で集約できていない。
1　継続的な取引により、多くの対立する債権債務が発生する実務では、弁済期の前後に関わらず相殺できるという期待を保護するのが妥当であり、相殺予約を差押債権者に一律に対抗できるとすべきである。
2　相殺予約の効力を差押債権者に対抗することを、「一律に認める考え方」と「自働債権の弁済期が受働債権の弁済期よりも先に到来する場合に限られる」との中間的考え方（相互に信用を供与しあうという社会的な定型性がある場合に限り無制限とする）が妥当である。但し、分かりやすい基準が必要である。
（第8回議事録48～52頁・大島委員・髙須幹事・能美委員・中井委員・三上委員・山野目幹事）

5　相殺権の濫用
　個別的な相殺禁止の規定に抵触するわけではないが、一般債権者との関係で公平の理念に反する等の場合に、権利濫用の法理により相殺が認められないとされる場合がある（相殺権の濫用）。このような場合があること及びその要件に関する明文の規定を設けることの当否について、特に自働債権の取得時期との関係で相殺権の濫用の問題が生じるということに留意しつつ、更に検討してはどうか。
【部会資料10－2 第2、6［61頁］】

〔意　見〕
相殺権濫用の規定を設ける方向性には賛成する。
〔理　由〕
公平であり、「分かりやすい民法」の実現に資する。

Ⅱ 全体版

第19 更　改
1 更改の要件の明確化（民法第513条）
(1) 「債務の要素」の明確化と更改意思

民法第513条において更改の要件とされている「債務の要素」の具体的内容をできる限り条文上明記するとともに、当事者が更改の意思（特に、旧債務を消滅させる意思）を有することを更改の要件とする判例法理を条文上明確にする方向で、更に検討してはどうか。

【部会資料10－2 第3、2(1)［63頁］】

〔意　見〕
1　「債務の要素」の具体的内容を明記する方向性に賛成する。
2　当事者が更改の意思（特に、旧債務を消滅させる意思）を有することを更改の要件として規定する方向性に賛成する。

〔理　由〕
1　債務の要素の明確化により「分かりやすい民法」の実現に繋がる。
2　判例法理の法文化であり、「分かりやすい民法」の実現に資する。

(2) 旧債務の存在及び新債務の成立

更改が効力を生ずるための要件として、旧債務が存在することと新債務が成立することが必要であることを条文上明記する方向で、更に検討してはどうか。

【部会資料10－2 第3、2(2)［65頁］】

〔意　見〕
更改が効力を生ずるための要件としては、旧債務が存在することと新債務が成立することが必要であることを規定する方向性に賛成する。

〔理　由〕
「分かりやすい民法」の実現に資する。

第19 更　改

> **2　更改による当事者の交替の制度の要否**（民法第514条から第516条まで）
>
> 　更改による当事者の交替の制度は、今日では債権譲渡や免責的債務引受と機能が重複しているという問題意識を踏まえて、債務者の交替による更改及び債権者の交替による更改の規定（民法第514条から第516条まで）をいずれも削除する方向で、更に検討してはどうか。
> 　また、当事者を交替する旨の合意が更改に含まれないことを明らかにする観点から、債権者の交替による更改に相当する内容の合意があった場合には、債権譲渡の合意があったものとみなし、債務者の交替による更改に相当する内容の合意があった場合には、免責的債務引受の合意があったものとみなす旨の規定を設けることの要否についても、更に検討してはどうか。
>
> 【部会資料10－2 第3、3［66頁］】

〔意　見〕
当事者の交替による更改を無くする（債権譲渡あるいは債務引受で処理）方向性及びその旨の「みなし規定」を設ける方向性については、否定論を含めて慎重に検討すべきである。
〔理　由〕
部会で異論があり、集約されていない。
（第8回議事録56頁・松本委員・山野目幹事）

> **3　旧債務が消滅しない場合の規定の明確化**（民法第517条）
>
> 　旧債務が消滅しない場合に関する民法第517条については、①「当事者の知らない事由」とは債権者が知らない事由に限られるのではないか、②「更改によって生じた債務が」「取り消されたとき」とは、新債務が取り消されたときと更改契約が取り消されたときのいずれを意味するのか、③「当事者の知らない事由」という文言は「成立せず」のみならず「取り消されたとき」にもかかるのではないかという点で、規定の内容が明らかでないと指摘されていることを踏まえ、これらを条文上明確にする方向で、更に検討してはどうか。

Ⅱ 全体版

【部会資料10-2 第3、4［68頁］】

〔意 見〕
賛成する。但し、将来は規定の具体案を明示して国民の意見を聞くべきである。

〔理 由〕
民法517条の規定内容を、上記①ないし③の指摘を踏まえ明確化する方向性は、「分かりやすい民法」の実現に資する。

第20 免除及び混同
1 免除の規定の見直し（民法第519条）
債権者の一方的な意思表示により免除ができるとする規律を見直し、債務者の意思に反する場合には免除が認められないこととするかどうかについて、免責的債務引受（前記第15、3⑴）や第三者による弁済（前記第17、2⑵）など、利益を受ける者の意思の尊重の要否が問題となる民法上の制度間の整合性に留意しつつ、更に検討してはどうか。

また、債権者が債権を放棄する旨の意思表示をすることにより、債権者は債務者に対して債務の履行を請求することができなくなるが、債務者は引き続き債務の履行をすることができるということを内容とする債権の放棄という制度を設けることの要否について、検討してはどうか。

【部会資料10-2 第4、2［70頁］】

〔意 見〕
1 免除を契約とする考えには反対であり、免除を単独行為として構成することとし、債務者が異議を述べたときは遡及的に効力を否定する考え方を中心に検討すべきである。
2 債権の放棄の制度を設けることには反対する。

〔理 由〕
1 利益になる場合であっても本人の意思を尊重すべきであるから、債務者の意思に反する場合には免除が認められない方向で規定するのが妥当である。

但し、債務者が免除を拒むことは稀であること、実務上の不都合は指摘されていないことからすると、免除を単独行為とする構成を変更する必要性は

認められない。従って、この点は現行法を維持し、債務者が異議を述べたときは遡及的に効力を否定する規定を新設すべきであると考える。
2　債権の放棄について、免除と併存して規定を考えることは、いたずらに規定を複雑化し、実務に混乱を招くことになりかねない。また、これを認める場合、債務者が債務の履行を求めたとき、債権者はいかなる義務を負うことになるのか、受領義務の採否との関係でも問題となる。
（第13回議事録39頁・能見委員）

> **2　混同の例外の明確化（民法第520条）**
> 　民法第520条ただし書は、債権及び債務が同一人に帰属した場合であっても、その債権が第三者の権利の目的であるときは、例外的に債権が消滅しないとしている。しかし、判例・学説上、債権が第三者の権利の目的であるとき以外にも、債権及び債務が同一人に帰属しても債権が消滅しない場合があるとされていることを踏まえて、このような混同の例外を条文上明確にすることの要否について、検討してはどうか。

〔意　見〕
混同により債務が消滅しない場合に関し明文の規定をおくことを検討することに賛成する。その際には、物権の混同の場合との整合性を考えるべきである。
〔理　由〕
債権が証券化されている場合や、同じ人なのだけれどもその財産が分離独立しているとみるべき場合などについて、混同の例外を認めるべきと指摘されており、判例等に留意して適切な表現が工夫できるのであれば、明文化する方が分かりやすい民法になると思われる。
（第13回議事録36～37頁・中田委員・山野目幹事）

> **第21　新たな債権消滅原因に関する法的概念（決済手法の高度化・複雑化への民法上の対応）**
> **1　新たな債権消滅原因となる法的概念に関する規定の要否**
> 　多数の当事者間における債権債務の決済の過程において、取引参加者ＡＢ間の債権が、集中決済機関（ＣＣＰ）に対するＡの債権とＢに対するＣＣＰの債権とに置き換えられる（下図1参照）ことがあるが、この置き換

えに係る法律関係を明快に説明するのに適した法的概念が民法には存在しないと指摘されている。具体的な問題点としては、例えば、置き換えの対象となるＡＢ間の債権について譲渡や差押えがされた場合に、法律関係の不明確さが生ずるおそれがあることや、CCPが取得する債権についての不履行により、置き換えの合意そのものが解除されると、既に完了したはずの決済をやり直すなど決済の安定性が害されるおそれがあるとの指摘がされている。

　このような指摘を踏まえて、決済の安定性を更に高める等の観点から、上記のような法律関係に適した法的概念に関する規定を新たに設けるべきであるという考え方が提示されている。この考え方は、集中決済を念頭に置きつつも、より一般的で、普遍性のある債務消滅原因として、次のような規定を設けることを提案する。すなわち、ＡがＢに対して将来取得する一定の債権（対象債権）が、ＸのＢに対する債権及びＸのＡに対する債務（Ｘの債権・債務）に置き換えられる旨の合意がされ、実際に対象債権が生じたときは、当該合意に基づき、Ｘの債権・債務が発生して対象債権が消滅することを内容とする新たな債務消滅原因の規定を設けるべきであるというのである（下図２参照）。

　まずは、このような規定の要否について、そもそも上記の問題意識に疑問を呈する見解も示されていることや、集中決済以外の取引にも適用される普遍的な法的概念として規定を設けるのであれば、集中決済以外の場面で悪用されるおそれがないかどうかを検証する必要がある旨の指摘があることに留意しつつ、更に検討してはどうか。

　また、仮にこのような規定が必要であるとしても、これを民法に置くことの適否について、債権の消滅原因という債権債務関係の本質について規定するのは基本法典の役割であるとする意見がある一方で、CCPに対する規制・監督と一体として特別法で定めることが望ましいとする意見があることに留意しつつ、更に検討してはどうか。

【部会資料10－2　第５［72頁］】

第21 新たな債権消滅原因に関する法的概念（決済手法の高度化・複雑化への民法上の対応）

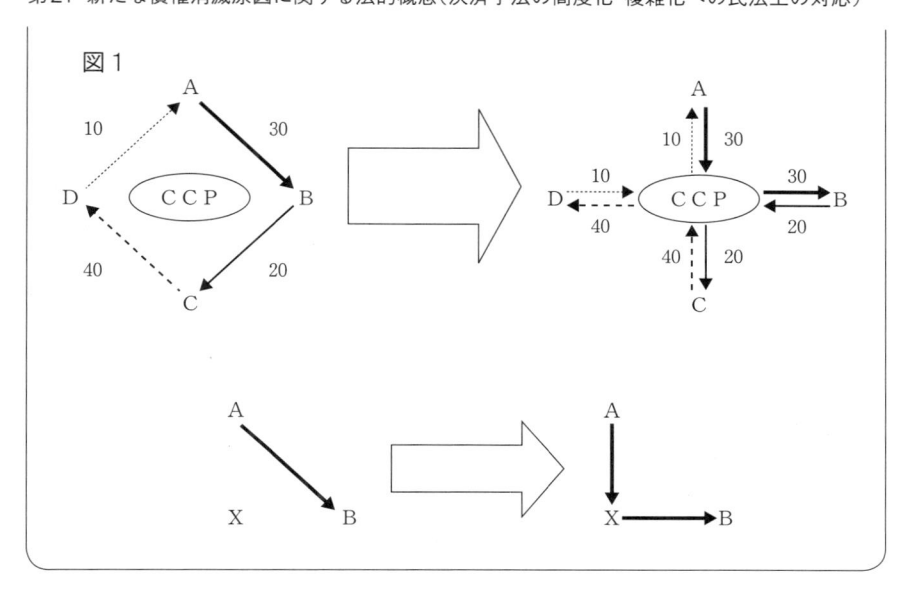

図1

〔意 見〕
法的概念の有用性は認めるが、民法に設けることには反対する。
〔理 由〕
基本的な枠組みからすれば、このような規定を一般の私人が利用する場面は想定し難く、適用される者が限定的であるから、商法を含む特別法に規定する方が、より妥当であると思われる。
（第13回議事録43頁・岡委員）

2 新たな債権消滅原因となる法的概念に関する規定を設ける場合における第三者との法律関係を明確にするための規定の要否

前記1のような新たな法的概念に関する規定を設ける場合には、併せて、第三者の取引安全を図る規定や、差押え・仮差押えの効力との優劣関係など、第三者との法律関係を明確にするための規定を設けることの要否が検討課題となる。この点について、具体的に以下の①から③までのような規定を設けるべきであるとの考え方が示されているが、これらの規定を民法に置くことの要否について、特に①は決済の効率性という観点から疑問であるとするとの意見や、これらの規定内容が集中決済の場面でのみ正当化

Ⅱ　全体版

されるべきものであるから特別法に規定を設けるべきであるとの意見が示されていることに留意しつつ、更に検討してはどうか。
①　第三者の取引安全を確保するため、前記１の債権・債務の置き換えに係る合意については、登記を効力発生要件とし、登記の完了後対象債権の発生前にＡがした債権譲渡その他の処分は、効力を否定されるものとする。
②　対象債権の差押えや仮差押えは、対象債権が発生した時に、Ｘの債務に対する差押えや仮差押えに移行する。当該差押えの効力が及ぶＸの債務を受働債権とする相殺については、民法第511条の規律が適用されるものとする。
③　対象債権についてのＢのＡに対する一切の抗弁はＸに対抗することができない旨の当事者間の特約を許容する。また、Ｘの債権をＢが履行しない場合にも、対象債権の消滅の効果には影響しない。

【部会資料10－2　第5［72頁］】

〔意　見〕
特別法に規定することを前提に上記①から③の検討をすることに賛成する。
〔理　由〕
上記１の通り、有用性は認められる。

第22　契約に関する基本原則等
1　契約自由の原則

契約を締結しようとする当事者には、①契約を締結するかしないかの自由、②契約の相手方を選択する自由、③契約の内容決定の自由、④契約の方式の自由があるとされており（契約自由の原則）、明文の規定はないものの、民法はこの原則の存在を前提にしているとされている。そこで、これを条文上明記する方向で、明文化する内容等を更に検討してはどうか。

契約自由の原則を条文上明記すると当事者が契約内容等を自由に決定できるという側面が過度に強調されるとの懸念から、これに対する制約があることを併せて条文上明記すべきであるとの考え方がある。制約原理の具体的な内容を含め、このような考え方の当否について、契約自由に対する制約と法律行為一般に対する制約との関係、契約自由に対する制約として設けられた個々の具体的な制度との関係などにも留意しながら、更に検討

第 22 契約に関する基本原則等

してはどうか。
【部会資料11－2 第1、2［1頁］、同（関連論点）［2頁］】

〔意　見〕
　契約自由の原則を法文化する方向性については基本的には賛成するが、その内容、規定の位置等については下記の理由から慎重に検討すべきである。
〔理　由〕
　基本的には契約自由の原則についての明文規定を設けることにより、「分かりやすい民法」の実現に資することとなる。しかし、併せて契約の自由に対する制約原理を明文化するか、明文化するとしてその規定内容、位置については、以下のとおり意見が分かれているので、契約自由の原則を明文化する場合でもその具体的な態様については今後慎重に検討すべきである。
1　契約自由の原則を明文化すべきだが、その制約についても同じ箇所に規定を置くべきである。
2　総則規定に制約が規定されれば良い。
3　制約について同じ箇所に適切な規定を置くことができないなら、契約自由原則の明文化を見合わせるべきである。
（第9回議事録3、4、7頁・鹿野幹事、3、9頁・山本(敬)幹事、4頁・中田委員、5頁・山野目幹事、5、7頁・中井委員、5、7頁・岡田委員、5頁・藤本関係官、6、9頁・木村委員、6、8頁・潮見幹事、8頁・能見委員、9頁・野村委員、10頁・高須幹事・岡委員、第22回議事録34頁・中井委員）

2　契約の成立に関する一般的規定

　契約の成立について、民法は申込みと承諾を中心に規律を設けているが、申込みと承諾に分析できない合意による契約の成立もあり得るなどとして、契約の成立一般に関するルールが必要であるという考え方がある。このような契約の成立に関する一般的規定を設けるかどうかについて、成立要件と効力要件との関係にも留意しながら、規定内容を含めて更に検討してはどうか。
　契約の成立に関する一般的規定を設けることとする場合の規定内容については、例えば、契約の核心的部分（中心的部分、本質的部分）についての合意が必要であるという考え方があるが、このような考え方によれば、契

II 全体版

約の成否と当事者の認識が食い違いかねないとの指摘もある。そこで、このような考え方の当否について、契約の核心的部分（中心的部分、本質的部分）の範囲を判断する基準（客観的に決まるか、当事者の意思や認識に即して決まるか。）にも留意しながら、更に検討してはどうか。

【部会資料11－2　第1、3［4頁］】

〔意　見〕
契約の成立に関する一般的規定を置くか否かにつき検討することに賛成する。規定を置く場合は、内容について下記の点を踏まえて慎重に検討すべきである。
〔理　由〕
以下のとおり、意見が分かれており現時点で集約される状況にない。
1　「契約において基本となる部分についての意思の合致があれば契約が成立する」という趣旨の一般規定を設けるべきである。
2　何が「契約において基本となる部分」かは、当事者の意思や契約の性質に左右されるので、明文化が困難である。
3　契約の成立に必要な合意についての一般規定を置くのは、却って国民の混乱をまねくので適切でない。
（第9回議事録10頁・奈須野関係官、11頁・西川関係官、12頁・新谷委員・岡田委員、13頁・木村委員、14頁・道垣内幹事、15頁・山本幹事、16頁・沖野幹事、17頁・野村委員・山川幹事、19頁・藤本関係官、21頁・深山幹事・中井委員）

3　原始的に不能な契約の効力

原始的に不能な契約の効力については、民法上規定がなく、学説上も見解が分かれていることから、明確ではない。この点について、契約はそれに基づく債務の履行が原始的に不能であることのみを理由として無効とはならないという立場から、その旨を条文上明記するとともに、この規定が任意規定であることを併せて明らかにすべきであるとの考え方が示されている。このような考え方の当否について、原則として無効とはならないという規律は当事者の通常の意思や常識的な理解に反するとの指摘などがあることも踏まえ、更に検討してはどうか。

【部会資料11－2　第1、4［7頁］】

第 22 契約に関する基本原則等

〔意　見〕
　原始的に不能な契約も有効と規定するか否かについて、理由に述べる点を踏まえて慎重に検討すべきである。
〔理　由〕
　以下のとおり、意見が分かれており現時点で集約されていない。
1　原始的に不能な契約も有効として、損害賠償の範囲が履行利益となるとすると、事業者はそのことを見込んで契約交渉に当たることになり、取引実務に悪影響が出る。
2　両当事者または一方当事者が原始的不能であることを知らないで契約した場合の処理は債務不履行の処理の方が良い。
3　原始的不能であったものはその効力がないということが従来の理解であり、国民の法的理解として一定程度あると考えられる。
（第9回議事録10頁・奈須野関係官、13頁・木村委員、15頁・道垣内幹事、16頁・沖野幹事、19頁・潮見幹事、21頁・深山幹事、22頁・岡委員、第22回議事録35頁・中井委員）

4　債権債務関係における信義則の具体化

　債権債務関係においては、当事者は相手方に対し、民法第1条第2項の信義則の現れとして、債権債務の内容や性質等に応じて、本来的な給付義務に付随する義務（例えば、契約目的を実現するために信義則に従って行動する義務や、相手方の生命・財産等の利益を保護するために信義則に従って行動する義務）や弁済の受領に際しての協力義務などを負うことがあるとされている。このことは従来からも判例上認められていることから、これらの義務の法的根拠となる規定として、債権債務関係における信義則を具体化した規定を設けるべきであるとの考え方がある。他方、付随義務等の内容は個別の事案に応じて様々であり、一般的な規定を設けるのは困難であるとの指摘や、特定の場面についてのみ信義則を具体化することによって信義則の一般規定としての性格が不明確になるとの指摘などもある。そこで、債権債務関係における信義則を具体化するという上記の考え方の当否について、具体的な規定の内容を含め、更に検討してはどうか。

【部会資料11－2　第1、5［10頁］】

Ⅱ 全体版

〔意　見〕
債権の規定の中に信義則を具体化した規定を置く方向性で検討すべきである。
〔理　由〕
債権関係において信義則が強く働く以上は、これを具体化した規定（説明義務や情報提供義務の規定など）を置くことが合理的であり、かつこれにより信義則違反を理由とした救済（特に、取引における弱者の保護に有効）を積極的に行うことができる

（第9回議事録18頁・高須幹事、19頁・潮見幹事、21頁・深山幹事・中井委員、22頁・岡委員）

第23　契約交渉段階
1　契約交渉の不当破棄

当事者は契約を締結するかどうかの自由を有し、いったん契約交渉を開始しても自由に破棄することができるのが原則であるが、交渉経緯によって契約交渉を不当に破棄したと評価される者が信義則上相手方に対する損害賠償義務を負う場合があることは従来から判例上も認められていることから、契約交渉の不当破棄に関する法理を条文上明記すべきであるとの考え方がある。これに対しては、契約交渉の破棄が不当であるかどうかは個別の事案に応じて判断される事柄であり、一般的な規定を設けるのは困難であるとの指摘や、規定を設けると悪用されるおそれがあるとの指摘、特定の場面について信義則を具体化することによって信義則の一般規定としての性格が不明確になるとの指摘などもあることから、契約交渉の不当破棄に関する規定を設けるという上記の考え方の当否について、規定の具体的な内容を含めて、更に検討してはどうか。

これを明文化する場合の規定内容を検討するに当たっては、損害賠償の要件に関しては契約交渉の破棄が原則として自由であることに留意した適切な要件の絞り込みの在り方が、効果に関しては損害賠償の範囲や時効期間等がそれぞれ問題になることから、これらについて、契約交渉の不当破棄に基づく損害賠償責任の法的性質などにも留意しながら、更に検討してはどうか。

【部会資料11－2　第2、2［11頁］】

第 23 契約交渉段階

〔意 見〕
　基本的には、契約交渉を不当に破棄した者に対する損害賠償責任についての判例を法文化する方向で検討すべきである。但し、不当破棄の要件・効果ついては下記の意見もあるので慎重に検討すべきである。

〔理 由〕
　基本的に判例法理の法文化は、「分かりやすい民法」の実現に資する。但し、不当破棄という概念が明確でないなどの問題点が指摘されており、要件・効果の定立については慎重に検討する必要がある。
（第 9 回議事録 25 頁・奈須野関係官・岡田委員、26 頁・新谷委員・西川関係官・高須幹事、27 頁・藤本関係官・潮見幹事、28 頁・能見幹事、29 頁・木村委員・中委員・岡本委員）

2 契約締結過程における説明義務・情報提供義務

　契約を締結するに際して必要な情報は各当事者が自ら収集するのが原則であるが、当事者間に情報量・情報処理能力等の格差がある場合などには当事者の一方が他方に対して契約締結過程における信義則上の説明義務・情報提供義務を負うことがあるとされており、このことは従来からも判例上認められている。
　そこで、このような説明義務・情報提供義務に関する規定を設けるべきであるとの考え方があるが、これに対しては、説明義務等の存否や内容は個別の事案に応じて様々であり、一般的な規定を設けるのは困難であるとの指摘、濫用のおそれがあるとの指摘、特定の場面について信義則を具体化することによって信義則の一般規定としての性格が不明確になるとの指摘などもある。そこで、説明義務・情報提供義務に関する規定を設けるという上記の考え方の当否について、規定の具体的な内容を含めて更に検討してはどうか。
　説明義務・情報提供義務に関する規定を設ける場合の規定内容を検討するに当たっては、説明義務等の対象となる事項、説明義務等の存否を判断するために考慮すべき事情（契約の内容や当事者の属性等）などが問題になると考えられる。また、説明義務・情報提供義務違反の効果については、損害賠償のほか相手方が契約を解消することができるかどうかも問題になり得るが、この点については意思表示に関する規定（特に後記第 30、4 及

Ⅱ 全体版

び5参照）との関係などにも留意する必要がある。これらについて、説明のコストの増加など取引実務に与える影響などにも留意しながら、更に検討してはどうか。

【部会資料11－2 第2、3［15頁］】

〔意 見〕
基本的には、契約締結過程における信義則上の説明義務又は情報提供義務についての判例を明文化する方向で検討すべきである。但し、これによる損害賠償責任の要件、効果等については今後慎重に検討すべきである。

〔理 由〕
基本的には、判例法理の法文化により「分かりやすい民法」の実現に資する。
但し、判例を踏まえた要件の定式化に困難を伴うとか濫用のおそれもあるとの意見もあるので、これによる損害賠償責任の要件、効果等については慎重に検討すべきである。
（第9回議事録30頁・岡田委員・大島委員、31頁・新谷委員・奈須野関係官・
　西川関係官、32頁・山本（敬）幹事、33頁・藤本関係官・中委員・道垣内幹事）

3 契約交渉等に関与させた第三者の行為による交渉当事者の責任

当事者が第三者を交渉等に関与させ、当該第三者の行為によって交渉の相手方が損害を被ることがあるが、このような場合に交渉当事者が責任を負うための要件や効果は必ずしも明らかではない。そこで、これらの点を明らかにするため、新たに規定を設けるかどうかについて、その規定内容を含めて更に検討してはどうか。

規定内容について、例えば、被用者その他の補助者、代理人、媒介者、共同して交渉した者など、交渉当事者が契約の交渉や締結に関与させた第三者が、契約前に課せられる前記1又は2の信義則上の義務に違反する行為を行った場合に、交渉当事者が損害賠償責任を負うとの考え方があるが、これに対しては、交渉当事者がコントロールすることのできない第三者の行為についてまで責任を負うことにならないかとの懸念も示されている。
そこで、交渉当事者の属性、第三者との関係、関与の在り方などにも配慮した上で、上記の考え方の当否について、更に検討してはどうか。

第 24 申込みと承諾

【部会資料 11－2 第 2、4 [18 頁]】

〔意　見〕
　基本的には、契約の締結や交渉に関与させた第三者の行為により相手方に生じた損害についての交渉当事者の責任について、判例を踏まえて明文化する方向性を検討すべきである。但し、その要件については慎重に検討するべきである。
〔理　由〕
　基本的には、判例法理の明文化により分かりやすい民法の実現に資する。但し、判例を踏まえた要件の定式化に困難を伴うとの意見もあるので、要件については慎重に検討すべきである。
（第 9 回議事録 34 頁・岡田委員、35 頁・山野目幹事・藤本関係官、36 頁・潮見幹事）

第 24 　申込みと承諾
1 　総　論
　民法は、「契約の成立」と題する款において申込みと承諾に関する一連の規定を設けている。これらの規定を見直すに当たっては、申込みと承諾の合致という方式以外の方式による契約の成立に関する規定の要否（前記第 22、2 参照）のほか、多様な通信手段が発達している今日において、発信から到達までの時間的間隔の存在を前提とした規定を存置する必要性の有無や程度、隔地者概念で規律されている規定を発信から到達までの時間的間隔がある場合や契約締結過程に一定の時間を要する場合などの問題状況ごとに整理して規定を設けることの要否などについて、検討してはどうか。

【部会資料 11－2 第 3、1 [20 頁]】

〔意　見〕
　基本的には、申込みと承諾の規定を整備する方向性で検討すべきである。
〔理　由〕
　「隔地者」という概念が国民に分かりにくいこと、現在ではメールのように発信から到達まで時間的間隔が殆ど生じない新たな通信手段が普及していること等を踏まえて整備することにより、基本的には国民に分かりやすい民法の実現に資する。

Ⅱ 全体版

(第9回議事録39頁・能見委員・松岡委員、40頁・山川幹事・鹿野幹事)

> 2 申込み及び承諾の概念
> (1) 定義規定の要否
>   民法上、申込みと承諾の意義は規定されていないが、申込みと承諾に関する一連の規定を設ける前提として、これらの概念の意義を条文上明記するものとするかどうかについて、更に検討してはどうか。
>   申込みと承諾の意義を条文上明記する場合の規定内容については、学説上、申込み込みはこれを了承する旨の応答があるだけで契約を成立させるに足りる程度に内容が確定していなければならないとされ、承諾は申込みを応諾して申込みどおりの契約を締結する旨の意思表示であるとされていることなどを踏まえ、更に検討してはどうか。
>
>   【部会資料11-2 第3、2［21頁］】

〔意 見〕
1 申込み及び承諾の意義を条文上明確にする方向で検討すべきである。
2 上記の方向性の場合、申込みは「これを了承する旨の応答があるだけで契約を成立させるに足りる程度に内容が確定していなければならない」こと、承諾は「申込みを応諾して申込みどおりの契約を締結する旨の意思表示であることを踏まえた規定内容とする」ことに賛成する。

〔理 由〕
1 これまで申込み及び承諾の概念の意義は専ら解釈に委ねられていたところ、定義規定を設けることで、申込みと承諾に関する一連の規定の適用対象が明確になり「分かりやすい民法」の実現に資する。
2 これらの定義規定は、過去に学説上でなされてきた解釈に沿ったものであり、実務上の混乱が生じる恐れが少なく、明文化されることで、「分かりやすい民法」の実現に資する。

> (2) 申込みの推定規定の要否
>   申込みと申込みの誘引の区別が不明瞭である場合があることから、店頭における商品の陳列、商品目録の送付などの一定の行為を申込みと推定する旨の規定を設けるべきであるとの考え方がある。例えば、民法に事業者

概念を取り入れる場合に、事業者が事業の範囲内で不特定の者に対して契約の内容となるべき事項を提示し、提示された事項によって契約内容を確定することができるときは、当該提示行為を申込みと推定するという考え方が示されている（後記第62、3(2)②）。これに対しては、応諾をした者が反社会的勢力である場合など、これらの行為をした者が応諾を拒絶することに合理的な理由がある場合もあり、拒絶の余地がないとすると取引実務を混乱させるおそれがあるとの指摘もある。そこで、このような指摘も踏まえ、申込みの推定規定を設けるという上記の考え方の当否について、更に検討してはどうか。

【部会資料11－2 第3、2（関連論点）1［23頁］、
部会資料20－2 第1、3(2)［16頁］】

〔意　見〕
一定の行為を申込みと推定する規定の要否については、慎重に検討するべきである。
〔理　由〕
適切な推定規定を置くことが困難である。

(3) 交叉申込み

交叉申込み（当事者が互いに合致する内容の申込みを行うこと。）によって契約が成立するかどうかについては明文の規定がなく、学説上も見解が分かれている。交叉申込みによって契約が成立するという立場から、その旨を条文上明記すべきであるとの考え方があるが、これに対しては、多数の申込みが交叉した場合にどのような組合せの申込みが合致したのが特定できない場合が生ずるなどの指摘もある。そこで、このような考え方の当否について、更に検討してはどうか。

【部会資料11－2 第3、2（関連論点）2［23頁］】

〔意　見〕
交叉申込みによる契約の成否について、更に検討することに賛成する。
〔理　由〕
現状では、交叉申込みによって契約が成立するか否かについて見解が分かれ

Ⅱ 全体版

ているところ、検討を深めることで「分かりやすい民法」の実現に資する。

> 3 承諾期間の定めのある申込み
> 　承諾期間の定めのある申込みについては、次のような点について検討してはどうか。
> ① 承諾期間の定めのある申込みは撤回することができない（民法第521条第1項）が、承諾期間の定めのある申込みであっても申込者がこれを撤回する権利を留保していた場合に撤回ができることについては、学説上異論がない。そこで、この旨を条文上明記するものとしてはどうか。

〔意　見〕
明記することに賛成する。
〔理　由〕
承諾期間の定めのある申込みの撤回権を留保していた場合について、確立した解釈を明文化するものであり、「分かりやすい民法」の実現に資する。

> ② 承諾期間経過後に到達した承諾の通知が通常であれば期間内に到達するはずであったことを知ることができたときは、申込者はその旨を通知しなければならないとされている（民法第522条第1項本文）が、承諾について到達主義を採ることとする場合（後記8参照）には、意思表示をした者が不到達及び延着のリスクを負担するのであるから、同条のような規律は不要であるという考え方と、到達主義を採った場合でもなお同条の規律を維持すべきであるとの考え方がある。この点について、承諾期間の定めのない申込みに対し、その承諾適格の存続期間内に到達すべき承諾の通知が延着した場合の規律（後記4③）との整合性にも留意しながら、更に検討してはどうか。

〔意　見〕
更に検討することに賛成する。
〔理　由〕
承諾について到達主義を採用するに際して、延着した承諾についての規律は更に検討する必要がある。

③ 申込者は遅延した承諾を新たな申込みとみなすことができる（民法第523条）が、申込者が改めて承諾する手間を省いて簡明に契約を成立させる観点からこれを改め、申込者が遅延した承諾を有効な承諾と扱うことができるものとすべきであるとの考え方がある。このような考え方の当否について、承諾期間の定めのない申込みに対し、その承諾適格の存続期間経過後に到達した承諾の効力（後記4④）との整合性にも留意しながら、更に検討してはどうか。

【部会資料11－2 第3、3(1)［26頁］、(2)［30頁］、(3)［32頁］】

〔意 見〕
更に検討することに賛成する。
〔理 由〕
遅延した承諾についての規律を更に検討することで、「分かりやすい民法」の実現に資する。

4 承諾期間の定めのない申込み
承諾期間の定めのない申込みについては、次のような点について検討してはどうか。
① 承諾期間の定めのない申込みは、申込者が承諾の通知を受けるのに相当な期間を経過するまでは撤回することができない（民法第524条）が、申込者がこれを撤回する権利を留保していた場合には撤回ができることについては学説上異論がない。そこで、この旨を条文上明記するものとしてはどうか。

〔意 見〕
条文上明記することに賛成する。
〔理 由〕
申込みの撤回権を留保していた場合について、争いのない解釈を明文化するものであり、「分かりやすい民法」の実現に資する。

② 申込みについて承諾期間の定めがない場合であっても、撤回されない

Ⅱ　全体版

限りいつまででも承諾ができるわけではなく、承諾適格（対応する承諾によって契約が成立するという申込みの効力）の存続期間が観念できると言われている。隔地者に対する承諾期間の定めのない申込みの承諾適格の存続期間については民法上規定されていないが、これに関する規定の要否について、その具体的な内容（例えば、承諾期間としての相当な期間又は承諾の通知を受けるのに相当な期間の経過により承諾適格が消滅するなど。）を含め、更に検討してはどうか。その際、承諾期間の定めのない申込みが不特定の者に対してされた場合について特別な考慮が必要かどうか、更に検討してはどうか。

〔意　見〕
いずれについても更に検討することに賛成する。
〔理　由〕
　申込みについて承諾期間の定めがない場合における承諾についての規律を設けることは、「分かりやすい民法」の実現に資する。
　もっとも、申込みが特定の者になされた場合と不特定の者に対してなされた場合とでは利益状況が異なることから、考慮を要するかは検討する必要がある。

③　隔地者に対する承諾期間の定めのない申込みに対し、その承諾適格の存続期間経過後に承諾が到達したが、通常であれば申込みの承諾適格の存続期間内に到達したと考えられる場合については、規定がない。このような場合に、申込者が延着の通知を発しなければならないなど民法第522条と同様の規定を設けるかどうかについて、承諾期間内に到達すべき承諾の通知が延着した場合の規律（前記3②）との整合性に留意しながら、更に検討してはどうか。

〔意　見〕
賛成する。
〔理　由〕
　前記3②と同じく、延着した承諾について明文を設けることは、「分かりやすい民法」の実現に資する。

第 24 申込みと承諾

④ 隔地者に対する承諾期間の定めのない申込みに対し、その承諾適格の存続期間経過後に承諾が到達した場合には、申込者は遅延した承諾を新たな申込みとみなすことができる（民法第523条）とされているが、申込者が改めて承諾する手間を省いて簡明に契約を成立させる観点からこれを改め、申込者がこれを有効な承諾と扱うことができるものとすべきであるとの考え方がある。このような考え方の当否について、承諾期間の定めのある申込みに対する遅延した承諾の効力（前記3③）との整合性にも留意しながら、更に検討してはどうか。
【部会資料11－2 第3、3(2)(関連論点)[31頁]、(3)(関連論点)[33頁]、4(1)[35頁]、同(関連論点)[36頁]、(2)[38頁]、同(関連論点)[38頁]】

〔意見〕
賛成する。
〔理由〕
前記3③と同じく、遅延した承諾についての規律が明確になり、「分かりやすい民法」の実現に資する。

5 対話者間における承諾期間の定めのない申込み
　対話者間における承諾期間の定めのない申込みの効力がいつまで存続するかについては、民法上規定がなく、明確でないことから、その存続期間を明確にするための規定を新たに設けるべきであるとの考え方がある。このような考え方の当否について、その規定内容も含めて、更に検討してはどうか。規定内容として、例えば、対話が継続している間に承諾しなかったときには申込みの効力が失われる旨の規定を設けるべきであるとの考え方があるが、このような考え方の当否を含め、対話者間における申込みの効力の存続期間について、更に検討してはどうか。
【部会資料11－2 第3、5[39頁]】

〔意見〕
上記に賛成する。

Ⅱ　全体版

〔理　由〕
　対話者間における承諾期間の定めのない申込みの効力の存続期間の規定を設けることで規律が明確となり、「分かりやすい民法」の実現に資する。

6　申込者の死亡又は行為能力の喪失

　隔地者に対する意思表示は、発信後の表意者の死亡又は行為能力の喪失によっても効力が失われない（民法第97条第2項）。同項は申込者が反対の意思を表示した場合には適用されないとされている（同法第525条）が、これは同法第97条第2項が任意規定であることを示すものにすぎず、これを明記する必要があるとしても（後記第28、3参照）、同項の規定ぶりによって明記すべきであると考えられる。そこで、同法第525条のうち「申込者が反対の意思を表示した場合」という文言を削除する方向で、更に検討してはどうか。
　また、死亡等の発生時期については解釈が分かれているところ、申込みの発信後到達までに限らず、相手方が承諾の発信をするまでに申込者の死亡又は行為能力の喪失が生じ、相手方がこのことを承諾の発信までに知った場合にも同条が適用され、申込みの効力は失われることとすべきであるとの考え方がある。
　このような考え方の当否について、更に検討してはどうか。

【部会資料11－2　第3、6［41頁］】

〔意　見〕
1　民法525条の規定のうち、「申込者が反対の意思を表示した場合は、民法97条2項の適用がない」との規定の削除に反対する。
2　申込みの発信後到達までに限らず、被申込者が承諾の発信をするまでの間に死亡又は行為能力を喪失した場合に民法525条が適用される旨の明文規定を置くことに賛成する。

〔理　由〕
1　申込者が反対の意思を表示した場合は「民法97条2項の適用がない」旨の規定は、法律を知らない一般市民にとっては当然のこととは言えないので、分かりやすい民法実現のためにはむしろ維持すべきである。
2　相手方が承諾の発信をするまでに申込者の死亡等の事由を知ったときには、

第 24 申込みと承諾

申込みの効力を失わせることが合理的であり、その旨を明文化することは「分かりやすい民法」の実現に資する。

---

7 申込みを受けた事業者の物品保管義務
　事業者概念を民法に取り入れることとする場合に、事業者がその事業の範囲内で契約の申込みを受けた場合には、申込みとともに受け取った物品を保管しなければならないこととすべきであるとの考え方（後記第62、3(2)③）の当否について、更に検討してはどうか。
【部会資料20－2 第1、3(2)［16頁］】

〔意　見〕
民法に規定することについては、強く反対する。
〔理　由〕
事業者に関する特則は、商法に規定すべきである。その方が、事業者に関する特則の改正を適宜・迅速に行うことができるので、事業者の利益に資する。

---

8 隔地者間の契約の成立時期
　隔地者間の承諾の意思表示については、意思表示の効力発生時期の原則である到達主義（民法第97条第1項）の例外として発信主義が採用されている（同法第526条第1項）が、今日の社会においては承諾についてこのような例外を設ける理由はないとして、承諾についても到達主義を採用すべきであるとの考え方がある。このような考え方の当否について、更に検討してはどうか。
　承諾について到達主義を採る場合には、申込みの撤回の通知の延着に関する民法第527条を削除するかどうか、承諾の発信後承諾者が死亡した場合や能力を喪失した場合について同法第525条と同様の規定を設ける必要があるかどうかについて、検討してはどうか。
【部会資料11－2 第3、7［43頁］、同（関連論点）［45頁］】

〔意　見〕
1　隔地者間における契約の承諾についての発信主義を改め、到達主義によるものとする方向性で検討すべきである。

Ⅱ 全体版

2 1を前提に「申込みの撤回の通知の延着」に関する民法527条を削除するか否かを検討することに賛成する。
3 承諾の発信後承諾者が死亡した場合や能力を喪失した場合について民法525条と同様の規定を設ける必要があるか否か検討することに賛成する。
〔理 由〕
1 民法526条1項は、隔地者間契約の承諾について例外的に発信主義を採用しているが、これは民法521条2項との整合性がとれておらず、かつ現代においては通知承諾が延着する現実的な可能性が低いので、民法の到達主義の原則に対する例外を設ける必要性が乏しい
2 承諾について到達主義を採用する場合、同条が規定された前提条件が変更となることから、検討の必要がある。
3 同上。
(第9回議事録44頁・中井委員・中田委員、45頁・木村委員、46頁・高須幹事)

9 申込みに変更を加えた承諾

民法第528条は、申込みに変更を加えた承諾は申込みの拒絶と新たな申込みであるとみなしているが、ここにいう変更は契約の全内容から見てその成否に関係する程度の重要性を有するものであり、軽微な付随的内容の変更があるにすぎない場合は有効な承諾がされたものとして契約が成立するとの考え方がある。このような考え方の当否について、契約内容のうちどのような範囲について当事者に合意があれば契約が成立するか(前記第22、2参照)に留意しながら、更に検討してはどうか。

また、このような考え方を採る場合には、承諾者が変更を加えたが契約が成立したときは、契約のうち意思の合致がない部分が生ずる。この部分をどのように補充するかについて、契約に含まれる一部の条項が無効である場合の補充(後記第32、2(2))や、契約の解釈に関する規律(後記第59、2)との整合性に留意しながら、検討してはどうか。

【部会資料11-2 第3、8［48頁］】

〔意 見〕
軽微な付随的内容の変更があるにすぎない場合は有効な承諾がされたものとして契約が成立するとの考え方の採否について下記の点を踏まえ更に検討する

ことに賛成する。
　〔理　由〕
　どの程度の変更であれば当該承諾がなお有効となるかについての判断基準については、いまだ議論が不十分である。
（第9回議事録47頁・中井委員）

> 第25　懸賞広告
> 1　懸賞広告を知らずに指定行為が行われた場合
> 　懸賞広告（指定行為をした者に一定の報酬を与える旨の広告）を知らずに懸賞広告における指定行為を行った者が報酬請求権を有するかどうかは民法の条文上明らかでないが、学説上はこれを肯定する見解が有力であり、この立場を条文上も明記すべきであるとの考え方がある。これに対し、懸賞広告は報酬によって指定行為を促進することを目的とする制度であり、偶然指定行為を行った者に報酬請求権を与える必要はないとの指摘もあることから、このような指摘にも留意しつつ、上記の考え方の当否について、更に検討してはどうか。
> 　　　　　　　　　　　　　【部会資料11－2　第4、2［52頁］】

　〔意　見〕
　懸賞広告を知らずに指定行為を行った者も報酬請求権を有する旨の規定を設けることには反対する。
　〔理　由〕
　懸賞広告は、これによって指定行為を促進することを制度趣旨とするものであり、懸賞広告の存在を知らないで偶然に指定行為を行ってしまった者についても懸賞を与えるか否かは懸賞広告者の意思によるべき問題であるから、例え広告者が特段の意思を表示していない場合のデフォルト・ルールであっても、広告者の意思に反する結果となるおそれのある規定を設けるべきではない。

> 2　懸賞広告の効力・撤回
> 　(1)　懸賞広告の効力
> 　　懸賞広告の効力の存続期間（いつまでに指定行為を行えば報酬請求権を取得することができるか。）は民法の条文上明らかでないことから、これを明

らかにするため、懸賞広告をした者が指定行為をする期間を定めた場合には当該期間の経過によって効力を失うものとし、その期間を定めなかった場合には指定行為をするのに相当の期間の経過により効力を失う旨の規定を新たに設けるべきであるとの考え方がある。このような考え方の当否について、更に検討してはどうか。

【部会資料11－2　第4、3(1)［53頁］】

〔意　見〕
特に規定を設ける必要は無い。
〔理　由〕
前者は一般市民にとっても当然のことを定めるものに過ぎず、期間を定めなかった場合の規律は抽象的過ぎて、実務上機能するとは思われない。

(2) 撤回の可能な時期

懸賞広告をした者が懸賞広告を撤回することができる時期について、指定行為に着手した第三者の期待をより保護する観点から、民法第530条第1項及び第3項の規定を改め、指定行為をすべき期間が定められている場合にはその期間内は撤回することができないものとし、また、第三者が指定行為に着手した場合には撤回することができないものとすべきであるとの考え方がある。このような考え方の当否について、懸賞広告をした者にとって第三者が指定行為に着手したことを知ることは困難であるとの批判があることも考慮しながら、更に検討してはどうか。

【部会資料11－2　第4、3(2)［54頁］】

〔意　見〕
現行法の規定を改めるべきではない。
〔理　由〕
現行法の規定でも特に不都合が生じているわけではなく、また懸賞広告をした後、指定行為に当たる発明・発見が海外でされた場合や、懸賞広告者自身の努力によって指定行為がされた場合などには、懸賞広告を撤回する実益があることから、法改正によって懸賞広告の撤回を制限すべきではない。

第 25 懸賞広告

> (3) 撤回の方法
> 　懸賞広告の撤回の方法については、民法上、懸賞広告と同一の方法による撤回が不可能な場合に限って他の方法による撤回が許されている（同法第530条第1項・第2項）が、撤回の効果がこれを知った者に対してのみ生ずることを前提に、同一の方法による撤回が可能な場合であっても異なった方法による撤回をすることができるものとすべきであるとの考え方がある。このような考え方の当否について、更に検討してはどうか。
> 　　　　　　　　　　　　　【部会資料11－2 第4、3(3)［56頁］】

〔意　見〕
特に異論はない。
〔理　由〕
現行法において撤回の方法によって効果の差が設けられていることで十分であり、撤回の方法を制限する合理的理由はない。

> 3　懸賞広告の報酬を受ける権利
> 　懸賞広告に定めた行為をした者が数人あるときの報酬受領権者の決定方法については、指定行為をした者が数人あるときは最初にした者が報酬を受ける権利を有する等の規定（民法第531条）が設けられているが、同条に対しては、その決定方法を一律に法定するのではなく懸賞広告をした者の意思に委ねれば足りるなどの指摘もある。このような指摘を踏まえ、同条をなお存置するかどうかについて、更に検討してはどうか。
> 　また、優等懸賞広告における優等者の判定方法（民法第532条）に関して、広告中では判定者ではなく判定方法を定めるものとする等の見直しをするかどうかについて、検討してはどうか。
> 　　　　　　　　　　　　　【部会資料11－2 第4、4［57頁］】

〔意　見〕
1　民法531条の規定は、なお存置すべきである。
2　民法532条について、広告者が判定者ではなく判定方法を定めるものとすることには、賛成する。

〔理 由〕
1　民法531条の規定は、指定行為をした者が数人いるときに誰が報酬を受ける権利を有するかについて、広告者の意思が明確でない場合のデフォルト・ルールを定めるものであり、少なくとも削除する必要はない。
2　判定者の氏名をあらかじめ広告中で明らかにすると選定方法の公正が害されるおそれがあることから、優等の判定方法については、広告中に定めた者が判定するとするよりも、広告中に定めた方法によって決定するものとした方が妥当である。

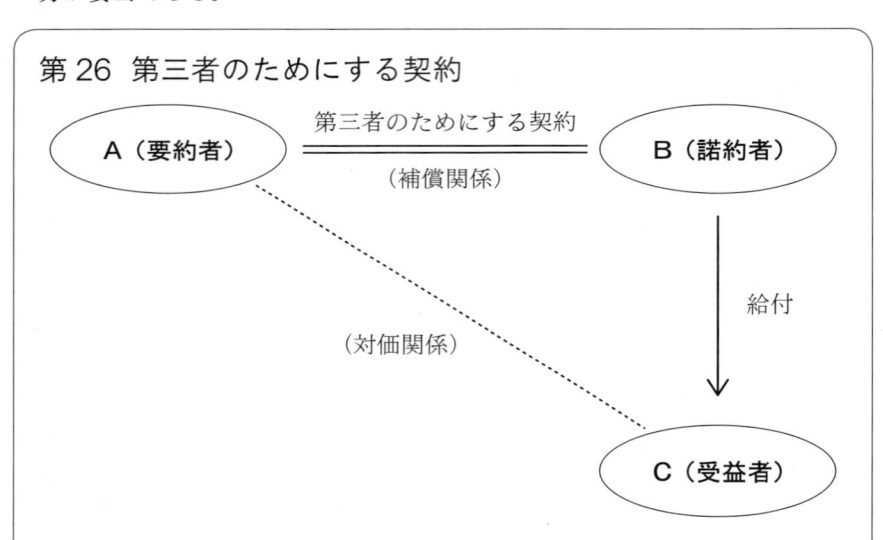

第26　第三者のためにする契約

```
                 第三者のためにする契約
   A（要約者）  ════════════════════  B（諾約者）
                   （補償関係）
        ╲
         ╲
          ╲                              │
           ╲                             │給付
            ╲                            │
         （対価関係）                     ▼
              ╲
               ╲                    C（受益者）
```

1　受益の意思の表示を不要とする類型の創設等（民法第537条）

　民法第537条第2項は、受益者（第三者）の権利は、受益者が契約の利益を享受する意思（受益の意思）を表示したときに発生すると規定している。これに対し、第三者のためにする契約の内容によっては、受益の意思の表示がなくても受益者の権利を発生させることが適当な場合があるとして、受益者の権利の発生のために受益の意思の表示を必要とすべきか否か等の観点から、第三者のためにする契約の類型化を図り、その類型ごとに規定を明確にすべきであるとの考え方がある。このような考え方の当否について、受益の意思の表示を要せずに債権を取得することが受益者にとって不当な場合もあることを指摘する意見があることなどに留意しつつ、更

第26　第三者のためにする契約

に検討してはどうか。

【部会資料19－2　第6、2［58頁］】

〔意　見〕
　第三者のためにする契約については、受益者の権利発生のために受益の意思表示を必要とすべきとする現行法を維持すべきである。
〔理　由〕
　まず、第三者のためにする契約の類型化を図る立場があり、この立場からは、負担のない債権取得型の場合に受益の意思の表示が不要となるとの提案がなされている。
　しかしながら、そもそも第三者のためにする契約の類型を条文上明確化しても、典型的な形態が例示されるに過ぎず、必ずしも第三者のためにする契約に該当するかどうかが明確に判別できるわけではない。むしろ、負担のない債権取得型に該当するか、負担付債権取得型に該当するかなど、どの類型に該当するか判断に迷う場合があることも想定される。
　また、負担のない債権取得型であっても税金の負担など受益者にとって負担となる場合があるのであって、受益者の受益の意思の表示がまったくないにもかかわらず当然にその権利が発生するというのは行き過ぎであると思料される。
　この点、裁判例では、出産に関する医療において胎児に対する医師の義務を導くため、親と医療機関との間で、生まれてくる子のために安全な分娩の確保等を内容とする第三者のためにする契約が締結されているという構成を用いるものがあるところ、子が生まれた直後に親が子を代理して受益の意思の表示を黙示に行ったという認定に対し（東京地判昭和54年4月24日判例タイムズ388号147頁、名古屋地判平成元年2月17日判例タイムズ703号204頁等）、いかにも技巧的な認定であり、受益者の権利発生のために受益の意思の表示を要求することについて見直しを検討すべきであるとの考え方があるが、上記認定は不当なものではなく、必ずしも技巧的とまでは言えない。むしろ、かかる裁判例をもって、受益の意思の表示を不要とすることを類型によって一般化することは行き過ぎである。
　よって、第三者のためにする契約の類型化を図り、受益の意思の表示を不要とするなど各類型毎に取り扱いを異にする必要性はなく、基本的には現行法を維持すべきである（第19回会議議事録58頁、59頁）。

2 受益者の権利の確定

民法第 538 条は、受益者の受益の意思の表示があって初めて受益者（第三者）の権利が発生するという前提の下で、「第三者の権利が発生した後は、当事者は、これを変更し、又は消滅させることができない」と規定しているが、仮に受益者の権利の発生のために受益の意思の表示を不要とする類型を設ける場合（前記１参照）には、この規定に関し、例えば、受益者が取得する権利や利益について正当な期待を持つ段階に至れば、もはやその変更や撤回を認めるべきでないなどの観点から所要の修正をするかどうかについて、更に検討してはどうか。

【部会資料 19 － 2 第 6、2（関連論点）[63 頁]】

〔意　見〕
第三者のためにする契約の類型化を明文上図る必要はないため、受益者の権利が発生した前後で変更や撤回の可否について異なる取扱にすればよい。

〔理　由〕
負担のない債権取得型か負担付債権取得型かで、変更や撤回の可否の時期が異なるとすれば、法律関係が不安定になりかねない。やはり、第三者のためにする契約の類型化を明文上図る必要はなく、受益者の受益の意思の表示によって権利が発生した前後で変更や撤回の可否について異なる取扱にすればよい。

3 受益者の現存性・特定性

第三者のためにする契約の締結時において、受益者が現存することや特定されていることが必要かどうかに関し、判例は、受益者が現存する必要も特定されている必要もないとしていることから、これを条文上も明らかにするかどうかについて、更に検討してはどうか。

【部会資料 19 － 2 第 6、3 [64 頁]】

〔意　見〕
賛成。

〔理　由〕
国民に分かりやすい民法に資する。

4 要約者の地位
(1) 諾約者に対する履行請求
　第三者のためにする契約において、要約者が諾約者に対して受益者への履行を請求することができることについては、条文上は明らかでないが、学説上は一般に肯定されている。そこで、このことを条文上も明記するかどうかについて、要約者による履行請求訴訟と受益者による履行請求訴訟との関係等を整理する必要を指摘する意見があることも踏まえて、更に検討してはどうか。

【部会資料19－2　第6、4(1)［65頁］】

〔意　見〕
　要約者が諾約者に対して受益者への履行を請求することを認める規定を設けることは反対。

〔理　由〕
　要約者が諾約者に対して受益者への履行を請求する訴訟をした場合、判決の既判力がどうなるのか、執行がどのように行われるのか不明確である。
　民法においては、受益の意思の表示により、受益者に権利が発生することを認めれば足り、履行請求については、受益者についてのみ認めれば足りる。
　なお、要約者から諾約者に対して受益者への履行を請求することを明文で認める場合には、判決の既判力、民事執行がどのようになるのか、民事訴訟法・民事執行法上で規定される必要がある。

(2) 解除権の行使
　第三者のためにする契約において、諾約者がその債務を履行しない場合に、要約者が当該第三者のためにする契約を解除することができるかどうかに関し、受益者の意思を尊重する観点から、要約者は、受益者の承諾を得て、当該第三者のためにする契約を解除することができることを条文上も明記するかどうかについて、更に検討してはどうか。

【部会資料19－2　第6、4(2)［66頁］】

Ⅱ 全体版

〔意 見〕
賛成。

〔理 由〕
契約解除の要件と受益者の承諾があれば、要約者が契約を解除することができるとすることについて何ら問題はない。

これに対し、第三者のためにする契約の類型化を図る考え方からは、契約成立型については当該契約の解釈によって決まるので特段の手当は不要であり、債務免除型や条項援用型は諾約者が債務を負うわけではないので要約者からの解除権の行使に関する規定を設けないとするが、そもそも契約成立型を認めるのは妥当でないし、その他の類型でも契約解除の要件の問題とすれば足りるのであるから、要約者が、受益者の承諾を得て、第三者のためにする契約を解除できる旨の規定を置くことが、「国民に分かりやすい民法」の点から妥当である。

第27 約款（定義及び組入要件）

(はじめに)
〔意 見〕
約款の定義、要件については、その効果との関係から十分な検討が必要と考える。

〔理 由〕
約款に関しては、情報力、交渉力において劣位する相手方に約款の拘束力を認めるための諸要件について、検討が不十分なまま約款制度を導入しようとしているきらいがある。

このままでは合理的、効率的という面ばかりが強調され、劣位する相手方の不利益が大きくなる可能性がある。

また、かかる事態を防止するため、約款に関して不当条項規制を及ぼす方法が提案されているが、本来であれば、救済規定を充実させるよりもそもそも劣位者に安易に約款の拘束力を及ぼさないよう指向する方が先決であるという考え方もありうる。

第27　約款（定義及び組入要件）

> 1　約款の組入要件に関する規定の要否
>   現代社会においては、鉄道・バス・航空機等の運送約款、各種の保険約款、銀行取引約款等など、様々な分野でいわゆる約款（その意義は2参照）が利用されており、大量の取引を合理的、効率的に行うための手段として重要な意義を有しているが、個別の業法等に約款に関する規定が設けられていることはあるものの、民法にはこれに関する特別な規定はない。約款については、約款使用者（約款をあらかじめ準備してこれを契約内容にしようとする方の当事者）の相手方はその内容を了知して合意しているわけではないから、約款が契約内容になっているかどうか不明確であるなどの指摘がある。そこで、約款を利用した取引の安定性を確保するなどの観点から、約款を契約内容とするための要件（以下「組入要件」という。）に関する規定を民法に設ける必要があるかどうかについて、約款を使用する取引の実態や、約款に関する規定を有する業法、労働契約法その他の法令との関係などにも留意しながら、更に検討してはどうか。
>
> 【部会資料11－2　第5、1［60頁］】

〔意　見〕
約款の組入要件について民法に規定を設ける方向で検討すべきである。
〔理　由〕
約款の組入要件については判例もあり、約款に基づく取引を安定的なものにするためには、組入要件について明文の規定を置く必要がある。

> 2　約款の定義
>   約款の組入要件に関する規定を設けることとする場合に、当該規定の適用対象となる約款をどのように定義するかについて、更に検討してはどうか。
>   その場合の規定内容として、例えば、「多数の契約に用いるためにあらかじめ定式化された契約条項の総体」という考え方があるが、これに対しては、契約書のひな形などが広く約款に含まれることになるとすれば実務における理解と異なるという指摘や、労働契約に関する指摘として、就業規則が約款に該当するとされることにより、労働契約法その他の労働関係

Ⅱ 全体版

法令の規律によるのではなく約款の組入要件に関する規律によって労働契約の内容になるとすれば、労働関係法令との整合的でないなどの指摘もある。そこで、このような指摘にも留意しながら、上記の考え方の当否について、更に検討してはどうか。

【部会資料11-2 第5、2 [60頁]、同 [61頁]】

〔意 見〕
1 約款の定義の検討をすることに賛成する。
2 その場合、「多数の契約に用いるためにあらかじめ定式化された契約条項の総体」という定義の是非について、下記（理由）の点を踏まえて更に慎重に検討すべきである。

〔理 由〕
1 基本的には、約款の定義を置き民法で規制することにより、「分かりやすい民法」の実現に資する。
2 上記2の定義については、広い意味を持つものとすることにより意思の合致が希薄な合意を幅広く規制できるというメリットが指摘されている。

　しかし、約款による契約は、個別の合意を必要とする原則からの大きな逸脱である。したがって、単に約款の定義を広く取るだけで、十分な規制がされない場合、希薄な合意の拘束力を幅広く認め、合意原則を底抜けにする危険性がある。約款による契約が認められる根拠は、その有用性にある。そして、この有用性は、本来の合意原則を曲げるものである以上、単に当事者（特に使用者）のみの有用性にとどまらず、社会経済的な見地から基礎づけられなければならない。

　また、「ひな形」を利用した契約や意思の合致が希薄な合意に幅広く効力を認めることにより情報力、交渉力格差の中で劣位する弱者にも約款の拘束力を及ぼすことになり弱者保護にもとるというデメリットがありうる。そのため、特に「ひな形」のようなものについては、あえて「約款」とせず、通常の契約のように厳密に契約の内容についての認識（提示等の程度では足りない。）を要求し、認識がないものについては一律に契約不成立またはその拘束力を及ぼさないとして、劣位者に不利益にならないようにすべきという帰結も成り立ちうる。

　このようなメリット、デメリット含め、更に慎重に検討すべきである。

3 約款の組入要件の内容

仮に約款の組入要件についての規定を設けるとした場合に、その内容をどのようなものとするかについて、更に検討してはどうか。

例えば、原則として契約締結までに約款が相手方に開示されていること及び当該約款を契約内容にする旨の当事者の合意が必要であるという考え方がある。このうち開示を要件とすることについては、その具体的な態様によっては多大なコストを要する割に相手方の実質的な保護につながらないとの指摘などがあり、また、当事者の合意を要件とすることについては、当事者の合意がなくても慣習としての拘束力を認めるべき場合があるとの指摘などがある。

このほか、相手方が個別に交渉した条項を含む約款全体、更には実際に個別交渉が行われなくてもその機会があった約款は当然に契約内容になるとの考え方や、約款が使用されていることが周知の事実になっている分野においては約款は当然に契約内容になるとの考え方もある。

約款の組入要件の内容を検討するに当たっては、相手方が約款の内容を知る機会をどの程度保障するか、約款を契約内容にする旨の合意が常に必要であるかどうかなどが問題になると考えられるが、これらを含め、現代の取引社会における約款の有用性や、組入要件と公法上の規制・労働関係法令等他の法令との関係などに留意しつつ、規定の内容について更に検討してはどうか。

また、上記の原則的な組入要件を満たす場合であっても、約款の中に相手方が合理的に予測することができない内容の条項が含まれていたときは、当該条項は契約内容とならないという考え方があるが、このような考え方の当否について、更に検討してはどうか。

【部会資料11-2 第5、3［62頁］、同（関連論点）［64頁］】

〔意　見〕

1　組入れ要件について

　約款の開示を原則とし、例外的に、契約の性質上、契約締結時までに相手方に開示することが著しく困難な場合において、約款使用者が相手方に対し契約の締結時に約款を用いる旨の表示をし、相手方がそれを知りまたは知る

ことができ、かつ契約締結時までに、約款を相手方が知りうる状態においたとき、とする方向で検討すべきである。
2　個別交渉を行った又は行う機会があった約款は当然に契約内容となるとの考え方には反対。
3　不意打ち条項について
　　取引慣行に照らして異常な条項または取引の状況若しくは契約の外形から見て相手方にとって不意打ちとなる条項や、相手方が合理的に予測することができない内容の条項は、契約内容とならないというような不意打ち条項を設ける方向で、さらに検討すべきである。
4　規定の内容に関して
　　「現代の取引社会における約款の有用性や組入要件と公法上の規制との関係などに留意しつつ、規定の内容について更に検討してはどうか」という点については、規定の内容を検討すべきという点は賛成であるが、質問全体の意味が不明であって明確な意見を出すことが困難である。
　　公法上の規制、労働関係法令等他の法令との関係は、検討すること自体は反対しないが、他の法令においてそれぞれ規定化すべきことであり、民法で規定することには反対である。
〔理　由〕
1　約款の開示がなされていない場合に、それでも相手方に約款の拘束力を及ぼすこととするための許容性の問題であり、劣位する相手方の利益を考えると、容易に組入れを認めるべきではない。
　　したがって、その観点からさらに検討すべきである。
2　約款が用意された取引において、個別交渉が行われることは現実にはまれである。約款の定義を広くとった上で、このような要件で約款の拘束力を認めた場合、合意原則が有名無実化することが避けられない。
3　不意打ち条項については、情報提供義務・説明義務の問題として処理することは内容・効果の面で相違点が多く、困難である。
　　また、単なる内容規制の問題として解決することも可能であるとの考えもあるが、不当条項規制において不意打ち条項についての具体的提案がない以上、規定の盲点になってしまう危険がある。
　　そうすると、約款規制の中で明確に規定する意味は十分にある。
4　規定の内容については、未だ抽象的であるので明確にすべく検討すべきで

第 27 約款（定義及び組入要件）

ある。
　公法上の規制とは何を意味しているのか（約款の認可のことか）不明である。
　労働関係法令との関係については、種々の労働関係法令（労働契約法、労働基準法その他）との関係で個別の調整が必要であり、民法で包括的な規定を置く意味に乏しい。

> **4　約款の変更**
> 　約款を使用した契約が締結された後、約款使用者が当該約款を変更する場合があるが、変更の効力については規定がないため、約款使用者が一方的に約款を変更することの可否、要件、効果等は明確でない。そこで、この点を明らかにするため、約款使用者による約款の変更について相手方の個別の合意がなくても、変更後の約款が契約内容になる場合があるかどうか、どのような場合に契約内容になるかについて、検討してはどうか。

〔意　見〕
　上記の見解の是非及び要件について一定の制限を設ける方向で更に検討することに賛成する。
〔理　由〕
　一般的に、約款使用者が一方的に約款の内容を変更できる、という内容の約款が存在するが、これが自由に認められると考えるべきではない。そこで、その是非や要件について、変更に一定の制約を設ける方向で、更に検討するべきである。

第 28　法律行為に関する通則
1　法律行為の効力
 (1)　法律行為の意義等の明文化
　「法律行為」という概念は民法その他の法令に用いられているが、この概念の有用性に疑問を呈する見解があるほか、民法にその意義に関する一般的な規定が設けられていないため、意味が分かりにくいという問題が指摘されている。既に法律上の概念として定着したものであることなどから法律行為という概念を維持した上で、その意義について、例えば、法律行為とは、契約、単独行為及び合同行為をいうとの形式的な定義規定を設けるという考え方や、法律行為は法令の規定に従い意思表示に基づいてその効力を生ずるという基本的な原則を条文上明記するという考え方があるが、これらの当否について、更に検討してはどうか。
【部会資料12－2　第1、2(1)［1頁］、同（関連論点）［2頁］】

〔意　見〕
「法律行為」という概念を維持した上で、どのような規定を設けるかについてさらに検討することに賛成する。
〔理　由〕
　規定を置く場所として、民法総則、或いは契約総則のいずれに置かれることがよいかという点など、規定の内容とは別に法典の編成にも関連する問題あることから、更なる検討が必要である。
（第10回議事録2頁・山本（敬）幹事、3頁・大村幹事）

 (2)　公序良俗違反の具体化
　公序良俗違反の一類型として暴利行為に関する判例・学説が蓄積されていることを踏まえ、一般条項の適用の安定性や予測可能性を高める観点から、暴利行為に関する明文の規定を設けるものとするかどうかについて、自由な経済活動を萎縮させるおそれがあるとの指摘、特定の場面についてのみ具体化することによって公序良俗の一般規定としての性格が不明確になるとの指摘などがあることに留意しつつ、更に検討してはどうか。
　暴利行為の要件は、伝統的には、① 相手方の窮迫、軽率又は無経験に乗

Ⅱ　全体版

　じるという主観的要素と、②著しく過当の利益を獲得するという客観的要素からなるとされてきたが、暴利行為に関するルールを明文化する場合には、主観的要素に関しては、相手方の従属状態、抑圧状態、知識の不足に乗じることを付け加えるか、客観的要素に関しては、利益の獲得だけでなく相手方の権利の不当な侵害が暴利行為に該当し得るか、また、「著しく」という要件が必要かについて、更に検討してはどうか。
　また、暴利行為のほかに、例えば「状況の濫用」や取締法規に違反する法律行為のうち公序良俗に反するものなど、公序良俗に反する行為の類型であって明文の規定を設けるべきものがあるかどうかについても、検討してはどうか。

【部会資料12－2 第1、2(2)［4頁］】

〔意　見〕
1　いわゆる「暴利行為」の明文化を行うことに賛成する。
2　暴利行為の要件について、①主観的要素については「相手方の窮迫、軽率又は無経験」のみならず、「従属状態、抑圧状態、知識の不足」に乗じることも付け加えること、並びに②客観的要素については、利益の獲得のみならず「相手方の権利の不当な侵害」が暴利行為に当たるとすること、及び「著しく」という要件を不要とすることのいずれにも賛成する。
3　いわゆる「状況の濫用」や取締法規法規に違反する法律行為のうち公序良俗に反するものを明文化することも賛成する。
〔理　由〕
1　とりわけ、社会的・経済的弱者を保護する見地からは、判例・学説の到達点の明文化により、公序良俗規定の具体化をできる限り行うことが妥当であり、暴利行為の明文化をすべきである。
2　同じく社会・経済的弱者保護の見地からは、暴利行為の要件について、上記の点を付加あるいは「著しく」という要件を不要とするのが妥当である。
3　社会的・経済的弱者保護及び交渉力不均衡是正の見地からは、「状況の濫用」なども明文化すべきである。
（第10回議事録5頁・西川関係官・鹿野幹事、6頁・高須幹事・深山幹事、78頁・藤本関係官・松本委員、8頁・野村委員・山本(敬)幹事、10頁・岡本委員・大村幹事）

(3) 「事項を目的とする」という文言の削除（民法第90条）

民法第90条は、「公の秩序又は善良の風俗に反する事項を目的とする法律行為は、無効とする。」と規定しているが、これを「公の秩序又は善良の風俗に反する法律行為は、無効とする。」と改めるものとしてはどうか。

【部会資料12－2 第1、2(3)［10頁］】

〔意　見〕
民法90条の「事項を目的とする」という文言を削除する方向性に賛成する。

〔理　由〕
現在の判例・学説によれば、法律行為が公序良俗に反する事項を目的としているか否かが問題ではなく、法律行為が行われた過程その他の諸事情を考慮して当該法律行為が公序良俗に反しているか否かが問題となっており、その方が社会的・経済的弱者の保護に資する。

2　法令の規定と異なる意思表示（民法第91条）

法令の規定と異なる意思表示の効力について、原則として意思表示が法令の規定に優先するとした上で、その法令の規定が公序良俗に関するもの（強行規定）であるときは例外的に意思表示が無効となることを条文上明記するものとしてはどうか。

【部会資料12－2 第1、3［11頁］】

〔意　見〕
公序良俗、ないし、強行規定に反する法律行為の効力を条文上明確にする方向性に賛成する。

〔理　由〕
意思表示の効力について原則と例外を明文化することは、「分かりやすい民法」の実現に資する。また、意思表示が無効となることを明確に示すことで、弱者の保護に資する。

3　強行規定と任意規定の区別の明記

民法上の規定のうち、どの規定が強行規定であり、どの規定が任意規定

であるかを条文上明らかにすることが望ましいとの考え方がある。これに対しては、全ての規定についてこの区別を行うのは困難であるとの指摘、規定と異なる合意を許容するかどうかは、相違の程度や代替措置の有無などによって異なり、単純に強行規定と任意規定に二分されるわけではないとの指摘、強行規定かどうかを法律上固定することは望ましくないとの指摘などがある。これらの指摘を踏まえ、強行規定と任意規定の区別を明記するという上記の考え方の当否について、強行規定かどうかを区別することの可否やその程度、区別の基準の在り方、区別をする場合における個々の規定の表現などを含め、検討してはどうか。

〔意　見〕
民法上の規定について、強行規定と任意規定の区別を明記する方向で更に検討することに賛成する。
〔理　由〕
第37の2においても述べるように、強行規定又は任意規定のいずれであるかについて、明確化が可能な規定については、条文上明記することが、「分かりやすい民法」に資する。
その前提として、民法上の規定について、強行規定と任意規定に区別することの可否やその程度、区別の基準の在り方や、個々の規定の表現について更なる検討は必要である。

4　任意規定と異なる慣習がある場合

任意規定と異なる慣習がある場合における任意規定と慣習との優先劣後の関係は、これを扱う民法第92条と法の適用に関する通則法第3条が整合的でないようにも解し得ることから、現行法上不明確であり、立法的解決の必要性が指摘されている。この点について、社会一般より小さい社会単位で形成された規範である慣習がある場合にはこれに従うことが当事者の意思に合致する場合が多いなどとして、慣習が任意規定に優先することを原則とし、当該慣習が公序良俗に反する場合や当事者が反対の意思を表示した場合は任意規定が優先するものとすべきであるとの考え方がある。他方、不合理な慣習が優先するのは適当でないことなどから、慣習が契約内容になるためには当事者の意思的要素を介在させるべきであり、これが

ない場合には任意規定が優先することとすべきであるとの考え方もある。そこで、任意規定と異なる慣習がある場合の優先劣後の関係について、契約の解釈に関する規律（後記第59）との整合性にも留意しながら、更に検討してはどうか。

【部会資料12－2 第1、4［13頁］】

〔意　見〕
民法92条の規定を見直すことについては、反対する。
〔理　由〕
現行民法92条を変更して、「より小さな社会単位で積み上げられた慣習があるときには、原則として慣習によるものとし、その慣習が公序良俗・強行法規に反する場合は、その限りではなく、さらに当事者が慣習と異なる意思を表示した場合には慣習は劣後する」とすべきとの意見があるが、慣習というものの範囲、規範については必ずしも明確とは言えず、かつ公序良俗には反しないが不合理な慣習もあるので、現行民法92条を維持するのが妥当である。
（第10回議事録17頁・中井委員）

第29 意思能力
1 要件等
(1) 意思能力の定義

意思能力を欠く状態で行われた法律行為の効力が否定されるべきことには判例・学説上異論がないが、民法はその旨を明らかにする規定を設けていない。そこで、意思能力を欠く状態で行われた法律行為の効力について明文の規定を設けるものとしてはどうか。

その場合には、意思能力をどのように定義するかが問題となる。具体的な規定内容として、例えば、有効に法律行為をするためには法律行為を自らしたと評価できる程度の能力が必要であり、このような能力の有無は各種の法律行為ごとに検討すべきであるとの理解から、「法律行為をすることの意味を弁識する能力」と定義する考え方がある。他方、各種の法律行為ごとにその意味を行為者が弁識していたかどうかは意思能力の有無の問題ではなく、適合性の原則など他の概念が担っている問題であって、意思能力の定義は客観的な「事理を弁識する能力」とすべきであるとの考え方

Ⅱ 全体版

もある。これらの考え方の当否を含め、意思能力の定義について、更に検討してはどうか。

【部会資料12－2 第2、1［17頁］】

〔意 見〕
1 意思能力を欠く状態で行われた法律行為の効力についての規定を置く方向性に賛成する
2 意思能力の定義については、「事理を弁識する能力」として明文化する方向で検討すべきである。これに対し、「法律行為をすることの意味を弁識する能力」と定義する見解があるが、これについては反対する。

〔理 由〕
1 「分かりやすい民法」の実現に資する。
2 意思能力は、当該具体的行為との関係で問題となるから「法律行為をすることの意味を弁識する能力」と定義すべきとの意見があるが、そのような定義では、例えば高度で難解な取引の場合に意思無能力者が拡大してしまい法的安定性を欠くなど重大な疑問がある（第10回議事録20頁）。

それ故、伝統的な見解に従い事理弁識能力とする方向で法文化するべきである。

(2) 意思能力を欠く状態で行われた法律行為が有効と扱われる場合の有無

意思能力を欠く状態で行われた法律行為であっても、その状態が一時的なものである場合には、表意者が意思能力を欠くことを相手方が知らないこともあり、その効力が否定されると契約関係が不安定になるおそれがあるとの指摘がある。また、意思能力を欠いたことについて表意者に故意又は重大な過失がある場合には、意思能力を欠くことを知らなかった相手方に意思能力の欠如を対抗できないという考え方がある。これに対し、意思能力を欠く状態にある表意者は基本的に保護されるべきであるとの指摘もある。

以上を踏まえ、意思能力を欠く状態で行われた法律行為が有効と扱われる場合の有無、その具体的な要件（表意者の帰責性の程度、相手方の主観的事情等）について、検討してはどうか。

〔意　見〕
　意思能力を欠く状態で行われた法律行為は無効とされるべきであり、それが有効として扱われる場合を規定すべきではない。
〔理　由〕
　成年後見に付されていない意思無能力者の保護を行うためには、意思能力を欠く状態で行われた法律行為は無効とされるべきであり、それが有効として扱われる場合を規定すべきではない。

> ２　日常生活に関する行為の特則
> 　意思能力を欠く状態で行われた法律行為であっても、それが日常生活に関する行為である場合は意思能力の不存在を理由として効力を否定することができない旨の特則を設けるべきであるとの考え方がある。これに対しては、不必要な日用品を繰り返し購入する場合などに意思無能力者の保護に欠けるおそれがあるとの指摘や、意思能力の意義について当該法律行為をすることの意味を弁識する能力とする立場に立てばこのような特則は不要であるとの指摘がある。
> 　これらの指摘も踏まえ、日常生活に関する行為の特則を設けるという上記の考え方の当否について、更に検討してはどうか。
> 　　　　　　　　　　【部会資料12－2 第2、1（関連論点）[19頁]】

〔意　見〕
　意思無能力者の日常生活に関する行為についても効力を否定すべきである。行為能力についての現行民法9条但書の趣旨を意思無能力者について及ぼすべきではないので、その方向での検討は行うべきではない。
〔理　由〕
　成年後見に付されていない意思無能力者の保護を行うには、たとえ日常生活に関する行為であっても効力を否定すべきである（第10回議事録19頁）。
　なお、実際には日用品の購入等について意思無能力による無効を主張するケースはまれと思われ、「行為無能力者のノーマライゼーション」の趣旨に対する弊害は少ない。

3 効果

現在の判例及び学説は、意思能力を欠く状態で行われた法律行為は無効であるとしているが、これは意思無能力者の側からのみ主張できるなど、その効果は取消しとほとんど変わりがないことなどから、立法論としては、このような法律行為は取り消すことができるものとすべきであるとの考え方も示されている。このような考え方に対し、取り消すことができる法律行為は取消しの意思表示があるまでは有効と扱われるため取消しの意思表示をすべき者がいない場合などに問題を生ずること、取消しには期間制限があるために意思無能力者の保護が十分でないこと、意思無能力者が死亡して複数の相続人が相続した場合の取消権の行使方法が明らかでないことなどから、意思能力を欠く状態で行われた行為の効果を主張権者が限定された無効とすべきであるとの考え方もある。これらを踏まえ、意思能力を欠く状態で行われた法律行為の効果を無効とするか、取り消すことができるものとするかについて、更に検討してはどうか。その検討に当たっては、効力を否定することができる者の範囲、効力を否定することができる期間、追認するかどうかについての相手方の催告権の要否、制限行為能力を理由として取り消すこともできる場合の二重効についてどのように考えるかなどが問題になると考えられるが、これらについて、法律行為の無効及び取消し全体の制度設計（後記第32）にも留意しつつ、検討してはどうか。

【部会資料12－2第2、2［20頁］、部会資料13－2第2、4［56頁］】

〔意見〕

意思能力を欠く状態で行われた法律行為の効力については、無効とすべきである。取消可とする見解については検討すべきではない。

〔理由〕

意思無能力の場合の効果も取消可だとすると、近親者による無効の抗弁などが封じられて意思無能力者の保護が後退するほか、取消権の期間制限による不利益や、取消権の共同相続の場合の処理等の問題がある（第10回議事録19頁、20頁、22頁～24頁、第11回議事録65頁）。

第30 意思表示
1 心裡留保
(1) 心裡留保の意思表示が無効となる要件

　表意者が表示と真意に不一致があることを知ってした意思表示の効力について、民法第93条は、①相手方が表意者の真意に気づいてくれることを期待して真意と異なる意思表示をした場合（非真意表示）と②表意者が相手方を誤信させる意図を持って、自己の真意を秘匿して真意と異なる意思表示をした場合（狭義の心裡留保）を区別せずに規定しているが、この両者を区別し、非真意表示においては相手方が悪意又は有過失のときに無効であるが、狭義の心裡留保においては相手方が悪意の場合に限って無効であるとすべきであるとの考え方がある。このような考え方の当否について、その両者を区別することが実際上困難であるとの指摘があることも踏まえ、更に検討してはどうか。

　また、心裡留保の意思表示は、相手方が「表意者の真意」を知り又は知ることができたときは無効であるとされている（民法第93条ただし書）が、真意の内容を必ずしも知る必要はないことから、その悪意等の対象を「表意者の真意」ではなく、「表示が表意者の真意でないこと」と改める方向で、更に検討してはどうか。

【部会資料12－2 第3、2(1)[23頁]】

〔意見〕
心裡留保という用語は変えるべきである。

非真意表示と、狭義の心裡留保を区別して規定すべきか否かについては、更に検討することに反対しないが、2つの区別が明確になるよう規定すべきである。

民法93条但し書きの悪意等の対象として、「表示が表意者の真意でないこと」と改める点は賛成。

〔理由〕
分かりやすい民法とするためには、心裡留保という難解な用語は避けるべきである。

非真意表示と狭義の心裡留保とを区別し、無効となる相手方の主観的要件を

分けて規定することについては、そのような区別が明確に出来るか否かの疑問が提起されている。

民法93条但し書きの悪意等の対象が「表意者の真意」ではないとの指摘はその通りである。

（第10回議事録28頁）

> (2) 第三者保護規定
> 　心裡留保の意思表示を前提として新たに利害関係を有するに至った第三者を保護する規定はなく、解釈に委ねられているが、このような第三者が保護される要件を明らかにするため新たに規定を設ける方向で、更に検討してはどうか。その際、通謀虚偽表示・錯誤・詐欺等に関する第三者保護規定との整合性に留意しながら、その規定内容や、第三者保護規定の配置の在り方について、更に検討してはどうか。規定内容については、例えば、心裡留保の意思表示が無効であることを善意の第三者に対抗することができないという考え方と、善意かつ無過失の第三者に対抗することができないという考え方があるが、その当否を含めて更に検討してはどうか。
>
> 【部会資料12－2 第3、2(2)［26頁］】

〔意　見〕
　通謀虚偽表示・錯誤・詐欺等に関する第三者保護規定との整合性に留意しつつ、心裡留保の第三者保護規定を設ける方向で更に検討するべきである。
　規定内容として無過失を含めることについては議論があり、この点は慎重に検討すべきである。

〔理　由〕
　意思表示の瑕疵がある場合の第三者保護規定について、一貫した考え方に従って規定を置くことは、「分かりやすい民法」の実現に資する。
　但し、善意は争いがないが、無過失については、表意者の帰責性（要保護性）との関係で、必ずしも他と同一視できない。

2　通謀虚偽表示
(1) 第三者保護要件
　通謀虚偽表示による意思表示の無効は善意の第三者に対抗することがで

第30 意思表示

きないとされている（民法第94条第2項）が、心裡留保・錯誤・詐欺等に関する第三者保護規定を検討する場合には、これらとの整合性を図る観点から、同項の第三者が保護されるための主観的要件を見直す必要がないかどうかについて、検討してはどうか。

　また、併せて第三者保護規定の配置の在り方についても検討してはどうか。

〔意　見〕
心裡留保・錯誤・詐欺等に関する第三者保護規定との整合性に留意しつつ、上記について検討することに賛成する。

〔理　由〕
意思表示の瑕疵がある場合の第三者保護規定について、一貫した考え方に従って規定を置くことは、「分かりやすい民法」の実現に資する。

(2) 民法第94条第2項の類推適用法理の明文化
　民法第94条第2項は、真実でない外観を作出したことについて責任がある者は、その外観を信頼した者に対し、外観が真実でないとの主張をすることが許されないといういわゆる表見法理の実定法上の現れであるとされ、判例により、同項の本来的な適用場面に限らず、例えば不動産の取引において真の権利者が不実の登記名義の移転に関与した場合など、様々な場面に類推適用されている。判例による同項の類推適用法理は、重要な法理を形成していることから、これを条文上明記すべきであるとの考え方がある。このような考え方については、その当否とは別に、物権変動法制全体との調整が必要になるため、今回の改正作業で取り上げることは困難であるとの指摘があることも踏まえつつ、当面その考え方の当否を更に検討する一方で、今後この論点を取り上げるべきかどうかについても、検討してはどうか。

【部会資料12－2 第3、3［27頁］】

〔意　見〕
94条2項の類推適用の内容を条文化して明確にする方向で検討すべきである。但し、その規定の位置、要件・効果等については、物権変動全般の考え方

との整合性に十分に配慮して規定すべきである。
〔理　由〕
　表見法理の現れとしての本条の類推適用は、民法を学習する上で最重要論点の１つである。したがって、分かりやすい民法という観点から、今回の改正において法文化すべきである。
　但し、「一定の場合に不動産登記に公信力を認めたのと実質的に同様の結果を生じさせる」旨の意見もあり、物権変動全般の考え方との整合性に十分に配慮して、その要件・効果を規定すべきである。
（第10回議事録、30頁・高須幹事）

3　錯　誤
(1) 動機の錯誤に関する判例法理の明文化
　錯誤をめぐる紛争の多くは動機の錯誤が問題となるものであるにもかかわらず、動機の錯誤に関する現在の規律は条文上分かりにくいことから、判例法理を踏まえて動機の錯誤に関する明文の規定を設ける方向で、更に検討してはどうか。
　規定の内容については、例えば、事実の認識が法律行為の内容になっている場合にはその認識の誤りのリスクを相手方に転嫁できることから当該事実に関する錯誤に民法第95条を適用するとの考え方がある。他方、動機の錯誤に関する学説には、動機の錯誤を他の錯誤と区別せず、表意者が錯誤に陥っていること又は錯誤に陥っている事項の重要性について相手方に認識可能性がある場合に同条を適用するとの見解もある。そこで、このような学説の対立も踏まえながら、上記の考え方の当否を含め、動機の錯誤に関する規律の内容について、更に検討してはどうか。
【部会資料12－２　第３、４(1)〔30頁〕】

〔意　見〕
1　動機の錯誤の規定を置く方向性に賛成する。
2　その規定内容については、判例理論（動機が明示あるいは黙示に表示されて法律行為の内容になる）を踏まえて条文化する方向で検討すべきである。
3　これに対し、動機の錯誤は、法律行為をするに当たって重視した「事実について認識を誤った」ことを意味し（事実の錯誤）、その「事実に関する認識

が法律行為の内容になる（取り込まれる）こと」を成立要件とすべきである旨の意見については、反対する。
〔理　由〕
1　分かりやすい民法の実現に資する。
2、3について
　「事実の認識が法律行為の内容になっている場合」という見解については、その意味が不明確であり、かつ判例理論と比べ表意者に不利であるとの批判がある。判例理論のように「動機が表示されて法律行為の内容になる」の方が分かりやすく、要件として適切である。
（第10回議事録33～39頁）

(2) 要素の錯誤の明確化
　民法第95条にいう「要素」について、判例は、意思表示の内容の主要な部分であり、この点についての錯誤がなかったなら表意者は意思表示をしなかったであろうし、かつ、意思表示をしないことが一般取引の通念に照らして正当と認められることを意味するとしている。このような判例法理を条文上明記することとしてはどうか。
【部会資料12－2　第3、4(2)〔31頁〕】

〔意　見〕
賛成である。
〔理　由〕
判例法理の明文化であり、「分かりやすい民法」の実現に資する。

(3) 表意者に重過失がある場合の無効主張の制限の例外
　表意者に重過失があったときは意思表示の錯誤無効を主張することができないとされている（民法第95条ただし書）が、①表意者の意思表示が錯誤によるものであることを相手方が知っている場合又は知らなかったことについて相手方に重過失がある場合、②当事者双方が同一の錯誤に陥っている場合、③相手方が表意者の錯誤を引き起こした場合においては、表意者は重過失があっても無効を主張できるものとすべきであるとの考え方がある。このような考え方について、相手方が過失なく表意者の錯誤を

引き起こした場合にも重過失ある表意者が錯誤無効を主張することができるとするのは適当でないなどの指摘があることも踏まえ、更に検討してはどうか。

【部会資料12－2　第3、4(3)［32頁］】

〔意　見〕
①について
　表意者に重大な過失があった場合でも、相手方が表意者の意思表示が錯誤によるものであることを知っていたか、又は知らなかったことにつき重大な過失があった場合は、錯誤の主張を認める方向で検討すべきである。
②について
　当事者双方が同一の錯誤に陥っている場合に、表意者に重過失があっても錯誤無効の主張を認めることに賛成する。
③について
　相手方が表意者の錯誤を引き起こした場合、重大な過失ある表意者が錯誤の主張をなすことができるか否かについては、相手方に酷な場合があり得ることに留意しつつ、慎重に検討すべきである。

〔理　由〕
①について
　支配的見解を法文化することにより、「分かりやすい民法」の実現に資する。
②について
　当事者双方が同一の錯誤に陥っている場合、相手方に配慮して錯誤無効の主張を制限する必要はない。
③について
　検討自体には反対しないが、上記③に関連して「不実表示とパラレルに考えると、過失無くして錯誤を引き起こした場合も、重過失ある表意者が錯誤無効の主張をすることができることになるので失当である」旨の反対意見があるので、慎重に行うべきである（第10回議事録36頁ないし40頁）。

(4) 効　果
　錯誤があった場合の意思表示の効力について、民法は無効としている（同法第95条本文）が、無効の主張は原則として表意者だけがすることが

第30 意思表示

できると解されているため、その効果は取消しに近づいているとして、錯誤による意思表示は取り消すことができるものとすべきであるとの考え方がある。

このような考え方に対しては、取消権の行使期間には制限があるなど、表意者の保護が十分でなくなるおそれがあるとして、無効という効果を維持すべきであるとの考え方もあることから、これらを踏まえ、錯誤による意思表示の効果をどのようにすべきかについて、更に検討してはどうか。

その検討に当たっては、錯誤に基づく意思表示の効力を否定することができる者の範囲、効力を否定することができる期間、追認するかどうかについての相手方の催告権の要否などが問題になると考えられるが、これらについて、法律行為の無効及び取消し全体の制度設計（後記第32）にも留意しつつ、検討してはどうか。

【部会資料12－2 第3、4(4)[34頁]、部会資料13－2 第2、4[56頁]】

〔意　見〕
錯誤があった場合の意思表示の効力は、相対的無効ないし取消可とする方向で検討すべきである。

その検討に当たっては、法律行為の無効・取消全体の制度設計に留意しつつ、更に検討すべきである。

〔理　由〕
錯誤は表意者保護の制度であり、意思無能力者のように、無効を事実上主張できる範囲を広く確保するという特別な配慮は不要である。このような判例法理を明文化することは、「分かりやすい民法」に繋がる。

(5) 錯誤者の損害賠償責任

錯誤は、錯誤者側の事情で意思表示の効力を否定する制度であるから、錯誤者はこれによって相手方が被る損害を賠償する責任を伴うとして、錯誤無効が主張されたために相手方や第三者が被った損害について錯誤者は無過失責任を負うという考え方がある。これに対しては、無過失責任を負わせるのは錯誤者にとって酷な場合があり、損害賠償責任の有無は不法行為の一般原則に委ねるべきであるとの指摘もある。このような指摘も踏まえ、上記の考え方の当否について、更に検討してはどうか。

Ⅱ 全体版

【部会資料12−2 第3、4(4)（関連論点）[34頁]】

〔意 見〕
錯誤者の損害賠償責任についての規定を置くことに強く反対する。
〔理 由〕
このような特則を設けたときは、情報収集力等に劣るために錯誤に陥って無効を主張せざるを得なくなった消費者や中小零細事業者などに過酷であり、「劣位者の保護」にそぐわないと思料する（第10回議事録(3)(2)頁）。損害賠償責任の有無は不法行為の一般原則に委ねるのが妥当である。

(6) 第三者保護規定
　錯誤によってされた意思表示の存在を前提として新たに利害関係を有するに至った第三者を保護する規定はなく、解釈に委ねられているが、このような第三者が保護される要件を明らかにするため新たに規定を設ける方向で、更に検討してはどうか。その際、心裡留保・通謀虚偽表示・詐欺等に関する第三者保護規定との整合性に留意しながら、その規定内容や、第三者保護規定の配置の在り方について、更に検討してはどうか。規定内容については、例えば、表意者の犠牲の下に第三者を保護するには第三者の信頼が正当なものでなければならないとして、善意かつ無過失が必要であるとの考え方や、錯誤のリスクは本来表意者が負担すべきものであり、第三者は善意であれば保護されるとの考え方があるが、これらの考え方の当否を含めて更に検討してはどうか。

【部会資料12−2 第3、4(5)[35頁]】

〔意 見〕
心裡留保・通謀虚偽表示・詐欺等に関する第三者保護規定との整合性に留意しつつ、錯誤について第三者保護規定を設ける方向で更に検討すべきである。
　規定内容については、表意者の要保護性が高い点に留意しつつ、更に検討すべきである。
〔理 由〕
錯誤においても他の規定同様第三者保護規定を明文化する必要がある。
　錯誤の場合は、表意者は知らずに誤った意思表示をしており、その要保護性

は心裡留保・虚偽表示の表意者より高い。第三者保護規定の要件を考える上では、この点に留意するべきである。

> 4 詐欺及び強迫
> (1) 沈黙による詐欺
>   積極的な欺罔行為をするのではなく、告げるべき事実を告げないことで表意者を錯誤に陥れて意思表示をさせることも、詐欺に該当することがあるとされている。そこで、このことを条文上明記すべきであるという考え方があるが、これに対しては、現行の詐欺の規定があれば足りるとして規定を設ける必要性を疑問視する指摘もある。このような指摘を踏まえ、沈黙による詐欺に関する規定の要否や設ける場合の規定内容（沈黙が詐欺に該当する範囲等）について、更に検討してはどうか。
>   【部会資料12－2 第3、5(1)［43頁］】

〔意 見〕
他の不作為による瑕疵ある意思表示とのバランス等に留意しつつ、慎重に検討すべきである。

〔理 由〕
判例法理を踏まえて明文化することは「分かりやすい民法」の実現に資するといえるが、詐欺の場合だけ、しかもその不作為の一形態を明文化することになり、他の意思表示の瑕疵とのバランスを欠くことによる誤解や混乱を招く危険があるとの意見がある。また「従来は懲戒処分で対応して来た労働者の経歴詐称について、沈黙による詐欺として労働契約を取り消すという紛争が多発する懸念がある」旨の意見もある。

これらの点に留意して、今後慎重に検討されるべきである。
（第10回議事録41頁）

> (2) 第三者による詐欺
>   第三者が詐欺をした場合について、相手方が第三者による詐欺の事実を知っていた場合だけでなく、知ることができた場合にも、表意者はその意思表示を取り消すことができるものとしてはどうか。
>   また、法人が相手方である場合の従業員等、その行為について相手方が

> 責任を負うべき者がした詐欺については、相手方が詐欺の事実を知っていたかどうかにかかわりなく取消しを認めるものとする方向で、相手方との関係に関する要件等について更に検討してはどうか。
>
> 【部会資料12-2 第3、5(2)［44頁］、同（関連論点）［45頁］】

〔意 見〕
1 第三者の詐欺については相手方が第三者による詐欺の事実を知ることができた場合も、表意者はその意思表示を取り消すことができるとする方向性に賛成する。
2 法人が相手方である場合の従業員等の詐欺については、本人の詐欺の一環として検討すべきである。

〔理 由〕
1 支配的見解の法文化であり、「分かりやすい民法」の実現に資する。
2 従業員の意思表示は、会社の意思表示であると理解すべきである。

> (3) 第三者保護規定
>
> 　詐欺による意思表示の取消しは「善意の第三者」に対抗できないとされている（民法第96条第3項）が、第三者が保護されるには善意だけでなく無過失が必要であるとの学説が有力である。そこで、これを条文上明記するものとしてはどうか。
>
> 　また、併せて第三者保護規定の配置の在り方についても検討してはどうか。
>
> 【部会資料12-2 第3、5(3)［45頁］】

〔意 見〕
意思表示の瑕疵全体について一貫した基準のもとに整理した規定を設けるべきである。具体的な規定内容については、無過失が必要であるという考え方に賛成する。

〔理 由〕
支配的見解の法文化であり、分かりやすい民法の実現に資する。但し、第三者保護規定が場当たり的な規定とならないように、意思表示の瑕疵全体について一貫した基準を立てる中で行うべきである。

詐欺は、錯誤以上に表意者保護の要請が強く、第三者保護の要件としても、無過失を要求すべきである。

5　意思表示に関する規定の拡充

　詐欺、強迫など、民法上表意者が意思表示を取り消すことができるとされている場合のほかにも、表意者を保護するため意思表示の取消しを認めるべき場合があるかどうかについて、更に検討してはどうか。

　例えば、契約を締結するか否かの判断に影響を及ぼすべき事項に関して誤った事実を告げられたことによって表意者が事実を誤認し、誤認に基づいて意思表示をした場合には、表意者は意思表示を取り消すことができるという考え方がある。また、表意者の相手方が表意者にとって有利な事実を告げながら、これと表裏一体の関係にある不利益な事実を告げなかったために表意者がそのような事実が存在しないと誤認し、誤認に基づいて意思表示をした場合（誤った事実を告知されたことに基づいて意思表示をした場合と併せて不実表示と呼ぶ考え方がある。）には、表意者は意思表示を取り消すことができるという考え方もある。これらの考え方に対しては、濫用のおそれを指摘する指摘や、表意者が事業者であって相手方が消費者である場合にこのような規律を適用するのは適当ではないとの指摘、相手方に過失がない場合にも取消しを認めるのであれば相手方の保護に欠けるとの指摘などもあるが、これらの指摘も踏まえ、上記の考え方の当否について、更に検討してはどうか。

【部会資料12－2　第3、6(1)［52頁］、(2)［56頁］】

〔意　見〕
意見書Ⅰと同じである。

6　意思表示の到達及び受領能力
(1)　意思表示の効力発生時期

　民法第97条第1項は、意思表示は相手方に「到達」した時から効力を生ずると規定するが、この「到達」の意味内容について、相手方が社会観念上了知し得べき客観的状態が生じたことを意味すると解する判例法理を踏まえ、できる限り具体的な判断基準を明記する方向で、更に検討しては

Ⅱ 全体版

どうか。
　具体的な規定内容として、例えば、①相手方が意思表示を了知した場合、②相手方が設置又は指定した受信設備に意思表示が着信した場合、③相手方が意思表示を了知することができる状態に置かれた場合には、到達があったものとするとの考え方があるが、このような考え方の当否を含め、「到達」の判断基準について、更に検討してはどうか。

【部会資料12－2 第3、7(1)［62頁］】

〔意　見〕
意思表示の「到達」の概念を、判例法理を踏まえて法文化する方向性に賛成する。
　①から③については、文言の明確性に留意しつつ検討するべきである。
〔理　由〕
　この点を法文化することは「分かりやすい民法」の実現に資するが、特に「了知することができる」という点については、意思表示の効力発生という重大事に関わるので、不明確にならないよう留意されるべきである。

(2) 意思表示の到達主義の適用対象
　民法第97条第1項は、「隔地者に対する意思表示」を意思表示の到達主義の適用対象としているが、この規律が対話者の間の意思表示にも妥当することを条文上明確にするため、「相手方のある意思表示」は相手方に到達した時から効力を生ずるものとしてはどうか。

【部会資料12－2 第3、7(2)［63頁］】

〔意　見〕
賛成する。
〔理　由〕
異論がない内容であり、「分かりやすい民法」の実現に資する。

(3) 意思表示の受領を擬制すべき場合
　意思表示が相手方に通常到達すべき方法でされたが、相手方が正当な理由なく到達のために必要な行為をしなかったなどの一定の場合には、意思

表示が到達しなかったとしても到達が擬制されるものとする方向で、更に検討してはどうか。

どのような場合に意思表示の到達が擬制されるかについては、表意者側の行為態様と受領者側の対応の双方を考慮して、両者の利害を調整する観点から、更に検討してはどうか。

【部会資料12-2 第3、7(3) [64頁]】

〔意　見〕
意思表示の到達擬制制度を法文化する方向性に賛成する。但し、要件については、表意者側の行為態様も考慮し、明確な規定とされるべきである。

〔理　由〕
一定の場合に意思表示の到達を擬制する基本的な方向性に異論はなく、「分かりやすい民法」の実現にも資する。但し、受領者側と意思表示側のそれぞれの対応をリンクさせた規定にすべきとの意見があるので、これを踏まえて十分に検討すべきである。

(4) 意思能力を欠く状態となった後に到達し、又は受領した意思表示の効力

表意者が、意思表示を発信した後それが相手方に到達する前に意思能力を欠く状態になった場合や、相手方が意思能力を欠く状態で表意者の意思表示を受領した場合における意思表示の効力に関する規定を設けることについて、更に検討してはどうか。

【部会資料12-2 第3、7(4) [65頁]】

〔意　見〕
上記の方向性に賛成する。

〔理　由〕
方向性に異論はなく、「分かりやすい民法」の実現にも資する。

第31 不当条項規制
1 不当条項規制の要否、適用対象等
(1) 契約関係については基本的に契約自由の原則が妥当し、契約当事者は

自由にその内容を決定できるのが原則であるが、今日の社会においては、対等な当事者が自由に交渉して契約内容を形成することによって契約内容の合理性が保障されるというメカニズムが働かない場合があり、このような場合には一方当事者の利益が不当に害されることがないよう不当な内容を持つ契約条項を規制する必要があるという考え方がある。このような考え方に従い、不当な契約条項の規制に関する規定を民法に設ける必要があるかについて、その必要性を判断する前提として正確な実態の把握が必要であるとの指摘などにも留意しつつ、更に検討してはどうか。

(2) 民法に不当条項規制に関する規定を設けることとする場合に対象とすべき契約類型については、どのような契約であっても不当な契約条項が使用されている場合には規制すべきであるという考え方のほか、一定の契約類型を対象として不当条項を規制すべきであるとの考え方がある。例えば、約款は一方当事者が作成し、他方当事者が契約内容の形成に関与しないものであること、消費者契約においては消費者が情報量や交渉力等において劣位にあることから、これらの契約においては契約内容の合理性を保障するメカニズムが働かないとして、これらを不当条項規制の対象とするという考え方（消費者契約については後記第62、2①）である。また、消極的な方法で不当条項規制の対象を限定する考え方として、労働契約は対象から除外すべきであるとの考え方や、労働契約においては、使用者が不当な条項を使用した場合には規制の対象とするが、労働者が不当な条項を使用しても規制の対象としないという片面的な考え方も主張されている。これらの当否を含め、不当条項規制の対象について、更に検討してはどうか。

【部会資料13－2 第1、1［1頁］、2(1)［5頁］、
部会資料20－2 第1、2［11頁］】

〔意 見〕
意見書Ⅰと同じである。

2 不当条項規制の対象から除外すべき契約条項

不当条項規制の対象とすべき契約類型に含まれる条項であっても、契約交渉の経緯等によって例外的に不当条項規制の対象から除外すべき条項があるかどうか、どのようなものを対象から除外すべきかについて、更に検

第 31 不当条項規制

　討してはどうか。
　　例えば、個別に交渉された条項又は個別に合意された条項を不当条項規制の対象から除外すべきであるとの考え方がある。このような考え方の当否について、どのような場合に個別交渉があったと言えるか、一定の契約類型（例えば、消費者契約）に含まれる条項は個別交渉又は個別合意があっても不当条項規制の対象から除外されないという例外を設ける必要がないかなどに留意しながら、更に検討してはどうか。
　　また、契約の中心部分に関する契約条項を不当条項規制の対象から除外すべきかどうかについて、中心部分とそれ以外の部分の区別の明確性や、暴利行為規制など他の手段による規制の可能性、一定の契約類型（例えば、消費者契約）に含まれる条項は中心部分に関するものであっても不当条項規制の対象から除外されないという例外を設ける必要はないかなどに留意しながら、更に検討してはどうか。
　　　　　　　　【部会資料13－2　第1、2(2)［6頁］、(3)［8頁］】

〔意　見〕
意見書Ⅰと同じである。

3　不当性の判断枠組み
　　民法に不当条項規制に関する規定を設けることとする場合には、問題となる条項の不当性をどのように判断するかが問題となる。具体的には、契約条項の不当性を判断するに当たって比較対照すべき標準的な内容を任意規定に限定するか、条項の使用が予定されている多数の相手方と個別の相手方のいずれを想定して不当性を判断するか、不当性を判断するに当たって考慮すべき要素は何か、どの程度まで不当なものを規制の対象とするかなどが問題となり得るが、これらの点について、更に検討してはどうか。
　　　　　　　　　　　　　　【部会資料13－2　第1、3(1)［9頁］】

〔意　見〕
更に検討することに賛成する。
〔理　由〕
不当条項規制の実質化により「劣位者保護」を図る必要がある。

4 不当条項の効力

　民法に不当条項規制に関する規定を設けることとする場合には、ある条項が不当と評価された場合の効果が問題になるが、この点に関しては、不当条項規制の対象となる条項は不当とされる限度で一部の効力を否定されるとの考え方と、当該条項全体の効力を否定されるとの考え方がある。いずれが適当であるかについては、「条項全体」が契約内容のうちどの範囲を指すかを明確にすることができるか、法律行為に含まれる特定の条項の一部に無効原因がある場合の当該条項の効力をどのように考えるか（後記第(3)(2)、2(1)）にも留意しつつ、更に検討してはどうか。

　また、不当な条項を無効とするか、取り消すことができるものとするかについて、更に検討してはどうか。

【部会資料13－2 第1、3(2)［13頁］】

〔意　見〕

ある条項が不当とされた場合、不当な部分を含む条項全体が無効となるとすることに賛成する。

〔理　由〕

不当な部分のみ効力を否定されるとすると、不当であることを知りつつ、あえて約款に不当条項を盛り込むケースが多発する危険があるので、「劣位者保護」のためには、一括して条項全体を排除すべきである。

また、「劣位者保護」の趣旨から見て、取消権者のみが取り消すことができるとするよりも無効とするのが妥当である。

5 不当条項のリストを設けることの当否

　民法に不当条項規制に関する規定を設けることとする場合には、どのような条項が不当と評価されるのかについての予測可能性を高めることなどを目的として、不当条項規制に関する一般的規定（前記3及び4）に加え、不当と評価される可能性のある契約条項のリストを作成すべきであるとの考え方があるが、これに対しては、硬直的な運用をもたらすなどとして反対する意見もある。そこで、不当条項のリストを設けるという考え方の当否について、一般的規定は民法に設けるとしてもリストは特別法に設ける

という考え方の当否も含め、更に検討してはどうか。
　また、不当条項のリストを作成する場合には、該当すれば常に不当性が肯定され、条項使用者が不当性を阻却する事由を主張立証することができないものを列挙したリスト（ブラックリスト）と、条項使用者が不当性を阻却する事由を主張立証することによって不当性の評価を覆すことができるものを列挙したリスト（グレーリスト）を作成すべきであるとの考え方がある。これに対し、ブラックリストについては、どのような状況で使用されるかにかかわらず常に不当性が肯定される条項は少ないのではないかなどの問題が、グレーリストについては、使用者がこれに掲載された条項を回避することにより事実上ブラックリストとして機能するのではないかなどの問題が、それぞれ指摘されている。
そこで、どのようなリストを作成するかについて、リストに掲載すべき条項の内容を含め、更に検討してはどうか。

【部会資料13-2 第1、4［15頁］】

〔意　見〕
1　具体的な不当条項リストを作る方向で検討することに賛成する。
2　具体的なリストのいかんについては、更に検討することに賛成する。
〔理　由〕
1　「格差拡大への対応」ないし「劣位者保護」の実現のためには不当条項リストを設けることが有効である。
2　具体的なリストの内容については、「劣位者保護」という改正目的との整合性の見地から今後検討すべきである。

第32　無効及び取消し
1　相対的無効（取消的無効）

　法律行為の無効は原則として誰でも主張することができるとされているが、暴利行為、意思能力を欠く状態で行われた法律行為、錯誤に基づく法律行為など、無効となる原因によっては無効を主張することができる者が限定される場合があるとされている。しかし、このようないわゆる相対的無効（取消的無効）の主張権者の範囲や無効を主張することができる期間については、民法上明文の規定がなく、必ずしも明確であるとは言えない。

Ⅱ 全体版

暴利行為に関する規律を設けるかどうかは議論があり、意思能力を欠く状態で行われた法律行為や錯誤に基づく法律行為の効果についても見直しの議論がある（前記第28、1(2)、第29、3、第30、3(4)）が、これらの効果を無効とする場合に、いわゆる相対的無効（取消的無効）に関する法律関係を明らかにするため、新たに規定を設けるかどうかについて、規定内容を含め、更に検討してはどうか。

【部会資料13－2 第2、4（関連論点）［57頁］】

〔意　見〕
　これらの効果を無効とする場合には、相対的無効であることを明らかにする規定を設けるべきである。
　無効の主張をできる者の範囲としては、「相手方からは無効を主張することができない」と定め、その余の点については解釈に委ねるべきである。
〔理　由〕
　意思無能力や錯誤は、表意者保護の制度である。したがって、これによる無効を相手方からの主張を認める必要はないことはあきらかである。
　しかし、それ以外の者については、様々な局面に応じて主張できる範囲を柔軟に解する余地を残す方が、表意者保護に資する。
（第11回議事録62頁・中井委員、63頁・鹿野幹事、65頁・鎌田部会長）

2　一部無効
(1) 法律行為に含まれる特定の条項の一部無効
　法律行為に含まれる特定の条項の一部に無効原因がある場合における当該条項の効力は、民法第604条第1項などの個別の規定が設けられているときを除いて明らかでないため、原則として無効原因がある限度で一部無効になるにすぎず、残部の効力は維持される旨の一般的な規定を新たに設ける方向で、更に検討してはどうか。
　このような原則を規定する場合には、併せてその例外を設けるかどうかが問題になる。例えば、一部に無効原因のある条項が約款に含まれるものである場合や、無効原因がある部分以外の残部の効力を維持することが当該条項の性質から相当でないと認められる場合は、当該条項の全部が無効になるとの考え方がある。また、民法に消費者概念を取り入れることとす

る場合に、消費者契約の特則として、無効原因がある条項の全部を無効にすべきであるとの考え方がある（後記第62、2②）。他方、これらの考え方に対しては「条項の全部」がどこまでを指すのかが不明確であるとの批判もある。そこで、無効原因がある限度で一部無効になるという原則の例外を設けることの当否やその内容について、更に検討してはどうか。
【部会資料13－2 第2、2(1)［41頁］、部会資料20－2 第1、2［11頁］】

〔意 見〕
　原則として残部の効力は維持されるとしても、問題となる条項が約款に含まれるものであるものや、消費者契約にかかるもの、あるいは当該条項の性質から相当でないと認められる等、一定の場合には、当該条項の全部が無効になるという例外を設けるべきである。
　ただし、消費者契約については、民法ではなく消費者契約法その他特別法によるべきである（後記第62 2②の通り）。
　「1個の条項」といえるかどうかは、「1個の無効判断ができるかどうか」を判断基準にすべきである。

〔理 由〕
　契約自由に対する介入は必要最小限にとどめるべきであり、特定の条項の一部に無効原因があっても、残部の効力は原則として維持されるべきである。
　しかし、約款や、消費者契約など、一方当事者が条項を一方的に作成する場合は、一部が無効となっても残部について有効になる場合、不当な条項が作成されるのを抑止することはできない。
　ただし、消費者契約については、消費者契約法その他特別法に定めるほうが、消費者保護に資する。
　反対論として、1個の条項と言うための判断基準について不明確であるという意見があるが、この点は、1個の無効判断ができるかどうかを判断基準にする考え方によればよいと考えられる。
（第11回議事録50頁・山本（敬）幹事、53頁・鹿野幹事）

(2) 法律行為の一部無効
　法律行為に含まれる一部の条項が無効である場合における当該法律行為の効力について明らかにするため、原則として、当該条項のみが無効とな

Ⅱ 全体版

り、法律行為の残部の効力は維持される旨の一般的な規定を新たに設ける方向で、更に検討してはどうか。

　もっとも、このような原則の例外として法律行為全体が無効になる場合があるとされている。どのような場合に法律行為全体が無効になるかという判断基準については、例えば、当該条項が無効であることを認識していれば当事者は当該法律行為をしなかったであろうと合理的に考えられるかどうかを判断基準とするとの考え方などがある。このような考え方の当否を含め、法律行為全体が無効になるための判断基準について、更に検討してはどうか。

　また、法律行為の一部が無効とされ、これを補充する必要が生じた場合にどのような方法で補充するかについては、例えば、個別の法律行為の趣旨や目的に適合した補充を最優先とする考え方や、合理的な意思解釈によれば足りるとする考え方などがある。これらの考え方の当否を含め、上記の補充の方法について、更に検討してはどうか。

【部会資料13－2 第2、2(2)［42頁］、同（関連論点）［43頁］】

〔意　見〕

　原則として、法律行為に含まれる一部の条項に無効原因がある場合には、当該条項のみが無効となると規定することに賛成する。

　この例外として、当該条項が無効であることを認識していれば当事者は当該法律行為をしなかったであろうと合理的に考えられる場合には、法律行為全体が無効になる旨を規定するべきである。

　補充の方法については、合理的な意思解釈によれば足りる。

〔理　由〕

　原則として、法律行為に含まれる一部条項に無効原因があっても、法律行為全体が無効になることがないことには、異論はないものと思われる。

　例外的に法律行為全体を無効とする場合の判断基準としては、当事者の意思を尊重するという観点から、「当該条項が無効であることを認識していれば当事者は当該法律行為をしなかったであろうと合理的に考えられるかどうか」という考え方が妥当である。

　補充の方法について。適切な補充を確定できない場合には慣習・任意規定・信義則の順に補充するという定めを置いてしまうと、適切な補充について十分

に検討されるまえに、いたずらに「慣習」の有無やその内容が争点化するおそれがある。

また、これによって適用される慣習によると、不当な結論を避けえないものである場合でも、補充の順位を定めている以上、慣習が強行法規違反や公序良俗違反でない限り、その結論にならざるを得ないことになる。

このように補充の順位を定めるのは、妥当な結論を導く上で硬直的に過ぎる。

したがって、補充の方法については、合理的な意思解釈によるとのみ定めるべきである。

---

(3) 複数の法律行為の無効

ある法律行為が無効であっても、原則として他の法律行為の効力に影響しないと考えられるが、このような原則には例外もあるとして、ある法律行為が無効である場合に他の法律行為が無効になることがある旨を条文上明記すべきであるとの考え方がある。これに対しては、適切な要件を規定することは困難であるとの指摘や、ある法律行為が無効である場合における他の法律行為の効力が問題になる場面には、これらの契約の当事者が同じである場合と異なる場合があり、その両者を区別すべきであるとの指摘がある。そこで、上記の指摘に留意しつつ、例外を条文上明記することの当否について、更に検討してはどうか。

例外を規定する場合の規定内容については、例えば、複数の法律行為の間に密接な関連性があり、当該法律行為が無効であるとすれば当事者が他の法律行為をしなかったと合理的に考えられる場合には他の法律行為も無効になることを明記するとの考え方があるが、これに対しては、密接な関連性という要件が明確でなく、無効となる法律行為の範囲が拡大するのではないかとの懸念を示す指摘や、当事者が異なる場合に相手方の保護に欠けるとの指摘もある。そこで、例外を規定する場合の規定内容について、上記の指摘のほか、一つの契約の不履行に基づいて複数の契約の解除が認められるための要件（前記第5、5）との整合性にも留意しながら、更に検討してはどうか。

【部会資料13-2 第2、2(3)［45頁］】

Ⅱ 全体版

〔意　見〕
　ある法律行為が無効である場合に、他の法律行為が無効になる要件の規定として、複数の法律関係の間に密接な関連性があり、当該法律行為が無効であるとすれば当事者が他の法律行為をしなかったと合理的に考えられる場合には他の法律行為も無効になることを明示する方向で、今後さらに検討するべきである。

〔理　由〕
　判例も、「それらの目的とするところが相互に密接に関連付けられていて、社会通念上、甲契約又は乙契約のいずれかが履行されるだけでは契約を締結した目的が全体としては達成されないと認められる場合」について、他の法律行為を無効としており、これを明文化すべきである。
　同一当事者と複数当事者では、状況が異なるとの指摘もあるが、これについては当事者間の関係を「密接な関連性」の判断に織り込んで判断すれば足りる。
　今後、実務に与える影響に留意しつつ、更に検討されるべきである。
（第11回議事録54頁・高須幹事、57頁・道垣内幹事）

3　無効な法律行為の効果
　(1)　法律行為が無効であることの帰結
　　法律行為が無効である場合には、①無効な法律行為によっては債権が発生せず、当事者はその履行を請求することができないこと、②無効な法律行為に基づく履行がされているときは相手方に対して給付したものの返還を求めることができることは現在の解釈上も異論なく承認されているが、これを条文上明記する方向で、不当利得に関する規律との関係にも留意しながら、更に検討してはどうか。

【部会資料13－2　第2、3(1)［46頁］】

〔意　見〕
異論はない。
〔理　由〕
異論のない内容である。

(2)　返還請求権の範囲
ア　無効な法律行為に基づく履行がされているときは相手方に対して給付

したものの返還を求めることができるが、この場合における返還請求権の範囲を明らかにする観点から、民法第703条以下の不当利得に関する規定とは別に、新たに規定を設けるかどうかについて、更に検討してはどうか。
イ　上記アの規定を設けるとした場合の内容については、例えば、次の①から③まで記載の内容の規定を設けるとの考え方があることを踏まえ、更に検討してはどうか。
① 原則として、受領した物を返還することができるときはその物を、これを返還することができないときはその価額を、それぞれ返還しなければならない。
② 上記①の原則に対する例外として、無効な法律行為が双務契約又は有償契約以外の法律行為である場合において、相手方が当該法律行為の無効を知らずに給付を受領したときは、利益が存する限度で返還すれば足りる。
③ 無効な法律行為が双務契約又は有償契約である場合には、相手方が当該法律行為の無効を知らなかった場合でも、返還すべき価額は現存利益に縮減されない。ただし、この場合に返還すべき価額は、給付受領者が当該法律行為に基づいて相手方に給付すべきであった額を限度とする。
ウ　上記イ記載の考え方に加え、詐欺の被害者の返還義務を軽減するなど、無効原因等の性質によって返還義務を軽減する特則を設けるかどうかについても、検討してはどうか。

【部会資料13－2　第2、3(2)［48頁］】

〔意　見〕
　返還請求権の具体的な範囲として、現在の不当利得から独立させた規定を設けることには賛成であるが、その内容（①～③の提案）については今後更に検討するべきである。
　無効原因等の性質によって返還義務を軽減する特則を設けることについては賛成。

〔理　由〕
　返還請求権の範囲について現行法の不当利得から独立して、新たな規定を設けることは必要であり、その内容としても上記イ①～③が妥当であると考えら

Ⅱ 全体版

れるが、部会において十分に議論されているとは言えないので、今後議論を深化させていくべきである。

なお、上記ウの通り、無効原因が一方当事者のみにある場合などは、他方当事者の返還義務を軽減する特則を設けるべきであり、新たな規定の議論においては、この点も併せて検討すべきである。

(第11回議事録56頁・西川関係官、59頁・中井委員)

---

(3) 制限行為能力者・意思無能力者の返還義務の範囲

民法第121条は、契約が取り消された場合の制限行為能力者の返還義務を現存利益の範囲に縮減しているが、制限行為能力者がこのような利得消滅の抗弁を主張できる場面を限定する必要がないかどうかについて、更に検討してはどうか。

その場合の規定内容については、例えば、制限行為能力者が、取消しの意思表示後、返還義務があることを知りながら受領した利益を費消したときは利得消滅の抗弁を認めないとの考え方や、制限行為能力者に害意があるときは利得消滅の抗弁を認めないとの考え方などがあるが、利得消滅の抗弁を限定すると制限行為能力者の保護に欠けることになるとの指摘もある。そこで、制限行為能力者が利得消滅の抗弁を主張することができる場面を限定する場合の規定内容について、更に検討してはどうか。

また、意思無能力に関する規定を新たに設ける場合（前記第29、3）には、意思無能力者の返還義務の範囲についても制限行為能力者の返還義務と同様の規定を設ける方向で、更に検討してはどうか。この場合に、自己の責めに帰すべき事由により一時的に意思能力を欠いた者に利得消滅の抗弁を認めるかどうかについても、更に検討してはどうか。

【部会資料13－2 第2、5［58頁］、同（関連論点）1［59頁］、同（関連論点）2［59頁］】

〔意 見〕

1 制限行為能力者が、取消しの意思表示後、返還義務があることを知りながら受領した利益を費消したときに、利得消失の抗弁を認めないという考え方には反対。
2 意思無能力者について、制限行為能力者と同様の規定を設ける方向性に賛成。

3　自己の責めに帰するべき事由により一時的に意思能力を欠いた者について、原則として利得消失の抗弁を認めないという考え方については、慎重に検討するべきである。

〔理　由〕
1　制限行為能力者は、その判断能力が乏しいがゆえに行為能力が制限されているのであり、そのような制限行為能力者が取消の意思表示がなされた後に給付行為者に返還すべき義務があることを知りながら受領した利益を費消したとしても、それは判断能力の乏しさゆえの行動と評価せざるを得ない場合が多いと思われる。
2　この規定の趣旨は、意思無能力者についても妥当するので、同様の規定を設けるべきである。
3　自己の責めに帰するべき事由により一時的に意思能力を欠いた者については、原則として返還義務を軽減する必要はないと考える意見もあるが、酷であるという意見もあり、分かれている。
（第11回議事録　62頁・西川関係官、63頁・中井委員）

(4)　無効行為の転換
　無効な行為が他の法律行為の要件に適合している場合に、当該他の法律行為としての効力を認められることの有無及びその要件を明らかにするため、明文の規定を新たに設けるかどうかについて、更に検討してはどうか。
　その場合の規定内容については、例えば、法律行為が無効な場合であっても、類似の法律効果が生ずる他の法律行為の要件を満たしているときは、当該他の法律行為としての効力を認めることができる旨の規定を設けるべきであるとの考え方の当否を含めて、更に検討してはどうか。
【部会資料13－2　第2、3(3)［51頁］】

〔意　見〕
無効行為の転換に関する一般的な規定を設けることには反対である。
〔理　由〕
部会における議論の通り、無効行為の転換という概念は民法全体に通じる一般原則とは言えず、法律関係の不安定化を招くおそれがあるので、この規定を設けることには反対である。

Ⅱ 全体版

(第 11 回議事録 56 頁・山川幹事、57 頁・道垣内幹事)

> (5) 追 認
> 　無効な行為は追認によっても効力を生じないとされている（民法第 119 条本文）が、これを改め、錯誤や意思無能力による無効など当事者の一方を保護することを目的として無効とされる法律行為では、当該当事者が追認することによって遡及的に有効とすることができるものとするかどうかについて、これらの法律行為の効果の在り方の見直しとの関係にも留意しつつ、更に検討してはどうか。
> 　また、無効な行為を追認することができるものとする場合には、相手方の法的地位の安定を図る観点から、無効な行為を追認するかどうか確答するように追認権者に催告する権利を相手方に与えるべきであるとの考え方がある。
> 　このような考え方の当否について、どのような無効原因について催告権を与えるかを含め、検討してはどうか。
>
> 【部会資料 13 － 2 第 2、3(4)〔53 頁〕】

〔意 見〕
現行法のまま、新たな法律行為とすることで足りる。
〔理 由〕
現行法でも、無効であることを知って追認した場合は「新たな法律行為」として有効としており、結果として有効になることにかわりはない。この論点は、「遡及的に有効とするかどうか」の問題である。

意思無能力者による法律行為は、同人にとって不利な内容になっている可能性が高いと考えられるところ、従来の法律行為を「遡及的に有効」とすると、事実上、従来の不利な内容がそのまま維持されるおそれがある。

この点、一度は無効としつつ、追認の内容を解釈して「新たな法律行為」と構成するほうが、より妥当な内容の法律行為になる可能性が高いと考えられる。

したがって、現行法のまま「新たな法律行為」とするべきである。

仮に無効行為を追認によって遡及的に有効にできるとした場合、あわせて相手方からの催告権を定めるという考え方も提案されている。しかし、追認による遡及的有効は、無効原因があり例外的に無効となる場合のさらなる例外に位

置づけられるところ、さらにその行使を封じる催告権の規定を設けるのは、原則・例外の関係が重層的にすぎる。上記の通り、「新たな法律行為」とするほうが、法文の理解のしやすさの観点からも妥当である。

4 取り消すことができる行為の追認
(1) 追認の要件
取り消すことができる行為を追認権者が追認するための要件（民法第124条第1項）については、取消原因となった状況が消滅したことだけでなく、対象となる行為について取消権を行使することができることを知っていることが必要であるという考え方の当否について、更に検討してはどうか。

また、制限行為能力者（成年被後見人を除く。）について、法定代理人、保佐人又は補助人の同意を得て自ら追認することができることを条文上明記するとともに、この場合には、法定代理人、保佐人又は補助人が対象となる行為について取消権を行使することができることを知っていることを要件とすべきであるという考え方の当否について、更に検討してはどうか。

【部会資料13－2 第2、6(1)［60頁］】

〔意　見〕
いずれも異論はない。
〔理　由〕
異論のない内容である。

(2) 法定追認
法定追認事由について、判例や有力な学説に従って、相手方の債務の全部又は一部の受領及び担保の受領が法定追認事由であることを条文上明記すべきであるとの考え方があるが、追認することができることを知らなくても、単なる外形的事実によって追認の効果が生ずるとすれば、追認権者が認識しないまま追認が擬制されるおそれがあるとの指摘もある。このような指摘を踏まえ、上記の考え方の当否について、更に検討してはどうか。

【部会資料13－2 第2、6(2)［64頁］】

Ⅱ 全体版

〔意見〕
　相手方の全部又は一部の受領及び担保の受領が法定追認事由であることを条文上明示するべきではない。
〔理由〕
　取消権行使を阻止するための債務の履行（特に一部の履行は容易である）や担保の提供を誘発する弊害がある。債権者（担保権者）が、積極的に受領したなどの要件を設ければ問題ないという意見もあるが、要件として曖昧である。

(3) 追認の効果
　取り消すことができる行為の追認は不確定的に有効であった行為を確定的に有効にするにすぎず、追認によって第三者が害されるという場面は考えられないことから、取り消すことができる法律行為を追認することによって第三者の権利を害してはならない旨の規定（民法第122条ただし書）は、削除するものとしてはどうか。
【部会資料13－2 第2、6(1)（関連論点）[62頁]】

〔意見〕
異論はない。
〔理由〕
異論のない内容である。

(4) 相手方の催告権
　相手方の法的地位を安定させる観点から、取り消すことができる法律行為を追認するかどうか確答するように追認権者に催告する権利を相手方に与えるべきであるとの考え方がある。このような考え方の当否について、どのような取消原因について催告権を設ける必要があるかを含め、検討してはどうか。

〔意見〕
　取消原因がある法律行為一般について催告権の規定を設けることには反対。個別に必要性等を検討すべきである。
〔理由〕

第 32 無効及び取消し

取消可の行為の追認は安易に認められてはならず、必要な場合は個別に規定を設けるべきである。たとえば、詐欺・強迫など、相手方によって瑕疵ある意思表示が惹起された場合には、催告権を設けるべきではない。

> 5 取消権の行使期間
> (1) 期間の見直しの要否
> 　取消権の行使期間については、追認可能時から5年間、行為時から20年間とされている（民法第126条）ところ、これは長すぎるとして、例えば、これを追認可能時から2年間又は3年間、行為時から10年間に短縮すべきであるとの考え方がある。これに対し、例えば消費者には現行法の行使期間でも取消権を行使することができない者がおり、行使期間を短縮すべきではないとの意見もある。そこで、取消権の行使期間の短縮の可否及び具体的な期間について、債権の消滅時効期間の在り方（後記第36、1(1)）にも留意しつつ、更に検討してはどうか。
> 【部会資料13－2 第2、7(1)［65頁］】

〔意　見〕
現行法のままでよい。
〔理　由〕
2年ないし3年という期間は、短すぎる。
（第11回議事録63頁・中井委員）

> (2) 抗弁権の永続性
> 　取消権の行使期間の制限が、取消権者が相手方からの履行請求を免れるために取消権を行使する場合にも及ぶかどうかについては、明文の規定がなく解釈に委ねられている。この点を明らかにするため、上記の場合に行使期間の制限なくいつまでも取消権を行使できる旨の規定を新たに設けるべきであるとの考え方があるが、このような考え方の当否について、更に検討してはどうか。
> 【部会資料13－2 第2、7(2)［69頁］】

〔意　見〕

Ⅱ 全 体 版

行使期間の制限なくいつまでも取消権を行使できる旨の規定を新たに設けるべきである。

〔理　由〕

取消権の行使が可能であっても、相手方の請求がない場合にそれを行使しないことは想定できるところであり、長期間経過後の相手からの履行請求に対して、取消権のみが期間制限を徒過しており、行使できないというのは、適当でないと考える。

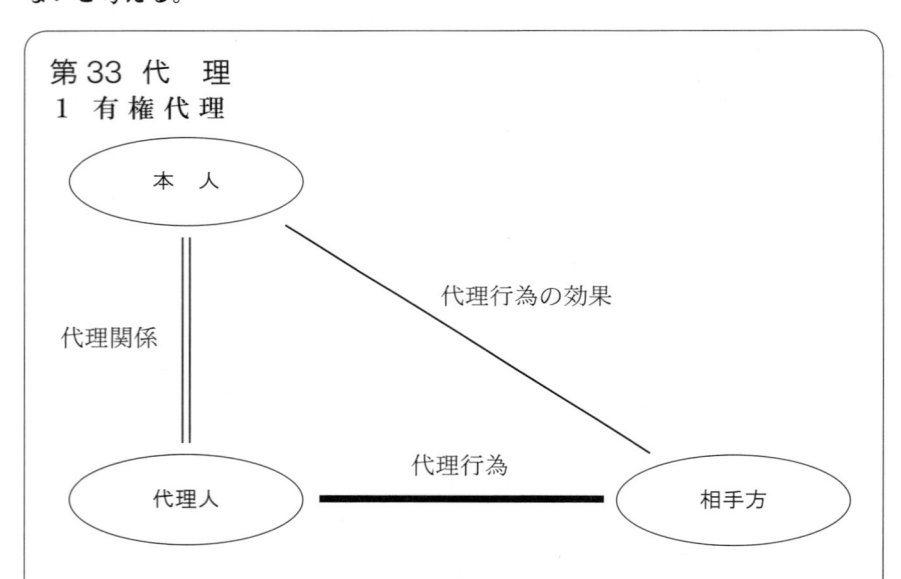

第33　代　理
1　有権代理

```
          本　人
         /    \
代理関係 ||     \ 代理行為の効果
         ||      \
         代理人 ―――― 相手方
              代理行為
```

(1) 代理行為の瑕疵‐原則（民法第101条第1項）

民法第101条第1項は、代理行為における意思表示の効力が当事者の主観的事情によって影響を受ける場合には、その事情の有無は代理人について判断すると規定するが、代理人が詐欺・強迫をした場合については、端的に同法96条第1項を適用すれば足りることから、同法第101条第1項の適用がないことを条文上明確にする方向で、更に検討してはどうか。

【部会資料13‐2 第3、2(1)［73頁］】

〔意　見〕

異論はない。

第 33 代 理

〔理　由〕
判例、通説の明文化であり、分かりやすい民法に資する。

> (2) 代理行為の瑕疵-例外（民法第101条第2項）
>   民法第101条第2項は、本人が代理人に特定の法律行為をすることを委託した場合に、代理人が本人の指図に従ってその行為をしたときは、本人は、自ら知っていた事情について代理人が知らなかったことを主張することができないとし、また、本人が自らの過失によって知らなかった事情についても同様とすると規定する。この規定に関して、その趣旨を拡張して、任意代理において本人が代理人の行動をコントロールする可能性がある場合一般に適用される規定に改めるべきであるとの考え方があるので、この考え方の当否について、更に検討してはどうか。
>   【部会資料13-2 第3、2(2)［75頁］】

〔意　見〕
民法第101条第2項について、任意代理において本人が代理人の行動をコントロールする可能性がある場合一般に適用される規定に改めることに賛成。
〔理　由〕
取引の安全の観点から妥当である。

> (3) 代理人の行為能力（民法第102条）
>   民法第102条は、代理人は行為能力者であることを要しないと規定するが、制限行為能力者の法定代理人に他の制限行為能力者が就任した場合には、本人の保護という法定代理制度の目的が達成されない可能性がある。これを踏まえ、法定代理については、制限行為能力者が法定代理人に就任すること自体は可能としつつ、本人保護のために、その代理権の範囲を自らが単独ですることができる行為に限定するなどの制限を新たに設けるかどうかについて、更に検討してはどうか。
>   【部会資料13-2 第3、2(3)［77頁］】

〔意　見〕
制限行為能力者が法定代理人に就任する場合には、本人保護のために代理権

の範囲を限定するべきである。
〔理　由〕
本人保護のために、やむを得ない。
取消可にするという提案もあるが、それでは法定代理人を付してもいつまでも法的関係が安定しなくなり、端的に代理権の範囲を限定すべきである。
（第12回議事録55頁・西川関係官、58頁・中田委員）

> (4) 代理権の範囲（民法第103条）
> 　民法第103条は、「権限の定めのない代理人」は保存行為その他の一定の行為のみを行うことができると規定するが、そもそも代理人の権限の範囲は、法定代理の場合にはその発生の根拠である法令の規定の解釈によって定まり、任意代理の場合には代理権授与行為の解釈によって定まるのが原則であるのに、その旨の明文の規定は存在しない。そこで、この原則を条文上も明らかにするかどうかについて、更に検討してはどうか。
> 　　　　　　　　　　　　【部会資料13－2　第3、2(4)［79頁］】

〔意　見〕
代理人の権限の範囲は、法定代理の場合にはその発生の根拠である法令の規定の解釈によって定まり、任意代理の場合には代理権授与行為の解釈によって定まる旨の明文の規定を置くことに賛成。
〔理　由〕
通説的見解の明文化であり、分かりやすい民法に資する。

> (5) 任意代理人による復代理人の選任（民法第104条）
> 　民法第104条は、任意代理人が本人の許諾なく復代理人を選任することができる場合を、やむを得ない事由があるときに限定しているが、この点については、任意代理人が復代理人を選任することができる要件を緩和して、自己執行を期待するのが相当でない場合に復代理人の選任を認めるものとすべきであるとの考え方がある。このような考え方の当否について、本人の意思に反して復代理人が選任されるおそれを指摘する意見があることなども踏まえて、更に検討してはどうか。

第 33 代　理

【部会資料 13 − 2 第 3、2(5)［82 頁］】

〔意　見〕
任意代理人が復代理人を選任することができる要件を緩和する方向性には賛成。
具体的な要件については、本人の意思に反して復代理人が選任されるおそれがあることに留意して、今後更に検討すべきである。
〔理　由〕
現在の規定は厳しすぎる。
（第 12 回議事録 58 頁・深山幹事）

(6)　利益相反行為（民法第 108 条）
形式的には自己契約及び双方代理を禁止する民法第 108 条に該当しないものの、実質的には本人と代理人との利益が相反している事案において、同条の趣旨を援用すると判断した判例があることなどから、代理人の利益相反行為一般を原則として禁止する旨の明文の規定を設けるという考え方がある。
このような考え方の当否について、取引に萎縮効果が生じるなどとしてこれに慎重な意見があることにも留意しつつ、更に検討してはどうか。
また、代理人の利益相反行為一般を原則として禁止する場合には、これに違反した場合の効果についても、無権代理となるものとする案や、本人への効果の帰属を原則とした上で、本人は効果の不帰属を主張することができるものとする案などがある。そこで、これらの案について、相手方や相手方からの転得者等の第三者の保護をどのように図るかという点も含めて、更に検討してはどうか。
【部会資料 13 − 2 第 3、2(6)［85 頁］、同（関連論点）［86 頁］】

〔意　見〕
実質的な利益相反行為であるが、民法第 108 条に該当しないものについて、禁止規定を拡張する方向性に賛成するが、一般的に禁止するかについては、今後更に検討するべきである。
その効果は、無権代理とすべきである。

Ⅱ 全体版

〔理　由〕
　少なからぬ裁判例が、実質的な利益相反行為について民法第108条の趣旨を援用している。このように民法第108条以外にも禁止されるべき利益相反行為がある以上、その点について明文を設ける必要がある。
　他方で、このように利益相反行為を禁止した場合、予測可能性を害し、萎縮効果を生じさせるとか、利益相反行為の概念の希釈を招くといった指摘もある。
　そこで、これについては、個別的な規定を設けることができるかどうかをまず検討した上で、なお一般的な規定を設けるべきかどうかの順で検討すべきである。
　以上の議論を経て、禁止規定を設けた以上、効果としても無権代理（原則本人に帰属せず）とすべきである。原則帰属させ、本人は効果の不帰属を主張するという考え方は、禁止したという前提からすると違和感がある。
（第12回議事録55頁・藤本関係官、56頁・奈須野関係官・山本（敬）幹事、60
　頁・岡委員）

---

(7)　代理権の濫用
　判例は、代理人がその代理権を濫用して自己又は他人の利益を図る行為をした場合に、心裡留保に関する民法第93条ただし書を類推適用して、本人は悪意又は過失のある相手方に対して無効を主張することができるものとすることにより、背信行為をされた本人の保護を図っている。このような判例法理に基づき代理権の濫用に関する規定を新設するかどうかについては、代理行為の効果が本人に及ばないのは相手方が悪意又は重過失のある場合に限るべきであるなどの見解があることも踏まえつつ、規定を新設する方向で、更に検討してはどうか。
　また、代理権の濫用に関する規定を新設する場合には、その効果についても、その行為は無効となるものとする案や、本人は効果の不帰属を主張することができるものとする案などがある。そこで、これらの案について、相手方からの転得者等の第三者の保護をどのように図るかという点も含めて、更に検討してはどうか。
【部会資料13－2　第3、2(7)［89頁］、同（関連論点）［90頁］】

〔意　見〕

判例の通り、悪意又は過失がある相手方に対して無効を主張することができるようにする規定を設けるべきである。

第三者保護については、民法93条における議論を参照しつつ、今後更に検討するべきである。

〔理　由〕
軽過失がある相手方を保護するというのは、取引安全を重視した考えだと思われるが、従来の判例通りの考えでも、取引の安全が害されているとまでは言えないのではないか。

効果の点については、民法93条但し書きの類推という判例理論の考えに沿うべきである。

第三者保護の点については、民法93条における議論を参照しつつ、代理権濫用をされた本人と、心裡留保の表意者とは要保護性（帰責性）が異なることに留意しつつ、今後さらに検討するべきである。
（第12回議事録59頁・高須幹事、60頁・岡委員）

2　表見代理
（1）代理権授与の表示による表見代理（民法第109条）
ア　法定代理への適用の可否
　代理権授与の表示による表見代理を規定する民法第109条に関しては、法定代理には適用がないとする判例・学説を踏まえて、このことを条文上明記するかどうかについて、法定代理であっても、代理権授与表示があったと評価することができる事案もあり得るとの指摘があることも踏まえて、更に検討してはどうか。

【部会資料13－2　第3、3(1)ア［91頁］】

〔意　見〕
法定代理に適用がないことを条文上明確にする必要はない。
〔理　由〕
法定代理であっても代理権授与表示があったと評価することができる事案もあり、条文ですべて排除するのは柔軟性を欠く。
（第13回議事録6頁・岡委員、7頁・中井委員）

イ 代理権授与表示への意思表示規定の類推適用
　民法第109条の代理権授与の表示については、その法的性質は意思表示ではなく観念の通知であるとされているものの、意思表示に関する規定が類推適用されるとする見解が主張されていることから、代理権授与の表示に意思表示に関する規定が類推適用される場合の具体的な規律を条文上も明らかにするかどうかについて、更に検討してはどうか。

【部会資料13－2　第3、3⑴イ［92頁］】

〔意　見〕
強く反対はしないが、特に明文化する必要はない。
〔理　由〕
このような細目についてまで規定する必要はないのではないか。
（第13回議事録6頁・岡委員）

ウ　白紙委任状
　民法第109条が実際に適用される主たる場面は、白紙委任状が交付された場合であると言われていることから、白紙委任状を交付した者は、白紙委任状の空白部分が補充されて相手方に呈示されたときは、これを呈示した者が白紙委任状の被交付者であると転得者であるとを問わず、呈示した者に代理権を与えた旨の同条の代理権授与の表示を相手方に対してしたものと推定する旨の規定を新設するという考え方がある。この考え方の当否について、白紙委任状の呈示に至るまでの本人の関与の程度や、白紙委任状における空白部分の態様が様々であることなどを指摘して、一般的な規定を設けることに消極的な意見があることも踏まえ、更に検討してはどうか。

【部会資料13－2　第3、3⑴ウ［94頁］】

〔意　見〕
白紙委任状に関する規定を新設する必要はない。
〔理　由〕
指摘の通り、定式化が困難である。

第 33 代　理

また、このような規定を設けることで、濫用される危険がある。
（第13回議事録３頁・深山幹事、６頁・中井委員・村上委員・岡委員）

エ　本人名義の使用許諾の場合
　　判例には、代理権授与の表示があった場合のみならず、本人が自己の名義の使用を他人に許した場合にも、民法第109条の法理等に照らして、本人の表見代理による責任を肯定するものがあることから、このことを条文上も明らかにするかどうかについて、更に検討してはどうか。
【部会資料13－2 第3、3(1)エ［95頁］】

〔意　見〕
例外に留意しつつ更に検討するべきである。
〔理　由〕
　部会の議論において、本人名義の使用許諾については、大きく分けて相手方が本人の名義の信用力を重視する場合と、目の前の者と取引した場合とがあり、前者であれば表見代理の責任を肯定すべきであるが、後者はまた別の検討が必要である。
　また、効果についても、単に本人の責任を問うだけでなく、連帯責任とする考え方もあり得るところである。
　従って、一律に本人の責任を肯定する旨の規定とするべきではなく、今後、場合分けをして検討を続けるべきである。
（第13回議事録２頁・能見委員、３頁・野村委員、５頁・鹿野幹事）

オ　民法第110条との重畳適用
　　判例は、代理権授与の表示を受けた他人が、表示された代理権の範囲を超える法律行為をした場合に、民法第109条と同法第110条とを重畳適用することにより、その他人に代理権があると信ずべき正当な理由がある相手方の保護を図っていることから、このことを条文上も明らかにするかどうかについて、更に検討してはどうか。
【部会資料13－2 第3、3(1)オ［97頁］】

Ⅱ　全体版

〔意　見〕
条文上明らかにすべきである。
〔理　由〕
細目について明文の規定は必要ないとの意見もあったが、民法の講義において特段異論のない判例法理として紹介されているものを条文化しない理由はないものと考える。
（第13回議事録　6頁岡委員）

> (2) 権限外の行為の表見代理（民法第110条）
> ア　法定代理への適用の可否
> 　代理人がその権限外の行為をした場合の表見代理を規定する民法第110条に関しては、判例は法定代理にも適用があるとしていると解されているが、学説上は法定代理への適用を認めない見解も有力であり、同条が法定代理には適用されないことを条文上明記すべきであるとの考え方が提示されている。そこで、この考え方の当否について、法定代理であっても、本人に一定のコントロール可能性があるにもかかわらず放置している場合のように、本人の帰責性を認めることができる事案もあり得るとの指摘があることも踏まえて、更に検討してはどうか。
> 【部会資料13－2 第3、3(2)ア［99頁］】

〔意　見〕
法定代理に適用がないことを条文上明確にする必要はない。
〔理　由〕
法定代理でも、何らかの帰責性を観念できる場合もあり、一律適用を排除する必要はないのではないか。
（第13回議事録7頁・奈須野関係官、8頁・岡委員、10頁・山野目幹事、11頁・
　中井委員）

> イ　代理人の「権限」
> 　民法第110条の「権限」に関しては、代理権に限られるものではなく、事実行為を含めた対外的な関係を形成する権限であれば足りるとする見解が有力である。そこで、このことを条文上も明らかにするかどうかについ

> て、権限外の行為の表見代理の成立範囲を適切に限定する必要性にも留意しつつ、更に検討してはどうか。
>
> 【部会資料13－2 第3、3(2)イ［100頁］】

〔意　見〕
　権限外の行為の表見代理成立範囲の限定に留意しつつも、民法110条の権限を代理権に限られない形で条文上明らかにするべきである。

〔理　由〕
　民法110条の権限が代理権に限られないこと自体は、多数の支持を得ていると思われる。そこで、表見代理の成立範囲に留意しつつ、この旨を条文上明らかにすることが、現在の解釈の到達点を国民に明示するという観点から妥当であると考える。

（第13回議事録8頁・岡委員）

> ウ　正当な理由
> 　民法第110条の「正当な理由」に関しては、その意味やどのような事情があるときにこれが認められるのかが明らかではないとの指摘があることから、善意無過失を意味することを条文上も明らかにするとする案や、「正当な理由」の有無についての考慮要素をできる限り明文化するとする案などを対象として、その規定内容の明確化を図るかどうかについて、更に検討してはどうか。
>
> 【部会資料13－2 第3、3(2)ウ［102頁］】

〔意　見〕
　総合判断的な理解に立ちつつ、判例を踏まえて考慮要素を明確化する方向とすべきである。

〔理　由〕
　民法第110条の成立過程において「善意無過失」としなかった理由には首肯できるところがある。従って、明文化する方向としては、「善意無過失」ではなく、「正当な理由」の考慮要素を明確化する方向とすべきである。

（第13回議事録7頁・奈須野関係官、8頁・岡委員・道垣内幹事・高須幹事）

Ⅱ　全体版

> (3) 代理権消滅後の表見代理（民法第112条）
> ア　法定代理への適用の可否
> 　代理権消滅後の表見代理を規定する民法第112条に関しては、判例は法定代理にも適用があるとしていると解されているが、学説上は法定代理への適用を認めない見解も有力であり、同条が法定代理には適用されないことを条文上明記すべきであるとの考え方が提示されている。そこで、この考え方の当否について、法定代理であっても、制限行為能力者であった本人が行為能力者となった後は、法定代理人であった者の行動に対する本人の帰責性を認めることができる事案もあり得るとの指摘があることも踏まえて、更に検討してはどうか。
> 【部会資料13－2　第3、3(3)ア［104頁］】

〔意　見〕
法定代理に適用がないことを条文上明確にする必要はない。
〔理　由〕
法定代理でも、何らかの帰責性を観念できる場合もあり、一律適用を排除する必要はないのではないか。
（第13回議事録11頁・中井委員）

> イ　「善意」の対象
> 　民法第112条の「善意」の対象については、判例は、行為の時点で代理権の不存在を知らなかったことで足りるとするものと解されているが、学説上は、同条における相手方が保護される根拠との関係で、過去において代理権が存在したことを知っており、その代理権の消滅を知らなかったことを必要とするとの見解が有力である。そこで、このような学説に基づいて「善意」の対象を条文上も明らかにするかどうかについて、更に検討してはどうか。
> 【部会資料13－2　第3、3(3)イ［105頁］】

〔意　見〕
過去に代理権が存在したことを知っており、その代理権の消滅を知らなかっ

第 33 代　理

たことを必要とすることを条文上明らかにするべきである。
　〔理　由〕
　民法第109条、110条と区別される民法第112条の意義や、この条文が相手方の代理権の消滅の抗弁に対する再抗弁として用いられることを考えると、過去に代理権の存在を知っていたことを要求するのが妥当である。
（第13回議事録9頁・山本(敬)幹事・松本委員、10頁・高須幹事、11頁・岡委員）

> ウ　民法第110条との重畳適用
> 　判例は、本人から代理権を与えられていた者が、消滅した代理権の内容を超える法律行為をした場合に、民法第110条と同法第112条とを重畳適用することにより、その者に権限があると信ずべき正当な理由がある相手方の保護を図っていることから、このことを条文上も明らかにするかどうかについて、更に検討してはどうか。
> 【部会資料13－2　第3、3(3)ウ［106頁］】

〔意　見〕
条文上明らかにすべきである。
〔理　由〕
細目について明文の規定は必要ないとの意見もあったが、民法の講義において特段異論のない判例法理として紹介されているものを条文化しない理由はないものと考える。
（第13回議事録11頁・岡委員）

> 3　無権代理
> (1)　無権代理人の責任（民法第117条）
> 　民法第117条第1項による無権代理人の責任に関しては、無権代理人が自らに代理権がないことを知らなかった場合には、錯誤に準じて無権代理人としての責任を免れ得るものとする旨の規定を設けるかどうかについて、相手方の保護の観点から、これに慎重な意見があることも踏まえて、更に検討してはどうか。
> 　また、同条第2項に関しては、無権代理人が故意に無権代理行為を行った場合には、相手方に過失があるときでも、無権代理人は同条第1項の責

Ⅱ　全体版

任を免れないものとする旨の規定を設けるかどうかについて、更に検討してはどうか。これに関連して、無権代理人が重過失によって無権代理行為を行った場合にも同様とするかどうかや、相手方の過失が軽過失にとどまる場合には、無権代理人はその主観的態様にかかわらず無権代理人としての責任を免れないものとするかどうかについても、更に検討してはどうか。

【部会資料13－2　第3、4(1)［108頁］】

〔意　見〕
　無権代理人が自らに代理権がないことを知らなかった場合には、錯誤に準じて無権代理人としての責任を免れ得るものとする旨の規定を設けるべきである。
　また、無権代理人が故意に無権代理行為を行った場合には、相手方に過失があるときでも、無権代理人は同条第1項の責任を免れないものとする旨の規定を設けるべきである。この点は、無権代理人が重過失で行った場合は同様とするべきである。

〔理　由〕
　現行法の無権代理人の責任は重すぎると考えられるので、故意又は重過失以外の無権代理人は責任を免れるようにするべきである。
　同時に、このようにした場合は、バランス上、軽過失の相手方であっても、故意または重過失の無権代理人は責任を免れないようにするべきである。

（第13回議事録12頁・山本(敬)幹事・岡本委員・奈須野関係官、13頁・中井委員・松本委員・松岡委員）

(2) 無権代理と相続
　同一人が本人としての法的地位と無権代理人としての法的地位とを併せ持つに至った場合における相手方との法律関係に関しては、判例・学説の到達点を踏まえ、無権代理人が本人を相続したとき、本人が無権代理人を相続したとき、第三者が無権代理人と本人の双方を相続したときなどの場面ごとに具体的な規定を設けるかどうかについて、更に検討してはどうか。
【部会資料13－2　第3、4(2)［111頁］、ア［112頁］、イ［114頁］、
　　　　　　　同（関連論点）［115頁］、ウ［115頁］】

〔意　見〕

第33 代　理

　無権代理人と相続の関係について、場面ごとに具体的な規定を設けるべきである。
　内容については、判例法理の実質的妥当性（特に第三者が無権代理人と本人の双方を相続した時）を再度検証すべきである。
〔理　由〕
　典型論点であり、明文化する必要があるが、判例法理の内容については疑問も提起されていることから、この際に妥当性を検証するべきである。
（第13回議事録14頁・岡委員・鹿野幹事）

4　授　権

　自己の名で法律行為をしながら、権利の移転等の特定の法律効果を他人に帰属させる制度である授権のうち、被授権者が自己の名で、授権者が有する権利を処分する法律行為をすることによって、授権者がその権利を処分したという効果が生ずる処分授権について、委託販売の法律構成として実際上も重要であると指摘されていることを踏まえて、明文の規定を新たに設けるべきであるとの考え方がある。この考え方の当否について、その概念の明確性や有用性に疑問を呈する意見があることにも留意しつつ、更に検討してはどうか。

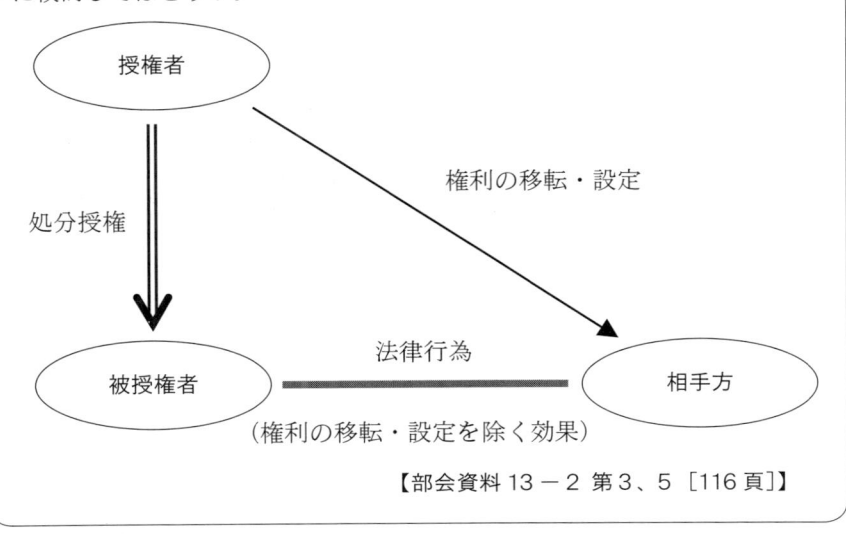

```
          授権者
           │ ＼
    処分授権│  ＼ 権利の移転・設定
           ↓    ＼
        被授権者 ── 法律行為 ── 相手方
         （権利の移転・設定を除く効果）
```

【部会資料13－2 第3、5［116頁］】

Ⅱ　全体版

〔意　見〕
慎重に検討するべきである。
〔理　由〕
規定することに積極的に反対する理由はないが、これまでにない概念であり、その内容が不明確である。これが積極的に用いられる局面も未だ具体的にイメージしがたい。
（第13回議事録15頁～23頁）

> 第34　条件及び期限
> 1　停止条件及び解除条件の意義
>   停止条件及び解除条件という用語の意義を条文上明確にすることとしてはどうか。
>
> 【部会資料13－2 第4、2［120頁］】

〔意　見〕
異論はない。
〔理　由〕
一般人に理解することができず、明確化の必要がある。

> 2　条件の成否が未確定の間における法律関係
>   条件の成就によって不利益を受ける当事者が故意に条件の成就を妨げた場合の規定（民法第130条）について、判例は、条件の成就によって利益を受ける側の当事者が故意に条件を成就させた場合にも類推適用して、条件が成就しなかったものとみなすことができるとしていることから、この判例の考え方を明文化する方向で、具体的な要件について更に検討してはどうか。その際、「故意に条件を成就させた」というだけでは、何ら非難すべきでない場合が含まれてしまうため、適切な要件の設定について、更に検討してはどうか。
>
> 【部会資料13－2 第4、3［120頁］】

〔意　見〕
判例の考え方を明文化する方向で検討すべきである。

その際には、利益を成就させたことについて何ら非難できない場合について除外できるよう適切に要件を設定すべきである。
〔理　由〕
判例の考え方は妥当であり、民法第130条とのバランスからも、適切な要件を定めて明文化すべきである。

3　不能条件（民法第133条）
原始的に不能な契約は無効であるとする伝統的な理解（原始的不能論）の見直しに関する議論（前記第22、3）との関連で、不能な条件を付した法律行為の効力について一律に無効又は無条件とする旨を定めている民法第133条の規定も削除するかどうか等について、検討してはどうか。

〔意　見〕
原始的に不能な契約の議論と平仄を合わせる方向で、民法第133条の存否を決するべきである。
〔理　由〕
原始的に不能な契約の効力と平仄を合わせる必要がある。
（第12回議事録2頁・潮見幹事）

4　期限の意義
期限の始期と終期や、確定期限と不確定期限などの用語の意義を条文上明確にすることとしてはどうか。
【部会資料13－2　第4、4［121頁］】

〔意　見〕
異論はないが、文言が平易である必要がある。
〔理　由〕
規定には賛成するが、わかりやすさの見地から文言を十分検討すべきである。現在提示されている「債権法改正の基本方針」の規定（【1.5.63】）は、論理的には正確だろうが、文言が平易でない。

Ⅱ 全体版

> 5 期限の利益の喪失（民法第137条）
> 　民法第137条が定める期限の利益の喪失事由のうち、破産手続開始の決定を受けたとき（同条第1号）に関しては、破産法に委ねて民法の当該規定を削除するかどうかについて、更に検討してはどうか。
> 　また、同条第2号に関しても、何らの義務違反のない場合が含まれないことを明らかにする等の見直しをする必要がないか、検討してはどうか。
> 　　　　　　　　　　　　　　　【部会資料13－2 第4、5［122頁］】

〔意　見〕
破産手続開始の決定を受けたとき（同条第1号）については、破産法に委ねるべきである。
第2号については、文言を見直すまでの必要はない。
〔理　由〕
1号に関して、破産手続きでは、通常の場面とは異なる利益較量が必要な場面が多く、破産手続開始決定があった場合の期限の利益については、破産法の規定や解釈に委ねるべきである。
2号に関しては、現行法の運用でも特段問題は生じていない。
（第13回議事録2頁・筒井幹事・道垣内幹事、3頁・松岡委員）

> 第35 期間の計算
> 1 総　論（民法に規定することの当否）
> 　期間の計算に関する規定は、民法ではなく、私法以外にも広く適用される法律で規定すべきであるという考え方については、引き続き民法に規定を置くべきであるという意見もあることを踏まえ、更に検討してはどうか。
> 　　　　　　　　　　　　　　　【部会資料14－2 第1、1［1頁］】

〔意　見〕
期間の計算に関する規定は、民法に規定を置く方向で検討すべきである。
〔理　由〕
法の適用に関する通則法の第2章（法律に関する通則）には、法律の適用に関係する通則的規定のみが置かれているのであり、期間の計算のような規定を

置くことは適当ではないし、期間に関する規定が通則的であるからといって、あえて別個の法律を設けてこれを定めるべき喫緊の必要性も存在しない。

期間の計算は、一定の期間にかかる債務の履行期や時効期間の経過といった民法上の法的効果を判断する上で必要不可欠な基準を定めるものであり、民法内でこれを明確にしておくことが望ましい。この点、法改正の目的の一つが、一般市民にも分かりやすい民法を目指すということであれば、初日不算入といった期間の計算方法について一般市民の誤解を避ける、あるいはその方法を知るために他の法律を参照するといった手間を省くという意味でも、民法内において明確にしておくことが望ましい。

理論上も、行政事件訴訟法や、国家賠償法などを見ればわかるとおり、公法に関する法体系は、民事法から完全に独立して存在しているわけではなく、特別の規定がない限りは民事法に関する規定が適用されるもので、そもそも公法・私法という概念的な分類を理由に、民法外に規定を移設することに疑問がある。

2　過去に遡る方向での期間の計算方法

一定の時点から過去に遡る方向での期間の計算については、他の法令における期間の計算方法への影響に留意しつつ、新たな規定を設ける方向で、更に検討してはどうか。その際には、民法第142条に相当する規定を設けることの要否についても、結論の妥当性が確保されるかどうか等に留意しつつ、更に検討してはどうか。

【部会資料14−2 第1、2［2頁］】

〔意　見〕

かかる規定を設けることがそもそも本当に必要か、規定を置いたとして他の法令へ大きな影響を与えないかという観点から、慎重に検討されるべきである。

〔理　由〕

明確性の観点から、過去に遡る方向での期間の計算についても規定を設けるという考え方自体に反対するものではない。

しかし、「各法令で既にいろいろな考え方、規定振りがあることに留意する必要があるのではないかと思います。民法又は他の一般法で新設される規定が原稿の法令の様々な規定にそのまま適用されるものなのか、それとも各法令の

Ⅱ 全体版

規定というものが特段の定めを置いたものなのか、見極めた上で整理・整備する必要があるのではないかと思います。思っている以上に影響が大きいかもしれず、よく検討する必要があるのではないかと思います。」(第12回会議議事録4頁 藤本関係官)との意見及び「今の藤本関係官の発言と関係しているかと思いますが、会社法を例に取れば、株主提案権の行使を総会の期日の8週間前までにしなければならないとしたときに、6月29日の8週間といったらちょうど5月の連休前後になるわけです。この制度の趣旨から、会社側が株主提案に対応する期間として、8週間が保障すべき正味の時間だとすれば、それを確保するような期間の計算をすべきことになりますので、資料詳細版で挙げている、破産の事例の場合とは事案が異なります。個々に期間を置いた趣旨を考える必要があるのではないかということから、民法の中に入れるのがいいのか、民法に一般原則を置いた上でそれぞれの法律で特別な定めをするのがいいのかあたりも含めて御検討いただきたいと思います。」(第12回議事録 4頁 中井委員)との意見もあり、各法令において遡る期間を定めた趣旨が異なること、各法令において種々の規定振りがあることなどに留意する必要がある。

そこで、かかる規定を設置することがそもそも本当に必要か、規定を置いたとして他の法令へ大きな影響を与えないかという観点から、規定を設けるかどうかの段階から慎重に検討されるべきである。

> 3 期間の末日に関する規定の見直し
> 　期間の末日の特則を定める民法第142条に関しては、期間の末日が日曜・祝日でない場合にも取引慣行に応じて同条の規律が及ぶようにする等の見直しをすることの要否について、検討してはどうか。

〔意 見〕
民法第142条に関して、期間の末日が日曜・祝日でない場合にも取引慣行に応じて同条の規律が及ぶようにする等の見直しに対しては、反対である。
〔理 由〕
取引慣行に応じるのは不明確である。
また、店舗が日曜・祝日に営業しているか、していないかに拘わらず、取引の決済は、通常、銀行を介するので、事実上銀行の営業日に合わせて行われると思われるから、民法第142条の規定は現状のままで合理性がある。

第36 消滅時効
1 時効期間と起算点
(1) 原則的な時効期間について

債権の原則的な時効期間は10年である（民法第167条第1項）が、その例外として、時効期間を職業別に細かく区分している短期消滅時効制度（同法第170条から第174条まで）や商事消滅時効（商法第522条）などがあるため、実際に原則的な時効期間が適用されている債権の種類は、貸付債権、債務不履行に基づく損害賠償債権などのうち商事消滅時効の適用されないものや、不当利得返還債権などがその主要な例となる。しかし、短期消滅時効制度については、後記(2)アの問題点が指摘されており、この問題への対応として短期消滅時効制度を廃止して時効期間の統一化ないし単純化を図ることとする場合には、原則的な時効期間が適用される債権の範囲が拡大することとなる。そこで、短期消滅時効制度の廃止を含む見直しの検討状況（後記(2)ア参照）を踏まえ、債権の原則的な時効期間が実際に適用される債権の範囲に留意しつつ、その時効期間の見直しの要否について、更に検討してはどうか。

具体的には、債権の原則的な時効期間を5年ないし3年に短期化すべきであるという考え方が示されているが、これに対しては、短期化の必要性を疑問視する指摘や、商事消滅時効の5年を下回るのは実務上の支障が大きいとの指摘がある。また、時効期間の長短は、起算点の定め方（後記(3)）と関連付けて検討する必要があり、また、時効期間の進行の阻止が容易かどうかという点で時効障害事由の定め方（後記(2)）とも密接に関わることに留意すべきであるとの指摘もある。そこで、これらの指摘を踏まえつつ、債権の原則的な時効期間を短期化すべきであるという上記の考え方の当否について、更に検討してはどうか。

【部会資料14－2 第2、2(2)〔5頁〕】

〔意 見〕
1 原則的な時効期間の見直しの要否については、見直しは不要であり、見直しを検討することに対しては、反対である。
2 債権の原則的な時効期間を5年ないし3年に短期化するかどうかに対して

は、反対である。
〔理 由〕
1 「短期消滅時効制度の廃止を含む見直しの検討状況を踏まえ」て、原則的な時効期間を検討するのは、短期消滅時効を廃止すると、必然的に原則的時効期間が短縮されるようなニュアンスを与える恐れがあり、かつ、短期消滅時効の廃止と、原則的時効期間を何年とするかということとは、必ずしもリンクしない論点であって、独立に議論できるはずである（第23回議事録・32頁　深山幹事）。

　従って、原則的な時効期間をどうするかは、短期消滅時効制度の廃止を踏まえて検討されるべきではない。

　また、「短期消滅時効制度を廃止して時効期間の統一化ないし単純化を図ることとする場合には、原則的な時効期間が適用される債権の範囲が拡大することとなる」かについては、短期消滅時効の実際上の活用例が多数あるか疑問である。すなわち、裁判例においても、売買の目的物が、その性質上流通を予定していないものであることを理由に、売買代金債権が民法第173条1号の債権にあたらないとされ（東京高判昭和62年2月26日　判例時報1231号110頁）、性質上、その内容、体裁等を注文者の個別注文に合わせて作成するものであって、本来その製品の流通を予定していないものの代金債権は、民法173条1号の産物および商品の代金債権にあたらず、近代工業的な機械設備を備えた製造業者は、民法173条2号の製造人にあたらないとされる（大阪高判昭和44年1月28日判例時報566号63頁）など、現行実務は、短期消滅時効が適用されるには、短期消滅時効が適用されるにふさわしい取引類型であるかを慎重に考えているのである。

　従って、短期消滅時効の活用例が多数あるか疑問であり、「短期消滅時効制度を廃止して時効期間の統一化ないし単純化を図ることとする場合には、原則的な時効期間が適用される債権の範囲が拡大することとなる」とはいえず、見直しの必要性はない。

　また、仮に短期消滅時効を廃止したとしても、大部分の債権は商事消滅時効が適用されるものと考えられるから、この点からも、原則的な10年の時効期間が適用される債権の範囲が拡大するといえるか疑問があり、原則的な時効期間が適用される債権の範囲に関して、実際には現状からの変化は乏しいものと考えられる。

従って、この点からも、「短期消滅時効制度を廃止して時効期間の統一化ないし単純化を図ることとする場合には、原則的な時効期間が適用される債権の範囲が拡大することとなる」とはいえず、見直しの必要性はない。
2　時効期間を10年とする現行法は安定しており、今この時効期間を特に変更しなければならないような差し迫った事情ないし具体的な弊害はなく、問題視されていない。

　また、実務上、判例法理が熟してくるまでに5年、6年掛かることからも、時効期間が10年である必要性がある。かかる判例法理の熟するようなケースにおいては、弱い地位にあるものが当事者となっている場合が多いことも十分考慮されるべきである。

　そして、市民の裁判制度へのアクセス環境が未だ遠いこと及び法教育不足の観点から、弱い地位にある者が債権を失う懸念があり、諸外国の立法例に倣う必要はない。消費者事件等において、相手との話合いが途切れ途切れになり5年が経過してしまうこともよく見られるのである。

　そもそも、時効期間が一気に商事消滅時効と同じ5年となるのは違和感があり、商法改正も視野にあるなら改めて包括的に議論すべきであって、現時点では、現行法の時効期間である10年は維持されるべきである。

---

(2) 時効期間の特則について
ア　短期消滅時効制度について
　短期消滅時効制度については、時効期間が職業別に細かく区分されていることに対して、理論的にも実務的にも様々な問題が指摘されていることを踏まえ、見直しに伴う実務上の様々な影響に留意しつつ、職業に応じた区分（民法第170条から第174条まで）を廃止する方向で、更に検討してはどうか。
　その際には、現在は短期消滅時効の対象とされている一定の債権など、比較的短期の時効期間を定めるのが適当であると考えられるものを、どのように取り扱うべきであるかが問題となる。この点について、特別な対応は不要であるとする考え方がある一方で、① 一定の債権を対象として比較的短期の時効期間を定めるべき必要性は、原則的な時効期間の短期化（前記(1)参照）によって相当程度吸収することができる（時効期間を単純化・統一化するメリットの方が大きい）とする考え方と、② 職業別の区分によら

Ⅱ 全体版

ない新たな短期消滅時効として、元本が一定額に満たない少額の債権を対象として短期の時効期間を設けるとする考え方などがあることを踏まえ、更に検討してはどうか。

【部会資料14-2 第2、2(1)［3頁］】

〔意 見〕
1 職業に応じた区分を廃止する方向に対しては賛成である。
2 ① 一定の債権を対象として比較的短期の時効期間を定めるべき必要性は、原則的な時効期間の短期化によって相当程度吸収することができるとする考え方に対しては、反対である。
　② 職業別の区分によらない新たな短期消滅時効として、元本が一定額に満たない少額の債権を対象として短期の時効期間を設けるとする考え方に対しては、現状消費者救済として活用されている動産の損料に係る債権などもカバーしうるものとならない限り、反対である。
　①②以外の考え方として、正に現代的な意味での短期の例外的な規定、たとえば、現行の「動産の損料」に相当する「日常生活において極めて短期間を限って軽易に行われる動産の損料」であるとか、電子マネーのポイントであるとか、英会話教室のポイントであるとか、判例（大判昭和12年6月29日　民集16巻1014号）において民法173条にいう「産物」に該当するとされた電気であるとか、「正に現代的な意味での短期の例外的な規定を設けるべき債権」を新たに検討して規定を設けるとする考え方を含めて検討すべきである。

〔理 由〕
1 異論はない。
2 ①について　そもそも時効期間の短期化に対して慎重ないし反対する意見も多数あることから、議論の順番を見失うべきではない。また、時効期間を単純化・統一化するメリットなるものが具体的にはどのようなものか、今後その内容・要素を具体的に明らかにする必要があり、その内容・要素が、動産の損料に係る債権の活用などにより消費者が救済されている現状よりも一見して明らかに大きいものかどうかも検討されるべきであり、それが明らかでない以上、反対せざるをえない。
　②について　元本が一定額に満たない少額の債権には、性質の異なる種々

第 36 消滅時効

の債権を、性質に着目せず包括してしまう点で、たとえば現状消費者救済として活用されている動産の損料に係る債権の時効などが額によっては漏れてしまう恐れがあるし、労働債権（給与）なども額によっては時効にかかるおそれがある。

　この点、比較的短期の時効期間を定めるのが適当であると考えられるものについては、消費者救済として活用されている現行民法の動産の損料に係る債権（民法174条5号）など、「正に現代的な意味での短期の例外的な規定を設けるべき債権というものも、それはそれであるのではないか」（第12回会議議事録12頁　深山幹事）とする意見があることも踏まえて検討されるべきである。

　そこで、短期消滅時効の見直しに当たっては、「正に現代的な意味での短期の例外的な規定を設けるべき債権」を新たに検討して規定を設けるとする考え方を含めて、さらに検討すべきである。

イ　定期金債権

　定期金債権の消滅時効に関しては、長期に及び定期的な給付をする債務を負担する者が、未発生の定期給付債権（支分権）がある限り消滅時効の利益を受けられないという不都合を避けるために、例外的な取扱いが規定されている（民法第168条）。その趣旨を維持する必要があることを踏まえつつ、消滅時効期間を「第1回の弁済期から20年」としているのを改め、各定期給付債権の弁済期から10年とする案や定期給付債権が最後に弁済された時から10年とする案などを対象として、規定の見直しの要否について、更に検討してはどうか。

【部会資料14−2　第2、2(3)ア［9頁］】

〔意　見〕

定期金債権(基本権)について、時効の起算点を最後に弁済がされた時から10年とする考え方に賛成である。

その時効期間を20年から10年とすべきかについては検討を要するが、10年とする方向で検討するべきである。

〔理　由〕

定期金債権(基本権)について、時効の起算点を最後に弁済された時から10

Ⅱ　全体版

年間とする考え方を採用するか、各回の弁済期から10年間とする考え方を採用するかは、前者のほうが現行の通説の解釈に近いので、そちらを採用すべきである。

　その時効期間につき、現行の規定は「第1回の弁済期から20年」としているのであるから、これを10年と改正することは検討を要するが、民法第168条1項前段の「第1回の弁済期から20年」の時効は、第1回目の弁済から行わなかった場合にしか適用されず、大半のケースは同項後段の「最後の弁済期から10年」が適用されていると思われるので、積極的に反対しない。

ウ　判決等で確定した権利

　確定判決等によって確定した権利は、高度の確実性をもって確定されたものであり、その後も時効完成を阻止するために短期間のうちに権利行使することを求めるのは適当でないことなどから、短期の時効期間に対する例外規定が設けられている（民法第174条の2）。この規定に関しては、短期消滅時効制度の見直しや原則的な時効期間に関する検討（前記1(1)(2)ア参照）を踏まえつつ、現在と同様に、短期の時効期間に対する例外的な取扱いを定める方向で、更に検討してはどうか。

【部会資料14－2　第2、2(3)イ［10頁］】

〔意　見〕
現在と同様の取扱を定めることに賛成である。
〔理　由〕
現行の規定に合理性があるので、存置する方向で検討を進める必要がある。

エ　不法行為等による損害賠償請求権

　不法行為による損害賠償請求権の期間制限に関しては、債権一般の消滅時効に関する見直しを踏まえ、債務不履行に基づく損害賠償請求権と異なる取扱いをする必要性の有無に留意しつつ、現在のような特則（民法第724条）を廃止することの当否について、更に検討してはどうか。また、不法行為の時から20年という期間制限（同条後段）に関して、判例は除斥期間としているが、このような客観的起算点からの長期の期間制限を存置する場合には、これが時効であることを明確にする方向で、更に検討し

第36 消滅時効

てはどうか。
　他方、生命、身体等の侵害による損害賠償請求権に関しては、債権者（被害者）を特に保護する必要性が高いことを踏まえ、債権一般の原則的な時効期間の見直しにかかわらず、現在の不法行為による損害賠償請求権よりも時効期間を長期とする特則を設ける方向で、更に検討してはどうか。その際、特則の対象範囲や期間については、生命及び身体の侵害を中心としつつ、それと同等に取り扱うべきものの有無や内容、被侵害利益とは異なる観点（例えば、加害者の主観的態様）からの限定の要否等に留意しつつ、更に検討してはどうか。
　【部会資料14－2 第2、2(3)ウ［11頁］、同（関連論点）1［12頁］、
　　　　　　　　　　　　　　　　　　　　同（関連論点）2［13頁］】

〔意　見〕
1　民法第724条を廃止することに対しては、反対である。
2　不法行為の時から20年という期間制限に関して、時効であることを明確にする方向で更に検討することに対しては、賛成である。
3　生命、身体等の侵害による損害賠償請求権について、原則的な時効期間よりも長期の期間を定めるべきである点について賛成である。その際、特則の対象範囲や期間については、生命及び身体の侵害を中心としつつ、それと同等に取り扱うべきものの有無や内容、被侵害利益とは異なる観点（例えば、加害者の主観的態様）からの限定の要否等に留意しつつ更に検討することについても賛成である。

〔理　由〕
1　使用者の安全配慮義務が問題となるような事案は格別、債務者も債務不履行の発生も債権者にとって最初から明確である場合の多い一般の債務不履行と、そうでない不法行為との間では、時効制度について異なる制度設計をすることにも合理性があり、無理に一元化を行う必要はない。
　第12回会議においても廃止を前提とする意見は少なく、むしろ現状においては、民法724条が判例を中心とする不法行為法において活用されているのであるから、廃止を前提とすることは、判例の明文化・判例の定着化を意識しての改正という道筋から外れてしまい適当ではない。
　また、起算点に関する判例理論によれば、遅発性のものについてもある程

Ⅱ 全体版

度救済される結果が導けることから、特に法律の中に規定を設けることを考えていない法律（原子力損害補償法）も存在するので、同条の廃止は実務への影響が大きく、廃止の検討をするべきではない。
2 除斥期間とすると時効中断の効力が認められないなど被害者救済が不十分となる恐れがあることから、これが時効期間であることを明確にする必要がある。
3 生命、身体等の侵害による損害賠償請求権について、債権者（被害者）を保護する必要性が特に高く、独自の規定を設ける必要性があるが、一方で、その限界について更に検討が必要である。

---

(3) 時効期間の起算点について

時効期間の起算点に関しては、時効期間に関する検討（前記1(1)(2)参照）を踏まえつつ、債権者の認識や権利行使の期待可能性といった主観的事情を考慮する起算点（主観的起算点）を導入するかどうかや、導入するとした場合における客観的起算点からの時効期間との関係について、実務に与える影響に留意しつつ、更に検討してはどうか。

また、「権利を行使することができる時」（民法第166条第1項）という客観的起算点についても、債権の種類や発生原因等によって必ずしも明確とは言えず、紛争が少なくないとの指摘があることから、一定の類型ごとに規定内容の明確化を図ることの要否及びその内容について、検討してはどうか。

さらに、預金債権等に関して、債権に関する記録の作成・保存が債務者（銀行等）に求められていることや、預けておくこと自体も寄託者としての権利行使と見ることができることなどを理由に、起算点に関する例外的な取扱いを設けるべきであるとする考え方の当否について、預金債権等に限ってそのような法的義務が課されていることはないとの指摘があることも踏まえ、更に検討してはどうか。

【部会資料14－2 第2、2(4)［15頁］】

〔意 見〕
1 主観的起算点に対しては、反対である。
2 「権利を行使することができる時」（民法第166条第1項）という客観的起

算点について、一定の類型ごとに規定内容の明確化を図ることの要否及びその内容について検討することに対しては、賛成である。
3　預金債権等に関して、起算点に関する例外的な取扱いを設ける特則を設けることに対しては、賛成である。

〔理　由〕
1　主観的な起算点については、現行制度との違いが大きいうえに、起算点が不明確であるから、相当の混乱が懸念されるとともに、時効成立の有無が争点となり裁判実務への影響が極めて大きいので、強く反対する。

　なお、「時効期間の起算点に関しては、時効期間に関する検討（前記1⑴⑵参照）を踏まえつつ」としており、原則的な時効期間に関する議論が先行するかのように読める余地があるように思えるが、原則的な時効期間に関する議論と、主観的起算点に関する議論と、時効障害事由の定め方に関する議論とは相互に関連しているというのが正確である。

　従って、検討する際も、原則的な時効期間に関する議論と、主観的起算点に関する議論と、時効障害事由の定め方に関する議論とが相互に関連していることを考慮したうえで、実務に与える影響に留意しつつ検討されるべきである。
2　規定内容の明確化が図れるのであれば、わかりやすさに資する。
3　預金債権等については、銀行に預けていること自体が権利行使であって、預入をした日を消滅時効の起算点とするのは合理性がないことから、その起算点について特則を設ける考え方に賛成する。

⑷　合意による時効期間等の変更

　当事者間の合意で法律の規定と異なる時効期間や起算点を定めることの可否について、現在の解釈論では、時効完成を容易にする方向での合意は許容される等の学説があるものの、必ずしも明確ではない。そこで、合意による時効期間等の変更を原則として許容しつつ、合意の内容や時期等に関する所要の制限を条文上明確にすべきであるという考え方が示されている。このような考え方の当否について、交渉力に劣る当事者への配慮等に留意しながら、更に検討してはどうか。

　交渉力に劣る当事者への配慮の在り方として、例えば、消費者概念を民法に取り入れることとする場合には、消費者契約においては法律の規定よ

り消費者に不利となる合意による変更を認めないという特則を設けるべきであるとの考え方がある（後記第62、2③参照）が、このような考え方の当否について、更に検討してはどうか。

【部会資料14－2　第2、2(5)［15頁］】

〔意　見〕
意見書Ⅰと同じである。

2　時効障害事由
(1)　中断事由（時効期間の更新、時効の新たな進行）

時効の進行や完成を妨げる事由（時効障害事由）のうち時効の中断事由（民法第147条）に関しては、例えば、「請求」（同条第1号）の意味が必ずしも明確でなく、ある手続の申立て等によって時効が中断された後、その手続が途中で終了すると中断の効力が生じないとされるなど、複雑で分かりにくいという問題が指摘されている。また時効の中断は、新たな時効が確定的に進行するという強い効力を有するため、そのような効力を与えるに相応しい事由を整理すべきであるとの問題も指摘されている。そこで、このような問題意識を踏まえて、新たな時効が確定的に進行することとなる事由のみをほかと区別して条文上明記することとしてはどうか。その上で、具体的な事由としては、①権利を認める判決の確定、②確定判決と同一の効力が認められる事由（裁判上の和解等）が生ずること、③相手方の承認、④民事執行などを掲げる方向で、更に検討してはどうか。

このうち、④民事執行については、債権の存在を認めた執行手続の終了の時から新たな時効が確定的に進行するという考え方が示されているが、このような考え方の当否及び具体的な内容について、更に検討してはどうか。

また、関連して、時効の中断という名称についても、一時的に時効の進行が止まることを意味するとの誤解を生じやすいため、適切な用語に改めることとしてはどうか。

【部会資料14－2　第2、3(2)［20頁］】

〔意　見〕

第36 消滅時効

1 時効の中断事由に関して、新たな時効が確定的に進行することとなる事由のみを他と区別して条文上明記することについて、賛成である。
2 ④の民事執行については、債権を認めた執行手続の終了の時から新たな時効が確定的に進行するという考え方の当否及び具体的な内容について、有意な具体化を図れるのかという観点も重視して、更に検討することに賛成である。
3 中断の名称を改めることについては賛成するが、それを「更新」とすることには反対である。

〔理 由〕
1 「請求」に関し、ある手続の申立て等によって時効が中断された後、その手続が途中で終了すると中断の効力が生じないとされるなど、複雑で分かりにくいという問題があるという指摘に同意できる。
2 民事執行についても手続きの段階によって差異があるため、明確化できるならば、さらに検討されるべきである。
3 中断の名称は、一般的な用語の意味と異なるため、適切な用語に改めることにする自体には賛成するが、「更新」という文言は、いわゆる契約の更新と混乱するおそれがあるため、たとえば「再進行」など表現を工夫すべきである。

---

(2) その他の中断事由の取扱い

時効の中断事由（民法第147条）のうち、新たな時効が確定的に進行することとなる事由（前記(1)参照）以外の事由（訴えの提起、差押え、仮差押え等）の取扱いに関しては、時効の停止事由（同法第158条以下）と同様に取り扱うという案や、時効期間の進行が停止し、その事由が止んだ時から残りの時効期間が再び進行する新たな障害事由として扱うという案（時効期間の進行の停止）などが提案されていることを踏まえ、更に検討してはどうか。

【部会資料14－2 第2、3(3)［22頁］、(4)［27頁］】

〔意 見〕
請求、仮差押え・仮処分など、時効の中断事由（民法第147条）のうち、新たな時効が確定的に進行することとなる事由（前記(1)参照）以外の事由の取扱

Ⅱ 全体版

いに関して、「請求」に関しては、時効期間の進行停止とするか、完成の延期とするかにつき、更に両案の妥当性を検討することに対しては、賛成である。

しかし、「仮差押え・仮処分」に関しては、時効期間の進行停止とするか、完成の延期とするかにつき、更に検討することに対しては、反対である。

〔理　由〕

請求に関して、時効期間の進行停止の考え方は、訴えを提起した以上、時効は進行しなくなるものと捉えるのが市民の感覚として自然であると思われるが、取り下げた場合の時効期間の計算が難しく、特に債務者側にとって管理の負担が大きい。

一方で、満了の延期の考え方は、市民感覚からは多少外れるものの、計算をしやすいというメリットがある。

従って、上記両案を踏まえて更に検討されるべきである。

なお、仮差押え・仮処分については、決定がなされた場合、確定判決と同等に扱うべきである。保全処分といえども裁判所の判断が示されていること、現行法上判例は中断事由としていること、相手方としては起訴命令などの手続きをとることができること等から、確定判決と同様に解すべきである。上記両考え方は、満足的仮処分の場合に問題がある。

---

(3) 時効の停止事由

時効の停止事由（民法第158条から第161条まで）に関しては、停止の期間について、3か月に短期化する案がある一方で1年に長期化する案もあることを踏まえ、更に検討してはどうか。また、天災等による時効の停止については、その停止の期間が2週間（同法第161条）とされている点を改め、ほかの停止事由と同等のものとする方向で、更に検討してはどうか。

また、催告（同法第153条）についても、これを時効の停止事由とするかどうかについて、現在の判例法理における裁判上の催告の効果には必ずしも明らかでない部分が少なくないという指摘も踏まえて、更に検討してはどうか。

【部会資料14－2 第2、3(5)［31頁］、(3)（関連論点）3［26頁］】

〔意　見〕

1　停止の期間は、6か月とするべきである。

第36 消滅時効

2 天災等による時効の停止については、他の停止事由と同等のものとする考え方に対しては、賛成である。
3 催告については、判例法理を踏まえてさらに検討すべきである。
〔理　由〕
1 停止の期間は、現状の6か月で特に問題はないので、維持するのがよい。
2 天災については、天災と認定される基準が厳格であり、そのような災害に罹災した場合、生活が落ち着くまでの期間として2週間は短期であると思われるので、6ヶ月に伸長すべきである。
　平成23年3月11日発生の東日本大震災（東北地方太平洋沖地震）から2週間経過した状況を鑑みるに、被災者は時効中断の手当をなしうる状態になかった。
3 裁判上の催告については、判例法理によれば、当該の裁判所における手続きが終了してから6か月以内に中断行為をすれば良いとされ、その手続き中は時効の完成を止める点で時効の停止にも類似するものとされており、かかる解釈は条文上で明らかではないから、裁判上の催告の意味を条文上明確化する必要がある。

(4) 当事者間の交渉・協議による時効障害
　時効完成の間際に当事者間で交渉が継続されている場合には、訴えの提起等により時効完成を阻止する手段を講じなければならないのを回避したいという実務上の要請があることを踏まえ、当事者間における交渉・協議を新たな時効障害事由として位置付けることの当否について、更に検討してはどうか。その際には、新たな時効障害事由を設けることに伴う様々な懸念があることを踏まえ、交渉・協議の意義や、その開始・終了の時期を明確にする方策などについて、更に検討してはどうか。
　また、当事者間の交渉・協議を新たな時効障害事由とする場合には、その効果に関して時効の停止事由として位置付ける案や時効期間の進行の停止と位置付ける案について、更に検討してはどうか。
【部会資料14－2 第2、3(6)〔(3)(2)頁〕】

〔意　見〕
意見書Ⅰと同じである。

(5) その他
ア 債権の一部について訴えの提起等がされた場合の取扱い
　債権の一部について訴えの提起がされた場合であっても、一部請求であることが明示されているときは、判例と異なり、債権の全部について時効障害の効果が生ずることとするかどうかについて、一部請求であることが明示されなかったときの取扱いにも留意しつつ、更に検討してはどうか。
　また、債権の一部について民事執行の申立てがされた場合についても同様の取扱いとするかどうかについて、検討してはどうか。
【部会資料14－2　第2、3(3)（関連論点）1［26頁］】

〔意　見〕
慎重に検討するべきである。
〔理　由〕
判例（最判昭和34年2月20日民集13巻2号209頁）は否定するが、このような債権者にも債権の全部について訴えの提起をした場合と同様の保護が与えられるべきとの意見もある。

イ 債務者以外の者に対して訴えの提起等をした旨の債務者への通知
　保証人や物上保証人がある場合において、専ら時効の完成を阻止するためだけに債務者に対する訴えの提起等をする事態を回避できるようにする観点から、保証人等の債務者以外の者に対して訴えの提起等をしたことを債務者に通知したことをもって、時効障害の効果が生ずるとする考え方の当否についても、更に検討してはどうか。
【部会資料14－2　第2、3(3)（関連論点）2［26頁］】

〔意　見〕
考え方に対して理解はできるが、立法化には反対である。
〔理　由〕
債務者が行方不明となった場合ならば、通知はそもそも届かないため、訴訟を提起する方がかえって通知をしやすい。また、特別代理人の選任もできるようになるため、手続きとして明確である。

裁判手続を考えると、被告に保証人を追加すればいいだけなので、債権者の負担はほとんど考えられないし、通知だけとすると保証人は債務者に対する裁判がいつ終わったかわからず、保証人が不安定な地位に置かれてしまう。

3 時効の効果
　(1) 時効の援用等
　　消滅時効の効果に関しては、当事者が援用したときに債権の消滅という効果が確定的に生ずるとの判例準則を条文上明記するという案と、消滅時効の完成により債務者に履行拒絶権が発生するものと規定するという案などを対象として、時効完成後に債務者が弁済をした場合に関する現在の解釈論との整合性や、税務会計その他の実務との適合性、時効を主張することができる者の範囲の差異などに留意しつつ、これらの案の当否について、更に検討してはどうか。
【部会資料14－2 第2、4(1)〔34頁〕】

〔意　見〕
効果については、債権が消滅するものとする考え方に賛成である。
〔理　由〕
時効の効果として、現行法の考え方である債権消滅の効力を変える必要を感じないこと、比較法的に変える必要がないこと、保証人の責任がいつまでも消えないおそれがあることから、履行拒絶権が発生するという考え方に対しては、反対である。

　(2) 債務者以外の者に対する効果（援用権者）
　　消滅時効の効果に関する検討（前記3(1)参照）を踏まえつつ、仮に当事者が援用した時に債権の消滅という効果が確定的に生ずる旨を条文上明記するという案を採る場合には、時効の援用権者の範囲について、保証人、物上保証人など、判例上「時効により直接利益を受ける者」とされているものを条文上明確にすることについて、更に検討してはどうか。
　　他方、仮に消滅時効の完成により債務者に履行拒絶権が発生するものと規定するという案を採る場合には、履行拒絶権を行使するのは基本的に債務者であるとした上で、保証人、物上保証人など、判例上時効の援用権が

Ⅱ 全体版

> 認められてきた者の利益を保護する方策について、更に検討してはどうか。
>
> 【部会資料14－2 第2、4(2)［35頁］】

〔意 見〕
1 判例を踏まえ、援用権者の範囲を条文上明確にすべきであるとする考え方に対しては、賛成である。
2 時効の効果として債務者は履行拒絶権を取得するという考え方は、前記のとおり採用すべきではない。
〔理 由〕
1 前段につき、判例の条文化として、わかりやすさに資する。
2 後段につき、前記のとおりである。

> (3) 時効の利益の放棄等
> 時効完成後に債務者が弁済その他の債務を認める行為をした場合の効果として、信義則上、時効援用権を喪失するとした判例があることを踏まえ、これを明文化するかどうかについて、実務的には債権者からの不当な働きかけによって一部弁済その他の行為がされ、債務者が時効の利益を主張できなくなるという不利益を被る場合があるとの指摘があることに留意しつつ、更に検討してはどうか。
>
> 【部会資料14－2 第2、4(3)［37頁］】

〔意 見〕
時効完成後の債務の承認について、判例の安易な明文化には反対である。
〔理 由〕
判例（最判昭和41年4月20日民集20巻4号702頁）が存在し、現行法下でも一般的理解であるから、明文化を検討すること自体に反対はしない。

しかし、実務上は、時効が完成したことを知らずに債務の承認をさせられたり、時効が完成した債権のうちごく少額の一部弁済を迫られ、それによって時効援用権を喪失したと主張されたりすることがしばしばあり、そのような場合には時効の援用権を喪失しないとした裁判例も複数存在し、下級審レベルでは、下記のとおり、個別具体的な事情に鑑みて例外を認めるものが多い。

・東京高判平成7年2月14日金融・商事判例971号15頁

・札幌簡判平成10年12月22日判例タイムズ1040号211頁
・東京簡判平成11年3月19日判例タイムズ1045号169頁
・福岡地判平成13年3月13日判例タイムズ1129号148頁
・福岡地判平成14年9月9日判例タイムズ1152号229頁

このように、前記昭和41年最高裁判決の射程の読み方には議論があり、同判決の射程は狭く解するべきであるという下級審の流れがあるから、下級審の流れを無視する形で一般規定化してしまうことには懸念があり、安易な明文化には反対である。

また、前記昭和41年最高裁判決は、信義則で調整をはかっており、個別具体的な事情により結論が変わる余地がある。そのため、明文化につき慎重であるべきであり、明文化しないで解釈に任せるままで良いという考え方も十分検討されてしかるべきである。

---

4 形成権の期間制限
　形成権一般を対象とする期間制限に関する特別な規定の整備の要否等について、更に検討してはどうか。
【部会資料14-2 第2、5［38頁］】

〔意　見〕
形成権一般を対象とする期間制限の規定に対しては、さらに検討すべきである。
〔理　由〕
民法で形成権一般を対象とする期間制限の規定を設けた場合には、その規定が他の法律による形成権（クーリング・オフなど）にも適用される可能性があり、その実務的影響について十分留意する必要がある。

5　その他
　(1)　その他の財産権の消滅時効
　　債権又は所有権以外の財産権の消滅時効（民法第167条第2項）に関しては、債権の消滅時効に関する検討の結果を踏まえ、起算点や期間の長さを見直す必要がないかどうかについて、更に検討してはどうか。
【部会資料14-2 第2、6(1)［40頁］】

Ⅱ 全体版
〔意 見〕
　財産権の取得時効期間が20年であることとのバランスを考慮し、さらに検討するべきである。
〔理 由〕
　財産権の安定的保護の重要性及び財産権の取得時効期間が20年であること等とのバランスを考慮すべきであるので、さらに検討が必要である。

> (2) 取得時効への影響
> 　取得時効（民法第162条以下）に関しては、消滅時効を対象として時効障害事由（前記2）や時効の効果（前記3）に関する検討を行った後、それを取得時効にも適用があるものとするかどうか等について、更に検討してはどうか。
> 　　　　　　　　　　　　　【部会資料14－2　第2、6(2)［40頁］】

〔意 見〕
　時効障害事由、時効の効果は、取得時効についても及ぶことになってしまうので、更に検討をすべきであり、特に、当事者間の交渉・協議等による時効障害事由を新たに認める場合には、取得時効に与える影響について慎重に検討すべきである。
〔理 由〕
　不動産の取得時効については、現在の判例法理を前提とした場合、時効完成前の第三者に対しては登記なくして時効取得を対抗できる一方、時効完成後の第三者に対しては登記がなければ時効取得を対抗できないものとされている関係で、消滅時効の場合と異なり、権利者には取得時効の成立を遅らせたいというニーズがある。
　もっとも、現在の判例法理によると、取得時効完成の時期を定めるにあたっては、必ず時効の基礎たる事実の開始した時期を起算点として取得時効完成の時期を決定すべきであり、取得時効を援用する者において任意にその起算点を選択することは許されないとされているものの、特に時効障害事由として当事者間の交渉・協議といった不明確な事由が追加された場合には、これが取得時効の完成を任意に遅らせる手段として活用され、不動産の取得時効に関する紛争を複雑化させ、判例法理にも影響を与える可能性がある。

もっとも、上記のような判例法理の妥当性については従来から疑問が示されているところであるが、物権法や取得時効を直接見直しの対象としないのであれば、新しい時効障害事由の制度が取得時効に不測の影響をもたらすことの無いよう、慎重に検討すべきである。

第37 契約各則―共通論点
1 冒頭規定の規定方法
　典型契約の冒頭規定の規定方法については、現在は効力発生要件を定める形式が採用されているところ、契約の本質的な要素が簡潔に示されていること等の現行規定の長所を維持することに留意しつつ、規定方法を定義規定の形式に改める方向で、更に検討してはどうか。
【部会資料15－2 第6、2（関連論点）2［66頁］】

〔意　見〕
基本的に反対する。

〔理　由〕
　現民法における典型契約の冒頭規定は、その定義と基本的な効力発生要件を併せて簡潔に示し、もって条文の繰り返し・冗長化を防ぐ役割を果たしており、訴訟における攻撃防御方法を示す指針ともなっている。

　仮に、各冒頭規定を定義規定に改めた場合、効力発生要件について別途規定を置かなければならず、実質的に同じような条文が複数並ぶこととなるおそれがあること、会社法など最近の立法例では、定義規定は冒頭の第2条あたりにまとめて規定される傾向があり、典型契約の定義規定が民法典の冒頭に移ってしまうと、各典型契約に関する規定が総則の冒頭と契約各論に分属してしまい非常に分かりにくい法典となってしまうおそれがある。

　よって、冒頭規定は現行法の規律を維持すべきである。また、仮に定義規定に改める場合であっても、実質的な文言修正は最低限に留めるものとし、またその規定は各典型契約の冒頭に置かれるべき規定であって、総則の冒頭に移してはならない旨を法制審議会の答申に明記すべきである。

　この点は、「契約の本質的な要素が簡潔に示されていること等の現行規定の長所を維持することに留意」したとしても変わりはない。

2 強行規定と任意規定の区別の明確化
　契約各則の規定のうち、どの規定が強行規定であり、どの規定が任意規定であるかを条文上明らかにすることが望ましいとの考え方について、前記第28、3の議論との整合性に留意しつつ、強行規定かどうかを区別す

Ⅱ 全体版

ることの可否やその程度、区別の基準の在り方、区別をする場合における個々の規定の表現等を含め、検討してはどうか。

〔意見〕
　更に検討の上、明確化が可能なものについては、任意規定又は強行規定であることを条文上明記すべきである。

〔理由〕
　任意規定と強行規定の区別については、分かりやすい民法の実現という観点からこれを明確化すべきという意見がある一方で、両者の区別が実際上困難であり、現時点で解釈を固定化することは適当でないと考えられる規定、適当な代替措置があれば異なる合意が許されるというタイプの規定等もあり得ることから、必要な検討を行った上で、明確化が可能な規定については明確化を実現すべきである。

第38　売買－総則
1　売買の一方の予約（民法第556条）

　売買の一方の予約を規定する民法第556条の規定内容を明確にする等の観点から、①「予約」の定義規定を置くこと、②両当事者が予約完結権を有する場合を排除しない規定とすること、③契約成立に書面作成等の方式が必要とされる類型のものには、予約時に方式を要求すること、④予約完結権の行使期間を定めた場合の予約の効力についての規定も置くことについて、更に検討してはどうか。また、どのような内容の予約を規定の対象とすべきかという点については、予約完結権を与えるもの以外の予約の形態を民法に取り込むことの是非や、有償契約への準用規定（同法第559条）を通じて予約に関する規定が他の有償契約にも準用され得ることなどに留意しつつ、更に検討してはどうか。

　また、予約に関する規定が他の契約に適用ないし準用され得ることを踏まえて、その規定の位置を売買以外の箇所（例えば、契約総則）に改めるかどうかについて、検討してはどうか。

【部会資料15－2　第1、2［2頁］】

〔意見〕

第38 売買-総則

1 ① 定義規定を置くことについては賛成。
  ② あえて規定する必要はない。
  ③ 強く反対はしないが、ここで規定するよりは契約総則に規定することを考える方が適切である。
  ④ 強く反対はしないが、当然のことであってあえて規定する必要もない。かかる方向で検討すること自体は賛成。
2 どのような内容の予約を規定の対象とすべきか、については、検討自体には反対しない。
3 既定の配置については、検討することに賛成。

〔理 由〕
1 ① 一般的に「予約」とは、現時点では契約が成立していないが、将来契約成立に至ることを欲して申込みをした場合には、相手方はこれを承諾すべき債務を負うことになる。しかし、売買の一方の予約には、相手方の承諾の意思表示を待たず売買を成立させるという特徴がある（予約完結権）。
  これに関連して、大規模消費者被害事件において予約、買戻が悪用された事案が出され、予約の内容を分かりやすく規定する必要性について意見もある（第14回議事録　3頁　岡田委員）。
  このように、「予約」といっても、承諾の必要があるか否かでズレがあったり、濫用の問題があるため、この点は明文化しておく方がよい。
 ② 当事者の合意の内容として、当然契約当事者双方が予約完結権を有している場合はあり得るが、契約の内容に従って当事者の一方が予約完結権を行使するのが通常で、両当事者が同時に予約完結権を行使するということを想定する必要性に乏しい。
 ③ 売買自体が要式行為ではなく、要式契約である場合はごく限られていて、その場合にはすでに借地借家法等で明文がある。であれば、予約に関しても借地借家法等でまとめて規定する方が合理的である。
 ④ 「予約完結権に期間の定めがある場合において、その期間内に予約完結権が行使されなかったときは、予約完結権はその効力を失う」という趣旨の規定を設けることを提案するものである。
  しかし、そのようなことはわざわざ条文に書かなくても自明の理であり、仮に法律をよく知らない一般市民であっても、そのような事項について民法に規定がないと誤解してしまう、とは通常考えられない。

Ⅱ 全体版

何のために効果について明文化する必要があるのか、をもっと検討すべきである。
2 「予約完結権を与えるもの以外の予約の形式」というものがいかなるものを指すのか不明であるが、これを明示することにより検討すること自体は反対しない。
これに関しては、既存の予約と異なる類型のものがあることが指摘されており（第14回議事録 2頁～深山幹事、能見委員）、より検討が必要である。
3 予約に関しては、売買以外の場合も想定しうる。

---

2 手付（民法第557条）

手付の規定（民法第557条）に関しては、履行に着手した当事者による手付解除を認める判例法理を明文化することについて、更に検討してはどうか。なお、これを明文化する場合には、履行されると信頼した相手方がそれにより生じた損害の賠償請求をすることができる旨の規定を置くことについても、検討してはどうか。

また、「履行に着手」の意義に関する判例法理を明文化することについて、検討してはどうか。

さらに、「償還」の意義については、現実に払い渡す必要はないなどとする判例を踏まえ、債務不履行責任を免れる要件としての弁済の提供（民法第492条）との異同に留意しつつ、その内容を明確にする方向で、更に検討してはどうか。

【部会資料15－2 第1、3［3頁］】

〔意見〕
1 (1) 判例の明文化の方向での検討には賛成。
　その際には、「当事者の一方」は判例のように「相手方」と明示すること、「償還して」は「現実に提供して」と明示すること、また原則として解約手付とすること、については明文化を考えるべきである。
　(2) 履行されると信頼した相手方の損害賠償請求についての明文化は、検討の必要はない。
2 「履行の着手」の意義に関する判例の明文化の検討については、賛成。
3 「償還」の意義に関し、内容を明確化する方向での検討には賛成。

〔理　由〕
1　(1)　手付の機能としては、実務は判例理論で安定しており、その点についての反対論は少ない。明確性という観点からすると判例理論を明文化すべきである。

　　(2)　しかし、履行されると信頼した相手方の損害賠償請求は、いわゆる契約締結上の過失の問題として処理すれば足り、ここで独自の請求権まで認める必要はない。

2　判例の明文化

なお、これらに関して、判例理論に対する反論が出されている（第14回議事録　4頁　潮見幹事）。

3　「償還」が現実の払い渡しの必要がない、という点は、条文上必ずしも明らかでなく解釈上認められたものであり、明確化することは国民の予測可能性に資する。

　なお、これについて、中田委員から以下のような指摘がなされていて参考になる。

　「手付のもう一つのテーマであります売主が倍額を償還するという点でございます。これについては、ここで引用されています平成6年の最高裁判決で大体論点が出ておりますし、学説でも議論がほぼされていると思います。償還という文言がどうかとか、買主が解除する場合との均衡ですとか、あるいは債務不履行を免れる要件としての提供と、積極的に解除権を行使する要件としての提供は違うのではないか、そういう議論がされております。ここでは立法論をするわけですので、手付による解除をめぐる紛争が生じたときに、契約解消のプロセスにおいて当事者の行動を規律するには、どのようなルールがいいのかという観点が必要かと思います。

　特に現実の提供が必要か、口頭の提供でいいかということなのですが、口頭の提供でいいとしますと、柔軟でよさそうなのですけれども、不安定さもあって弱い立場の買主が不利益になるというおそれもある。他方で、現実の提供が常に必要だとすると、硬直的になる可能性もあります。そこで、恐らく口頭の提供で足りるのは、ごく例外的な場合であるというのが一般的な感覚ではないかと思います。あるいは現実の提供を要件とした上で、信義則で緩和するか、どちらにしてもその中間的なところにあると思います。それを規定するのに提供とだけ規定して解釈に委ねるというのも、それでもいいの

Ⅱ 全体版

かなとも思うのですが、債務不履行を免れる要件としての提供と、手付解除の償還に代わる要件としての提供とが中身が違っているのだとすると、同じ言葉を使うと、かえって混乱が生じるのではないかという問題もあるかと思います。従って、提供という言葉にするにしても、何らか要件の面で債務不履行を免れる提供とは違うんだという手掛かりが残ったほうがいいのかなと思います。」（第14回議事録 5頁・中田委員）

第39 売 買—売買の効力（担保責任）
1 物の瑕疵に関する担保責任（民法第570条）
(1) 債務不履行の一般原則との関係（瑕疵担保責任の法的性質）

瑕疵担保責任の法的性質については、契約責任と構成することが適切であるという意見があった一方で、瑕疵担保責任の要件・効果等を法的性質の理論的な検討から演繹的に導くのではなく、個別具体的な事案の解決にとって現在の規定に不備があるかという観点からの検討を行うべきであるという意見があった。これらを踏まえて、瑕疵担保責任を契約責任と構成して規定を整備することが適切かという点の検討と併せて、目的物に瑕疵があった場合における買主の適切な救済を図る上で具体的にどのような規定の不備等があるかを確認しながら、売買の目的物に瑕疵があった場合の特則を設けるか否かについて、更に検討してはどうか。

【部会資料15−2 第2、2(1)［8頁］】

〔意 見〕
1 「瑕疵担保責任の法的性質」という問題にこだわらず、基本として債務不履行責任の問題として整理しつつも、事案解決のために何が不備であるか、という点を第一に検討すべきである。
2 売買の目的が何かでは原則として区別しないで規定すべきであると考えるが、中には「物」（特定物）・「権利」それぞれの性質に応じた特則を設けるなど、柔軟に対応する方向で検討すべきである。

〔理 由〕
1 これまで、とりわけ物の担保責任の法的性質として、法定責任説と債務不履行責任説の対立があり、基本的には法定責任説に依拠した説明がなされてきた。しかし、これにより、特に特定物売買に関する条項が増え、議論が複

第 39 売買―売買の効力（担保責任）

雑であった感は否めない。
　また、判例は、必ずしも法定責任説に立っていたとはいえず、折衷的な説に立っていたといえ（履行として認容し受領）、必ずしも法定責任説から演繹的に要件、効果が定まっていたわけではない。A説に立つからXという結論になる、というような硬直化した議論に堕することなく、条文を整理しながら妥当な結論が導けるよう柔軟に規定を考えるべきである。
2　担保責任が債務不履行責任の問題として検討されるとしても、目的が「物」か「権利」かで不備が生じることは十分に考えられる。
（第14回議事録　8頁～9頁）。

---

(2)　「瑕疵」の定義（定義規定の要否）
ア　「瑕疵」という文言からはその具体的な意味を理解しづらいため「瑕疵」の定義を条文上明らかにすべきであるという考え方があり、これを支持する意見があった。具体的な定義の内容に関しては、瑕疵担保責任の法的性質（前記(1)）を契約責任とする立場から、契約において予定された性質を欠いていることとすることが適切である等の意見があった。これに対し、瑕疵担保責任を契約責任とするならば、債務不履行の一般則のみを規定すれば足り、あえて「物」の瑕疵についてだけ定義規定を設ける意味があるのかという問題提起があったが、債務不履行の具体的な判断基準を確認的に明らかにする意義があるとの意見や、物の瑕疵に関する特則を設ける意義があるとの意見等があった。
　また、「瑕疵」を「契約不適合」に置き換えるという考え方（部会資料15－2第2、2(2)［18頁］）については、なじみのない用語であることや取引実務に過度の負担を課すおそれがある等の理由から消極的な意見があったが、他方で、債務不履行の一般原則を売買において具体化した概念として「契約不適合」を評価する意見もあった。
　これらを踏まえて、「瑕疵」という用語の適否、定義規定を設けるか否か、設ける場合の具体的内容について、瑕疵担保責任の法的性質の議論（前記(1)）との整合性や取引実務に与える影響、労働契約等に準用された場合における不当な影響の有無等に留意しつつ、更に検討してはどうか。

〔意　見〕

Ⅱ 全体版

1 「瑕疵」という文言については、一般的に分かりやすい用語に修正するのが望ましいが、「契約不適合」という用語に改めるという点については慎重に考え、客観的瑕疵をも含めたより適切な用語を検討するべきである。
2 「瑕疵」概念の中から、いわゆる客観的瑕疵に関して排除する方向での検討には反対。
3 「瑕疵」の定義既定に関しては、あえて「物」の瑕疵について定義規定を設けることの意義等に留意して更に検討すること自体には賛成。

〔理 由〕

「瑕疵」という用語に関しては、必ずしも一般的ではないため、定義を明確にすることは望ましい。

しかし、「契約不適合」という用語はウィーン売買条約に従ったものと思われるが、「瑕疵」概念よりも狭義(より主観的瑕疵に親和的)と思われ、客観的瑕疵という意味が薄れてしまう懸念がある。

(第14回議事録 12頁 潮見幹事、山本(敬)幹事、15頁~18頁 岡委員、高須幹事、木村委員)。

イ 建築基準法による用途制限等のいわゆる法律上の瑕疵の取扱いに関しては、物の瑕疵と権利の瑕疵のいずれの規律によって処理すべきかを条文上明らかにすることの要否について、更に検討してはどうか。また、売主が瑕疵担保責任を負うべき「瑕疵」の存否の基準時に関しても、これを条文上明らかにすることの要否について、更に検討してはどうか。
【部会資料15−2 第2、2(2)〔17頁〕、同(関連論点)〔18頁〕】

〔意 見〕

1 法律上の瑕疵を明文化する方向性については賛成。
　物の瑕疵とする判例と同様の規定にすべきとする考えと、強制競売の場合にも担保責任を認めるべき(570条但書を削除すべき)であり、物の瑕疵、権利の瑕疵のいずれに当たるかではなく、瑕疵の程度(重大か否か、など)により決するべきであるとする考えがあるが、債務不履行説的に考えるのであれば、また、物と権利で明確な区別をすることへの疑問からすると、後者を前提に立ち更に検討すべきである。
2 「瑕疵」の存否の基準時につき明文化することについては賛成する。

第 39 売 買―売買の効力（担保責任）

〔理 由〕
1 法律上の瑕疵に関しては、明文に不備がある反面、判例はこれを認めている。
　強制競売でない場合と同様、買受人保護の必要性はあるため、強制競売の場合にあえて担保責任を認めない理由は現在ではほとんど存在しない。従って、物の瑕疵か権利の瑕疵か、という違いで決せられるものではない。
2 分かりやすい民法とするためには、明文化が必要である。ただし、必ずしも瑕疵担保責任の法的性質により演繹的に定まるものではなく、実質的な側面から危険移転時を基準とする方向で検討するのが妥当である。

⑶「隠れた」という要件の要否
　買主の善意無過失（あるいは善意無過失を推定させる事情）を意味する「隠れた」という要件を削除すべきか否かについては、「瑕疵」の意義を当該契約において予定された性質を欠いていることなどの契約の趣旨が反映されるものとする場合（前記⑵参照）には、買主の主観的要素は「瑕疵」の判断において考慮されるため重ねて「隠れた」という要件を課す必要はないという意見がある一方で、「隠れた」という要件には、紛争解決に当たり買主の属性等の要素を考慮しやすくするという機能があり得る上、取引実務における自主的な紛争解決の際の判断基準として機能し得るなどといった意見があることに留意しつつ、更に検討してはどうか。
【部会資料15－2 第2、2⑶［19頁］】

〔意 見〕
「隠れた」の要件は削除し、当事者の合意内容や契約の趣旨・性質に照らして「瑕疵」があったかどうか、という観点から検討すべきである。
〔理 由〕
特定物ドグマに立たない限り、特定物の場合にのみ特に「隠れた」瑕疵と要件を限定することの意味に乏しい。
　また、「瑕疵」に主観的瑕疵を含む以上、その点で主観面も考慮されていて、特に売買だから「隠れた」という要件を設けて売主を保護すべき必要があるというわけではないはずである。
　買主の悪意有過失は過失相殺等で調整を図るべきである。

Ⅱ 全体版

ただし、買主の属性に応じた考慮という点に関しては、「隠れた」という要件がなければ考慮できないのかなお検討すべきである。

> (4) 代金減額請求権の要否
> 　代金減額請求権には売主の帰責性を問わずに対価的均衡を回復することができる点に意義があり、現実的な紛争解決の手段として有効に機能し得るなどの指摘があったことを踏まえて、買主には損害賠償請求権のほかに代金減額請求権が認められる旨を規定する方向で、更に検討してはどうか。その検討に当たっては、具体的な規定の在り方として、代金減額のほかに買主が負担した費用を売主に請求することを認める規定の要否や、代金減額の基準時等の規定の要否等について、更に検討してはどうか。
> 　また、代金減額請求権が労働契約等の他の契約類型に準用された場合には不当な影響があり得るという意見があることを踏まえて、代金減額請求権の適用ないし準用の範囲について、更に検討してはどうか。
> 　　　　　　　　　　　　【部会資料15－2 第2、2(4)［21頁］】

〔意　見〕
1(1) 代金減額請求権を認める方向で検討することについて賛成。
　(2) 代金減額の他に買主が負担した費用を売主に請求できる規定を設けることについては、否定すべきである。
　(3) 代金減額の基準時の規定を設けることについては、検討すること自体には反対しない。
2　代金減額請求権の適用ないし準用の範囲について検討すること自体は賛成。

〔理　由〕
1(1) 瑕疵担保責任であるからといって、必ずしも代金の減額分の算定が困難であるということはないのは、部会資料15－2でも指摘の通りである。
　　また、実務上は、瑕疵担保責任による損害賠償請求権の存在を裁判上主張・立証し、これと代金請求権を相殺することも認められており、実質的には代金減額請求権を認めているのと同様の結論になっている。
　　このように、減額請求で足りる場合もあり、柔軟な対応が図れるようにすべきである。
　　なお、この点については、損害賠償と別個に認める必要性について疑問

第 39 売　買—売買の効力（担保責任）

も出されており（第14回議事録22頁・岡委員）、この点を含め検討すべきである。
(2) 買主の負担した費用に関しては、いわゆる契約締結上の過失の問題として検討すれば足りると思われる。
(3) 基準時については、いかなる場合に問題になり得るか、という解釈上の点も含めて検討することは反対しない。
2　代金減額の適用の範囲として、労働契約等、安易に減額請求をしてよいとは思われない場合もあることからすると、なお検討の余地がある。

---

(5) 買主に認められる権利の相互関係の明確化

買主に認められる権利の相互関係の明確化については、相互関係を法定することにより紛争解決の手段が硬直化するおそれがあるため、可能な限り買主の権利選択の自由を確保すべきであるという意見と、相互関係についての基本的な基準を示すことなくこれを広く解釈に委ねることは紛争解決の安定性という観点から適切ではないので、必要な範囲で明確にすべきであるという意見があったことを踏まえて、更に検討してはどうか。その際、権利の相互関係が債務不履行の一般則からおのずと導かれる場面とそうでない場面とがあり、そのいずれかによって規定の必要性が異なり得るという指摘があることに留意しつつ、検討してはどうか。

また、代物請求権及び瑕疵修補請求権の限界事由の明文化の要否について、追完請求権の限界事由の要否という論点（前記第2、4(3)）との関連性に留意しつつ、更に検討してはどうか。

【部会資料15－2　第2、2(5)［21頁］、同（関連論点）［25頁］】

〔意　見〕
1　認められる権利を個々に規定し、矛盾する権利行使は認められないという程度の規定を設けるにとどめ、原則として買主の選択権を認めるべきである。
2　代物請求権、瑕疵修補請求権の限界については、さらに検討することについて争わない。

〔理　由〕
1　買主の保護という点からすると、原則として買主に選択権を与える必要がある。つまり、追完を求めるより、他の売主から買った方が迅速に対応でき

て好都合な場合もあれば、新たな売主を探すよりも追完請求する方が好都合な場合もある。

　このことは、契約・物の性質等の事情によりどちらかの権利行使に限る場合はありうるが、その限界は不明確であって、これを明文化することは困難であり、また様々な事情がある中でそれを明文化する実益も乏しい。従って、矛盾する権利行使は認められないという点にとどめ、その他は解釈で対応すべきである。

2　代物請求権、瑕疵修補請求権は、対象物の瑕疵を修補だけで解決できるか否か、という問題となる。これらについては、限界が必ずしも明確ではない。

(6)　短期期間制限の見直しの要否

　瑕疵担保責任に基づく権利は買主が瑕疵を知った時から1年以内に行使すべき旨の規定（民法第570条、第566条第3項）の見直しに関しては、このような短期期間制限を維持すべきであるという方向の意見と、債権の消滅時効の一般則に委ねれば足りる（短期期間制限の規定を削除する）という意見があった。後者の立場からは、買主が短期間の間に通知などをしなかったことが救済を求める権利を失うという効果に結びつけられることに対して疑問が提起された。これらの意見を踏まえ、瑕疵担保責任の法的性質に関する議論（前記(1)）との関連性に留意しつつ、売買の瑕疵担保責任において特に短期期間制限を設ける必要性の有無について、更に検討してはどうか。

　仮に短期期間制限を維持する場合には、さらに、買主は短期間のうちに何をすべきかという問題と、その期間の長さという問題が議論されている。このうち前者に関しては、期間内に明確な権利行使の意思表明を求めている判例法理を緩和して、瑕疵の存在の通知で足りるとするかどうかについて、単なる問い合わせと通知との区別が容易でない等の指摘があることに留意しつつ、更に検討してはどうか。他方、後者（期間の長さ）に関しては、事案の類型に応じて変動し得る期間（例えば、「合理的な期間」）では実務上の支障があるという指摘を踏まえ、現在の1年又はこれに代わる一律の期間とする方向で、更に検討してはどうか。

　また、制限期間の起算点についても議論されており、原則として買主が瑕疵を知った時から起算するが、買主が事業者である場合については瑕疵

を知り又は知ることができた時から起算する旨の特則を設けるべきであるとの考え方がある。このような考え方の当否について、更に検討してはどうか。
【部会資料15－2 第2、2(6)[26頁]、部会資料20－2 第1、3(2)[16頁]】

〔意　見〕
1　短期期間制限は、原則として撤廃し、消滅時効の一般原則に一元化する方向で検討すべきである。
2　仮に短期期間制限を維持する場合には、その期間内に明確な権利行使の意思表明を求める判例法理を維持する方向で検討すべきである。
3　民法に事業者に関する特則を規定すること、及び事業者が買主であり、売買の目的物に瑕疵があった場合に、「瑕疵を知ることができた時」から通知すべきとすることは強く反対する。

〔理　由〕
1　従来、売買の場合（従来は、特定物売買の場合）に、紛争を速やかに解決し衡平を図るという趣旨で短期期間制限が設けられていたが、売買の場合のみそのように解する必要性があるのか、疑問がある。実質論としても、裁判上実際に問題となる不動産の売買契約などについては、あまりに短きに失すると考えられる（品確法第95条で瑕疵担保責任の時効が引渡時から10年間と定められたのも、そのような価値判断があったものと思われる）。

　　売主としては、契約に従った給付をしないのであれば、完全な履行をするまでは責任を免れないと考えるのが「契約の拘束力」を高めようとする基本理念から一貫しているはずであり、原則として、物の形状にかかわらず債務不履行責任に一元化するのであれば、売買のみ極端に短期化する必要性はない（仮に裁判上の行使まで必要としないとしても、かかる判例の解釈は、行使期間があまりに短期なため、この不都合を是正するための解釈であったとも思われ、もともと合理性に疑問があったものと考えられる。）。

2　仮に短期期間制限を維持するとしても、少なくとも判例理論は維持する必要はある。単なる問合せとの違いは明確に区別する必要があるから、判例よりも緩和する必要性は乏しい。

　　この点に関しては、法制審でも「合理的期間」の採否等を含め意見が割れているところである（第14回議事録　29頁～34頁）。

Ⅱ 全体版

3 事業者が買主である場合の通知期間を、瑕疵を知った時からではなく、瑕疵を「知ることができた時」から起算するとの考え方は、買主の検査義務を現行商法の規定より加重するものである。
　瑕疵を「知ることができた時」から上記の起算をするという考え方では、実際上は「目的物の引渡を受けた時」から「瑕疵を発見できた」とされる危険性がある。
　また、概して瑕疵の発見能力が低い中小事業者に対して、このような瑕疵担保責任追及の期間制限を課するのは、「格差拡大の危険性」がある。
従って、この考え方は失当であり、強く反対する。

---

2 権利の瑕疵に関する担保責任（民法第560条から第567条まで）：共通論点
　権利の瑕疵に関する担保責任に関し、債務不履行の一般原則との関係（権利の瑕疵に関する担保責任の法的性質）、買主の主観的要件の要否、買主に認められる権利の相互関係の明確化及び短期期間制限の見直しの要否の各論点については、物の瑕疵に関する担保責任における、対応する各論点の議論（前記1(1)(2)(5)及び(6)）と整合させる方向で、更に検討してはどうか。
【部会資料15－2 第2、3(1)[29頁]、(2)[33頁]、(3)[35頁]、(4)[36頁]】

〔意 見〕
債務不履行の一般原則に一元化し、特に例外規定を設ける必要があれ規定するという方針で整合を図ることを検討することについては賛成。
〔理 由〕
債務不履行責任に一元化するのであれば、権利の瑕疵に関しても同様にするのが理論的に一貫するし、予測可能性も高まる。
ただ、売買に関する例外を設ける必要があれば、柔軟に対応すれば足りる。

---

3 権利の瑕疵に関する担保責任（民法第560条から第567条まで）：個別論点
　(1) 他人の権利の売買における善意の売主の解除権（民法第562条）の要否
　他人の権利の売買において、善意の売主にのみ解除権を認める民法第

562 条に関しては、他の債務不履行責任等と比べて特に他人の権利の売買の売主を保護する理由に乏しいという指摘を踏まえ、これを削除することの当否について、更に検討してはどうか。

【部会資料 15 - 2 第 2、4(1)［38 頁］】

〔意　見〕
民法第 562 条の規定は削除すべきとの方向で検討することは賛成。
〔理　由〕
他人の権利であることにつき善意であるとしても、他人の権利を自分の権利であると誤信する者を特に保護する趣旨は妥当ではない（この点は、部会資料（詳細版）15 - 2 で指摘あり）。

また、562 条については、関連する判例が特に見当たらず、実務上意味があるのかも疑問がある。

(2) 数量の不足又は物の一部滅失の場合における売主の担保責任（民法第 565 条）

数量の不足又は物の一部滅失の場合における売主の担保責任（民法第 565 条）に関しては、数量指示売買における数量の不足及び物の一部滅失が民法第 570 条の「瑕疵」に含まれるものとして規定を整理する方向で、更に検討してはどうか。その際、数量指示売買の定義規定等、数量指示売買における担保責任の特性を踏まえた規定を設けることの要否について、数量指示売買における数量超過の特則の要否（後記 6 ）という論点との関連性に留意しつつ、更に検討してはどうか。

【部会資料 15 - 2 第 2、4(2)［38 頁］】

〔意　見〕
民法第 565 条を削除し 570 条の瑕疵として整理する方向で検討することにつき、数量超過の特則との関連性について検討することに賛成。
〔理　由〕
「瑕疵」の定義を設け、その中に客観的瑕疵を盛り込むのであれば、数量不足等の事情は客観的瑕疵に含まれるはずである。

判例では、土地の売買で単に土地の同一性を示すために番地と登記簿上の面

Ⅱ 全体版

積とを上げた場合には、原則として数量を指示したことにはならない、とするものがあり（大判大正13年4月7日）結論としては妥当なものと考えられるが、これは565条を制限する方向の判例であり、むしろ客観的瑕疵があるか否かという観点から説明する方が適切である。

また、後述するように、570条に関し強制競売の例外を設けないという考えからすると、565条を物の瑕疵として特に規定する必要もない。

---

(3) 地上権等がある場合等における売主の担保責任（民法第566条）

地上権等がある場合等における売主の担保責任（民法第566条）に関しては、買主の主観的要件を不要とする考え方（前記2）を前提とした場合において、同条は地上権等がない状態で権利移転をすべき売買に適用される旨を条文上明記すべきであるという考え方や、買主の代金減額請求権を認めるべきであるという考え方について、更に検討してはどうか。

【部会資料15－2 第2、4(3)〔40頁〕】

〔意　見〕
1　基本的には(2)（562条に関して）と同様に考える。
　　ただし、地上権に関し特に明文化する点については争わないが、「地上権等が存在しないことを考慮せず代金を決定した場合」という点も明文化すべきではないか。
2　代金減額請求権を認める方向での検討については賛成。

〔理　由〕
1　例外的に、地上権の場合、物そのものではなく物に付随する権利がないという特殊性があることからして、単に民法565条を削除し、物の瑕疵と同様に考えるとするだけでは不明確になる面はあり得る。
2　566条の場合でも、代金減額分の算定は容易な場合があり、買主に柔軟に権利行使の手段を認めて良い。

---

(4) 抵当権等がある場合における売主の担保責任（民法第567条）

抵当権等がある場合における売主の担保責任（民法第567条）に関しては、債務不履行責任が生ずる一場面を確認的に規定したものにすぎず不要な規定であるという意見と、債務不履行責任が生ずる場面を具体的に明ら

第39 売買―売買の効力（担保責任）

かにするなどの意義があるので、適用範囲を条文上明確にした上で規定を維持すべきであるという意見等があったことを踏まえて、確認規定として存置することの要否及び仮に規定を存置する場合には適用範囲を明確にすることの要否について、他の担保責任に関する規定を維持するか否かという点との関連性に留意しつつ、更に検討してはどうか。

【部会資料15－2 第2、4(4)［41頁］】

〔意　見〕
適用範囲を条文上明確にした上で規定を維持する方向で検討すべきである。その際には、他の担保物権との関係等について検討すべきである。
〔理　由〕
不動産以外の財産権についても適用されるし、他の担保物権の場合にも適用されうるのであり、条文の存在価値はある。

4　競売における担保責任（民法第568条、第570条ただし書）
　競売における物の瑕疵に関する担保責任については、現行法を改めてこれを認める立場から、瑕疵の判断基準の明文化の要否や損害賠償責任の要件として債権者等に瑕疵の存在の告知義務を課すことの当否等の検討課題が指摘されている。そこで、まずはこれらの点を踏まえた制度設計が、競売実務や債権回収、与信取引等の実務に与える影響の有無に留意しつつ、競売における物の瑕疵に関する担保責任を認めることの可否について、更に検討してはどうか。
　また、競売において物の瑕疵に関する担保責任を認めることの可否は、競売代金の算定等に影響を及ぼすため競売手続全体の制度設計の一環として検討されるべきであることや、競売では、契約とは異なり、当事者の合意に照らした瑕疵の認定が困難であることなどを理由に、これらの規定は民法ではなく民事執行法に設けるべきであるという意見があることを踏まえて、民法に設けるべき規定の内容について、更に検討してはどうか。

【部会資料15－2 第2、5［42頁］】

〔意　見〕
570条但書を削除し、物の瑕疵、権利の瑕疵のいずれに当たるかではなく、

瑕疵の程度（重大か否か、など）により決するべきであるとする考えをもとにさらに検討すべきである。

〔理　由〕
　強制競売の場合も、物の瑕疵か権利の瑕疵かという問題は重要ではなく、重要なのは買受人の保護をいかに図るか、という点にある。すでに、570条但書の趣旨は意味に乏しくなっている。
　ここで、法制審では、執行との関係から、「しかし、恐らく現在、570条ただし書が問題になるとすれば、主たる場面はやはり不動産競売の場面であって、そこでは今のような買受人のオウンリスクですというような考え方は、現在の民事執行法あるいはそれに基づく実務は採っておらないように思われます。民事執行法によって現況調査、評価、物件明細書というようなシステムを作って、できるだけ正確な情報を開示して、買受人を募るという考え方を採り、また、先ほど来出ている内覧の制度とか、あるいは実質的には住宅ローンに基づく買受けを認めるような制度を作って、最終消費者がマーケットに参入するということも前提にするような制度を作っている中で、買受人のオウンリスクですということは、やはりなかなか通用しなくなっていると思いますし、競売においてできるだけ買受価格を高めるという観点からも、やはり570条ただし書の存在は、一つの障害になっているのではないかと認識しております。そういう意味では、私は570条ただし書は削除していただくのが望ましいかなと思います。」という意見が出されていることも参考になる（第14回議事録　42頁　山本（和）幹事）。

5　売主の担保責任と同時履行（民法第571条）
　担保責任の法的性質を契約責任とする立場を前提に、民法第571条は、同時履行の抗弁（同法第533条）や解除の場合の原状回復における同時履行（同法第546条）の各規定が適用されることの確認規定にすぎないから削除すべきであるという考え方が示されているが、この考え方の当否について、担保責任の法的性質に関する議論（前記1(1)及び2）等を踏まえて、更に検討してはどうか。

【部会資料15－2 第2、6［44頁］】

〔意　見〕

第 39 売 買—売買の効力（担保責任）

削除しない方向で検討すべきである。
〔理 由〕
仮に担保責任の法的責任について債務不履行責任と考えるにしても、本規定は確認的意味を有するのである。
仮に法定責任と考えた場合には重要な意義を有する。
従って、本規定を削除すべきではない。

---

6 数量超過の場合の売主の権利

　数量指示売買における数量超過の場合の売主の権利については、契約解釈による代金増額請求権や錯誤無効等により保護されているなどとして特段の新たな規定を不要とする意見がある一方で、契約解釈による代金増額請求権や錯誤無効等では紛争解決手段として不十分適切な紛争解決を導けない場合があり得るであるとする意見もあり、後者の立場からは、例えば、売主による錯誤無効の主張を認める一方、買主に対して超過部分に相当する代金を提供することにより錯誤無効の主張を阻止する権利を与えるなどの提案や、代金増額請求権の規定を設けることや超過部分の現物返還を認めることも考え得るとの指摘がある。これらの考え方を踏まえて、数量超過の場合の売主の権利に関する規定を設けることの要否について、取引実務に与える影響に留意しつつ、更に検討してはどうか。

【部会資料15-2 第2、7［45頁］】

〔意 見〕
契約当事者の意思解釈によるべきで特段の規定を設けない方向で検討すべきである。
〔理 由〕
数量指示売買における数量は、基本的に売主が負担すべきである。また、契約の解釈として、数量超過について契約上どのように規定されているかということは、契約によって千差万別であり、準則化しにくい。

---

7 民法第572条（担保責任を負わない旨の特約）の見直しの要否

　担保責任を負わない旨の特約の効力を制限する民法第572条に関して、このような規定の必要性の有無及びこれを必要とする場合には、売主が事

業者か否かにより規定の内容に差異を設けるべきか否かについて、不当条項規制に関する議論（前記第31）との関連性に留意しつつ、検討してはどうか。

また、このような規定の配置について、一般的な債務不履行責任の免責特約に関する規定として配置し直すことの当否について、担保責任の法的性質に関する議論（前記1(1)及び2）との整合性に留意しつつ、検討してはどうか。

〔意見〕
意見書Ⅰと同じである。

8 数量保証・品質保証等に関する規定の要否

取引実務上用いられる数量保証や品質保証、流通過程で売買される物に関するメーカー保証等について、何らかの規定を置く必要がないかについて、検討してはどうか。

〔意見〕
検討すること自体には特に反対しないが、民法でなく商法等特別法で規定すべきである。

〔理由〕
取引実務上用いられる数量保証や品質保証、流通過程で売買される物に関するメーカー保証等について、それらが多義的に用いられており、その具体的効力が必ずしも明確でないことから、規定の必要性の有無について検討する必要はあると思われる。

もっとも、この点については、まだ具体的な立法提案が示されていないことから、仮に規定を設ける場合には、これに関する取引実態の調査等を広く行う必要がある。また、適用範囲は、多くの場合、一方が事業者の場合に限定されると考えられるので、民法ではなく、商法等特別法で規定すべきである。

9 当事者の属性や目的物の性質による特則の要否

前記各論点の検討を踏まえた上で、担保責任について契約の当事者の属性や目的物の性質による特則を設ける必要があるか否かについて、消費

者・事業者に関する規定についての議論（後記第62）との関連性に留意しつつ、検討してはどうか。

〔意 見〕
検討すること自体は否定しないが、これらについては消費者契約法その他特別法で規定する方向で検討すべきである。
〔理 由〕
消費者・事業者の関係に関してのものであれば、消費者契約法その他特別法で規定する方が詳細で実効性のある規定にすることができる。

第40 売 買―売買の効力（担保責任以外）
1 売主及び買主の基本的義務の明文化
(1) 売主の引渡義務及び対抗要件具備義務
　一般に売主が負う基本的義務とされるが明文規定のない引渡義務及び対抗要件具備義務を明文化する方向で、後者については対抗要件具備に協力する義務とすべきではないかという意見があったことに留意しつつ、更に検討してはどうか。

【部会資料15－2 第3、2(1)〔47頁〕】

〔意 見〕
対抗要件具備義務については明文化する方向で検討すべきである。
〔理 由〕
動産における引渡義務や不動産における登記移転義務は、多くの売買契約において定められるべき要素である。
　対抗要件具備協力義務との意見もあるが、判決主文の書き方等の問題があることから、端的に具備義務とするべきである。

(2) 買主の受領義務
　民法は、買主の基本的義務として、代金支払義務を規定する（同法第555条）が、目的物受領義務については規定がなく、判例上も買主一般に受領義務があるとは必ずしもされていない。この買主の受領義務については、様々な事例において実務上これを認める必要性があると指摘された一

方で、契約に適合しない物の受領を強要されやすくなるなど消費者被害が拡大することへの懸念を示す意見、買主に一律に受領義務を認めるのではなく、契約の趣旨や目的等により買主が受領義務を負う場合があるものとする方向で検討すべきであるという意見、実務上の必要性が指摘される登記引取義務を超えた広い範囲での受領義務を認めるべきか否かという観点から検討すべきであるという意見、契約不適合を理由とする受領の拒絶を認めるべきであるという意見、「受領」が弁済としての受領を意味するのか、事実としての受け取りを意味するのかなど、「受領」の具体的内容について検討すべきであるという意見、債権者の受領遅滞に関する議論(前記第7)との関連性に留意しつつ、他の有償契約への準用可能性等を検討すべきであるという意見等があった。

　これらを踏まえて、買主の受領義務に関する規定を設けることの当否、規定を設ける場合の受領義務の具体的な内容等について、更に検討してはどうか。

【部会資料15-2 第3、2(2)[48頁]】

〔意　見〕
意見書Ⅰと同じである。

2　代金の支払及び支払の拒絶
(1)　代金の支払期限(民法第573条)

　民法第573条は、売買目的物の引渡期限があるときは、代金の支払についても同一の期限を付したものと推定する旨を規定しているところ、不動産売買においては、登記の重要性に鑑み、目的物の引渡期限ではなく登記移転の期限を基準とし、代金の支払について登記移転期限と同一の期限を付したものと推定する旨の特則を置くという考え方がある。このような特則を設けることについては、その必要性に疑問があるとの意見があったことを踏まえて、実務上の必要性の有無に留意しつつ、更に検討してはどうか。

【部会資料15-2 第3、3(1)[50頁]】

〔意　見〕

第40 売 買―売買の効力（担保責任以外）

規定すること自体に特に反対しない。
必要性があるか否か含め、検討すべきである。
〔理　由〕
　代金の支払期限については、通常は契約に定めておくべき事項であるが、仮に定められていない場合、登記移転期限と同一の期限を付したものと推定したとしても、特に不合理ではない。

> (2)　代金の支払場所（民法第574条）
> 　代金の支払場所を定める民法第574条に関しては、「目的物の引渡しと同時に代金を支払うべきとき」であっても、目的物が既に引き渡された後は、同法第484条が適用されるとする判例法理を明文化する方向で、また、同条が任意規定であるとする判例を踏まえて「支払わなければならない」という表現を見直す方向で、更に検討してはどうか。
> 【部会資料15－2 第3、3(2)〔51頁〕】

〔意　見〕
判例を踏まえた内容で見直す方向で検討することに賛成。
ただし、規定が冗長なものにならないようにすべきである。
〔理　由〕
　目的物が既に引き渡された場合には、代金の支払場所を目的物の引渡場所に限る必要はない。また、任意規定としている判例を明確化することは国民にとっても分かりやすい。

> (3)　権利を失うおそれがある場合の買主による代金支払の拒絶（民法第576条）
> 　民法第576条は、売買の目的について「権利を主張する者がある」場合における買主の代金支払拒絶権を規定しているところ、買主が権利取得を疑うべき相当の理由がある場合にも適用されるという解釈論を踏まえ、これを明文化すべきであるという考え方がある。この考え方については、抽象的な要件を定めると濫用のおそれがあるから、要件を明確にし適用範囲を限定する方向の検討もすべきであるという意見があったことを踏まえるとともに、不安の抗弁権に関する議論（後記第58）との関連性にも留意し

つつ、その具体的な要件設定や適用範囲について、更に検討してはどうか。
【部会資料15－2　第3、3⑶［52頁］】

〔意　見〕
576条の規定を拡張する方向性に賛成するが、要件・効果について慎重に検討するべきべきである。
〔理　由〕
現行576条は、権利を失う恐れがある場合の買主を保護する趣旨の規定であるが、これは、「権利を主張する者がある」という外形的な状況がある場合に限られない。

ただし、濫用の恐れがあるので、要件効果は慎重に検討するべきである。

⑷　抵当権等の登記がある場合の買主による代金支払の拒絶（民法第577条）
民法第577条は、一般に、当事者が抵当権等の存在を考慮して代金額を決定した場合には適用されないと解されていることから、これを条文上明確にすることの当否について、更に検討してはどうか。
【部会資料15－2　第3、3⑷［52頁］】

〔意　見〕
条文上明確にする方向で検討すべきである。
〔理　由〕
当事者が抵当権等の存在を考慮して代金額を決定した場合には、買主は、抵当権の実行の危険を評価していることから、あえて代金支払の拒絶権を認めるべき必要はない。

3　果実の帰属又は代金の利息の支払（民法第575条）

売買目的物の果実と売買代金の利息を等価値とみなしている民法第575条に関しては、その等価値性の擬制が不合理であるとして、売主は引渡期日までに生じた果実を取得し、買主は代金支払期日まで代金の利息を支払う必要はない旨を規定すべきであるという考え方がある。この考え方については、果実と利息の価値の差が大きい場合の不合理性等を指摘して賛成

第 40 売　買―売買の効力（担保責任以外）

する意見がある一方で、決済の簡便性や果実と利息の等価値性を前提とした民法の他の規定との整合性等を重視して同条の規定内容を維持すべきであるという意見があったことを踏まえて、更に検討してはどうか。

【部会資料15－2　第3、4［53頁］】

〔意　見〕
575条を変更しない方向で検討すべきである。
〔理　由〕
現行実務は、果実と利息を等価値と擬制する575条に一定の合理性が認められることから、これを前提としつつ、実際に不合理性が生じる場合には契約条項で調整している。そのため、現状においては特段の不都合性はなく、575条を変更すべき必要性は乏しい。

また、仮に変動利率が導入されたとしても、適切な利率が設定される限り、通常、売買目的物の果実との等価値性は保たれると思われる。

4　その他の新規規定
(1)　他人の権利の売買と相続
　同一人が他人の権利の売買の売主と権利者の法的地位を併せ持つに至った場合における相手方との法律関係に関しては、判例・学説の到達点を踏まえ、他人の権利の売主が権利者を相続したとき、権利者が他人の権利の売主を相続したときなどの場面ごとに具体的な規定を設けるかどうかについて、無権代理と相続の論点（前記第33、3(2)）との整合性に留意しつつ、更に検討してはどうか。

【部会資料15－2　第3、5(1)［54頁］】

〔意　見〕
判例理論の明文化の方向で検討すべきである。
〔理　由〕
基本的な場面における判例法理については、概ね実務上異論が少ないものと考えられる。

Ⅱ 全体版

(2) 解除の帰責事由を不要とした場合における解除権行使の限界に関する規定

債務不履行解除の要件としての帰責事由を不要とした上で（前記第5、2）、解除と危険負担との適用範囲が重複する部分の処理（前記第6、1）について解除権の行使を認める考え方を採用する場合（部会資料5－2第4、3［100頁］における解除一元化モデルや単純併存モデル等）には、双務契約の一方の債務が債務者の帰責事由によることなく履行できなくなったときに、その危険をいずれの当事者が負担するか（反対債務が存続するか否か）という問題（前記第6、3等）は、どのような場合に債権者の解除権行使が否定されるかという形で問題となって現れる。

これを踏まえ、このような解除権行使の限界を、双務契約の基本形と言える売買において規定すべきであるという考え方について、更に検討してはどうか。

また、買主が目的物の瑕疵を理由に売主に対し代物の請求を行い、それに伴って瑕疵ある目的物の返還義務を負う場合において、目的物の滅失・損傷が生じたときのリスクを誰が負担するかという問題は、上記の基準では処理できない。そこで、この点の特則を新たに設けることの要否について、更に検討してはどうか。

【部会資料15－2 第3、5(2)［56頁］、同（関連論点）［58頁］】

〔意 見〕
意見書Ⅰと同じである。

(3) 消費者と事業者との間の売買契約に関する特則

消費者と事業者との間の売買契約においては、消費者である買主の権利を制限したり消費者である売主の責任を加重する条項の効力を制限する方向で何らかの特則を設けるべきであるとの考え方の当否について、更に検討してはどうか（後記第62、2④参照）。

【部会資料20－2 第1、2［11頁］】

第 40 売 買―売買の効力（担保責任以外）

〔意　見〕
　契約一般に適用されるべき規定に限って民法に取り込むことには賛成するが、特に消費者、事業者のみに適用される規定を民法に設けることには反対する。消費者契約法等特別法で規定すべきである。
　上記考え方は、特に消費者と事業者との間の売買契約に限定されるものであり、これについては消費者契約法その他の消費者法で規定すべきであり、民法には規定を置くべきではない。

〔理　由〕
　基本的には、民法は私法の一般法であって、契約一般に適用される規定を設けるのが原則であるから、消費者契約の特則は消費者契約法その他の消費者規定に設けるべきである。その方が、消費者保護のための機動的な改正の必要性等に対応できる。

---

(4) 事業者間契約に関する特則
　事業者間の売買契約に関し、以下のような特則を設けるべきであるとの考え方の当否について、更に検討してはどうか（後記第62、3参照）。
① 事業者間の定期売買においては、履行を遅滞した当事者は、相手方が履行の請求と解除のいずれを選択するかの確答を催告し、確答がなかった場合は契約が解除されたものとみなす旨の規定を設けるべきであるとの考え方
② 事業者間の売買について買主の受領拒絶又は受領不能の場合における供託権、自助売却権についての規定を設け、目的物に市場の相場がある場合には任意売却ができることとすべきであるとの考え方
【部会資料20－2 第1、3(1)［14頁］】

〔意　見〕
　基本的には、事業者間契約に関する特則は、商法に規定を置くべきであって、一般法である民法に規定を置くべきではない。
① 商法第525条の適用範囲を、商人間ではなく事業者間の取引に修正する趣旨には賛成するが、その旨の商法改正をすれば足り、民法に規定すべきではない。
② 事業者間の売買について買主の受領拒絶又は受領不能の場合における供託

権、自助売却権についての規定を設け、目的物に市場の相場がある場合には任意売却ができることとするのであれば、商法に規定すべきであって、民法に規定すべきではない。
〔理　由〕
　基本的には、経済事情の変動に応じて迅速柔軟な改正が望まれる事業者間契約の特則については、商法に規定するのが妥当であり、機敏な改正が困難な民法に規定するべきではない。
　特に、①については、商法の規定を商人間売買から事業者間売買に改正すれば足りるし、②も商法に規定すべきであり、民法に規定する必要はない。

> **5　民法第559条（有償契約への準用）の見直しの要否**
> 　契約の性質に応じて売買の規定を売買以外の有償契約に準用する旨を定める民法第559条に関して、売買の規定が有償契約の総則的規定と位置付けられていることの当否や、準用される規定の範囲を明確にすることの可否等の観点に留意しつつ、同条の見直しの要否について、検討してはどうか。

〔意　見〕
更に検討すべきである。
〔理　由〕
　売買の規定の変更に関連して、準用規定の見直しを検討する必要性は認められる。

第41　売　買―買戻し、特殊の売買
1　買　戻　し（民法第579条から第585条まで）
　担保目的の買戻しは、譲渡担保として処理すべきであって民法の買戻しに関する規定は適用されないとする判例法理を踏まえて、民法の買戻しの規定は、担保目的を有しない買戻しにのみ適用されることを条文上明確にすべきであるという考え方について、検討してはどうか。
　また、買戻しの制度を使いやすくする観点から、契約と同時に登記することを必要とする民法第581条の見直し等について、検討してはどうか。
　このほか、買戻しの特約により売主が負担する返還義務の範囲（民法第579条）を、条文により固定するのではなく、合意等により決する余地を

第41 売 買―買戻し、特殊の売買

認めるべきであるという考え方や、買戻しに関する規定の意味を明確にする観点から「その効力を生ずる」という条文の文言を見直すべきであるといった考え方についても、更に検討してはどうか。

【部会資料15－2 第4、2［61頁］】

〔意　見〕
買戻しに関しては、実務上利用が可能となるよう柔軟に任意法規化する方向で検討すべきである。

〔理　由〕
周知のとおり、買戻しは売主の返還義務の範囲が「支払った代金及び契約の費用」に限られていることから実際に利用される例は稀であり、同じ効果を有する再売買の予約の方法がとられている。そこで、買戻しに関しては、実務上利用が可能となるよう、売主の返還義務を任意法規化するなどの改正が必要である。

2　契約締結に先立って目的物を試用することができる売買

契約締結に先立って目的物を試用することができる売買については、民法上、特段の規定が設けられていないが、①　契約の成立時期、②　目的物の試用によって所有者に生じた損害の負担、③　試用者が契約締結に関する意思表示をしない場合の法律関係等について問題が生ずるおそれがあるとの指摘がある。これを踏まえ、特別法等の規定のほかに民法に規定を設ける必要性があるか、また、必要がある場合にはどのような内容の規定が必要かといった点について、消費者被害の有無等の実態にも留意しつつ、更に検討してはどうか。

【部会資料15－2 第4、3［63頁］】

〔意　見〕
かかる規定を設けることに反対する。

〔理　由〕
契約締結に先立って目的物を使用することができる売買については、通常契約の成立等について明確な合意がなされるのが通例であるとともに、実務上典型契約として規定するほどの立法事実はない。

Ⅱ 全体版

> **第42 交換**
> 交換に関する民法第586条については、冒頭規定の規定方法について定義規定の形式に改めるかどうかを検討するほか（前記第37、1）、現在の規定内容を維持するものとしてはどうか。
> 【部会資料15－2 第5［64頁］】

〔意見〕
検討自体には特に反対しないが、現在の規定を維持すべきである。
〔理由〕
交換に関する規定は現行民法上1か条しか規定されていないが、実務上使用頻度が多いとはいえないこともあり、現時点で見直しが必要な状況にない。

> **第43 贈与**
> **1 成立要件の見直しの要否（民法第549条）**
> 贈与の成立要件に関して、書面によること（要式契約化）や目的物を交付すること（要物契約化）を必要とすべきであるという考え方については、口頭でされる贈与にも法的に保護されるべきものがある旨の意見があることを踏まえて、贈与の実態に留意しつつ、更に検討してはどうか。
> 【部会資料15－2 第6、2［65頁］】

〔意見〕
贈与の成立要件について、その要式契約化や要物契約化には反対する。
〔理由〕
現行民法は、贈与契約について、原則どおり当事者間の意思の合致のみで成立するものとしつつ、例外的に、書面によらない贈与のうち履行の終わっていない部分については両当事者が自由に撤回できることとし、契約の拘束力を弱めている。

これに対し、贈与契約の成立自体に要式性又は要物性を要求する場合、口頭でなされた贈与は無効ということになりかねないが、現実になされる贈与は口頭によるものが非常に多いことから、これら口頭でなされた贈与の効力をすべて否定するのは現実的に妥当ではない。また、将来の給付を約束する贈与につ

いても法的に保護すべきものはあり、その拘束力をすべて否定するのは妥当でない。

---

2 適用範囲の明確化

贈与の適用範囲に関して、贈与の目的が「財産」を与えること（民法第549条）と規定されているところを売買と同様に「財産権」の移転と改めるかどうかについては、まずは贈与の目的を「財産権」の移転とした場合の規定を検討した上で、その適用範囲を制限物権の設定、権利放棄、債務免除等の他の無償行為に及ぼすべきか否か、また、これを及ぼす場合には、贈与の目的を拡大する形を採るか、贈与の規定を準用する形を採るかといった点について、無償契約への準用という論点（後記7(4)）との関連性に留意しつつ、更に検討してはどうか。

その際、合意による無因の債務負担行為も有効であるとして、これを明文化することの当否について、贈与の適用範囲との関係に留意しつつ、検討してはどうか。

また、他人の財産の贈与契約が有効であることを条文上明らかにするため、民法第549条の「自己の」を削除することの当否について、更に検討してはどうか。

【部会資料15－2　第6、2（関連論点）1［66頁］】

〔意　見〕
1　民法第549条の「財産」を「財産権」と改めることには賛成するが、贈与の適用範囲を制限物権の設定、権利放棄、債務免除やその他の無償行為に及ぼすことについては、慎重に検討すべきである。
2　合意による無因の債務負担行為について明文の規定を置くことについては、慎重に検討すべきである。
3　民法第549条の「自己の」という文言を削除することには賛成する。
〔理　由〕
1　現行民法の贈与契約は、売買と同様に「財産権」の移転契約であり、他人のための担保提供、債務の引受、債権の放棄、債務免除等は贈与に含まれないと解するのが現在の一般的な考え方である（「財産」という文言を「財産権」に改めるのは、このような解釈を明文化するものである）。これらも贈与に含め

てしまうと、書面によらない債務免除等は撤回できることになってしまうなど実務上の影響が大きいことから、贈与に関する規定の適用ないし準用の可否は、その行為の性質に応じて個別に検討すべきである。
2　合意による無因の債務負担行為については、金融商品の組成において現実に問題になることもあるので、これが有効である旨の規定を設けるのが妥当との指摘もある。

　しかしながら、手形や小切手といった特殊な法体系についてはともかく、消費者も当事者となり得る民法の一般規定として、無因の債務負担行為を正面から認めて良いかは疑問があるほか、民法体系全体の整合性との観点に照らしても問題が生じるおそれがあることから、そのような明文の規定を設けることの可否については、慎重に検討すべきである。
3　判例は「他人の財産権をもって贈与の目的とすることも可能であって、かような場合には、贈与義務者はみずからその財産権を取得して受贈者にこれを移転する義務を負担するもので、かかる贈与契約もまた有効に成立するもの」としており（最判昭和44年1月31日）、現行法上も他人の財産権を目的とする贈与は有効と解されていることから、そのような解釈を明文化することが「分かりやすい民法」の実現に資する。

3　書面によらない贈与の撤回における「書面」要件の明確化（民法第550条）

　贈与の撤回（民法第550条）における「書面」要件に関しては、原則として贈与契約書の作成を要するとするなど、これを厳格化することによって、契約締結後の事情の変化に応じた合理的な撤回の可能性を確保すべきであるという意見と、「書面」要件の厳格化によって、実務上行われている法的に保護されるべき贈与の効力が否定されやすくなるおそれがあるという意見があった。これを踏まえて、「書面」要件の厳格化が現実の贈与取引に与える影響に留意しつつ、「書面」要件の内容を厳格化し、これを条文上明確にすることの当否について、更に検討してはどうか。

　また、「書面」に電磁的記録を含めるべきか否かという点について、贈与に関する電子取引の実態を踏まえつつ、検討してはどうか。

　さらに、書面によらない負担付贈与において、負担が履行された場合には撤回することができない旨を明文化することの当否について、更に検討

第43 贈 与

してはどうか。
【部会資料15－2 第6、3［69頁］、同（関連論点）［72頁］】

〔意 見〕
1 「書面」要件の内容の厳格化には反対する。
2 「書面」に電磁的記録を含めることについては、基本的に賛成する。ただし、軽率な意思による贈与を防止するため、電磁的記録の作成にあたっては、適切な贈与者の意思確認措置を義務づけるべきである。
3 書面によらない負担付贈与において、負担が履行された場合には撤回できない旨を明文化することには、賛成する。

〔理 由〕
1 書面要件の厳格化については、これに賛成する意見もあるが、例えば判例が「書面」と認めている県知事宛の農地所有権移転許可申請書等は、部分的な債務の履行であるという観点からも肯定的に評価することができ、また書面要件を厳格化しても、実務的に有益な贈与の効力を否定する結果となるおそれがある一方で、有害な贈与の効力を適切に排除する効果はあまり期待できない。

　よって、書面要件は基本的に現状を維持すべきであり、経済状況の悪化等を理由とする贈与の有害な撤回等は、書面要件の厳格化とは別の規律として、明文の規定を設けることによって対処すべきである。
2 書面に「電磁的記録」を含めることについては、これに慎重な意見もあるが、インターネットを介した寄附金の募集等についてこれを認めるべき実務上の要請もあること、情報技術の普及に伴い、書面に電磁的記録を含めないとする立法は将来的に妥当性を失っていく可能性が高いことから、一定の要件のもとに電磁的記録も「書面」として認めるのが相当である。

　なお、電磁的記録を書面として認める要件としては、署名者の意思確認が必要であることから、例えばインターネット上における贈与の意思表示では、「この贈与の意思表示は記録として保存され、書面による贈与と同様の効力があります。すなわち、この意思表示を行った後は、贈与の意思表示を撤回することはできません。それでも贈与を実行しますか？」といった確認画面を表示して、意思確認を行う措置を講じることを義務づけるべきである（具体的な規定の文言については、電子消費者契約及び電子承諾通知に関する民法の

Ⅱ 全体版

特例に関する法律第3条の規定などが参考になる。)。

　なお、電磁的記録の作成時における意思確認措置は、現行法上認められている保証契約を電磁的記録により行う場合(民法446条3項)についても必要であると考えられることから、併せて立法化を検討すべきである。
3　負担付贈与について、負担が履行された場合にはもはや撤回は許されないというのが判例の立場であるが、民法第550条に規定する「履行」は贈与者による履行が予定されていることから、この点については別途明文の規定を設ける必要がある。

4　贈与者の担保責任（民法第551条第1項）

　贈与者の担保責任の法的性質については、売主の担保責任の法的性質の議論（前記第39、1(1)及び2）との整合性に留意しつつ、契約責任と構成することが適切かという観点から、更に検討してはどうか。

　贈与者の担保責任の法的性質を契約責任とする場合においては、無償契約の特性を踏まえた契約の解釈準則を設けるべきであるという意見があり、それに対して消極的な意見もあったことを踏まえて、解釈準則については債務内容確定のための準則と免責における準則を区別して議論すべきであるという指摘があることや使用貸借の担保責任に関する議論（後記第46、3）との整合性に留意しつつ、仮に解釈準則を設けるとした場合にはどのような具体的内容の解釈準則を設けることができるかという点の検討を通じて、解釈準則を設けることの要否や可否について、更に検討してはどうか。

　また、他人の権利の贈与者は、原則として他人の権利を取得する義務を負わず、結果として他人の権利を取得したときには受贈者に権利を移転する義務を負う旨の規定を置くべきであるという考え方の採否について、更に検討してはどうか。

【部会資料15－2 第6、4［72頁］、同（関連論点）［76頁］】

〔意　見〕

1　贈与契約に関する解釈準則として、現行第551条の規定を維持すべきである。
2　「結果として他人の権利を取得したとき」といった規定は、受贈者の法的

第43 贈　与

地位について明確性及び安定性の観点から問題があるので、置くべきではない。
〔理　由〕
1　贈与者の担保責任についても、売買と同様に基本的には契約責任と捉える考え方を否定するものではないが、贈与契約の無償性に鑑み、例えば次のような事例を念頭に置いて、贈与者の担保責任については特別の考慮が必要である。

> （事例）　甲は、自動車を購入したが3ヶ月後に変速機が不調となって修理（実際は対処療法的な修理であった）をし、その後特段の不調もなく5年あまり運転を続けてきた。しかし、海外への転勤が決まったため、その自動車を知人乙に贈与することになり、乙に対して「購入して3ヶ月目に変速機が不調となった。修理してその後5年間は正常に運転できている」旨述べて引き渡した。ところが、乙が引渡を受けて2ヶ月後に変速機が不調となり、別の修理業者に調べさせたところ「変速機に欠陥があって運転は危険である。変速機交換には100万円の費用がかかる」旨の事実が判明した。そこで、乙は甲に対し、贈与の趣旨は「正常に運転できる自動車」の無償移転であることを根拠に、修理費相当額の100万円を支払うよう請求した。なお、自動車の時価は、その請求当時は120万円であった（これは実例を基にしている）。

　この事例では、贈与者が変速機の不調という瑕疵を相手方に伝えているが、瑕疵のある物を引き渡したことに変わりはないことから、契約責任説を採用し、かつ贈与者の瑕疵担保責任について、売買契約における売主のそれと本質的に同様であるという考え方を徹底すれば、受贈者は「瑕疵のない物の履行請求（この場合は修補請求）」ができると考えることになると思われる（少なくとも、贈与者の瑕疵担保責任について明文の規定を置かない場合には、そのように解釈されるおそれがある）。
　しかし、この事例のように、瑕疵の存在を伝えて贈与している場合にも瑕疵担保責任が発生するとなると、贈与者にとっては明らかに酷である。また、贈与者としての瑕疵担保責任を追及されることを過度に恐れる結果、贈与自体があまり利用されなくなり、いまだ使用可能な物も他人に贈与せず廃棄す

Ⅱ 全体版

るか、あるいはソフトウェアのフリーダウンロードといった経済的動機に基づく贈与類似の提供行為についても萎縮効果が発生するなど、国民経済的な損失の大きさも決して無視できるものではない。

　瑕疵担保責任について契約責任説を採る場合であっても、民法第551条の規定が契約責任説と相容れないものではない（現行の通説はそうである）ので、同条の規定は、贈与者として通常負うべき責任の準則として、なお維持すべきである。

　このような考え方に対しては、一部学者の間から、悪意で告げなかった場合以外の贈与者を免責する現行法の枠組みが適切なのかという批判もあるが、このような批判は専ら学理的観点からなされているものに過ぎず、実務上は民法施行後110年余りを経ても、民法第551条の規定内容が不当であるという指摘は特になされておらず、同条の枠組みを不当とすべき具体的根拠も特にないことに留意すべきである。

2　他人物贈与について明文の規定を置く場合には、贈与者の権利取得義務についても明文の規定を置く必要があり、贈与の無償性に鑑みれば、原則として贈与者は他人の権利を取得する義務を負わないものとすべきである。

　そして、その旨を明らかにするためには、他人物贈与に関し、他人の権利の贈与者は、その権利を自ら取得するまでは、書面による贈与であっても撤回することができる旨の規定を置く必要はあるが、そのような規定を設ければ足り、その他の立法措置は不要である。

5　負担付贈与（民法第551条第2項、第553条）

　負担付贈与における担保責任（民法第551条第2項）の内容は、一般に、受贈者が受け取った物等の価値が受贈者の負担の価値を下回った場合には、その差額分の履行拒絶あるいは返還請求が認められるというものであると解されており、これを条文上明確に規定することの当否について、更に検討してはどうか。また、負担付贈与への双務契約の規定の包括的準用（同法第553条）については、準用すべき規定を個別に明確にし、準用すべき規定がなければ削除するかどうかについて、更に検討してはどうか。

【部会資料15－2　第6、5⑴［78頁］、⑵［80頁］】

〔意　見〕

第43 贈 与

1 負担付贈与における担保責任の内容を、上記のような方向で明確に規定することに賛成する。
2 民法第553条については、現行法の規律を維持すべきであり、特に改正すべきではない。

〔理　由〕
1 上記のような処理は、条文上必ずしも明らかでないことから、その趣旨を明確化する必要がある。
2 負担付贈与契約について双務契約に関する規定が適用されるか否かは、当事者の意思解釈の問題も含まれており、例えば同時履行の抗弁権については、負担と贈与との間に対価的牽連性はないので原則として準用すべきでない。
　しかし、当事者間の合意のほか、贈与の原因や趣旨から、贈与の目的の給付と負担の履行との間に履行上の牽連性が認められる場合には、同時履行の抗弁を認めてよいと解される。
　よって、双務契約に関する規定を準用することの可否については、立法によって一律に決するのではなく、負担付贈与については、具体的な当事者間の合意や贈与の原因・趣旨も含めて、その性質に反しない限り、双務契約に関する規定を準用する旨を定めた現行法の規律を維持すべきであり、改正すべきではない。

6　死因贈与（民法第554条）
　死因贈与について性質に反しない限り遺贈の規定を準用する旨を定める民法第554条に関しては、具体的にどの条文が準用されているかを明らかにすべきであるという考え方がある。この考え方については、遺贈の撤回に関する規定（民法第1022条）や遺言の方式に関する規定（同法第960条、第967条から第984条まで）等を準用すべきか否かという個別論点の検討を踏まえつつ、相続に関する規定、相続実務、裁判実務等に与える影響に留意しながら、更に検討してはどうか。
【部会資料15－2 第6、6［82頁］】

〔意　見〕
死因贈与に関する規定は、相続法の見直しと併せて検討すべきである。
〔理　由〕

Ⅱ　全体版

　死因贈与に関し、具体的に準用される条文を明らかにするという考え方については、その趣旨は理解できるものの、その明文化は実務上相続法や相続実務等に対する影響が極めて大きいことから、遺言や遺贈に関する制度設計の問題など、相続法全体の見直しと併せて検討すべき課題である。
　今次の改正においては、相続法が見直しの対象から除外されていることから、死因贈与に関して、単に判例上準用が認められている条文を明記するだけであっても、明記されない条文の解釈について混乱が生じる恐れがあり、実質的な影響を及ぼす可能性は否定できない。
　従って、契約法のみの立場から、遺言や遺贈を含む相続法制に影響を与える死因贈与で準用される条文を明文化することや、実質的な改正の当否を議論することは相当でない。

7　その他の新規規定
(1) 贈与の予約
　売買その他の有償契約には予約に関する規定が設けられている（民法第556条、第559条）ところ、無償契約である贈与にも予約に関する規定を設けるかどうかについては、その必要性の有無や規定を設けた場合の悪用のおそれなどを踏まえるとともに、売買の予約に関する規定の内容や配置（前記第38、1）等に留意しつつ、更に検討してはどうか。

【部会資料 15－2 第6、7(1)〔85頁〕】

〔意　見〕
贈与の予約に関する規定は不要である。
〔理　由〕
莫大な財産について贈与の予約をさせられるなど悪用のおそれがあり、規定の必要性にも疑問がある。

---

(2) 背信行為等を理由とする撤回・解除
　受贈者の背信行為等を理由とする贈与の撤回・解除の規定を新たに設けることについては、相続に関する規定との関係、経済取引に与える影響、背信行為等が贈与に基づく債務の履行前に行われたか、履行後に行われたかによる差異等に留意しつつ、具体的な要件設定を通じて適用範囲を適切

第43 贈　与

に限定することができるかどうかを中心に、更に検討してはどうか。
　仮に、受贈者の背信行為等を理由とする贈与の撤回・解除の規定を新たに設けるとした場合には、贈与者の相続人による贈与の撤回・解除を認める規定を設けることの当否や、法律関係の早期安定のために、受贈者の背信行為等を理由とする贈与の撤回・解除の期間制限を設けることの当否についても、更に検討してはどうか。また、受贈者の背信行為等を理由とする贈与の撤回・解除とは別に、贈与後における贈与者の事情の変化に基づく撤回・解除の規定を新たに設けることについても、更に検討してはどうか。

【部会資料15－2 第6、7⑵［86頁］、同（関連論点）［89頁］】

〔意　見〕
1　背信行為等を理由とする贈与の撤回（解除）に関する規定を設けることには、基本的に賛成する。
2　贈与者の相続人による贈与の撤回（解除）に関する規定は、贈与者の地位が一身専属的なものか否かという問題を中心に、相続法の見直しと併せて検討すべきである。
　背信行為等を理由とする贈与の撤回（解除）について、短期の期間制限を設けることには反対する。
3　贈与者の事情の変化に基づく撤回・解除の規定を新たに設けることには、基本的に賛成するが、要件については厳格に定めるべきである。
〔理　由〕
1　背信行為（忘恩行為）等を理由とする贈与の撤回については、従来不文の法理として可能であると解されてきたが、民法典に明文の規定がないため、これまで裁判上も安定した解釈・運用が行われておらず、明文化の必要性が認められる。
　なお、撤回の要件に関する具体的な規定の在り方としては、次のようなものが考えられる。
⑴　受贈者が、贈与者またはその近親者に対し、虐待、重大な侮辱その他の著しい非行を行ったとき
　　※「近親者」というのは、民法上の親族に限らず、内縁の配偶者等も含むという趣旨である。

(2) 受贈者が、詐欺または強迫により、贈与の撤回を妨げたとき
(3) 受贈者が、正当な理由がないのに、贈与者またはその近親者に対する法律上または契約上の扶養義務を履行しないとき
(4) (1)～(3)に掲げるものを除くほか、受贈者が、当該贈与契約の趣旨または目的に照らし、贈与者に対する重大な背信行為を行ったと認められるとき（不作為によるものを含む）

　※　上記の規定は、事業者が事業のためにする贈与には適用しないものとする。
　※　贈与の撤回は、遺言によってもこれを行うことができる旨を明示するものとし、贈与の撤回が遺言によって行われたときは、遺言執行者は、当該遺言に基づく受贈者等への請求その他一切の行為をする権利義務を有する旨を明示するものとする。
　※　履行前の撤回と履行後の撤回とで規定振りに差を設けるか、それとも解釈に委ねるかは、なお検討する必要がある。

2 （前段について）
　贈与者の相続人による撤回（解除）については、受贈者が贈与者を殺害した場合など、相続人特有の撤回（解除）事由があり得るほか、相続人による撤回を認めるのが相当でない事由もあり得る。この問題は、相続法との関連性も深いことから、相続法の見直しと併せて検討すべきである。
（後段について）
　背信行為等を理由とする撤回（解除）については、個人である当事者間の感情的な問題が主な動機となるものであって、迅速な権利行使を期待すべき事項ではなく、法律関係の早期安定より市民感情に即した正義の実現を優先すべきであるから、短期の期間制限を設けるべきではない。撤回（解除）権の行使期間は、最低でも、現行法による取消権の期間制限（民法126条）と同程度とすべきである。

3 贈与契約の無償性からすると、贈与者の経済状況の悪化が著しくなった場合、贈与契約の拘束力を無条件に認めるのは相当ではない。
　具体的な規定の在り方としては、「贈与者が、贈与後の事情の変化に伴い、自己の相当な生計を賄い、又は法律により自己に課された扶養義務を果たすことができなくなったとき」とする考え方を基本的に支持する。
　もっとも、贈与者の相続人については、仮に、背信行為等を理由とする撤回権の行使を認める場合でも、贈与後の贈与者の事情の変化に基づく撤回権

の行使は、認めるべきではない。また、贈与者における経済状況の悪化の要件については、受贈者の立場も考慮し厳格にすべきである。

---

(3) 解除による受贈者の原状回復義務の特則

解除による原状回復義務の目的物が滅失又は損傷した場合において、原状回復義務者に価額返還義務を認める見解（部会資料5－2第3、4(3)［B案］［B－1案］［87頁］）を採用する立場から、贈与においては、受贈者は、原則として解除時の現存利益の限度で価額返還義務を負うとの特則を設けるべきであるという考え方が示されている。このような特則の要否について、解除における原状回復の目的物が滅失・損傷した場合の処理という論点（前記第5、3(3)）との関連性に留意しつつ、更に検討してはどうか。

【部会資料15－2 第6、7(3)［94頁］】

〔意　見〕

贈与者の経済状況の悪化を理由とする贈与の撤回を認める場合には、それによる原状回復義務の範囲を制限すべきであるが、それ以外の場合は解除一般と同様の考え方でよい。

〔理　由〕

贈与契約について主に問題となるのは、負担付贈与契約の解除や、前述した背信行為を理由とする撤回であり、いずれも受贈者の高い背信性を根拠とするものであるから、そのような受贈者を特に保護する必要はない。

もっとも、贈与者の経済状況の悪化を理由とする贈与の撤回を認める場合には、受贈者に帰責性がないことから、原状回復義務の範囲も制限する必要がある。この場合において、従来の「現存利益」という概念を用いると、贈与財産を通常の生活費として費消した場合利益が現存しているとみなされるなど、必ずしも妥当な結論は導かれないことから、例えば「自己及びその扶養義務者の生活に支障のない限度」で価額返還義務を負う、などといった特則を設けるべきである。

また、このような問題は親族間の扶養に関する問題に類似しており、通常の裁判手続きによる解決にはなじまないので、贈与者の経済状況の悪化を理由とする贈与の撤回に関する事件については、家事審判事項とするのが適当である。

Ⅱ 全体版

> (4) 無償契約への準用
> 　贈与の規定を契約の性質に応じて他の無償契約に準用する旨の規定を新たに設けることの要否については、贈与の適用範囲の明確化という論点（前記2）との関連性及び民法における無償契約一般の規律の在り方にも留意しつつ、他の無償契約に関する検討結果を踏まえて、更に検討してはどうか。
>
> 【部会資料15－2 第6、7(4)［95頁］】

〔意　見〕
一般的な準用規定は不要と考える。
〔理　由〕
　他の無償契約としては、使用貸借契約、無償の委任契約や役務提供契約などが考えられるが、その具体的態様は様々であり、贈与に関する規定をそのまま適用できる事例はあまりないと考えられ、具体的にどの規定を準用するのか個別の検討を行わずに包括的な準用規定を置くのでは、むしろ具体的規律の内容を不明確なものにするだけである。
　なお、約款に関する規定や不当条項規制について、無償契約の特性を考慮した特則の在り方を検討することは、上記の論点に直結する問題ではなく、実務上も無償のソフトウェア提供契約等について問題となり得る事項であるため、特に反対しない。

> # 第44 消費貸借
> ## 1 消費貸借の成立
> ### (1) 要物性の見直し
> 　消費貸借は、金銭その他の物の交付があって初めて成立する要物契約とされている（民法第587条）が、実務では、金銭が交付される前に公正証書（執行証書）の作成や抵当権の設定がしばしば行われていることから、消費貸借を要物契約として規定していると、このような公正証書や抵当権の効力について疑義が生じかねないとの問題点が指摘されている。また、現に実務においては消費貸借の合意がされて貸す債務が発生するという一定の規範意識も存在すると言われている。そこで、消費貸借を諾成契約と

第44 消費貸借

して規定するかどうかについて、貸主の貸す債務（借主の借りる権利）が債権譲渡や差押えの対象となる場合の実務への影響を懸念する意見があることも踏まえて、更に検討してはどうか。

　仮に、消費貸借を諾成契約として規定する場合には、借主の借りる義務を観念することができるのかどうかについても、検討してはどうか。

【部会資料16－2 第1、2［1頁］】

〔意　見〕
1　消費貸借を諾成契約として規定することは慎重に検討するべきである。
2　仮に、消費貸借を諾成契約として規定する場合、借主の借りる債務を観念することができるとの考え方については反対である。

〔理　由〕
1　諾成的消費貸借契約は、取引の実情においてその必要性も高く、現行法下においても判例・通説がその存在を承認している。
　　しかし、他方で、消費貸借を諾成契約と規定する必要性がないのではないかとの意見もあり、借りる権利の差押え等の難問もあるので、慎重に検討するべきである（第15回議事録4頁　岡本委員、6頁　油布関係官、7頁　道垣内幹事、8頁　中井委員、11～12頁　深山幹事、13頁　中田委員）。
　　借りる権利の差押え、譲渡、相殺については、なお検討が必要である（第15回議事録　13頁　中田委員ほか）。
2　仮に、消費貸借を諾成契約として規定する場合に、借主の借りる債務を観念することができるかどうかが問題になる。この点、当事者間でその旨を合意する場合はともかくとしても、一般人の感覚とは離れている。従って、そのような規定を置くことは民事一般法である民法になじまないと思われる。

(2)　無利息消費貸借についての特則

　仮に、消費貸借を諾成契約として規定する場合（前記(1)参照）であっても、無利息消費貸借については、合意のみで貸す債務が発生するとするのは適当ではないとの意見もあることから、書面による諾成的消費貸借と要物契約としての消費貸借とを並存させるという案や、書面によるものを除き目的物の交付前における解除権を認めるという案などを対象として、無利息消費貸借に関する特則を設けるかどうかについて、更に検討してはど

393

うか。

【部会資料16-2 第1、2［1頁］】

〔意　見〕
　消費貸借を要物契約とすることを維持する場合には、この特則は不要となるため、慎重に判断すべきである。
　仮に、消費貸借を諾成契約とする場合には、目的物交付前であればいつでも撤回できることを原則とするべきである。

〔理　由〕
　仮に、消費貸借を諾成契約とする場合であっても、沿革上、目的物を交付する前には拘束力が認められていなかった点は尊重されるべきである。実際にも、貸す側と借りる側に構造的な格差が存在することに鑑み、このような撤回権が認められるべきである。

(3)　目的物の交付前における消費者借主の解除権
　仮に、消費貸借を諾成契約として規定する場合（前記(1)参照）であっても、貸主が事業者であり借主が消費者であるときには、利息の有無や書面の有無を問わず、貸主が目的物を借主に交付するまでは、借主は消費貸借を解除することができるとの特則を設けるべきであるという考え方が示されている。
　このような考え方の当否について、そもそも解除によって借主がどのような義務から解放されることを想定しているのかを整理する必要があるとの意見や、その適用場面を営業的金銭消費貸借（利息制限法第5条）の場合にまで拡張して、借主が事業者であるものも含めるべきであるなどの意見があることも踏まえて、更に検討してはどうか。

【部会資料16-2 第1、2（関連論点）1［5頁］】

〔意　見〕
　上記(2)のとおり、一般に、目的物交付前であれば、撤回できる規定とするべきであるが、特に貸主が事業者であり借主が消費者である場合には、消費者契約法において強行法規としてこの旨を規定するべきである。

第44 消費貸借

〔理　由〕
　貸し主が事業者であり、借主が消費者である場合には、貸す側と借りる側の構造的な格差（上記(2)）に鑑み、撤回権を強行法規として規定するべきである。

---

(4) 目的物の引渡前の当事者の一方についての破産手続の開始
　仮に、消費貸借を諾成契約として規定する場合（前記(1)参照）には、目的物が交付される前に当事者の一方が破産手続開始の決定を受けたときに消費貸借契約が失効する旨の規定を設けるかどうかについて、更に検討してはどうか。
　また、これに関連して、目的物が交付される前に当事者の一方の財産状態が悪化した場合にも貸主が貸す債務を免れるものとするかどうかについても、検討してはどうか。
【部会資料16－2　第1、2（関連論点）2［5頁］】

〔意　見〕
1　仮に、消費貸借を諾成契約であると規定する場合は、当事者の一方が破産手続開始の決定を受けたときに、消費貸借契約が失効する旨の規定を設ける方向性に賛成する。
2　当事者の一方の財産状況が悪化した場合にも貸主が貸す債務を免れるとの考え方には反対する。

〔理　由〕
1　消費貸借の予約において当事者の一方に破産手続が開始された場合につき規定する現行の民法第589条の趣旨は、諾成的消費貸借においても妥当するから、これと同じ規律を設けるべきである。
　なお、本考え方に対しては、再建型法的倒産手続においては、双方未履行の双務契約として金融機関が貸す義務を負うことになり、不都合との意見がある（第15回議事録8頁・中井委員、関連意見として同議事録19頁・山本(和)幹事）。
2　当事者の一方の財産状況が悪化した場合にも貸主が貸す債務を免れるとすると、財産状態が良好ではない借主の利益を害することにもなるので、民法にそのような規定を置くことは妥当ではない（第23回議事録56～57頁・深山幹事）。

(5) 消費貸借の予約

仮に、消費貸借を諾成契約として規定する場合（前記(1)参照）には、消費貸借の予約の規定（民法第589条）を削除するかどうかについて、更に検討してはどうか。

【部会資料16－2　第1、2（関連論点）3［5頁］】

〔意　見〕
諾成契約化に慎重に考える場合には、予約の規定は維持すべきである。
仮に、諾成契約とする場合であれば、消費貸借の予約の規定は不要である。
〔理　由〕
現行法における消費貸借の予約は、要約契約である消費貸借を補うものとして機能しているのであり、要物契約性を維持するのであれば予約の規定はなお存在意義がある。

仮に消費貸借を諾成契約と規定するのであれば、その必要性は減じるし、消費貸借の予約と諾成的消費契約との間に大きな異同は見出せないから、あえて消費貸借の予約につき規定するまでもない。

2　利息に関する規律の明確化

民法では、無利息消費貸借が原則とされているものの、現実に用いられる消費貸借のほとんどが利息付消費貸借であることを踏まえ、利息の発生をめぐる法律関係を明確にするために、利息を支払うべき旨の合意がある場合に限って借主は利息の支払義務を負うことを条文上も明らかにする方向で、更に検討してはどうか。これに関連して、事業者間において、貸主の経済事業（反復継続する事業であって収支が相償うことを目的として行われるもの）の範囲内で金銭の消費貸借がされた場合には、特段の合意がない限り利息を支払わなければならない旨の規定を設けるべきであるとの考え方（後記第62、3(3)②参照）が提示されていることから、この考え方の当否について、更に検討してはどうか。

また、諾成的な消費貸借において元本が交付される以前は利息は発生せず、期限前弁済をした場合にもそれ以後の利息は発生しないとする立場から、利息が元本の利用の対価として生ずることを条文上明記すべきである

第 44 消費貸借

という考え方が示されている。このような考え方の当否について、目的物の交付前における借主の解除権（前記 1(3)参照）や、期限前弁済に関する規律（後記 4）などと関連することに留意しつつ、検討してはどうか。
【部会資料 16 － 2 第 1、3 ［6 頁］、部会資料 20 － 2 第 1、3(3) ［20 頁］】

〔意　見〕
1　利息を支払うべき旨の合意がある場合に限って、借主は利息の支払義務を負うことを条文上も明らかにするとの考え方の方向性に賛成する。
2　しかし、民法に事業者に関する特則を規定するべきではなく、事業者間において、貸主の経済事業の範囲内で金銭の消費貸借がされた場合には、特段の合意がない限り利息を支払わなければならない旨の規定を設けるべきであるとの考え方には反対する。
3　利息が元本の利用の対価として生ずることを条文上明示すべきであるという考え方の方向性に賛成する。

〔理　由〕
1　利息付消費貸借が圧倒的多数である現実を考慮し、上記考え方による規定を設けることに積極的に反対するものではないが、その規定の仕方において、借主が利息支払義務を負うことが原則であるかのような誤解を与えないようにする配慮が必要であると考える。
2　民法は私法の一般法であって、事業者に関する特則を規定すべきではない。また、民法に「経済事業」概念を設けることについては、この概念が国民には馴染みがなく、かつ内容が不明確であり、「国民に分かりにくい」と言うべきである。従って、これを前提とする規定を設けることには強く反対する（第 62、3(3)②）。
3　元本が交付される以前は利息は発生せず、期限前弁済をした場合にもそれ以後の利息は発生しないとする立場から、利息が元本の利用の対価として生ずることを条文上明示すべきであるという考え方は、利息の本来的あり方を示すものとして賛成できる。ただし、期限前弁済については、後記 4 のとおりである。

3 目的物に瑕疵があった場合の法律関係

(1) 貸主の担保責任

消費貸借の目的物に瑕疵があった場合の貸主の担保責任について規定する民法第590条に関し、売買における売主の担保責任(前記第39)及び贈与における贈与者の担保責任(前記第43、4)の規律が見直される場合には、利息付消費貸借における貸主の担保責任の規律は売買における売主の担保責任の規律に対応するものに、無利息消費貸借における貸主の担保責任の規律は贈与における贈与者の担保責任の規律に対応するものに、それぞれ規定を改める方向で、更に検討してはどうか。

【部会資料16-2 第1、4［7頁］】

〔意 見〕
上記のとおりそれぞれ規定を改めるとの考え方の方向性に賛成する。
〔理 由〕
現行法の貸主の担保責任の法的性質をどのようにとらえるかはともかく、売買における売主の担保責任及び贈与における贈与者の担保責任の規律が見直されるのであれば、消費貸借固有の性質等を考慮した上で、これらの規律と整合的であることが望ましい。

(2) 借主の返還義務

民法第590条第2項前段は、「無利息の消費貸借においては、借主は、瑕疵がある物の価額を返還することができる。」と規定する。この規定に関しては、利息付消費貸借において貸主の担保責任を追及しない場合にも適用されると解されていることから、利息の有無を問わないものに改める方向で、更に検討してはどうか。

【部会資料16-2 第1、4（関連論点）［8頁］】

〔意 見〕
利息を問わないものに改めるとの考え方の方向性に賛成する。
〔理 由〕
利息付きであるときには、目的物に瑕疵があった場合、貸主に対する目的物

引渡請求権の履行を求めることが本来であろうが、民法第590条第2項前段と同旨の規定を設けるのであれば、その妥当性は、利息の有無を問わないであろうから、上記考え方に異論はない。

4 期限前弁済に関する規律の明確化
(1) 期限前弁済

民法第591条第2項は、消費貸借において、借主はいつでも返還をすることができると規定しているが、他方で、同法第136条第2項が、期限の利益を放棄することによって相手方の利益を害することはできないとも規定していることから、返還時期が定められている利息付消費貸借における期限前弁済の可否や、期限前弁済が許されるとした場合に貸主に生ずる損害を賠償する義務の有無が、条文上は必ずしも明らかではないとの指摘がある。そこで、返還時期の定めのある利息付消費貸借においても期限前弁済をすることができ、その場合には、借主は貸主に生ずる損害を賠償しなければならないことを条文上も明らかにするかどうかについて、期限前弁済を受けた後の貸主の運用益を考慮すれば、ここでいう損害は必ずしも約定の返還時期までの利息相当額とはならないとの指摘があることにも留意しつつ、更に検討してはどうか。

【部会資料16-2 第1、5［9頁］】

〔意 見〕
1 期限前弁済をすることができるとの考え方に賛成する。
2 借主が損害を賠償しなければならない旨の明文規定を設けることに反対する。

〔理 由〕
1 返還時期の定めのある利息付消費貸借においても、現行民法第591条第2項が「いつでも返還することができる」旨を定めているほか、返還時期までの借主による目的物の保有自体は、もっぱら借主の利益・利便のためであるのが通常であるから、借主の期限前弁済が認められるべきである。
2 しかし、期限前弁済において、借主が貸主に対し、返還時期までの利息相当額を損害賠償する義務を負う旨を明文で規定することについては、反対する。

Ⅱ 全体版

　確かに、期限前弁済は、貸主の返還時期までの利息収受という期待に反するものではあろうし、貸主自身が約定の返還時期までの目的物の調達に費用を支出していることもあろう。

　しかし、逆に、期限前弁済がされれば、貸主は、費用の支出を免れる面があり、また、返還された目的物につき新たな消費貸借をすることによって、これを利用することもできる。

　また、借主にとっては、例えば設備投資等のための長期間の借入等において、期限前弁済をするためには返還時期までの利息相当額を賠償しなければならないとすると、非常に酷な結果となる。

　さらに、このような規定が設けられなくとも、現実の実務で行われているとおり、当事者間の特約によって適切な処理が期待できる（通常の金銭消費貸借契約においては、「期限前償還」に関する規定が存在する。）。

　この点、部会資料が引用する判例（大判昭9年9月15日民集13巻1839頁。消費寄託である定期預金債権につき、満期日までの利息を支払えば期限前に弁済できるとする。）は、これらの事情を考慮すると、返還時期の定めのある利息付消費貸借についての先例と考えることには疑問が残る。

　従って、期限前弁済における借主の損害賠償義務を明文化する考え方には反対する。

　本考え方と同旨と思われる意見がある（第15回議事録21頁・深山幹事、22頁・道垣内幹事）。

(2) 事業者が消費者に融資をした場合の特則

　仮に、返還時期の定めのある利息付消費貸借においても期限前弁済をすることができることを条文上も明らかにする場合（前記(1)参照）には、貸主が事業者であり借主が消費者であるときに、借主は貸主に生ずる損害を賠償することなく期限前弁済をすることが許されるとの特則を設けるべきであるとの考え方が示されている。このような考え方の当否について、その適用場面を営業的金銭消費貸借（利息制限法第5条）の場合にまで拡張して、借主が事業者であるものも含めるべきであるなどの意見がある一方で、期限前弁済があった場合に貸主に生ずる損害を賠償する義務を負うことは交渉力や情報量の格差とは関係しないという意見があることも踏まえて、更に検討してはどうか。

第44 消費貸借

【部会資料16－2 第1、5（関連論点）[10頁]】

〔意　見〕
　民法に、消費者契約の特則を規定することについては賛成できない。
　消費者契約法その他の特別法に規定する場合は、貸主が事業者であり、借主が消費者であるときに、「借主は貸主に生ずる損害を賠償することなく期限前弁済をすることが許される」との特則を設けるとの考え方に基本的に賛成する。
　特別法に規定する場合には、その適用範囲を営業的金銭消費貸借の場合にまで拡張して、借主が事業者であるものも含むべきとの考え方についても、基本的に賛成する。

〔理　由〕
　民法は私法の一般法であって、消費者契約に関する特則を規定するのは妥当でない。また、民法に規定した場合は適宜・迅速な改正が困難となって消費者保護にそぐわない。
　消費者契約法等に規定する場合は、消費者保護の見地から、借主は貸主に生ずる損害を賠償することなく期限前弁済をすることが許されるとの規定を設けることに基本的には賛成である。そして、この関係は、借主が事業者である場合の営業的金銭消費貸借にも妥当すると思料する。
　但し、金融機関による住宅ローンの貸付の場合には、期限前弁済においては貸主である金融機関が約定によって手数料を得ているのが通常であり、その金額も単なる事務処理手数料にとどまらず、弁済金額の数パーセントとしている場合もある。
　従って、これを設ける考え方の趣旨に基本的には賛成であるが、なお全体的な利益、バランスを考慮すべきであると考える。
　なお、営業的金銭消費貸借において、借主が消費者で一定の金額以下の場合に損害をゼロにする立法が必要との意見がある（第15回議事録22頁　岡委員）。また、営業的金銭消費貸借までの拡張に言及する意見もある（第23回議事録　56頁高須幹事）。

5　抗弁の接続
　消費貸借の規定の見直しに関連して、消費者が物品若しくは権利を購入する契約又は有償で役務の提供を受ける契約を締結する際に、これらの供

Ⅱ 全体版

給者とは異なる事業者との間で消費貸借契約を締結して信用供与を受けた場合に、一定の要件の下で、借主である消費者が供給者に対して生じている事由をもって貸主である事業者に対抗することができる（抗弁の接続）との規定を新設するべきであるとの考え方（後記第62、2⑦参照）が示されている。このような考え方の当否について、民法に抗弁の接続の規定を設けることを疑問視する意見があることも踏まえて、更に検討してはどうか。

また、その際には、どのような要件を設定すべきかについても、割賦販売法の規定内容をも踏まえつつ、更に検討してはどうか。

【部会資料16－2 第1、6［10頁］】

〔意　見〕

抗弁の接続という考え方自体は賛成であるが、民法に消費者契約の特則を規定することについては賛成できない。

上記規定は、一般化したルールとは言い難く、割賦販売法、消費者契約法等の消費者法において設けられるべきである。

〔理　由〕

民法は私法の一般法であって、消費者契約に関する特則を規定するのは妥当でない。また、民法に規定した場合は適宜・迅速な改正が困難となって、かえって消費者保護にそぐわないと思料する。

ここで、消費者契約法等に規定する場合であっても、立法提案においては、具体的な要件として、「供給契約と消費貸借契約が［経済的に］一体のものとして行われ、かつ、あらかじめ供給者と貸主との間に、供給契約と消費貸借契約を一体として行うことについての合意が存在した場合」という提案がなされている。

しかし、これは現行の割賦販売法では必ずしも要求されていない要件を求めるものであり、その解釈・運用次第では、かえって消費者保護の後退に繋がる可能性も否定できない。

この点に関して、日本弁護士連合会「統一消費者信用法要綱案」（2003年8月）では、「販売信用（クレジット）取引規制」の一環として、「消費者は、販売信用取引を利用した商品等購入取引において、販売業者等に対して生じている事由をもって信用供与者に対抗することができる。」との規定を設けること

を提案しており、むしろ同要綱案を基礎に、第三者与信型の取引態様をできる限り広く網羅することにより消費者保護が後退しないような規定の在り方を検討すべきであろう。

　ただし、抗弁権の接続は専ら消費者取引について問題となる法理であり、諸外国の立法例を見ても、民法ではなく「消費者法」「消費者信用法」などと訳される法典に規定を置いているものが多いこと、その具体的規律の在り方については社会情勢の変化等に応じて機動的な改正が必要であることから、むしろ割賦販売法、消費者契約法等の消費者法に規定を設けた方が適当であると考える。

　なお、本考え方と同旨と思われる意見（第15回議事録28頁・岡委員）がある。

第45　賃貸借
1　短期賃貸借に関する規定の見直し
　民法第602条が定める短期賃貸借の主体として規定されている「処分につき行為能力の制限を受けた者」という文言については、未成年者や成年被後見人などのそれぞれの規定で手当てがされており、同条の規定により単独で短期賃貸借を行うことができるとの誤読のおそれがあること等から、これを削除するものとしてはどうか。

　処分の権限を有しない者が同条が定める短期賃貸借の期間を超えて締結された賃貸借の効力については、これまでの裁判例等を踏まえて、法定期間を超える部分のみが無効（一部無効）となる旨を明記することとしてはどうか。

【部会資料16−2　第2、2(1)［34頁］】

〔意　見〕
異論はない。
〔理　由〕
異論のない内容である。
（第15回議事録33頁・木村委員、34頁・岡委員）

2 賃貸借の存続期間

賃貸借の存続期間の上限を 20 年と定める民法第 604 条を削除して、上限を廃止するかどうかについて、長期の賃貸借を認める実務的な必要性や、長期間に渡り契約の拘束力を認めることに伴う弊害の有無などに留意しつつ、更に検討してはどうか。

【部会資料 16 - 2 第 2、2(2)〔38 頁〕】

〔意 見〕
実務上の必要性や、弊害について留意しつつ、今後慎重に検討するべきである。

〔理 由〕
部会における議論の通り、一定の類型の契約について、賃貸借の存続期間の上限を延長又は廃止する必要性は認められる。

しかし、あらゆる賃貸借について、所有と使用収益の分離を無制限に認めることは、所有権制度の空洞化を招き、予想もしなかった弊害が生じる可能性がある。

この提案は物権法の秩序にも関わる重大な問題であるので、今後、これらの点に十分留意しつつ、慎重に検討するべきである。

(第 15 回議事録 31 頁・奈須野関係官、32 頁・松岡委員、32 頁・山野目幹事、33 頁・中田委員、33 頁・木村委員、34 頁・岡委員)

3 賃貸借と第三者との関係
(1) 目的不動産について物権を取得した者その他の第三者との関係

不動産の賃貸借の登記がされたときは、その後その不動産について「物権を取得した者」に対しても効力を生ずる（民法第 605 条）ほか、例えば、二重に賃貸借をした賃借人、不動産を差し押さえた者などとの関係でも、一般に、賃貸借の効力を対抗することができると解されている。そこで、登記した不動産の賃貸借と「物権を取得した者」以外の第三者との関係について、これを条文上明らかにする方向で、更に検討してはどうか。その際、具体的な条文の在り方については、「物権を所得した者」をも含めて、第三者に対抗することができると規定する案のほか、「物権を取得した

者」との関係では同条を維持した上で、これとは別に、二重に賃貸借をした賃借人等との間の対抗関係について規定を設ける案があることを踏まえ、更に検討してはどうか。

【部会資料16－2 第2、3(1)ア［40頁］】

〔意　見〕
　登記した不動産の賃貸借と「物権を取得した者」以外の第三者との関係について、条文上明らかにするべきである。
　その際の条文のあり方としては、「物権を取得した者」との関係では同条を維持した上で、これとは別に、二重に賃貸借をした賃借人等との間の対抗関係について規定を設けるべきである。

〔理　由〕
　登記した不動産の賃貸借と「物権を取得した者」以外の第三者との関係について条文化すること自体には、異論はないものと思われる。
　条文化するにあたっては、物権を取得した者に対する賃貸借の効力（現在の605条が定めている内容）と、二重賃貸借相互間の関係（本提案）は、別の問題であるので、後者について別の規定を設けるべきである。
（第15回議事録34頁・山本(敬)幹事、36頁・高須幹事、38頁・道垣内幹事）

(2) 目的不動産の所有権が移転した場合の賃貸借の帰すう
　賃貸借の目的物である不動産の所有権が移転した場合における旧所有者との間の賃貸借契約の帰すうに関しては、次のような判例法理がある。すなわち、① 不動産賃貸借が対抗要件を備えている場合には、特段の事情のある場合を除き、旧所有者と新所有者との間で賃貸人の地位を移転する合意が無くても、賃借人と旧所有者との間の賃貸借関係は新所有者との間に当然に承継され、旧所有者は賃貸借関係から離脱する、② その際に賃借人の承諾は不要である、③ この場合の賃貸人たる地位の承継を新所有者が賃借人に対して主張するためには、新所有者が不動産の登記を備える必要がある。そこで、これらの判例法理を条文上明記する方向で、更に検討してはどうか。

Ⅱ 全体版

〔意見〕
　賃貸借の目的物である不動産の所有権が移転した場合における旧所有者との間の賃貸借契約の帰すうについて、上記①～③の判例法理を条文上明記することに賛成する。

〔理由〕
　判例法理を国民に明示するという観点から賛成する。

> 　また、判例は、賃貸人たる地位を旧所有者に留保する旨の合意が旧所有者と新所有者との間にあったとしても、直ちには前記特段の事情には当たらず、賃貸人の地位が新所有者に承継され、旧所有者は賃貸借関係から離脱するとしている。
> 　このことを条文上明記するかどうかについては、実務上このような留保の特約の必要性があり、賃借人の保護は別途考慮することが可能であると指摘して、一律に無効とすべきでないとする意見があることに留意しつつ、更に検討してはどうか。

〔意見〕
　賃貸人たる地位を旧所有者に留保する旨の合意の効力については、一律無効にするべきではない。転借人の地位に転落する賃借人の保護に留意しつつ、このような合意の効力を認める余地を残すべきである。

〔理由〕
　賃貸人たる地位を旧所有者に留保することについては、実務上の要請があり、このような合意を一律無効とするのは相当ではない。この場合に、自ら関与できない理由で転借人に転落する賃貸人については、一定の場合に当該転貸借の効力を新所有者に主張できるようにする等の方法で保護を図ることが可能である。

> 　新所有者が上記③の登記を備えた場合であっても、賃借人は目的不動産の登記の移転について一般に関心を有しているわけではない。このことを踏まえ、賃借人は、賃貸人の地位が移転したことを知らないで旧所有者に賃料を支払ったときは、その支払を新所有者に対抗することができる旨の特則を新たに設けるかどうかについて、更に検討してはどうか。

第 45 賃 貸 借

〔意見〕
　賃借人は、賃貸人の地位が移転したことを知らないで旧所有者に賃料を支払ったときは、その支払を新所有者に対抗することができる旨の特則を新たに設けることに賛成である。
〔理由〕
　賃貸人から見てどのように行動すればよいかが明確であり、賃借人保護に資する。

> 　このほか、賃借人が必要費を支出した後に目的不動産の所有権が移転し、賃貸人の地位が承継された場合には、必要費の償還債務も新賃貸人に移転すると解されていることを踏まえ、これを明文化するかどうかについて、検討してはどうか。
> 【部会資料16－2 第2、3⑴イ［42頁］、同（関連論点）1［44頁］】

〔意見〕
　賃借人が必要費を支出した後に目的不動産の所有権が移転し、賃貸人の地位が承継された場合には、必要費の償還債務も新賃貸人に移転する旨明文化する必要はない。
〔理由〕
　必要費が支出されたということは、毀損した価値が賃借人の修繕等によって回復したということである。しかし、賃借人が修繕等の事実を賃貸人に伝えていない場合、必要費の費用償還債務が生じているかどうかは、当の賃借人以外は知ることができない。
　このような状況下において当該不動産が譲渡される場合、その価格は、賃借人の修繕等によって回復した価値によることが多いと思われる。従って、このような場合には、旧賃貸人（旧所有者）に必要費の償還義務を負わせることが妥当であると考えられる。
　しかし、本提案によると、新所有者は、その知・不知に関わらず、必要費の償還を義務づけられることになる。これは、新所有者が譲渡価格として修繕等により回復した価格を払っていた場合、新所有者に修繕分の価値の二重払いを強いるものであり、結論として不当である。
　この問題は、必要費の償還債務の有無が新所有者から認識しがたいことに起

Ⅱ 全体版

因している。後記4(2)の通り、修繕をするにあたって賃貸人への通知義務を課するとしても、新所有者が賃借人による修繕を認識することは担保されていない。

以上の理由から、必要費の償還請求権が新所有者に対して移転するという結論が常に妥当であると言うことはできない。

（以上、「(2)目的不動産の所有権が移転した場合の賃貸借の帰すう」全体につき、第15回議事録35頁・山本（敬）幹事、36頁・高須幹事、39頁・岡田委員、41頁・沖野幹事、41頁・中田委員、42頁・岡委員）

---

(3) 不動産賃貸借における合意による賃貸人の地位の承継

対抗要件を備えていない不動産賃貸借においても、目的不動産の譲渡に伴いその当事者間の合意により賃貸人たる地位の承継が行われる場合があるが、このような場合にも、① 賃借人の承諾は不要であること、② この場合の賃貸人たる地位の承継を新所有者が賃借人に対して主張するためには、新所有者が不動産の登記を備える必要があること、③ 賃借人は、賃貸人の地位が移転したことを知らないで旧所有者に賃料を支払ったときは、その支払を新所有者に対抗することができることを条文上明記するかどうかについて、更に検討してはどうか。

【部会資料16－2 第2、3(1)イ（関連論点）2［45頁］】

〔意　見〕

①ないし③を条文上明記すべきである。

〔理　由〕

目的物の譲渡に伴い、賃貸人たる地位の承継がなされるべきであるということは、対抗力ある不動産賃貸借のみにあてはまるものではない。

（第15回議事録35頁・山本（敬）幹事、37頁・岡田委員）

---

(4) 敷金返還債務の承継

目的不動産の所有権の移転に伴い賃貸人たる地位が新所有者に移転する場合において、賃借人から旧所有者に対して敷金が差し入れられていたときは、判例・通説は、旧所有者の下での延滞賃料債務等に充当された後の残額の敷金返還債務が当然に新所有者に承継されると解している。そこで、

第45 賃貸借

これを条文上明記することの当否について、更に検討してはどうか

〔意 見〕
敷金返還債務が承継される規定を明文化するべきである。
〔理 由〕
賃借人から見て明確であり、賛成。

　また、これによって賃借人の同意なく敷金返還債務が新所有者に承継される場合には、賃借人の利益を保護する観点から、旧所有者もその履行を担保する義務を負うものとすることの当否については、旧所有者の地位を不安定にし賃貸不動産の流通を阻害するおそれがある等の指摘があることを踏まえ、更に検討してはどうか。

〔意 見〕
旧所有者には敷金返還債務の履行担保義務を負わせるべきではない。
〔理 由〕
敷金返還債務が免責的に新所有者に承継される実務は安定しており、これを変更することは、不動産の流通等に多大な影響を及ぼす。

　このほか、敷金に関しては、その定義を明らかにする規定や、敷金の充当に関する基本的な法律関係を明らかにする規定を設けるかどうかについて、検討してはどうか。
【部会資料16－2 第2、3(1)ウ［45頁］、同（関連論点）［46頁］】

〔意 見〕
敷金定義規定や、充当に関する基本的な法律関係を明らかにする規定を設ける方向で検討すべきである。
〔理 由〕
譲渡人・譲受人・賃借人の三者にとっての予測可能性に資する。
（以上、「(4)敷金返還債務の承継」全体につき、第15回議事録34頁・岡委員、34頁・大島委員、37頁・奈須野関係官、37頁・岡田委員、37頁・道垣内幹事、37頁・奈須野関係官、37頁・岡田委員、38頁・道垣内幹事、39頁・岡本委員、39

Ⅱ 全体版

頁・沖野幹事、40頁・中井委員、42頁・岡委員、43頁・鎌田部会長、43頁・内田委員、43頁・高須幹事、44頁・中田委員、44頁・松本委員、45頁・油布関係官、45頁・深山幹事、46頁・中井委員、47頁・松岡委員、47頁・中田委員、47頁・中田委員、48頁・松本委員、48頁・鎌田部会長、48頁・奈須野関係官）

> (5) 動産賃貸借と第三者との関係
> 　動産の賃貸借と第三者との関係に関しては、不動産に関する民法第605条のような規定がないことを踏まえ、目的物である動産の所有権が移転した場合における賃貸借の帰すうを明確にするため新たな規定を設けるかどうかについて、動産賃貸借の対抗要件制度の要否という問題を含めて、更に検討してはどうか。
> 【部会資料16－2　第2、3(1)イ（関連論点）2［45頁］】

〔意　見〕
　動産の所有権移転についても賃貸借の帰趨を明確にする規定を設けるべきである。
　その方法として、動産賃貸借の対抗要件制度を設けることに賛成する。

〔理　由〕
　上記(3)と同旨。
　動産については、所有権移転の対抗要件は引渡しであるが、賃貸借などで第三者が保有している場合には、指図による占有移転で新所有者が対抗力を取得すると解されている。このような場合、新所有者は、第三者が新所有者のためにする占有を承諾している（民法184条）のであるから、新所有者は、賃借権を前提として目的物を譲り受けたと考えられる。従って、引渡しがあった場合、動産賃貸借は新所有者に対抗できると考えるべきであり、それを明文化すべきである（部会資料16－2　41頁　補足説明2「動産賃貸借の対抗力」の説明に賛成）。このような明文化をすることで、自動車を賃貸したが、当該自動車の所有者が変更となった場合等において、賃借人を保護することができるという実益がある。
（第15回議事録38頁・加納関係官、40頁・中井委員）

(6) 賃借権に基づく妨害排除請求権

対抗要件を備えた不動産賃借権について、賃借人の妨害排除請求権を認めている判例法理を明文化するかどうかについて、物権的請求権の規定の在り方とも関連する問題であることに留意しつつ、更に検討してはどうか。

【部会資料16-2　第2、3(1)エ［47頁］】

〔意　見〕
物権的請求権に関する規定を整備するとことを前提として、賃借人の妨害排除請求権を認めている判例法理を明文化するべきである。

〔理　由〕
判例法理を国民に明示するという趣旨から賛成。

4　賃貸人の義務
(1)　賃貸人の修繕義務

民法は、賃貸人は修繕義務を負うとする一方（同法第606条第1項）、賃借物が修繕を要する場合における賃借人の通知義務を規定している（同法第615条）。この通知義務に違反した場合の効果が不明確であるとして、賃貸人の修繕義務の不履行による賃借人の損害賠償請求の額の算定において考慮されるとともに、賃貸人に損害が生じたときは賃借人が損害賠償責任を負うことを明文化すべきであるという考え方がある。このような考え方については、もともと賃借人の通知義務の要件が不明確であり、義務違反の効果を明文化した場合に賃借人に不当な不利益を与えるおそれがある等の指摘があること留意しつつ、更に検討してはどうか。

【部会資料16-2　第2、3(2)ア［49頁］】

〔意　見〕
通知義務違反が賃貸人の修繕義務の不履行による賃借人の損害賠償請求の額の算定において考慮されるとともに、賃貸人に損害が生じたときは賃借人が損害賠償責任を負う旨の規定を置くことには反対である。

〔理　由〕
賃借人が通知をしないことが多い実態もあり、不測の損害を生じさせる危険

Ⅱ 全体版

がある。問題があるケースは、一般の損害賠償責任や権利濫用等で対応できると考えられる。
（第15回議事録49頁・大島委員、49頁・岡田委員、49頁・中井委員、49頁・中田委員、50頁・木村委員）

⑵ 賃貸物の修繕に関する賃借人の権利
　賃借人が支出した必要費の償還について規定する民法第608条は、賃貸人が修繕義務を履行しない場合には賃借人が自ら修繕をする権限を有することを前提としていると解されている。これを踏まえて、賃借人が自ら必要な修繕をする権限があることを明文化することの当否について、賃貸人への事前の通知の要否など具体的な要件に関する問題を含めて、更に検討してはどうか。
【部会資料16－2 第2、3⑵イ［50頁］】

〔意　見〕
賃借人は、賃貸人へ事前に通知したにもかかわらず賃貸人が修繕しない場合に、修繕する権限がある旨の規定を設けるべきである。

〔理　由〕
民法第608条は賃借人に修繕権限があることを前提としているのはその通りである。しかし、原則として、修繕の方法は賃貸人が決するべき事柄である。
そこで、まずは賃貸人に修繕するよう通知し、それに応じなかった場合に限り、賃借人が自ら修繕できる旨の規定とするべきである。
（第15回議事録・48頁　奈須野関係官・49頁　松本委員）

⑶ 賃貸人の担保責任
　賃貸物の瑕疵についての賃貸人の担保責任には、売買の規定が準用されている（民法第559条）。このうち、売主の瑕疵担保責任の期間制限の規定（同法第570条、第566条第3項）に関しては、賃貸物を継続的に使用収益させるという賃貸借の性質に照らして、賃貸借には準用されないことを条文上明確にするかどうかについて、更に検討してはどうか。
【部会資料16－2 第2、3⑵ウ［51頁］】

第45　賃　貸　借

〔意　見〕
　当委員会は、売買の瑕疵担保責任の期間制限を撤廃し、一般の債務不履行の規定にあわせるという意見であり、前提が異なる。ただし、結論において、賃貸借についても、短期の期間制限を撤廃する方向で規定するべき点に異論はない。

〔理　由〕
　たとえば、新築マンションの売買において、買主は売主に対して住宅の品質確保の促進等に関する法律によって、10年間瑕疵について責任を追及できる（同第95条）ところ、賃借人は短期間しか責任追及できないのはバランスを失する。賃借人についても短期の期間制限を撤廃する方向の規定をおくべきである。

5　賃借人の義務
(1)　賃料の支払義務（事情変更による増減額請求権）
　借地借家法第11条、第32条、農地法第20条などを参照しつつ、契約締結後の事情変更による賃料の増減額請求権の規定を賃貸借一般を対象として設けるか否かについては、その必要性などを疑問視する意見があることも踏まえて、更に検討してはどうか。
【部会資料16－2　第2、3(3)ア［52頁］】

〔意　見〕
　民法に規定を設けるべきである。ただし、濫用のおそれがあるので、条文化する際の表現に十分留意すべきである。

〔理　由〕
　賃貸借契約は、更新された場合を含め、契約期間が長期に及ぶ継続的契約であることから、履行が1回で完了する売買契約とは異なり、事情変更の法理が妥当する契約形態である。
　借地借家法及び農地法においては、契約締結後に事情変更が生じた場合に増減額請求権が認められているが、工業用機械など長期の賃貸借期間が予定されている動産の賃貸借においても、契約締結時に予想し得なかった事情が事後に発生した場合に賃料額を調整する仕組みを設けることは、妥当である。
　ただし、賃借人が賃料を支払わない言い訳にするという濫用のおそれがある

Ⅱ　全体版

ので、条文化する際の表現に十分留意すべきである（第15回議事録52頁・高須幹事）。

> **(2) 目的物の一部が利用できない場合の賃料の減額等**
> 　目的物の一部が利用できなくなった場合の賃料の取扱いに関して、民法第611条第1項は、賃借人の過失によらないで滅失した場合に限り、賃借人の請求によって賃料が減額されることを規定しているが、使用収益の対価である賃料は、使用収益の可能性がなければ発生しないものとすべきであるという理解に立って、目的物の一部が利用できなくなった場合には、その理由を問わず（賃借人に帰責事由がある場合も含めて）、賃料が当然に減額されるものとすべきであるとの考え方がある。この考え方の当否について、目的物の一部が利用できなくなった事情によって区別する必要性の有無や、危険負担制度の見直し（前記第6）との関係に留意しつつ、更に検討してはどうか。
> 　他方、目的物の一部が利用できず賃借をした目的を達せられなくなった場合の賃借人の解除権（民法第611条第2項）についても、利用できなくなった理由を問わないで（賃借人に帰責事由がある場合も含めて）解除権を認めるという考え方がある。このような考え方の当否についても、更に検討してはどうか。
> 　また、目的物が一時的に利用できない場合に関して、同様に賃料の減額や賃借人による契約の解除を認めるという考え方の当否についても、更に検討してはどうか。
> 　このほか、目的物が利用できない場合に関する以上のような規律を明文化するに当たっては、「滅失」という用語（民法第611条参照）ではなく、目的物の機能が失われたことに着目した文言を用いることの当否について、検討してはどうか。
> 　【部会資料16－2 第2、3(3)イ［55頁］、同（関連論点）1［56頁］、同（関連論点）2［57頁］】

〔意　見〕
意見書Ⅰと同じである。

6 賃借権の譲渡及び転貸
(1) 賃借権の譲渡及び転貸の制限

賃貸人に無断で賃借権を譲渡したり賃借物を転貸したりした場合の賃貸人の解除権（民法第612条第2項）に関して、「賃借人の当該行為が賃貸人に対する背信的行為と認めるに足らない特段の事情がある場合」に解除が認められないとする判例法理を明文化するとともに、これによって解除が認められない場合の法律関係を明確にすることの当否について、原則と例外の関係を適切に表現する必要性などに留意しつつ、更に検討してはどうか。

【部会資料16－2 第2、3(4)ア［57頁］】

〔意見〕

賃貸人の承諾のない無断譲渡・転貸の規律について、「賃借人の当該行為が賃貸人に対する背信的行為と認めるに足らない特段の事情がある場合」に解除が認められないとする判例法理を明文化するとともに、これによって解除が認められない場合の法律関係を明確化することに対しては、賛成する。

ただし、明文化の仕方によっては、原則と例外が逆転する懸念があるため、条文化する際の表現に十分留意する必要がある。

また、賃貸借関係においては、無断譲渡・無断転貸の場面以外にも信頼関係法理が出現する場面が存在することに関して、それぞれの場面ごとの信頼関係法理を整理し、要件事実に注意をしつつ、判例法理を明文化するとともに、これによって解除が認められない場合の法律関係を明確化することも同時に検討すべきである。

〔理由〕

判例法理として、信頼関係が破壊されたと認めるに足らない特段の事情がある場合には、解除は認められないという法理が確立されているといえるので、明文化を検討すること自体には賛成するが、この法理の考え方は、原則は解除でき、例外的に特段の事情がある場合にはできないという趣旨であるから、これを明文化する場合、明文化の仕方によっては、原則と例外が逆転する恐れがある（第15回議事録57頁・深山幹事）。

つまり、一定の事情がなければ無断譲渡・転貸をしても解除できないという

ような発想が原則のようになってしまうと、判例法理以上のものを規定することになるので、条文化する際の表現は、それが要件事実に関係を持つものであることも考慮の上、十分留意する必要がある。

また、賃貸借関係において信頼関係法理が出現するのは、無断譲渡・無断転貸の場面に限られない。すなわち、賃料不払いの場合や用法遵守義務違反の場合などにも信頼関係法理は出現しており、実務上それらが出現する頻度は、無断譲渡・無断転貸よりも多いのであるから、それらを含めて判例法理を整理する必要性がある。

そして、賃料不払いの場合の信頼関係法理は、原則として賃貸人側に信頼関係が破壊されたことの立証責任があるなど、無断譲渡・無断転貸の場合とは要件事実が異なるのであるから、信頼関係法理全体を整理する必要性がある。

(2) 適法な転貸借がされた場合の賃貸人と転借人との関係

適法な転貸借がされた場合の賃貸人と転借人との法律関係に関しては、判例・学説を踏まえ、①転借人は、原賃貸借によって賃借人に与えられた権限の範囲内で、転貸借に基づく権限を与えられ、その限度で賃貸人に対して使用収益の権限を対抗することができること、②転借人は賃貸人に対して直接賃料債務を負い、その範囲は原賃貸借と転貸借のそれぞれの賃料債務の重なる限度であることなどを明文化すべきであるという考え方がある。このような考え方については、転借人は賃貸人に対して目的物を使用収益する権限が認められるわけではないことを前提として、転借人が賃貸人に対して直接に義務を負うということの意味をより精査する必要があることや、賃借人(転貸人)の倒産時に賃貸人の賃料債権に優先的地位を認める根拠とその方法のあり方を考える必要がある等の指摘がされている。そこで、以上の指摘を踏まえつつ、適法な転貸借がされた場合における賃貸人と転借人との間の基本的な法律関係や直接請求権に関する規定の在り方について、更に検討してはどうか。

また、適法な転貸借がされた場合に、判例は、原賃貸借が合意解除された場合であっても、転借人に対して原賃貸借の消滅を対抗することができないとする一方で、賃借人の債務不履行によって原賃貸借が解除された場合には、転借人は目的物を使用収益する権限を失うとしており、このような判例法理を明文化することの当否についても、更に検討してはどうか。

第45 賃貸借

【部会資料16-2 第2、3⑷イ［59頁］】

〔意　見〕
1　適法な転貸借がされた場合における賃貸人と転借人との間の基本的な法律関係や直接請求権に関する規定のあり方について、明確性の観点から更に検討すること自体には賛成であるが、②をそのまま明文化することは、慎重に検討すべきである。
2　原賃貸借が合意解除された場合であっても、転借人に対して原賃貸借の消滅を対抗することができないとする判例理論を明文化することに対しては、賛成する。

　　ただし、賃借人の債務不履行によって原賃貸借が解除された場合に、判例法理をそのまま明文化することに対しては、反対である。承諾転貸の場合には、賃貸人の転借人に対する催告を要件とすべきである。

〔理　由〕
1　前段②について、民法上、無条件に直接請求ができるとするのは、賃貸人にやや強過ぎる権限を与えていると思われるので、②をそのまま明文化することには懸念がある（第15回議事録57頁・深山幹事）。

　　この点、賃借人（転貸人）の倒産の場合に、直接請求がそのまま認められると、賃貸人は、本来は破産債権となるものを、破産者の財産である転貸料債権から回収することが可能であるとも考えられる。すると、賃貸人は、破産手続によらずに端的に権利行使ができることとなり、賃貸人に大きな権限が生じるという問題があるから、倒産法との整合性を慎重に考えるべきである（第15回議事録60頁・沖野幹事）。

　　また、直接請求については、債権者代位権の場面と比べても、いわゆる転用物訴権に関する判例の場面と比べても、賃貸人の権利が強すぎるように思われ、他の制度との均衡も再度検討されるべきである。

　　さらに、転貸の場面と下請負の場面をパラレルに考えると、直接請求には相当な問題があると思われるから、下請負との関係も含めて検討されるべきである。
2　後段に関し、原賃貸借が合意解除された場合であっても、転借人に対して原賃貸借の消滅を対抗することができないとする判例理論を明文化することについては、賛成できる。

Ⅱ 全体版

　しかし、賃借人の債務不履行によって原賃貸借が解除された場合には、転借人に賃料を支払う機会を与える必要がある。
　そこで、この場合には、解除の要件として、賃貸人は転借人に対し催告することを必要とすべきであるが、他方で賃貸人が転借人に対する通知先を知らない場合にまで催告が必要であるとすると、賃貸人に酷であるから、承諾転貸の場合に限り、転借人に対する催告を解除の要件とすべきである。
　原賃貸借に債務不履行があった場合に催告を要件とすれば、転借人が転貸人に対し賃料を支払ったにも拘わらず原賃貸借が解除される危険を防げるし、賃貸人が賃借人(転貸人)に債務不履行があることを知りつつ、転借人に対して請求せず、原賃貸借をあえて解除するように仕組むことも防止できる。

7　賃貸借の終了
　(1)　賃借物が滅失した場合等における賃貸借の終了
　賃借物の全部が滅失した場合における賃貸借の帰すうについては、現在は規定がないが、一般に賃貸借契約が終了すると解されていることから、このことを条文上明記する方向で、更に検討してはどうか。
【部会資料 16 - 2 第 2、4(1)［65 頁］】

〔意　見〕
　賛成である。
〔理　由〕
　現在の実務及び判例に沿う考え方であり、目的物が全く滅失した場合には、賃貸借契約を存続させる意味がないので、その時点で契約関係が終了するものとして取り扱うことに合理性がある。
　この点、目的物が全部滅失した場合には賃貸借契約が終了し、一部滅失した場合には民法 611 条による処理となるが、全部滅失した場合と一部滅失した場合では場面が異なるので、このような処理の差異が妥当である。すなわち、全部滅失の場合は契約自体を存続させる意味がないが、一部滅失の場合には契約自体を存続させる利益があるので、賃料減額による解決が合理的なのである（第 15 回議事録 62 頁　鹿野幹事）。
　なお、滅失以外の事由（他人物賃貸借における所有者からの返還請求など）によって目的物の使用収益ができなくなった場合にも、賃貸借契約が終了すると

第45 賃貸借

の考え方及びこの場合には賃借人の解除によって契約を終了させるとの考え方もありえようが、これらについては、場面に応じて結論を異にすべきであると考えられることから、個別に検討すべきであり、規定を設けるべきではない。

> (2) 賃貸借終了時の原状回復
> 　賃貸借の終了時における賃借人の原状回復に関して、使用貸借についての簡略な規定（民法第598条）が賃貸借に準用されるのみである（同法第616条）という現状を改め、収去権とは区別して、賃借人の原状回復義務の規定を整備する方向で、更に検討してはどうか。その際には、賃借物に附属させた物がある場合と賃借物が損傷した場合の区別に留意し、後者（賃借物の損傷）に関しては原状回復の範囲に通常損耗の部分が含まれないことを条文上明記することの当否について、更に検討してはどうか。これを条文上明記する場合には、賃貸人が事業者であり賃借人が消費者であるときはこれに反する特約を無効とすべきであるとの考え方が併せて示されている（後記第62、2⑧参照）が、このような考え方の当否についても、更に検討してはどうか。
> 　また、「原状に復して」（同法第598条）という表現は分かりにくいという指摘があることから、これに代わる適切な表現について、検討してはどうか。
> 【部会資料16－2 第2、4(2)[67頁]、部会資料20－2 第1、2[11頁]】

〔意　見〕
1　収去権とは区別して、賃借人の原状回復義務の規定を整備することに対しては賛成である。
2　その際、条文の表現方法としては、回りくどく分かりにくい規定にならないように留意しつつ、さらに検討すべきである。
3　民法に消費者と事業者との間の契約に適用される規定を設けることについては賛成できない。消費者契約法その他の特別法において規定が整備されるべきものと考える。
4　原状に復してという表現が分かりにくいので、これに変わる適切な表現について検討すること自体には賛成するが、解除の場合の「原状に復させる義務」（民法545条1項本文）との関係が問題となるので、さらに検討されるべ

419

きである。また、賃貸借の場合の原状回復に代わる表現としては、無理に造語を作成せず、文章で規定を設けるほうが適当である。

〔理　由〕

1　基本的に現行実務に沿う考え方であり、わかりやすさに資する。また、実務上も問題となることが多い場面であることから、原状回復義務の規定を整備する必要がある。

2　賃借物に附属させた物がある場合は全部原状回復し、賃借物が損傷した場合には通常損耗は原状回復の範囲に入らないと区別する考え方自体は理解できるが、通常の場合、附属の場合、損傷の場合と分けたうえで、非常に回りくどい規定になると、一般人にとってかえって分かりにくくなる恐れがある。

　　一般人から見ても、常識的に考えて、附属と損傷の場合には、附属物を撤去し、損傷部分を回復するというのはわかるであろうから、規定が過度に複雑にならないよう留意する必要がある。

3　民法は私法の一般法であって、消費者契約に関する特則を規定するのは妥当でない。また、民法に規定した場合は適宜・迅速な改正が困難となって、かえって消費者保護にそぐわないと思料する。

　　原状回復をめぐるトラブルは実務上多発しており、賃貸人が事業者であり賃借人が消費者であるとき、これに反する特約を無効とする旨の趣旨には賛成するが、消費者契約の特則は、消費者契約法その他の特別法に規定すべきである。

4　一言で代替表現を考えるならば、通常外損耗復旧義務、レストレーション義務、リストア義務などということになろうが、わかりにくい。

　　一言で代替表現が困難なのは、現行実務上「原状に復して」は規範的な概念となっていることに起因していると思われる。

　　この点、国土交通省の「原状回復をめぐるトラブルとガイドライン」によれば、下記のように記載されており、これを参考に文章で規定するのが分かりやすい。

記

　原状回復を「賃借人の居住、使用により発生した建物価値の減少のうち、賃借人の故意・過失、善管注意義務違反、その他通常の使用を超えるような使用による損耗・毀損を復旧すること」と定義し、その費用は賃借人負担としました。そして、いわゆる経年変化、通常の使用による損耗等の修繕費用は、賃料

第 45 賃貸借

に含まれるものとしました。⇒原状回復は、賃借人が借りた当時の状態に戻すことではないことを明確化

⑶ 損害賠償及び費用の償還の請求権についての期間の制限
ア 用法違反による賃貸人の損害賠償請求権についての期間制限
　賃借人の用法違反による賃貸人の損害賠償請求権に関する期間制限（民法第621条、第600条）については、賃貸借の期間中に賃借物に生じた損害について賃貸人に短期間での権利行使を求めるのは適当でないとして、これを廃止した上で、賃貸人が目的物の返還を受けた時を消滅時効の起算点（客観的起算点）としたり、目的物の返還から一定期間を経過するまでは消滅時効が完成しないものとしたりする特則を設ける等の考え方がある。また、このような考え方を採った上で、賃借人保護の観点から、賃貸人に対して、返還後に目的物の損傷を知った場合には、一定期間内にその旨を賃借人に通知すべきことを義務付けるという考え方がある（ただし、賃貸人が事業者である場合には、目的物の損傷を知り、又は知ることができた時から起算するとの考え方がある（後記第62、3⑵⑤参照)。)。これらの考え方の当否について、更に検討してはどうか。
【部会資料16－2　第2、4⑶ア［68頁］】

〔意見〕
1　賃借人の用法違反による賃貸人の損害賠償請求権に関する期間制限につき廃止した上で、賃貸人が目的物の返還を受けた時を消滅時効の起算点（客観的起算点）としたり、目的物の返還から一定期間を経過するまでは消滅時効が完成しないものとする等の特則を置くべきであるという考え方に対し、賛成である（ただし、賃貸人が事業者である場合に、目的物の損傷を知ることができた時から制限期間を起算するとの考え方については、強く反対する。）。
2　賃借人保護の観点から、賃貸人に対して、返還後に目的物の損傷を知った場合には、一定期間内にその旨を賃借人に通知すべきことを義務付けるという考え方に対し、賛成である。

〔理由〕
1　用法違反による損害賠償請求権については、賃貸借契約期間中に発生した場合、賃貸目的物の返還後でなければ賃貸人が覚知することができず、その

間に時効期間ないし除斥期間が経過した結果、賃貸人が返還を受けた後に損害賠償請求権を行使することができないこととなる。

そのため、賃貸人が目的物の返還を受けた時を消滅時効の起算点（客観的起算点）としたり、目的物の返還から一定期間を経過するまでは消滅時効が完成しないものとする等の特則を置くべきであるという考え方に対しては賛成である。

なお、事業者に関する特則は民法に規定するべきではない。また、賃貸人が事業者である場合に、目的物の損傷を知ることができた時から制限期間を起算するとの考え方について、損傷を「知ることができた時」とは、実際には「目的物の返還を受けた時」とされる危険性があり、事業者である賃貸人は引渡時から速やかに損傷等を発見して通知すべきこととなり、とりわけ損傷等の発見能力に劣る個人事業者あるいは零細事業者に不利益であって、同種大手事業者との相対において「格差拡大の危険性」がある。

2 これに対し、この特則により、賃借人が、目的物の返還後に損害賠償請求を受ける可能性がある。そのため、賃貸人に損害賠償請求が認められることとの均衡から、賃貸人にも、賃借人に対し、一定期間内に通知義務を負うことを認める考え方に賛成する。

実際上、賃貸人は、目的物の返還を受けた後、目的物の損傷を調べて敷金との清算をしているのが一般的であり、その際には賃借人に対して精算表などを交付するのが一般的であるから、上記のような考え方は現行実務に概ね適合するものと考える。

また、目的物返還後、別の賃借人に賃貸するなどして元の賃借人以外の者が一定期間利用し、その後損傷が発見されたとしても、それがだれに起因する損傷であるのか分からなくなるのが通常であるから、通知は紛争の防止に実益がある。

通知義務違反の要件及び効果については、更に検討すべきである。

> イ 賃借人の費用償還請求権についての期間制限
> 賃借人が支出した費用の償還請求権に関する期間制限（民法第621条、第600条）に関しては、民法上のほかの費用償還請求権の規定（同法第196条、第650条など）において期間制限が設けられていないこととの平仄などの観点から、これを廃止して債権の消滅時効一般に委ねるという考え方

の当否について、更に検討してはどうか。

【部会資料16－2 第2、4⑶イ［71頁］】

〔意　見〕
賛成である。
〔理　由〕
賃貸借における費用償還請求権についてのみ短期の期間制限を維持すべき必要性・合理性はない。

8　賃貸借に関する規定の配列

賃貸借に関する規定を分かりやすく配列する観点から、例えば、① 不動産・動産に共通する規定、② 不動産に固有の規定、③ 動産に固有の規定という順に区分して配置するという考え方の当否について、検討してはどうか。

【部会資料16－2 第2、1［34頁］】

〔意　見〕
具体的にどうなるのか不明であるから、反対である。
〔理　由〕
実際に区分をして配置した場合、会社法のように重複を厭わないような形になるならば避けるべきであるし、他の部分にどのような影響があるか不明である。

第46　使用貸借

1　使用貸借契約の成立要件

使用貸借が要物契約とされていること（民法第593条）に対しては、ほかの取引関係等を背景とする合理的な使用貸借もあり、一律に合意の拘束力を認めないのは適当でないとの指摘がある。これを踏まえ、使用貸借を諾成契約とした上で、両当事者は書面による合意をもって排除しない限り目的物の引渡しまでは契約を解除することができるものとするなど、契約の成立要件の緩和を図る方策を設ける方向で、更に検討してはどうか。

【部会資料16－2 第3、2［72頁］】

Ⅱ　全体版

〔意　見〕

使用貸借については要物契約を維持する方向で検討すべきである。

〔理　由〕

使用貸借については諾成契約に改める実務上の必要性が乏しく、わざわざ諾成契約に改めた上で、これによる弊害を防止するための制度を設けるのは却って複雑になり分かりにくい。

2　使用貸借の対抗力

　土地を使用貸借して建物を建てる際に、建築資金の担保としてその建物を活用する必要性があること等を踏まえ、使用貸借についても登記その他の方法により対抗力を備えることができる旨の規定を新たに設けることの当否について、所有者には利用権も賃料収入もないため差押えが機能しない財産が生ずることへの懸念に留意しつつ、検討してはどうか。

〔意　見〕

使用貸借の対抗力を否定する現行法の考え方を維持する方向で検討すべきである。

〔理　由〕

使用貸借に対抗力を認められる方策を設けること、あるいは一定の使用貸借について対抗力を認めるべきであるとの見解が主張されているが、これを認めると、土地の所有者は使用する権利及び対価を得る権利もない状態となって土地の価値がほとんどなくなり、債権者が土地を差し押さえても無駄となる事態が生じるので、失当である。

3　使用貸借の効力（貸主の担保責任）

　使用貸借の貸主の担保責任に関しては、贈与者の担保責任の規定（民法第551条）の見直しとも関連するが、現在と同様に贈与者の担保責任の規定と同様の規律をすべきである（同法第596条参照）との考え方がある一方で、贈与と異なり契約の趣旨等から積極的に基礎付けられる場合に限って貸主の担保責任が認められることを条文上明記すべきであるとの考え方も示されている。

　これらの考え方の当否について、更に検討してはどうか。

第46 使用貸借

　また、負担付使用貸借の貸主の担保責任（民法第596条、第551条第2項）についても、現在と同様に負担付贈与の贈与者の担保責任と同様の規律をすべきであるとの考え方がある一方で、負担付使用貸借は、負担の範囲内で賃貸借と同じ関係にあると考え、負担の限度で賃貸人と同じ義務を負うこととすべきであるとの考え方も提示されている。これを踏まえ、これらの考え方の当否についても、更に検討してはどうか。
　　　【部会資料16－2 第3、3［74頁］、同（関連論点）［75頁］】

〔意　見〕
1　使用貸借の貸主の担保責任については、基本的には契約責任と考えることを前提に、使用貸借の無償性から瑕疵担保責任については現行法の規定する限度での責任（知りながら告げなかった瑕疵についてのみ責任を負う）を貸主に負わせる方向で検討すべきである（契約責任の特則）。
2　負担付き使用貸借の貸主の担保責任については、負担付き贈与契約の贈与者の責任と同様とする方向で検討すべきである。

〔理　由〕
1　使用貸借は無償で財産を使用収益させるものであるから、貸主の担保責任についても特別の考慮が必要である。
　とりわけ、瑕疵担保責任については、貸主の知・不知を問わず、「借主が瑕疵のない物の履行請求（代物請求、修補請求等による追完請求）ができる」とするのは貸主にあまりに厳しい責任を課すことになり、使用貸借が実際には利用されなくなる危険があり妥当ではない。
　それ故、契約責任としつつも使用貸借の無償性から貸主の責任を上記の限度にとどめるべきである。理論的根拠としては、現行民法の規定の下で契約責任説が通説的見解となっていること、及び「売買の瑕疵担保責任について契約責任と解する立場は現行民法の起草過程を根拠としている」旨の指摘がある（第16回議事録26頁　道垣内幹事）ことが挙げられる。
　なお、「贈与においては種類物を目的とする場合が少なくないのに対し、使用貸借においては自己の所有物を無償でそのまま貸すことが想定されるので、合意または契約の趣旨から特に貸主が担保責任を負うことが積極的に基礎づけられる場合に限って、そのような責任を認めるべきである」旨の提案がある。これについては、趣旨はもっともであるが、結局は贈与と同様に限

Ⅱ　全体版

定された責任を負わせることになり、贈与と同じ扱いとするのが分かりやすいので、あえて使用貸借についてのみ別異の規定を設ける必要はないと思料する。
2　負担付き贈与の贈与者の担保責任については、負担の限度において売主と同様の責任を負うこと、すなわち「受贈者が受け取った物等の価値が受贈者の負担の価値を下回った場合に、その差額分の履行拒絶あるいは返還請求が認められる」とするのが妥当であるが、負担付き使用貸借についても同様に上記の考え方に立つのが妥当である。

4　使用貸借の終了
　⑴　使用貸借の終了事由
　借用物の返還時期について定める民法第597条については、専ら分かりやすく規定を整理する観点から、使用貸借の存続期間を定める規定と貸主の解除権を定める規定とに条文表現を改める方向で、更に検討してはどうか。
　また、無償契約である使用貸借の終了事由として、貸主に予期できなかった目的物を必要とする事由が生じた場合や、貸主と借主との間の信頼関係が失われた場合における貸主の解除権の規定を新たに設けるかどうかについて、更に検討してはどうか。

【部会資料16－2　第3、4⑴［76頁］】

〔意　見〕
1　現行民法の「借用物の返還の時期」の規定（第597条）のうち、同条1項と同条2項本文を「使用貸借の存続期間」の規定に移し、同条2項但書きと同条3項を「貸主の解除権」の規定に移して整理する方向で検討すべきである。
2　新たな終了事由として「貸主にとっての目的物の必要性を理由とする解除権」の規定を設けることに賛成するが、要件を厳格かつ明確にする方向で検討すべきである。
3　新たな終了事由として「当事者間の信頼関係破壊を理由とする解除権」の規定を設ける方向で検討すべきである（但し、贈与における「背信行為等を理由とする解除」との整合性に注意する必要がある）。

第 47 役務提供型の典型契約（雇用、請負、委任、寄託）総論

〔理　由〕
1　現行民法597条1項と2項が使用貸借の終了に関する規定であるのに対し、同条2項但書と同条3項は貸主の解除権に関する規定であって性質を異にするので、別々に規定することが分かりやすい。
2　既に、贈与において「贈与者の経済状況の悪化を理由に贈与の撤回・解除を認めるべきである」という考え方に賛成しており、使用貸借についても同様である。
3　既に、贈与において「背信行為等を理由とする解除」について賛成している。

---

(2)　損害賠償請求権・費用償還請求権についての期間の制限

借主の用法違反による貸主の損害賠償請求権や借主が支出した費用の償還請求権に関する期間制限の規定（民法第600条）の見直しについて、現在はこの規定を準用している賃貸借における見直し（前記第45、7(3)）との関連に留意しつつ、更に検討してはどうか。

【部会資料16－2 第3、4(2)［77頁］】

〔意　見〕
賃貸借と同様である。

第47　役務提供型の典型契約（雇用、請負、委任、寄託）総論

　一方の当事者が他方の当事者に対して役務を提供することを内容とする典型契約には、民法上、雇用、請負、委任及び寄託があるとされている。しかし、今日の社会においては新しい役務・サービスの給付を目的とするものが現れており、役務提供型に属する既存の典型契約の規定によってはこれらの契約に十分に対応できないのではないかとの問題も提起されている。このような問題に対応するため、役務提供型に属する新たな典型契約を設ける考え方や、役務提供型の契約に適用される総則的な規定を設ける考え方が示されている（後記**第50**参照）ほか、このような考え方を採用する場合には、これに伴って既存の各典型契約に関する規定の適用範囲の見直しが必要になることもあり得る（後記第48、1、第49、5参照）。
　役務提供型の典型契約全体に関して、事業者が消費者に対してサービス

Ⅱ 全体版

を提供する契約や、個人が自ら有償で役務を提供する契約など、当事者の属性等によっては当事者間の交渉力等が対等ではない場合があり、交渉力等において劣る方の当事者の利益を害することのないように配慮する必要があるとの問題意識や、いずれの典型契約に該当するかが不明瞭な契約があり、各典型契約の意義を分かりやすく明確にすべきであるとの問題意識が示されている。これらの問題意識なども踏まえ、各典型契約に関する後記第48以下の論点との関連にも留意しつつ、新たな典型契約の要否、役務提供型の規定の編成の在り方など、役務提供型の典型契約の全体的な在り方について、更に検討してはどうか。

【部会資料17－2 第1［1頁］】

〔意 見〕
現状では、新たな典型契約としての役務提供型の契約規定や役務提供型の契約に適用される総則的な規定を設けることには反対する。
〔理 由〕
後述（「準委任」（342頁）及び「準委任に代わる役務提供契約の受皿規定」（344頁））のとおり、準委任と役務提供行為との区別について、適切な基準を見出しがたいので、現状では、典型契約としての役務提供契約規定を設けることは妥当ではない（第17回議事録42頁　岡委員）。
また、役務提供型契約に適用される総則規定を設けることについても、これにふさわしい総則規定を見出すことも困難であり、やはり現状では妥当ではない（第17回議事録42頁　岡委員）。

第48 請 負
1 請負の意義（民法第632条）
　請負には、請負人が完成した目的物を注文者に引き渡すことを要する類型と引渡しを要しない類型など、様々なものが含まれており、それぞれの類型に妥当すべき規律の内容は一様ではないとの指摘がある。そこで、現在は請負の規律が適用されている様々な類型について、どのような規律が妥当すべきかを見直すとともに、これらの類型を請負という規律にまとめるのが適切かどうかについて、更に検討してはどうか。例えば、請負に関する規定には、引渡しを要するものと要しないものとを区別するもの（民

第 48 請　負

法第 633 条、第 637 条）があることなどに着目して、請負の規律の適用対象を、仕事の成果が有体物である類型や仕事の成果が無体物であっても成果の引渡しが観念できる類型に限定すべきであるという考え方がある。このような考え方に対しては、同様の仕事を内容とするにもかかわらず引渡しの有無によって契約類型を異にするのは不均衡であるとの指摘があることも踏まえ、「引渡し」の意義に留意しつつ、その当否について、更に検討してはどうか。

【部会資料 17－2 第 2、2［7 頁］】

〔意　見〕
1　いわゆる「偽装請負」、すなわち、実質的には役務提供型の契約については、請負の範囲から外すような類型化が必要である。
2　しかし、引渡しの要否に着目して、現行法以上に規律を区別する必要はないと考える。

〔理　由〕
1　類型毎の規律の内容について
　現在、請負と呼ばれながら、実質的には役務提供契約となっているいわゆる「偽装請負」が社会問題となっている。従って、この点については明確に請負から外し、別の契約類型にした上で、当該契約類型において役務提供者を保護する規律を充実させるべきである。
　請負と分類された場合の規律については、以下提示される各論点において述べる。
2　請負というラベルの範囲について
　引渡しの要否で規律を区別し、引渡しが不要なものについては請負という契約類型から外そうという提案は、妥当でない。
　請負の本質は、仕事の完成であり、引渡しが不要なものを請負から外すと、現在請負と考えられている類型の多くが請負契約から外れることになり、実務に多大な影響があると考えられる。この点については、引渡概念の構成次第で対応可能との指摘もあるが、そうすると、引渡概念の希釈化が不可避であるので、引渡しをメルクマールとすること自体を放棄するに近い。
　請負というラベルは現行法の範囲で維持しつつ、請負と分類された場合の規律を改善していくというアプローチが妥当であると考える。

2 注文者の義務

　民法は、報酬支払義務のほかには注文者の義務について規定していないが、注文者は請負人が仕事を完成するために必要な協力義務を負う旨の規定を新たに設けるべきであるとの考え方も示されていることから、このような考え方の当否について、更に検討してはどうか。

　また、請負人が仕事を完成したときには注文者は目的物を受領する義務を負う旨の規定を新たに設けるべきであるとの考え方も示されているが、「受領」の意味について、契約内容に適合したことを確認した上で履行として認容するという要素を含むとする理解や、契約の目的物・客体と認めるという要素を含むとする理解のほか、そのような意思的要素を含まず、単に占有の移転を受けることを意味するという理解などがあり得る。そこで、注文者の受領義務を規定することの当否について、「受領」の意味にも留意しつつ、更に検討してはどうか。

【部会資料17－2 第2、3［9頁］】

〔意　見〕
協力義務・受領義務いずれも明文化は不要である。

〔理　由〕
　注文者に、協力ないし受領といった義務が生じうるケースがありうることはその通りであるが、個別の事情によるところが大きく、一律に義務があるとなると、強制等の不都合が生じる恐れがある。要件で絞りをかけることも考えられるが、困難であると思われる。

　また、「協力」や、「受領」の内実についても、不明な点が多い。

　特に、「受領」について意思的要素を加味すると、次の論点である報酬請求権の発生との関係が不明確になる。

　従って、明文化には反対する。

（第16回議事録42頁・山本（敬）幹事、43頁・岡委員、44頁・岡田委員、46頁・村上委員、48頁・奈須野関係官）

第 48 請 負

3 報酬に関する規律
(1) 報酬の支払時期（民法第633条）
　民法第633条は、請負における報酬の支払時期について、仕事の目的物の引渡しと同時（引渡しを要しないときは、仕事完成後）と規定しているところ、この規律を改め、請負報酬の支払と、成果が契約に適合することを注文者が確認し、履行として認容することとを同時履行とすべきであるとの考え方が提示されている。これに対しては、請負人の保護に欠けることがないか、履行として認容することとの引換給付判決の強制執行をどのように行うかなどの指摘もある。そこで、これらの指摘を踏まえ、請負に関する取引の実態や取引実務に与える影響に留意しつつ、請負報酬の支払と注文者が履行として認容することとを同時履行とするという考え方の当否について、更に検討してはどうか。
　このような考え方を採用する場合には、履行として認容する行為をどのような文言で表現するかについて、例えば「受領」と表現することが適切かどうかを含めて、併せて検討してはどうか。
【部会資料17－2 第2、4(1)［10頁］】

〔意　見〕
　請負報酬の支払と注文者が履行として認容することとを同時履行とするという考え方に反対である。
〔理　由〕
　注文者が契約適合性を確認し、履行として認容することを報酬請求権の発生原因とすると、請負人に酷である。仮に、事実行為としての受取に限定するとしても、引換給付判決の強制執行の時に困難が生じる。
　従って、このような考え方には反対する。
（第16回議事録43頁・岡委員、45頁・深山幹事、46頁・新谷委員、47頁・中田委員、49頁・内田委員、50頁・神作幹事、50頁・潮見幹事、52頁・高須幹事、53頁・岡委員、53頁・中井委員）

(2) 仕事の完成が不可能になった場合の報酬請求権
　仕事の完成が中途で不可能になった場合には、請負人は仕事を完成して

Ⅱ 全 体 版

いない以上報酬を請求することができないのが原則であるが、注文者の責めに帰すべき事由によって仕事の完成が不可能になったときは、民法第536条第2項の規定に基づき、請負人は報酬を請求することができるとされている。

　もっとも、請負人が例外的に報酬を請求することができる場合を同項によって規律することについては、仕事が完成していない段階では具体的な報酬請求権が発生していないから、危険負担の問題として構成する前提を欠くという批判や、「責めに帰すべき事由」という文言が多義的で内容が不明確であるとの批判があるほか、請求できる報酬の範囲も明確ではない。

　そこで、仕事の完成が中途で不可能になった場合であっても請負人が報酬を請求することができるのはどのような場合か、どのような範囲で報酬を請求することができるかについて、現行法の下で請負人が得られる報酬請求権の内容を後退させるべきではないとの指摘があることにも留意しながら、更に検討してはどうか。

　その場合の具体的な規定内容として、例えば、①仕事の完成が不可能になった原因が注文者に生じた事由であるときは既に履行した役務提供の割合に応じた報酬を、②その原因が注文者の義務違反であるときは約定の報酬から債務を免れることによって得た利益を控除した額を、それぞれ請求することができるとの考え方がある。このような考え方の当否について、「注文者に生じた事由」や「注文者の義務違反」の具体的な内容、請負人の利益を害するおそれの有無、注文者が債務不履行を理由に解除した場合の効果との均衡などに留意しつつ、更に検討してはどうか。

　また、判例は、仕事の完成が不可能になった場合であっても、既に行われた仕事の成果が可分であり、かつ、注文者が既履行部分の給付を受けることに利益を有するときは、特段の事情のない限り、既履行部分について請負契約を解除することはできず、請負人は既履行部分について報酬を請求することができるとしていることから、このような判例法理を条文上も明記するかどうかについて、更に検討してはどうか。

【部会資料17－2 第2、4(2)［11頁］】

〔意　見〕
意見書Ⅰと同じである。

> (3) 仕事の完成が不可能になった場合の費用償還請求権
>   仕事の完成が中途で不可能になった場合に、請負人が仕事完成義務を履行するためそれまでに支出した費用の償還を請求することができるかどうかについて、更に検討してはどうか。その場合の規定内容として、例えば、注文者に生じた事由によって仕事完成義務が履行不能になった場合には既に履行した役務提供の割合に応じた報酬を請求することができるという考え方（前記(2)①）を前提に、このような場合には報酬に含まれていない費用の償還を請求することができるとの考え方（前記(2)②の場合には、②の適用により請求できる範囲に費用が含まれていることになると考えられる。）の当否について、更に検討してはどうか。
>   【部会資料17－2　第2、4(2)（関連論点）［14頁］】

〔意　見〕

注文者に生じた事由によって仕事完成義務が履行不能になった場合には既に履行した役務提供の割合に応じた報酬を請求することができるという考え方（前記(2)①）を前提に、このような場合には報酬に含まれていない費用の償還を請求することができるとの考え方に反対する。

〔理　由〕

請負において支払われる金員について、費用と報酬を区別するのは困難であり、費用が報酬に含まれているかどうかによって扱いを分けることは妥当ではない。現行法通り、民法536条1項又は2項で対応するべきである。

> 4　完成した建物の所有権の帰属
>   建物建築の請負人が建物を完成させた場合に、その所有権が注文者と請負人のいずれに帰属するかについて、判例は、特約のない限り、材料の全部又は主要部分を供給した者に原始的に帰属するとしているが、学説上は、当事者の通常の意思などを理由に原則として注文者に原始的に帰属するとの見解が多数説であるとされる。そこで、完成した建物に関する権利関係を明確にするため、建物建築を目的とする請負における建物所有権の帰属に関する規定を新たに設けるかどうかについて、実務への影響や不動産工事の先取特権との関係にも留意しつつ、検討してはどうか。

Ⅱ 全体版

〔意 見〕
現時点においては、特段の立法は不要である
〔理 由〕
実務への影響が大きく、現時点で改正を行う必要性もない。
(第16回議事録29頁・松岡委員、29頁・岡委員、40、41頁・山野目幹事)

5 瑕疵担保責任
(1) 瑕疵修補請求権の限界（民法第634条第1項）
民法第634条第1項ただし書によれば、瑕疵が重要である場合には、修補に過分の費用を要するときであっても、注文者は請負人に対して瑕疵の修補を請求することができるが、これに対しては、報酬に見合った負担を著しく超え、契約上予定されていない過大な負担を請負人に負わせることになるとの批判がある。このような批判を踏まえて、瑕疵が重要であるかどうかにかかわらず、修補に要する費用が契約の趣旨に照らして過分である場合には、注文者は請負人に対して瑕疵の修補を請求することができないこととするかどうかについて、瑕疵があれば補修を請求できるという原則に対する例外の拡大には慎重であるべきであるとの指摘があることも踏まえ、検討してはどうか。

〔意 見〕
瑕疵が重要であるかどうかにかかわらず、修補に要する費用が契約の趣旨に照らして過分である場合には、注文者は請負人に対して瑕疵の修補を請求することができないこととする考え方には反対である。現行法のままでよい。
〔理 由〕
瑕疵があった場合は修補する義務があるのが原則である。負担が大きいという理由だけで緩和するのは妥当ではない。
(第16回議事録57頁・山本(敬)幹事、58頁・深山幹事)

(2) 瑕疵を理由とする催告解除
民法第635条本文は、瑕疵があるために契約目的を達成できないときは注文者は請負契約を解除することができると規定しているところ、契約目的を達成することができないとまでは言えないが、請負人が修補に応じな

第 48 請 負

い場合に、注文者が同法第 541 条に基づく解除をすることができるかについては、見解が分かれている。そこで、法律関係を明確にするため、注文者が瑕疵修補の請求をしたが相当期間内にその履行がない場合には、請負契約を解除することができる旨の規定を新たに設けるべきであるとの考え方がある。

　このような考え方の当否について、解除に関する一般的な規定の内容（前記第 5、1）にも留意しながら、更に検討してはどうか。

【部会資料 17 － 2 第 2、5(2)［16 頁］】

〔意　見〕
541 条の原則はあるが、請負人に酷な場合がある点に留意し、今後慎重に検討されるべきである。
〔理　由〕
このような場合には他の者に修補させればよく、解除を認めるのは請負人に酷である。
（第 16 回議事録 57 頁・高須幹事）

(3) **土地の工作物を目的とする請負の解除**（民法第 635 条ただし書）
　民法第 635 条ただし書は、土地の工作物を目的とする請負は、瑕疵のために契約をした目的を達成することができない場合であっても解除することができないと規定しているが、これは、土地工作物を収去することは請負人にとって過大な負担となり、また、収去することによる社会的・経済的な損失も大きいからであるとされている。しかし、建築請負契約の目的物である建物に重大な瑕疵があるために当該建物を建て替えざるを得ない事案で建物の建替費用相当額の損害賠償を認めた最高裁判例が現れており、この判例の趣旨からすれば注文者による契約の解除を認めてもよいことになるはずであるとの評価もある。これを踏まえ、土地の工作物を目的とする請負の解除の制限を見直し、例えば、土地の工作物を目的とする請負についての解除を制限する規定を削除し、請負に関する一般原則に委ねるという考え方や、建替えを必要とする場合に限って解除することができる旨を明文化する考え方が示されている。これらの考え方の当否について、更に検討してはどうか。

Ⅱ　全体版

【部会資料 17 - 2　第 2、5(2)［16 頁］】

〔意　見〕
民法 635 条但し書きは削除すべきである。
〔理　由〕
　近時、土地工作物について建て替えを認めた最高裁判決も存在し、取り払わないことによる損害が大きい場合もあり得る。従って、解除制限を緩和することに合理性はあると考えられる。
（第 16 回議事録 57 頁・高須幹事）

(4)　報酬減額請求権の要否
　請負の目的物に瑕疵があった場合における注文者の救済手段として報酬減額請求権が認められるかどうかは、明文の規定がなく不明確であるが、報酬減額請求権は、損害賠償など他の救済手段の存否にかかわらず認められる点で固有の意義があるなどとして、報酬減額請求権に関する規定を新たに設けるべきであるとの考え方がある。これに対しては、請負においては損害賠償責任について請負人に免責事由が認められるのはまれであることなどから、減額請求権を規定する必要はないとの指摘もある。このような指摘も考慮しながら、報酬減額請求権の要否について、更に検討してはどうか。

【部会資料 17 - 2　第 2、5(3)［17 頁］】

〔意　見〕
報酬減額請求権に関する規定を新たに設ける必要はない。
〔理　由〕
　現行法でも損害賠償の内容とされており、目的物に瑕疵があった場合に免責が認められることはあまりないと考えられるので、このような請求権を別に設けなくても特に不都合はない。
（第 16 回議事録 55 頁・奈須野関係官、56 頁・道垣内幹事）

(5)　請負人の担保責任の存続期間（民法第 637 条、第 638 条第 2 項）
　請負人の担保責任を追及するためには、土地の工作物を目的とするもの

第 48 請 負

以外の請負においては仕事の目的物の引渡し（引渡しを要しないときは完成時）から1年以内、土地の工作物を目的とする請負において工作物が瑕疵によって滅失又は損傷したときはその時から1年以内に、権利行使をしなければならず（民法第637条、第638条第2項）、具体的には、裁判外において、瑕疵担保責任を追及する意思を明確に告げる必要があるとされている。

このような規律に対しては、請負人の担保責任について消滅時効の一般原則と異なる扱いをする必要があるか、目的物の性質を問わず一律の存続期間を設けることが妥当か、存続期間内にすべき行為が過重ではないかなどの指摘がある。これらの指摘を踏まえ、起算点、期間の長さ、期間内に注文者がすべき行為の内容を見直すことの要否について、更に検討してはどうか。

その場合の具体的な考え方として、① 注文者が目的物に瑕疵があることを知った時から合理的な期間内にその旨を請負人に通知しなければならないとする考え方（ただし、民法に事業者概念を取り入れる場合に、請負人が事業者である場合の特則として、瑕疵を知り又は知ることができた時からこの期間を起算する旨の規定を設けるべきであるとの考え方がある（後記第62、3(2)④））や、② 瑕疵を知った時から1年以内という期間制限と注文者が目的物を履行として認容してから5年以内という期間制限を併存させ、この期間内にすべき行為の内容は現行法と同様とする考え方が示されているほか、③ このような期間制限を設けず、消滅時効の一般原則に委ねるという考え方もある。これらについては、例えば①に対して、「合理的な期間」の内容が不明確であり、取引の実務に悪影響を及ぼすとか、失権効を伴う通知義務を課すことは注文者にとって負担が重いとの指摘などもある。上記の各考え方の当否について、売買における売主の瑕疵担保責任の存続期間との整合性（前記第39、1(6)）、消滅時効の一般原則の内容（前記第36、1(1)(3)）などにも留意しつつ、更に検討してはどうか。
【部会資料17－2 第2、5(4)[18頁]、部会資料20－2 第1、3(2)[16頁]】

〔意　見〕
③に賛成である。
〔理　由〕

Ⅱ 全体版

①の合理的期間という規定は不明確であり、実務に大きな混乱をもたらす。また、通知義務を負わせることは、その通知自体の存在の証明自体の負担が大きい。

事業者について、瑕疵を知り又は知ることができた時から期間を起算する旨を規定するという考え方については、業種や瑕疵の発見能力（専門外の場合には、発見能力は一般人と変わりない）に関わりなく瑕疵の発見を要求するものであり、実際上、瑕疵担保責任を追及できる期間が現行民法の規定（建物の瑕疵について引渡時から5年ないし10年）より著しく短期間となってしまうので、不当である（後記第62、3(2) ④の通り）。

②の、知ってから1年という主観的期間と履行として認容してから5年を併存するという考え方は、請負の範囲の議論次第では、事実上似た類型の契約であるにもかかわらず片方は知ってから1年、片方は一般消滅時効と大きな差が出てくる可能性がある。

一般消滅時効に一元化すべきである。
（第16回議事録54頁・加納関係官、55頁・岡委員、56頁・奈須野関係官、56頁・大島委員、56頁・道垣内幹事、58頁・鹿野幹事、59頁・岡委員、60頁・鹿野幹事）

---

(6) 土地工作物に関する性質保証期間（民法第638条第1項）

民法第638条第1項は、土地工作物に関する担保責任の存続期間について規定するが、その法的性質を性質保証期間（目的物が契約で定めた性質・有用性を備えていなければならない期間）と解する立場がある。このような立場から、前記(5)の担保責任の存続期間に加え、土地工作物について性質保証期間に関する規定を設け、請負人はその期間中に明らかになった瑕疵について担保責任を負うことを規定すべきであるとの考え方が示されているが、これに対しては、土地工作物のみを対象として性質保証期間を設ける根拠が十分に説明できないなどの指摘もある。そこで、土地工作物について性質保証期間に関する規定を設けるかどうか、設ける場合に設定すべき具体的な期間、合意によって期間を伸縮することの可否等について、担保責任の存続期間との関係などにも留意しつつ、更に検討してはどうか。

【部会資料17－2 第2、5(5)［21頁］】

第 48 請 負

〔意　見〕
性質保証期間と解するべきではないか。

〔理　由〕
土地工作物については、多くの契約においてとしてこのような合意があると考えられるので、任意規定として定める意義がある。

（第16回議事録58頁・中井委員、58頁・笹井関係官、59頁・村上委員、59頁・岡委員、61頁・潮見幹事）

---

(7) 瑕疵担保責任の免責特約（民法第640条）
　請負人は、担保責任を負わない旨の特約をした場合であっても、知りながら告げなかった事実については責任を免れないとされている（民法第640条）が、知らなかったことに重過失がある事実についても責任を免れない旨の規定を設けるかどうかについて、検討してはどうか。また、これに加え、請負人の故意又は重大な義務違反によって生じた瑕疵についても責任を免れない旨の規定を設けるかどうかについて、更に検討してはどうか。

【部会資料17－2 第2、5(6)［22頁］】

〔意　見〕
意見書Ⅰと同じである。

6　注文者の任意解除権（民法第641条）
(1) 注文者の任意解除権に対する制約
　民法は、請負人が仕事を完成しない間は注文者はいつでも損害を賠償して請負契約を解除することができるとして（民法第641条）、注文者による解除権を広く認めている。これに対しては、請負人が弱い立場にある請負について注文者による解除権を広く認めることには疑問があるとの指摘がある。
　そこで、一定の類型の契約においては注文者の任意解除権を制限する規定を新たに設けるかどうかについて、検討してはどうか。

Ⅱ　全体版
〔意　見〕
任意解除権を制限する規定を設けるべきである。
〔理　由〕
雇用に近い請負が存在する実態を踏まえると、任意解除権には何らかの制約を課するべきである。
（第17回議事録7頁・岡委員）

> (2) 注文者が任意解除権を行使した場合の損害賠償の範囲（民法第641条）
> 　注文者が民法第641条の規定に基づいて請負契約を解除した場合に賠償すべき損害の範囲は具体的に規定されていないが、現在の解釈を明文化し、約定の報酬相当額から解除によって支出を免れた費用（又は自己の債務を免れたことによる利益）を控除した額を賠償しなければならないことを規定すべきであるとの考え方がある。このような考え方の当否について、注文者の義務違反によって仕事の完成が不可能になった場合の報酬請求権の額（前記3(2)）との整合性にも留意しつつ、更に検討してはどうか。
> 　　　　　　　　　　　　　　　【部会資料17－2 第2、6［23頁］】

〔意　見〕
明文の規定を設けることに賛成。
ただし、控除する金額は、広く利益も含めるべきである。
〔理　由〕
控除する額として、支出を免れた費用と自己の債務を免れたことによる利益を区別することは困難である。民法536条2項とのバランスからも、債務を免れることによって得た利益まで控除することが妥当である。
（第17回議事録7頁・岡委員）

> 7　注文者についての破産手続の開始による解除　（民法第642条）
> 　注文者が破産手続開始の決定を受けたときは、請負人又は破産管財人は契約を解除することができる（民法第642条第1項）。これについて、請負の中には仕事完成後の法律関係が売買と類似するものがあり、このような請負については、買主について破産手続が開始されても売主が売買契約を解除することができないのと同様に、仕事完成後に注文者が破産手続開始

第 48 請 負

の決定を受けても請負人が契約を解除することはできず、解除できるのは、注文者についての破産手続開始が仕事完成前であった場合に限定されることになるのではないかとの問題が提起されている。そこで、このような限定をする旨の規定を設けることの当否について、検討してはどうか。

〔意 見〕
上記提案の限定を規定することに賛成。
〔理 由〕
確かに、いわゆる有形請負について、仕事完成後の状況が売買と変わらないという指摘は正しい。このような場合において、解除可能なのは仕事完成前に限られるべきである。

（第16回議事録62頁・山本(和)幹事）

8 下 請 負
(1) 下請負に関する原則
請負人が下請負人を利用することができるかどうかについて民法上明文の規定はないが、当事者の意思又は仕事の性質に反しない限り、仕事の全部又は一部を下請負人に請け負わせることができると解されている。これを条文上明記するかどうかについて、下請負に関するこのような法律関係は契約責任の一般原則から導くことができ、明文の規定は不要であるとの考え方があることも踏まえて、更に検討してはどうか。

【部会資料17−2 第2、7(1)〔24頁〕】

〔意 見〕
基本的に賛成するが、委任契約等の自己執行義務に関する規定との整合性を考慮する必要がある。
〔理 由〕
下請負については、実務上広く行われているところであり、下請負が許される要件について明文の規定を置くことは「分かりやすい民法」に資する。
ただし、下請負の法律関係は、委任契約における再委任（ひいては自己執行義務の問題）と類似するので、その具体的規定の在り方については、自己執行義務に関する規定との整合性を考慮する必要がある。

(2) 下請負人の直接請求権

　下請負契約は元請負契約を履行するために行われるものであって契約相互の関連性が密接であることなどから、適法な下請負がされた場合には、賃貸人が転借人に対して直接賃料の支払を求めることができる（民法第613条第1項）のと同様に、下請負人の元請負人に対する報酬債権と元請負人の注文者に対する報酬債権の重なる限度で、下請負人は注文者に対して直接支払を請求することができる旨を新たに規定すべきであるとの考え方がある。これに対しては、下請負人に直接請求権を認めるのは担保権以上の優先権を認めることであり、その必要性があるのか慎重な検討を要するとの指摘、元請負人が多数の下請負人を使用した場合や複数次にわたって下請負がされた場合に適切な処理が困難になるとの指摘、元請負人が第三者に仕事を請け負わせた場合には直接請求が可能になるが、元請負人が第三者から物を購入した場合には直接請求ができないのは均衡を失するとの指摘、下請負人から報酬の支払を請求される注文者が二重弁済のリスクを負うことになるとの指摘などがある。これらの指摘も考慮しながら、下請負人が注文者に対して報酬を直接請求することができるものとする考え方の当否や、直接請求権を認める場合にどのような範囲の下請負人に認めるかについて、更に検討してはどうか。

【部会資料17－2　第2、7(2)［24頁］】

〔意　見〕
意見書Ⅰと同じである。

(3) 下請負人の請負の目的物に対する権利

　下請負人は、注文者に対し、請負の目的物に関して元請負人と異なる権利関係を主張することはできないとするのが判例である。このような判例を踏まえ、下請負人は、請負の目的物に関して、元請負人が元請負契約に基づいて注文者に対して有する権利を超える権利を注文者に主張することができないことを条文上明記するかどうかについて、下請負人を保護するためにこのような原則の例外を設ける必要がないかどうかにも留意しつつ、更に検討してはどうか。

また、これとは逆に、注文者も、元請負契約に基づいて元請負人に対して有する権利を超える権利を下請負人に対して主張することができない旨の規定を設けるかどうかについて、更に検討してはどうか。

【部会資料 17－2 第 2、7(3)［25 頁］】

〔意　見〕
慎重に検討すべきである。
〔理　由〕
　上記提案は、判例（最判平成 5 年 10 月 19 日民集 47 巻 8 号 5061 頁）の法理を一般化するものであると思われるが、一般化は慎重に検討すべきである。
　同判例は、注文者甲と元請負人乙及び下請負人丙とがある場合に、乙が倒産したときは甲丙間の法律関係はどのようなものとして理解さるべきか、との論点が中心となる事案において、元請倒産事例についての実務の取扱いが、一種の袋小路を思わせるような状態から脱却して行くことに配慮しつつなされた判断であり（可部補足意見）、その余の場合にまで安易に一般化するのは妥当ではなく、慎重に検討すべきである。
　また、判例の事案を超えて一般化した場合、その規定にどのような場面で実益があるかも不明であるし、さらに直接請求権との関係も不明である。

第 49　委　任
1　受任者の義務に関する規定
(1)　受任者の指図遵守義務
　民法は受任者の義務として善管注意義務を規定している（同法第 644 条）が、その一つの内容として、委任者の指図があるときはこれに従って委任事務を処理しなければならないものと解されていることから、このような原則を条文上明記するかどうかについて、その例外に関する規定の要否や内容などを含め、更に検討してはどうか。
　受任者の指図遵守義務の例外として、①指図を遵守しなくても債務不履行にならない場合があるか、②指図に従うことが債務不履行になる場合があるかのそれぞれについて、適切な要件を規定することができるかや、指図の射程がどこまで及ぶかなどに留意しながら、更に検討してはどうか。

Ⅱ 全体版

【部会資料17-2 第3、2(1) [29頁]】

〔意 見〕
委任者の「指図に従う義務」を明文化することに反対する。
〔理 由〕
確かに、原則として受任者は委任者の指図に従うべきではあるが、「指図に従う義務」を明記すると、専門性をないがしろにする指図が乱発されることによる混乱を惹起する危険があり、立法政策としては疑問がある。善管注意義務の明記で十分であると思料する。

(2) 受任者の忠実義務
　受任者は、委任者との利害が対立する状況で受任者自身の利益を図ってはならない義務、すなわち忠実義務を負うとされている。民法には忠実義務に関する規定はなく、善管注意義務の内容から導かれるとも言われるが、忠実義務は、適用される場面や救済方法などが善管注意義務と異なっており、固有の意味があるとして、善管注意義務とは別に、受任者が忠実義務を負うことを条文上明記すべきであるとの考え方がある。これに対しては、忠実義務の内容は委任の趣旨や内容によって異なり得ることから、忠実義務に関する規定を設けず、委任の趣旨や善管注意義務の解釈に委ねる方が柔軟でよいとの指摘、忠実義務を規定すると強い立場にある委任者が弱い立場にある受任者に対してこの規定を濫用するおそれがあるとの指摘、適切な要件効果を規定することは困難ではないかとの指摘もある。このような指摘も踏まえ、忠実義務に関する明文の規定を設けるという考え方の当否について、善管注意義務との関係、他の法令において規定されている忠実義務との関係、忠実義務を減免する特約の効力などに留意しながら、更に検討してはどうか。

【部会資料17-2 第3、2(2) [31頁]】

〔意 見〕
善管注意義務と忠実義務は別個のものではないという判例の見解を前提とする限り、忠実義務を明記することに特に反対しないが、そうではない場合は慎重に検討すべきである。

第 49 委　任

〔理　由〕
　部会では反対論もある（第17回議事録17頁ないし19頁）が、判例の見解を前提とする限り、忠実義務を明記することによる弊害は存しない。そうでない場合は、信託法や会社法の解釈に混乱を生ぜしめる等の弊害が生じるので慎重に検討すべきである。

⑶　受任者の自己執行義務
　受任者は、原則として自ら事務処理をしなければならないとされているが、その実定法上の根拠は代理に関する民法第104条であるとされている。このような原則を、委任に関する規定として、条文上明記することとしてはどうか。
　また、同条は、本人の許諾を得たときとやむを得ない事由があるときに限って復代理人の選任を認めているが、これに対しては、復委任が認められる場合を限定しすぎているとして、受任者の自己執行義務の例外をこれらの場合以外の場合にも拡大すべきであるとの考え方がある。これに対し、委任は当事者間の信認関係に基づくものであるから復委任の要件を緩和すべきでないという指摘もある。このような指摘も考慮しながら、復委任の要件を緩和することの可否について、更に検討してはどうか。緩和する場合には、例えば、受任者に自ら委任事務を処理することを期待するのが相当でないときに復委任を認めるという考え方や、有償委任においては委任の本旨が復委任を許さない場合を除いて復委任をすることができるという考え方の当否について、更に検討してはどうか。
　復受任者を使用した受任者の責任については、民法第105条第1項のように一律に復受任者の選任・監督についての責任のみを負うとするのではなく、履行補助者を使用した債務者の責任（前記第8、2）と同様に扱う方向で、更に検討してはどうか。
　さらに、復受任者が委任者に対して善管注意義務、報告義務等を負うか、復受任者が委任者に対して報酬等を直接請求することができるかなど、復委任が認められる場合の復受任者と委任者との法律関係について、更に検討してはどうか。

【部会資料17－2　第3、2⑶〔⑶⑵頁〕】

Ⅱ 全体版

〔意見〕
1 受任者の自己執行義務の原則を条文上明記することについて賛成する。
2 復委任の要件を緩和することについて賛成する。例外として、「受任者に自ら委任事務を処理することを期待するのが相当でない場合」に復委任が許容されるという考え方自体については賛成するが、その基準の明確性には疑問があり、今後慎重に検討する必要がある。有償委任においては委任の本旨が復委任を許さない場合を除いては復委任をすることができるという考え方については反対する。
3 復受任者を使用した場合の受任者の責任について、履行補助者を使用した債務者の責任と同様に扱う方向とすることについては慎重に検討すべきである。
4 復受任者の委任者に対する善管注意義務及び報告義務を規定することには賛成するが、直接請求権については強く反対する。

〔理由〕
1 受任者の自己執行義務の原則を条文上明記することは分かりやすい民法に資する。
2 上記の原則のもとでも、専門家へ依頼する場合等「受任者に委任事務処理を期待するのが相当でない場合」に復受任者を選任できるようにすべき社会的要請がある。但し、「期待するのが相当でない」という表現は不明確であるので、要件について慎重に検討すべきである。また、有償無償を問わず、委任を受けた以上自己執行義務があるとすべきであり例外についても差を設けるべきではないので、有償委任においては委任の本旨が復委任を許さない場合を除いては復委任をすることができるとするべきではない。
3 履行補助者を使用した債務者の責任規定のあり方自体に争いがあるので、これと同様に取扱うかどうかについては慎重に検討すべきである。
4 復受任者の委任者に対する善管注意義務及び報告義務の規定を設けることは特段の問題はない。直接請求権を認めるのは、下請負の場合と同様余りに過大な権利を認めるものであって、復受任者と同様に受任者との間に密接な経済的関連性が認められ得る売買代金債権者等とのバランスも欠き、無用の混乱を招くので失当である。

第49 委 任

(4) 受任者の報告義務（民法第645条）
　受任者は、委任者の請求があるとき（民法第645条）だけでなく、委任事務の処理について委任者に指図を求める必要があるときも、委任事務の処理の状況について報告する義務を負うことを条文上明記することとしてはどうか。
　長期にわたる委任においては相当期間ごとに報告義務を負うこととするかどうかについては、これに要する費用、柔軟な対応の可否等にも留意して、更に検討してはどうか。
【部会資料17－2 第3、2(4)［36頁］】

〔意 見〕
1　委任者に指図を求める必要があるときに報告義務を課すことに対しては、特に反対しない。
2　委任契約が長期に渡る場合に相当期間ごとに報告義務を課すことに対しては、反対する。

〔理 由〕
1　指図を求める場合に報告や説明をするのは当然であって、あえて規定する必要はないとも思われるが、特に弊害はない。
2　「長期」とはどれくらいか、「相当期間」はどの程度かについては、委任契約の内容や個別事情により異なってくるので、個別合意に委ねるのが妥当である。

(5) 委任者の財産についての受任者の保管義務
　受任者が委任事務を処理するために委任者の財産を保管する場合については民法上規定がないが、この場合における法律関係を明確にする観点から、有償寄託の規定を準用するとの考え方がある。このような考え方の当否について、有償寄託に関する規定の内容（後記第52参照）を検討した上で、更に検討してはどうか。
【部会資料17－2 第3、2(5)［36頁］】

〔意 見〕

Ⅱ 全体版

異論はない。
〔理　由〕
　有償委任の場合は、有償寄託の規定準用により「受任者は善管注意義務をもって委任者の財産を保管する義務を負う」ことが明確になる。

⑹　受任者の金銭の消費についての責任（民法第647条）
　民法第647条は、受任者が委任者に引き渡すべき金額又はその利益のために用いるべき金額を自己のために消費したときは、消費した日以後の利息を支払わなければならず、これを超える損害がある場合はその賠償責任を負うと規定しているが、これは、利息超過損害についての同法第419条を削除することとする場合（前記第3、6⑵参照）には一般的な損害賠償の規律によっても導くことができるとして、同法第647条を削除するという考え方がある。この考え方の当否について、一般的な損害賠償の規律によって消費した日以後の利息を請求することの可否にも留意しつつ、更に検討してはどうか。

【部会資料17－2　第3、2⑹〔37頁〕】

〔意　見〕
　民法647条を削除するべきではない。
〔理　由〕
　一般原則に委ねるべきであるとの意見あるが、同条を維持することにより、委任者が受任者に対し損害賠償を請求するに当たって、請求した日ではなく「消費した日」以降の利息（遅延損害金）の支払いを求めることができるというメリットがある。

2　委任者の義務に関する規定
　⑴　受任者が債務を負担したときの解放義務（民法第650条第2項）
　受任者が委任事務の処理に必要と認められる債務を負担した場合には、受任者は委任者に対して代弁済を請求することができる（民法第650条第2項）が、より一般的に弁済資金の支払を請求することができる旨を定めるべきであるとの考え方がある。このような考え方の当否について、受任者の他の債権者による弁済資金請求権の差押えが可能となることへの評価

第 49 委 任

や、費用前払請求権との関係などに留意しながら、更に検討してはどうか。

【部会資料17-2 第3、3(1)［38頁］】

〔意　見〕

現行民法650条2項を維持すべきである。

〔理　由〕

現行民法650条2項は上記の解放義務規定の一形態に過ぎないとの見解も有力であるところ、その見解によると受任者が債務を負担した場合に委任者が反対債権で相殺できることになるが、かかる帰結は受任者に事務処理費用を自己の費用で支払わせることを強いるものであり妥当でない

(2) 受任者が受けた損害の賠償義務（民法第650条第3項）

受任者が委任事務を処理するため過失なく損害を受けたときは、委任者はその損害を賠償しなければならないとされている（民法第650条第3項）が、同項は有償委任には適用されないとの学説もある。そこで、この点を明確にするため、有償委任に同項が適用されるか、適用されるとしても損害賠償責任の有無や額において有償性が考慮されるかを条文上明記すべきであるとの考え方の当否について、更に検討してはどうか。後者の問題については、受任者が委任事務を処理するについて損害を被る危険の有無及び程度を考慮して報酬の額が定められている場合には、委任者の損害賠償責任の有無及び額はこれを考慮して定めるという考え方があるが、このような考え方の当否について、有償委任の場合であっても損害を被る危険の評価がされていない場合もあるという指摘があることにも留意しながら、更に検討してはどうか。

【部会資料17-2 第3、3(2)［39頁］】

〔意　見〕

無償委任については、現行民法第650条第3項の趣旨を維持し（但し「賠償」を「補償」と改めるべきである）、有償委任については慎重に検討すべきである。

〔理　由〕

無償委任についての現行民法第650条第3項の規律は公平で妥当である。

449

Ⅱ 全体版

有償委任においては受任者が予め、過失無くして自己が被るであろう損失を覚悟して対価を決定すると考える肯定論もあるが、かならずしもそうとは言えないと考える否定論もあり、慎重に検討すべきである（第17回議事録24頁・高須幹事）。

> (3) 受任者が受けた損害の賠償義務についての消費者契約の特則（民法第650条第3項）
> 委任者は、受任者が委任事務を処理するに当たって過失なく被った損害について無過失責任を負うとされている（民法第650条第3項）が、消費者及び事業者概念を民法に取り入れる場合には、受任者が事業者であり委任者が消費者である場合の特則として、委任者が無過失を立証すれば免責されるとの特則を設けるべきであるとの考え方がある（後記第62、2⑨）。このような考え方の当否について、受寄者が事業者であり寄託者が消費者である場合の寄託者の損害賠償責任の在り方（後記第52、5(1)）との整合性にも留意しながら、検討してはどうか。

〔意 見〕
民法に、消費者契約の特則を規定することについては賛成できない。

〔理 由〕
民法は私法の一般法であって、消費者契約に関する特則を規定するのは妥当でない。また、民法に規定した場合は適宜・迅速な改正が困難となって、かえって消費者保護にそぐわないと思料する。上記提案の趣旨には賛成するが、消費者契約法その他の特別法に規定するのが妥当である。

> 3 報酬に関する規律
> (1) 無償性の原則の見直し（民法第648条第1項）
> 受任者は特約がなければ報酬を請求することができないと規定されている（民法第648条第1項）ため、委任は原則として無償であると解されているが、このような原則は必ずしも現実の取引に適合するとは言えないことから、有償又は無償のいずれかが原則であるとする立場を採らず、条文上も中立的な表現を用いる方向で、更に検討してはどうか。
> また、受任者が事業者であり、経済事業（反復継続する事業であって収支

第 49 委　任

が相償うことを目的として行われるもの）の範囲内において委任契約を締結したときは、有償性が推定されるという規定を設けるべきであるとの考え方（後記第 62、3(3)③）の当否について、更に検討してはどうか。

【部会資料 17 － 2 第 3、1（関連論点）2 ［29 頁］、
部会資料 20 － 2 第 1、3(3)［20 頁］】

〔意　見〕
1　現行民法 648 条 1 項を維持し、無償を原則とすべきである。
2　受任者が事業者の場合等の特則については、民法に規定することは強く反対する。

〔理　由〕
1　現代においては有償委任が圧倒的に多いことは否定しないが、有償委任とするためには、その旨の特約を設けるべきことを明記することにより、委任者に不測の損害を与えることを防止できる。
　　また、無償性の原則を外すと、有償・無償いずれとも定めなかった場合に、どのような委任と捉えるべきかが難しくなる（民法（債権法）改正検討委員会編「債権法改正の基本方針」357 頁は、役務提供契約において有償・無償のいずれとも定めなかった場合は、法的拘束力のない契約と解すべきであるとしているが、あえて「法的拘束力のない契約」とする必要はなく、その場合は無償の役務提供契約とすべきであって、委任の場合も同様である。そのことからも無償性の原則を維持する必要がある）。
2　次に、事業者に関する特則を私法の一般法である民法に規定するのは妥当でない。民法に規定した場合は、適時・迅速な改正が困難となるおそれがあり、事業者の利益にそぐわないと思料する。また、「経済事業」という概念は国民には全く馴染みがなく、かつ「収支が相償う」という意味が不明確であるばかりか、何故そのような要件になるかの説得的な根拠が見あたらず、「国民に分かりにくい」と思料する。
　　従って、このような概念を設けること、及びこれを前提とする規定を設けることには強く反対する。

(2)　報酬の支払方式
　　委任における報酬の支払方式には、委任事務の処理によってもたらされ

451

る成果に対して報酬を支払うことが合意されるもの（成果完成型）と、役務提供そのものに対して報酬が支払われるもの（履行割合型）があることを条文上明記し、報酬請求権の発生要件や支払時期などをそれぞれの方式に応じて規律するかどうかについて、更に検討してはどうか。

【部会資料17－2 第3、4(1)［40頁］】

〔意　見〕
成果完成型と履行割合型に分けて報酬の規定を整備することについて、慎重に検討すべきである。
〔理　由〕
成果完成型か履行割合型かが不明な委任もあり、引き続き慎重に検討すべきである。

(3) 報酬の支払時期（民法第648条第2項）
委任の報酬は後払が原則であるという規律（民法第648条第2項）を維持した上で、委任の報酬の支払方式を成果完成型と履行割合型に分類して規律する立場から、その支払時期は成果完成型においては成果完成後、履行割合型においては委任事務を履行した後（期間によって報酬を定めたときは期間経過後）であることを条文上明記する考え方がある。このような考え方の当否について、更に検討してはどうか。

【部会資料17－2 第3、4(2)［41頁］】

〔意　見〕
慎重に検討すべきである。
〔理　由〕
上記(2)と同様の問題がある。

(4) 委任事務の処理が不可能になった場合の報酬請求権
委任が受任者の帰責事由なく中途で終了したときは、受任者は既にした履行の割合に応じた報酬を請求することができるとされている（民法第648条第3項）が、帰責性の所在やその程度は様々であり、それぞれの事案における報酬請求権の有無や範囲は必ずしも明確ではない。

第 49 委 任

　そこで、有償委任に基づく事務の処理が中途で終了しその後の事務処理が不可能になった場合であっても受任者が報酬を請求することができるのはどのような場合か、どの範囲で報酬を請求することができるかについて、現行法の下で受任者が得られる報酬請求権の内容を後退させるべきではないとの指摘があることにも留意しながら、更に検討してはどうか。
　その場合の具体的な規定内容として、例えば、①受任者が事務を処理することができなくなった原因が委任者に生じた事由であるときは既に履行した事務処理の割合に応じた報酬を請求することができ、②その原因が委任者の義務違反であるときは約定の報酬から債務を免れることによって得た利益を控除した額（ただし、委任者が任意解除権を行使することができる場合は、その場合に受任者が請求することができる損害賠償の額を考慮する。）を、それぞれ請求することができるとの考え方がある。このような考え方の当否について、「委任者に生じた事由」や「義務違反」の具体的な内容、請負など他の役務提供型典型契約に関する規律との整合性などに留意しながら、更に検討してはどうか。
　また、判例は、請負について、仕事の完成が不可能になった場合であっても、既に行われた仕事の成果が可分であり、かつ、注文者が既履行部分の給付を受けることに利益を有するときは、特段の事情のない限り、既履行部分について請負を解除することはできず、請負人は既履行部分について報酬を請求することができるとしているが、このような判例法理は成果完成型の報酬支払方式（前記(2)参照）を採る委任についても同様に妥当すると考えられることから、これを条文上も明記するかどうかについて、更に検討してはどうか。

【部会資料17－2　第3、4(3)［42頁］】

〔意　見〕
意見書Ⅰと同じである。

4　委任の終了に関する規定
(1) 委任契約の任意解除権（民法第651条）
　判例は、委任が受任者の利益をも目的とする場合には委任者は原則として民法第651条に基づく解除をすることができないが、やむを得ない事由

Ⅱ　全体版

がある場合及び委任者が解除権自体を放棄したものとは解されない事情がある場合には、同条に基づく解除をすることができるとしている。しかし、このような判例法理の解釈や評価をめぐっては様々な見解が主張されていることから、規律を明確にするため、委任が受任者の利益をも目的としている場合の委任者の任意解除権に関する規定を新たに設けるかどうかについて、更に検討してはどうか。

　その場合の具体的な規定内容として、①委任が委任者の利益だけでなく受任者の利益をも目的とする場合には、委任者は契約を解除することができるが、解除によって受任者が被った損害を賠償しなければならないこととし、専ら受任者又は第三者の利益を目的とする場合にはやむを得ない場合を除き任意解除権を行使できないとする考え方、②有償委任においては、当事者が任意解除権を放棄したと認められる事情がある場合には、当該当事者は任意解除権を行使することができないこととし、無償委任においては、解除権の放棄は書面をもってする必要があるとする考え方があるが、これらの考え方の当否について、更に検討してはどうか。

【部会資料17－2　第3、5(1)［44頁］】

〔意　見〕
　委任が受任者の利益をも目的としている場合の委任者の任意解除権に関する規定を新たに設けることについて慎重に検討するべきである。
〔理　由〕
　「委任が受任者の利益をも目的とする」という基準の内容が判例上揺れ動いており、必ずしも明確ではない。

(2)　委任者死亡後の事務処理を委託する委任（民法第653条第1号）
　委任者が自己の死亡後の事務処理を委託する委任の効力については、特段の規定が設けられていないことから、規律を明確にするため、新たに規定を設けるかどうかについて、更に検討してはどうか。
　その場合の規定内容として、遺言制度との整合性を図る観点から、委任事務の内容が特定されていることを要件として認めるべきであるとの考え方があるが、その当否について、更に検討してはどうか。

第49 委任

【部会資料17－2 第3、5⑵［47頁］】

〔意　見〕
1　委任者が自己の死亡後の事務処理を委託する委任の効力について新たに規定を設けること自体には賛成する。
2　もっとも、その要件については、更に検討するべきである。

〔理　由〕
1　例えば、委任者が財産管理事務を受任者に委託する場合に、将来委託者が死亡したときには、直ちに委任契約を終了させることなく、葬儀に関わる事務、保管財産の相続人への引継事務（いわゆる死後の事務）についてもあわせて委託しておくことが、実務上よく行われているので、委任者が自己の死亡後の事務処理を委託する委任の効力について新たに規定を設けることに自体には賛成する。
2　しかし、委任事務の内容が特定されていることを要件とするべきであるとの考え方については、「死後委任の効力は契約時に明確に判断できる必要があるところ、具体的にどの程度特定されていれば良いかが明確ではない」旨の批判（第17回議事録30頁　村上委員）を考慮し、より高度な特定を要求する方向で更に検討すべきである。

⑶　破産手続開始による委任の終了（民法第653条第2号）
　委任者又は受任者について破産手続が開始されたことは委任の終了事由とされている（民法第653条第2号）が、会社が破産手続開始決定を受けても直ちには取締役との委任関係は終了しないとした最高裁判例や、破産者であることが取締役の欠格事由でなくなったことなどを踏まえ、同号の規律の見直しを検討すべきであるとの指摘がある。その場合の規定内容として、例えば、当事者について破産手続が開始された場合の法律関係は破産法第53条など同法の規律に委ねるという考え方や、委任者について破産手続が開始された場合に受任者が契約を解除することができるという考え方などがあり得るが、これらの考え方の当否を含め、民法第653条第2号の規律を維持すべきかどうかについて、検討してはどうか。

〔意　見〕

Ⅱ 全体版

同条同号を維持すべきか慎重に検討するべきである。
〔理 由〕
　現行法の規定ではあるが、上記の最高裁判例があること、及び破産は取締役の欠格事由とされなくなったことによる影響を考慮して慎重に検討すべきである。

5　準委任（民法第656条）

　準委任には、種々の役務提供型契約が含まれるとされているが、その規定内容はこれらに適用されるものとして必ずしも妥当なものではなく、これらの役務提供型契約の全てを準委任に包摂するのは適当でないとの指摘もある。そこで、役務提供型契約の受皿的な規定（後記第50、1）等を設ける場合に、例えば、準委任の意義（適用範囲）を「第三者との間で法律行為でない事務を行うことを目的とするもの」とする考え方があるが、このような考え方に対しては、その内容が明瞭でないとの指摘や、第三者にサービスを提供する契約と当事者にサービスを提供する契約とが異なる典型契約に該当するのは不均衡であるとの指摘もある。そこで、準委任を「第三者との間で法律行為でない事務を行うことを目的とするもの」とする考え方の当否について、準委任に代わる役務提供型契約の受皿規定を設ける場合のその規定内容との整合性にも留意しながら、更に検討してはどうか。

　また、準委任について準用すべき委任の規定の範囲についても、検討してはどうか。

【部会資料17－2 第3、6［48頁］】

〔意 見〕
1　現状では、準委任の概念は現行の考え方のとおりとすべきであり、「第三者との間で法律行為でない事務を目的とするもの」とする考え方には反対する。なお、準委任に代わる役務提供契約の受皿規定を設けるという考え方についても反対する。
2　準委任について準用すべき委任の規定の範囲については、さらに検討すべきである。
〔理 由〕

1 準委任の概念を「第三者との間」での法律行為でない事務を行うことを委託するものとし、それ以外を役務提供行為とする考え方については、「第三者との間」という区別の基準に合理性が認められない。なぜなら、この考えでは、当事者間の信頼関係の程度が同じであるのに、偶々第三者との関係が生じるだけで、準委任か役務提供契約かの区別がなされることになるからである。

むしろ、委任と役務提供契約との区別をするに当たっては、「第三者との間」での行為か否かではなく、契約当事者間の高度な信頼関係が必要な契約については委任、そこまでの信頼関係を必要としない契約については役務提供契約とする方が合理的ではないかと思われる。

しかし、この考え方を取った場合でも、「信頼関係の高さの程度のいかん」について明確な基準を立てるのが困難である。その意味で、準委任と区別された役務提供契約の概念を立てるについては、現状では適切な区別の基準を見い出し難く、無理に基準を設けることによる混乱を避けるべきであることから断念せざるを得ず、当面は役務提供契約なる概念を立てず、準委任も含めて現行の考え方を維持するのが妥当であると思料する。

2 委任の規定の見直しに関連し、検討の必要がある。

---

6 特殊の委任
(1) 媒介契約に関する規定

他人間の法律行為の成立を媒介する契約については、商事仲立に関する規定が商法第543条以下にあるほか、一般的な規定が設けられていない。そこで、媒介契約に関する規定を新たに民法に設けるかどうか、設ける場合にどのような内容の規定を設けるかについて、更に検討してはどうか。

その場合の規定内容として、媒介契約を「当事者の一方が他方に対し、委託者と第三者との法律行為が成立するように尽力することを委託する有償の準委任」と定義した上、媒介者は委託の目的に適合するような情報を収集して委託者に提供する義務を負うこと、媒介者が報酬の支払を請求するためには媒介により第三者との間に法律行為が成立したことが必要であることを規定するという考え方があるが、その当否について、更に検討してはどうか。

Ⅱ 全体版

【部会資料17－2 第3、7(1)［49頁］】

〔意　見〕
媒介契約の規定を民法に設けることについては慎重に検討すべきである。
〔理　由〕
非事業者が媒介者となることは想定しにくく、規定を設ける場合は商法によるのが妥当である。

(2) 取次契約に関する規定
　自己の名をもって他人の計算で法律行為をすることを受託する契約については、問屋に関する規定が商法第551条以下にあるほか、一般的な規定が設けられていない。そこで、取次契約に関する規定を新たに民法に設けるかどうか、設ける場合にどのような内容の規定を設けるかについて、更に検討してはどうか。
　その場合の規定内容として、取次契約を「委託者が相手方に対し、自己の名で委託者の計算で法律行為をすることを委託する委任」と定義した上で、財産権の取得を目的とする取次において取次者が当該財産権を取得したときは、取次者から委託者に対する財産権の移転の効力が生ずることや、取次者は、相手方の債務が履行されることを保証したときは、委託者に対して相手方と同一内容の債務を負うことを規定すべきであるという考え方があるが、その当否について、更に検討してはどうか。

【部会資料17－2 第3、7(2)［52頁］】

〔意　見〕
取次契約の定義規定を置くことについては慎重に検討するべきである。
〔理　由〕
非事業者が媒介者となることは想定しにくく、規定を設ける場合は商法によるのが妥当である。

(3) 他人の名で契約をした者の履行保証責任
　無権代理人が、相手方に対し、本人から追認を取得することを保証したときは、当該無権代理人は当該行為について本人から追認を取得する義務

第 50 準委任に代わる役務提供型契約の受皿規定

を負うことを条文上明記すべきであるとの考え方がある。このような考え方に対しては、無権代理人が本人の追認を取得する義務を負うのは、履行保証の有無にかかわらず当然であり、追認を取得する義務に関する規定を履行保証がある場合についてのみ設けると、それ以外の場合は追認を取得する義務を負わないと解釈されるおそれがあるとの指摘や、このようなまれな事例に関する規定を設ける必要はないとの指摘もある。これらの指摘も考慮しながら、他人の名で契約をした者の履行保証責任について規定するという考え方の当否について、更に検討してはどうか。

【部会資料17－2 第3、7⑵（関連論点）〔54頁〕】

〔意　見〕
慎重に検討すべきである。
〔理　由〕
　他人から代理権を授与されることなく、相手方との間で他人の名で法律行為をなした者が、相手方に対して他人との間で法律行為の効力が生じることを保証した場合に、この者が当該行為について他人から追認を取得する義務を負うと規定すると、そのような保証がない場合は追認取得義務を負わないと解釈されるおそれがあり妥当でない（第17回議事録35、36頁・山本（敬）幹事）。

第50　準委任に代わる役務提供型契約の受皿規定
1　新たな受皿規定の要否

　役務提供型に属する典型契約として、民法には、雇用、請負、委任及び寄託が規定されているが、現代社会における種々のサービスの給付を目的とする契約の中には、これらのいずれかに性質決定することが困難なものが多いとされている。これらについては、無名契約や混合契約などとして処理されるほか、準委任の規定（民法第656条）が言わば受皿としての役割を果たしてきたとされているが、同条において準用される委任の規定内容は、種々の役務提供型契約に適用されるものとして必ずしも妥当でないとの指摘がある。また、既存の役務提供型の典型契約の中にも、適用範囲の見直しが提案されているものがある（前記第48、1、第49、5）。これらを踏まえ、既存の典型契約に該当しない役務提供型の契約について適用される規定群を新たに設けることの要否について、請負の規定が適用される

範囲（前記第48、1）や、準委任に関する規定が適用される範囲（前記第49、5）との関係などにも留意しながら、更に検討してはどうか。
　その場合の規定の内容として、例えば、後記2から7までのように、役務提供者及び役務受領者の義務の内容、役務提供者が報酬を請求するための要件、任意解除権の有無等が問題になると考えられるが、これらについて、取引の実態に対する影響や、役務受領者の立場が弱い場合と役務提供者の立場が弱い場合とを一律に扱うことは適当でないとの指摘などにも留意しながら、更に検討してはどうか。

【部会資料17－2　第4、1［56頁］】

〔意　見〕
現状では、既存の典型契約に該当しない役務提供型の契約について適用される規定群を新たに設けることには反対する。

〔理　由〕
新しい類型の役務提供型契約の出現への対応として、新たな典型契約を設けることについては、趣旨は理解できるものの、前述（第47　役務提供型の典型契約（雇用、請負、委任、寄託）総論）のとおり現状では既存の典型契約との区別において適切な基準を見いだしがたく、反対である。
　また、請負のうち仕事が物と結びついていない類型のものについて、請負から切り離して委任又は準委任と統合することについては、前述（第48　1請負の意義）のとおり反対である。

2　役務提供者の義務に関する規律

　準委任に代わる役務提供型の新たな受皿規定を設けるとした場合に、役務提供者がどのような義務を負うかについて、多様な役務提供者の義務の内容を適切に規定することができるかどうかにも留意しながら、更に検討してはどうか。
　その場合の規定の内容として、例えば、契約で定めた目的又は結果を実現する合意がされた場合には役務提供者はその目的又は結果を実現する義務を負い、このような合意がない場合には契約で定めた目的又は結果の実現に向けて善管注意義務を負うことを規定すべきであるとの考え方があるが、これに対しては、役務提供者の属性や役務受領者との関係によっては

第50 準委任に代わる役務提供型契約の受皿規定

善管注意義務を課すのは適当でないとの指摘もある。このような指摘にも留意しながら、上記の考え方の当否について、更に検討してはどうか。
　また、原則として無償の役務提供型契約においては役務提供者の注意義務が軽減されるとしつつ、役務提供者が事業者であるときは、注意義務の軽減を認めないとの考え方がある（後記第62、3(2)⑦）が、このような考え方の当否についても、更に検討してはどうか。
【部会資料17－2 第4、2［57頁］、部会資料20－2 第1、3(2)［16頁］】

〔意　見〕
1　上記1の通り、新たな受皿規定は不要と考えるが、仮にこのような規定を設ける場合には、役務提供者の義務の内容の規定を置くことについて、適切な規定が可能かどうかに十分留意しつつ検討するべきである。

※以下の意見は、仮に役務提供契約に関する受皿規定を設けるとした場合の意見である。
2　義務の内容として、いわゆる結果債務とその他に分けて規定することについては、慎重に検討すべきである。
3　無償の役務提供型契約においては、役務提供者の注意義務が軽減されることについても、慎重に検討するべきである。
4　役務提供者が事業者であるときは、注意義務の軽減を認めないとの考え方を民法に規定することには強く反対する。

〔理　由〕
1　上記1の通り。
2　結果債務と手段債務については、必ずしも区別が明確ではなく、それらの違いによって効果を書き分ける（請負類似の「結果実現」義務か、「善管注意義務」ないし「善良な役務提供者の義務」とするか）必要性が見いだし難い。また、任意規定と考えられるとはいえ、あらゆる役務提供契約をこの二分法で区別することによる弊害も予想される。役務提供者の義務については、契約の解釈に委ねられるべきである。
3　上記2同様、あらゆる役務提供契約について、有償・無償の二分法で義務の範囲を加減することには、その区別が容易ではなく、弊害も予想される。また、この点について委任（無償についても善管注意義務を負わせる）と一律

に異なる規定を設けることについて、十分な議論がされていない。
4　事業者に関する特則は、民法に規定せず、特別法に規定されるべきである。

> ### 3　役務受領者の義務に関する規律
> 　準委任に代わる役務提供型の新たな受皿規定を設けるとした場合に、役務受領者の義務に関する規定として、役務提供者に協力する義務を負う旨の規定を設けるかどうかについて、更に検討してはどうか。
> 【部会資料17－2　第4、3［58頁］】

〔意　見〕
一律に協力義務を明文化する必要はない。
〔理　由〕
役務提供契約の内容により、協力の要否自体も問題になるほか、その内容には多様なものが想定される。従って、一律の規定になじみにくい。

> ### 4　報酬に関する規律
> #### (1)　役務提供者が経済事業の範囲で役務を提供する場合の有償性の推定
> 　役務受領者が事業者であり、経済事業（反復継続する事業であって収支が相償うことを目的として行われるもの）の範囲内において役務提供型契約を締結したときは、有償性が推定されるという規定を設けるべきであるとの考え方（後記第62、3(3)③）の当否について、更に検討してはどうか。
> 【部会資料20－2　第1、3(3)［20頁］】

〔意　見〕
1　経済事業概念を定義すること自体に反対である。
2　その他一定の範囲について、有償性を推定すること自体についても、慎重に検討すべきである。
〔理　由〕
1　経済事業という概念はわかりにくい。
2　上記2の通り、有償・無償の二分法で注意義務に差を設けるべきではなく、有償と推定することの有用性は低い。

第50　準委任に代わる役務提供型契約の受皿規定

> (2) 報酬の支払方式
> 　準委任に代わる役務提供型の新たな受皿規定を設けるとした場合に、役務提供型契約における報酬の支払方式には、役務提供の処理によってもたらされる成果に対して報酬を支払うことが合意されるもの（成果完成型）と、役務提供そのものに対して報酬が支払われるもの（履行割合型）があることを条文上明記し、報酬請求権の発生要件や支払時期などをそれぞれの方式に応じて規律するかどうかについて、委任の報酬の支払方式（前記第49、3(2)）との整合性にも留意しながら、更に検討してはどうか。
>
> 【部会資料17－2　第4、4(1)［59頁］】

〔意　見〕
報酬の支払方式について、成果完成型と履行割合型に分けて規定することについては、慎重に検討するべきである。
〔理　由〕
成果完成型か履行割合型かが不明な場合がある（第49　3(2)と同旨）。

> (3) 報酬の支払時期
> 　準委任に代わる役務提供型の新たな受皿規定を設けるとした場合に、その報酬は後払が原則であるとする立場から、役務提供型契約の報酬の支払方式を成果完成型と履行割合型に分類して規律することを前提として、その支払時期は成果完成型においては成果完成後、履行割合型においては役務を提供した後（期間によって報酬を定めたときは期間経過後）であることを条文上明記する考え方がある。このような考え方の当否について、更に検討してはどうか。
>
> 【部会資料17－2　第4、4(2)［61頁］】

〔意　見〕
報酬の支払時期について、成果完成型と履行割合型に分けて規定することについては、慎重に検討するべきである。
〔理　由〕
上記(2)と同じ。

(4) 役務提供の履行が不可能な場合の報酬請求権

　準委任に代わる役務提供型の新たな受皿規定を設けるとした場合に、その役務提供が中途で不可能になったにもかかわらず役務提供者が報酬を請求することができるのはどのような場合か、どの範囲で報酬を請求することができるかについて、現行法の下で役務提供者が得られる報酬請求権の内容を後退させるべきではないとの指摘があることにも留意しながら、更に検討してはどうか。

　その場合の具体的な規定内容として、例えば、① 履行不能の原因が役務受領者に生じた事由であるときは既に履行した役務の割合に応じた報酬を請求することができ、② その原因が役務受領者の義務違反であるときは約定の報酬から債務を免れることによって得た利益を控除した額（ただし、役務受領者が任意解除権を行使することができる場合は、その場合に役務提供者が請求することができる損害賠償の額を考慮する。）を、それぞれ請求することができるとの考え方がある。このような考え方の当否について、「役務受領者に生じた事由」や「義務違反」の具体的な内容、請負や委任など他の役務提供型典型契約に関する規律との整合性などに留意しながら、更に検討してはどうか。

　また、判例は、請負について、仕事の完成が不可能になった場合であっても、既に行われた仕事の成果が可分であり、かつ、注文者が既履行部分の給付を受けることに利益を有するときは、特段の事情のない限り、既履行部分について請負を解除することはできず、請負人は既履行部分について報酬を請求することができるとしているが、このような判例法理は成果完成型の支払方式を採る役務提供型契約についても同様に妥当すると考えられることから、これを条文上も明記するかどうかについて、更に検討してはどうか。

　これらの規定と併せて、報酬が成果完成前（役務提供前）に支払われた後にその役務提供が中途で不可能になった場合の法律関係についての規定を設けるかどうかについて、検討してはどうか。

【部会資料17－2　第4、4(3)［61頁］】

〔意　見〕

第 50 準委任に代わる役務提供型契約の受皿規定

意見書 I と同じである。

> 5 任意解除権に関する規律
> 　準委任に代わる役務提供型の新たな受皿規定を設けるとした場合に、役務受領者による任意解除権を認めるかどうかについて、役務受領者を長期間にわたり役務提供型契約に拘束することの妥当性、任意解除権の理論的な根拠、役務提供者が不測の損害を受けるおそれ、役務提供者が弱い立場にある場合の役務受領者による優越的地位を利用した解除権濫用のおそれなどにも留意しながら、更に検討してはどうか。
> 　また、役務提供者による任意解除権を認めるかどうかについても、役務提供者を長期間役務提供に拘束することの妥当性などに留意しながら、更に検討してはどうか。
> 　任意解除権を認める場合には、これを行使した者の損害賠償義務の存否及び範囲について、注文者による請負の任意解除（前記第48、6）などとの整合性にも留意しながら、更に検討してはどうか。
> 　　　　　　　　　　　　　　　　　　【部会資料17−2 第4、5［65頁］】

〔意　見〕
役務受領者に対する任意解除権及びそれに伴う損害賠償について、指摘される点（特に、役務提供者が不測の損害を受けるおそれ、役務提供者が弱い立場にある場合の役務受領者による優越的地位を利用した解除権濫用のおそれ等）や請負における注文者の任意解除との整合性に留意しつつ、一定の制約の下で認める方向でさらに検討するべきである。

〔理　由〕
役務受領者を長期間にわたり拘束することは妥当ではないが、雇用類似の関係において、受領者に無制限の解除権を認めるべきではなく、何らかの制約を課するべきである。

> 6 役務受領者について破産手続が開始した場合の規律
> 　準委任に代わる役務提供型の新たな受皿規定を設けるとした場合に、役務受領者について破産手続開始決定がされたときは役務提供者は契約を解除することができる旨の規定を設けるかどうかについて、更に検討しては

どうか。

【部会資料17－2 第4、6［68頁］】

〔意　見〕
委任の規定と合わせる形で規定するべきである。
〔理　由〕
委任については、委任者又は受任者が破産手続開始の決定を受けたことにより当然終了すると規定されているが（民法653条2号）、この規定について見直しが提案されている（上記第49　4⑶「破産手続開始による委任の終了」）。これと平仄を合わせる形で規定されるべきである。

7　その他の規定の要否
　準委任に代わる役務提供型の新たな受皿規定を設けるとした場合に、準委任に準用されている委任の規定のうち、前記2から6までにおいて取り上げた事項以外の事項に関するもの、特に、受任者の報告義務に関する民法第645条や解除の効力に関する同法第652条と同様の規定を、役務提供型契約に関する規定として設けるかどうかについて、更に検討してはどうか。

【部会資料17－2 第4、7［70頁］】

〔意　見〕
異論はない。
〔理　由〕
現行民法通りの内容であれば、当然定められるべき規定である。

8　役務提供型契約に関する規定の編成方式
　雇用、請負、委任又は寄託に該当しない役務提供型の契約に適用されるものとして、準委任に代わる役務提供型の新たな受皿規定を設ける場合には、その受皿規定を適用対象が限定された新たな典型契約として設ける方式や、より抽象度の高い独立の典型契約とする方式、役務提供型の既存の典型契約を包摂する総則的規定を置き、これを既存の典型契約に該当しない役務提供型契約にも適用する方式があり得るが、これらの編成の方式に

ついては、規定の具体的な内容、既存の典型契約との関係、雇用類似の役務提供型契約の扱いなどに留意しながら、更に検討してはどうか。

【部会資料17−2（後注・関連論点）［109頁］】

〔意　見〕
基本的に役務提供契約の新たな受皿規定を設けることには反対するが、仮に規定する場合には、請負等、既存の契約類型に該当する考えられている契約（特に雇用類似のもの）について、保護が後退しないよう留意しつつ検討されるべきである。

〔理　由〕
役務提供契約の受皿規定は、その「受皿規定」という性質上、既存の契約の解釈や、他の典型契約との棲み分け等に関して広範囲に影響が及び、場合によっては当事者の保護が後退する危惧がある。
特に雇用類似のものについては、役務提供者が受領者よりも劣位な立場にあることが多く、特に要保護性が高い。

第51　雇　用
1　総　論（雇用に関する規定の在り方）

労働契約に関する民事上の基本的なルールが民法と労働関係法規（特に労働契約法）とに分散して置かれている現状に対しては、利便性の観点から問題があるとの指摘があり、将来的には民法の雇用に関する規定と労働契約法の関係の在り方が検討課題となり得るが、当面、民法と労働契約法との関係について現状を維持し、雇用に関する規定は、引き続き民法に置くこととしてはどうか。

その上で、民法の雇用に関する規定について、民法で規律すべき事項の範囲に留意しつつ、見直しの要否を検討してはどうか。

また、利便性という問題への一つの対応として、安全配慮義務（労働契約法第5条）や解雇権濫用の法理（同法第16条）に相当する規定を民法にも設けるという考え方や、民法第627条第1項後段の規定を使用者からの解約の申入れに限り解約の申入れの日から30日の経過を要すると改めること（労働基準法第20条参照）により、労働関係法規上の私法ルールを民法に反映させるという考え方の当否については、雇用の規定と労働関係法

II 全体版

規の適用範囲が必ずしも同一ではないという見解も有力であること等に留意しつつ、更に検討してはどうか。

【部会資料17−2 第5、1［72頁］、同（関連論点）［74頁］】

〔意　見〕
1　民法と労働契約法との関係について現状を維持し、雇用に関する規定は、労働契約についての基本的な一般規定として引き続き民法に置くことについて異論はない。
2　安全配慮義務や解雇権濫用の法理に相当する規定を民法にも設けるという考え方については、慎重に検討するべきである。
3　民法627条第1項後段の規定を使用者からの解約の申入れに限り解約の申入れの日から30日の経過を要すると改めることは賛成である。

〔理　由〕
1　民法と労働契約法との関係について現状を維持することについて異論はない。
2　これらの規定は異論無く認められているが、雇用にだけ規定した場合、他の契約類型には適用されないという解釈を招きかねない。
3　民法627条第1項後段について、使用者からの解約の申入れに限り解約の申入れの日から30日の経過を要する旨の規定を設けることについても、雇用契約一般に妥当させるべきものであり、明確性の観点から妥当である。

2　報酬に関する規律
(1) 具体的な報酬請求権の発生時期

雇用契約においては、労働者が労務を履行しなければ報酬請求権は具体的に発生しないという考え方（いわゆるノーワーク・ノーペイの原則）が判例・通説上認められているところ、これを条文上明確にするかどうかについて、民法第624条から読み取れるとの指摘があることや、実務上は合意によりノーワーク・ノーペイの原則とは異なる運用がされる場合があることを根拠として反対する意見があること等に留意しつつ、更に検討してはどうか。

【部会資料17−2 第5、2(2)［76頁］】

〔意　見〕
ノーワーク・ノーペイの原則を明文化することについては慎重に検討するべきである。
〔理　由〕
現行民法第624条第1項に「労働者は、その約した労働を終わった後でなければ、報酬を請求することができない」と定められており、いわゆるノーワーク・ノーペイの原則はこの条文から十分に読み取ることができる。

(2) 労務が履行されなかった場合の報酬請求権
　使用者の責めに帰すべき事由により労務が履行されなかった場合の報酬請求権の帰すうについて、民法第536条第2項の文言上は必ずしも明らかではないが、判例・通説は、雇用契約に関しては、同項を、労務を履行していない部分について具体的な報酬請求権を発生させるという意味に解釈している。そこで、同項を含む危険負担の規定を引き続き存置するかどうか（前記第6）とは別に、この場合における労働者の具体的な報酬請求権の発生の法的根拠となる規定を新たに設けるかどうかについて、更に検討してはどうか。
　規定を設ける場合には、具体的な規定内容について、例えば、① 使用者の義務違反によって労務を履行することが不可能となったときは、約定の報酬から自己の債務を免れることによって得た利益を控除した額を請求することができるとする考え方や、② 使用者側に起因する事由によって労働できないときに報酬を請求できるが、自己の債務を免れたことによって利益を得たときは、その利益を使用者に償還しなければならないとする考え方がある。これらの考え方の当否について、「使用者の義務違反」「使用者側に起因する事由」の具体的な内容が分かりにくいとの指摘、労働基準法第26条との整合性、現在の判例・通説や実務上の一般的な取扱いとの連続性に配慮する必要があるとの指摘のほか、請負や委任などほかの役務提供型典型契約に関する規律との整合性などにも留意しつつ、更に検討してはどうか。
　また、労務の履行が期間の中途で終了した場合における既履行部分の報酬請求権の帰すうについて明らかにするため、明文の規定を設けるかどうかについて、更に検討してはどうか。

Ⅱ 全体版

【部会資料 17 − 2 第 5、2 ⑵［76 頁］】

〔意 見〕
1 労働者の具体的な報酬請求権の発生の法的根拠となる規定を新たに設けることについては賛成する。
2 その具体的な規定の内容について、従前のとおりとし民法第536条第2項の準用にとどめるべきである。
3 また、労務の履行が期間の中途で終了した場合における既履行部分の報酬請求権の帰すうについて、従前どおり、危険負担が適用される旨の範囲にとどめるべきである。

〔理 由〕
1 労働者の具体的な報酬請求権の発生の法的根拠となる規定を新たに設けることに自体は、使用者に問題があって労務が履行されなかった場合でも報酬請求権の発生を導けるものであり妥当である。
2 ただし、その具体的な規定の内容については、従前どおり危険負担が適用される旨の範囲にとどめるべきである。
3 また、労務の履行が期間の中途で終了した場合における既履行部分の報酬請求権の帰すうについても、従前どおり危険負担が適用される旨の範囲にとどめるべきである。

3 民法第626条の規定の要否

労働基準法第14条第1項により、雇用期間を定める場合の上限は、原則として3年（特例に該当する場合は5年）とされており、通説によれば、これを超える期間を定めても、同法第13条により当該超過部分は無効になるとされているため、民法第626条の規定が実質的にその存在意義を失っているとして、同条を削除すべきであるという考え方がある。この考え方の当否について、労働基準法第14条第1項の期間制限が適用されない場合に、民法第626条の規定が適用されることになるため、現在でも同条には存在意義があるという指摘がある一方で、家事使用人を終身の間継続する契約のように公序良俗違反となるべき契約の有効性を認めるかのような規定を維持すべきでないという意見があることを踏まえつつ、更に検討してはどうか。

第 51 雇 用

【部会資料 17 − 2 第 5、3［78 頁］】

〔意　見〕
民法 626 条の規定を維持すべきである。
なお、民法 626 条の規定の存在意義を議論する前提として、労働基準法 14 条 1 項の規定が雇用の規定に置かれるべきかどうかも併せて検討すべきである。

〔理　由〕
そもそも、民法 626 条の規定の存在意義について議論が生ずるのは、雇用の規定と労働関係法規の適用範囲について必ずしも同一ではないからである。

雇用期間を定める場合の上限を雇用契約全般に適用されるようにするのであれば、当該規定は雇用の規定に置くべきであるし、その場合には民法 626 条の規定は不要である。

しかしながら、雇用の規定と労働関係法規の適用範囲について同一でない状況下、労働基準法 14 条 1 項の規定を現行の位置に規定するのであれば、民法 626 条の規定には存在意義が認められる部分があり、これを削除すべきではない。家事使用人を終身の間継続する契約のように公序良俗違反となるべき契約の有効性を認めるかのような規定を維持すべきでないという意見もあるが、そもそも雇用の規定に明文を置くべきではないかという議論をすべきである。

4　有期雇用契約における黙示の更新（民法第 629 条）
(1) 有期雇用契約における黙示の更新後の期間の定めの有無

民法第 629 条第 1 項の「同一の条件」に期間の定めが含まれるかという点については、含まれるとする学説も有力であるものの、裁判例は分かれており、立法により解決すべきであるとして、「同一の条件」には期間の定めが含まれないことを条文上明記すべきであるとする考え方がある。このような考え方の当否について、労働政策上の課題であり、労働関係法規の法形成のプロセスにおいて検討すべき問題であるという指摘があることに留意しつつ、更に検討してはどうか。

【部会資料 17 − 2 第 5、4［80 頁］】

〔意　見〕
条文上明示すべきであるとの考え方に賛成である。

Ⅱ 全体版

〔理 由〕
「同一の条件」には、期間の定めは含まれず、更新前の契約に期間の定めがある場合であっても、更新後の契約は期間の定めのない契約になるという無期化説は、使用者が異議を述べなかったことの利益衡量の点からも妥当な考え方である。無期化説が妥当である以上、明確性の観点から、これを明文化すべきである。

(2) 民法第629条第2項の規定の要否
民法第629条第2項は、雇用契約が黙示に更新される場合における担保の帰すうについて規定しているところ、この点については、具体的事案に応じて担保を設定した契約の解釈によって決せられるべきであり、特別な規定を置く必要がないとの考え方が示されている。そこで、同項に関する実態に留意しつつ、同項を削除する方向で、更に検討してはどうか。
【部会資料17－2 第5、4（関連論点）[81頁]】

〔意 見〕
民法629条第2項の規定を削除すべきか、さらに検討すべきである。
〔理 由〕
一方で、更新前の雇用期間を一個の条件としていた保証人や担保権設定者の負担を増加させてはならないという趣旨はなお妥当なものであり、あえて削除する必要はないとする意見がある。

他方で、身元保証に関しては特別法が存在するため、民法629条第2項は実益がないとして削除する意見や、現代においてはそもそも雇用契約に際し担保を取ること自体を問題視する意見もあり、さらに検討すべきである。

第52 寄 託
1 寄託の成立—要物性の見直し
(1) 要物性の見直し
寄託は、受寄者が寄託者のために寄託物を受け取ることによって初めて成立する要物契約であるとされている（民法第657条）が、契約自由の原則から、諾成的な寄託契約の効力が認められているほか、実務上も、諾成的な寄託契約が広く用いられており、寄託を要物契約とする民法の規定は

第52 寄託

取引の実態とも合致していないと指摘されている。このような指摘を踏まえて、諾成契約として規定を改める方向で、更に検討してはどうか。
　もっとも、無償寄託に関しては、合意のみによって寄託物を引き受ける義務を受寄者に負わせることが適当かどうかという問題があることを踏まえ、寄託の合意が書面でされない限り、寄託物を受け取るまでの間、受寄者に任意の解除権を認めるという考え方や、書面によって合意がされた場合に限り諾成契約の効力を認めることとし、それ以外の無償寄託は要物性を維持するという考え方の当否について、更に検討してはどうか。
【部会資料17－2 第6、2(1)［84頁］】

〔意　見〕
1　寄託について諾成契約として規定を改める方向で検討するとの考え方に賛成する。
2　無償寄託については、諾成契約として規定しつつ、寄託の合意が書面でされない限り、寄託物を受け取るまでの間、受寄者に解除権を認めるという考え方に賛成する。

〔理　由〕
1　要物契約とすることには、沿革以外に合理的理由が見出せず、諾成的寄託契約を規定することが現在の通説に沿い、取引の実態にもかなう。
2　諾成的寄託契約を規定する以上、有償か無償かで契約成立の要件を異にすることは説明が困難である。他の無償契約の規定との兼合いもあるが、好意的契約である無償寄託の場合には、寄託の合意が書面でされない限り、寄託物を受け取るまでの間、受寄者に解除権を認めるのであれば、不都合はない。

(2)　寄託物の受取前の当事者間の法律関係
　諾成的な寄託の効力を認めている現在の解釈論では、寄託物の受取前の当事者間の法律関係については、寄託者は、寄託物の引渡前は自由に解除することができるが、解除した場合には寄託物を受け入れるために受寄者が支出した費用の償還義務を負い、他方、受寄者は、寄託物の受取義務を負うとされている。寄託の規定を諾成契約として改める場合には、このような現在の解釈論を条文上明記する方向で、更に検討してはどうか。
　また、諾成的な寄託において寄託物が引き渡されるまでは、無償寄託に

Ⅱ 全体版

おいて受寄者の任意解除権を認める考え方（前記(1)）があるほか、有償寄託か無償寄託かを問わず、一般に、受寄者を契約の拘束から解放するための方法を用意することが必要であるという問題が指摘されている。このような指摘を踏まえ、寄託者に引渡義務を負わせ、その不履行による解除権を認める考え方や、受寄者が催告してもなお寄託者が寄託物を引き渡さない場合における受寄者の解除権を認める考え方等の当否について、更に検討してはどうか。

【部会資料17－2 第6、2(2) [85頁]】

〔意 見〕
1 寄託の規定を諾成契約として改める場合に、寄託者は、寄託物の引渡前は自由に解除することができるが、解除した場合には寄託物を受けるために受託者が支出した費用の償還義務を負い、受寄者は、寄託物の受取義務を負う旨を条文上明記するべきであるという考え方に賛成する。
2 寄託の規定を諾成契約として改める場合に、受寄者が催告してもなお寄託者が寄託物を引き渡さない場合における受寄者の解除権を認める考え方に賛成する。

〔理 由〕
1 諾成的寄託契約を規定する以上、寄託物の受取前の法律関係を明確にする必要があるところ、上記考え方はいずれも賛成できる。
2 諾成的寄託契約において、受寄者を契約の拘束から解放するための方法として、寄託者に寄託物の引渡し義務を負わせ、その不履行による解除権を認める考え方は、寄託契約が寄託者の利益を図るためにあることと調和しないものであって、上記意見の考え方のとおり、受寄者の法定解除権を認めれば足りる（第18回議事録2、3頁・岡本委員、4頁・高須幹事は同旨である。）。

(3) 寄託物の引渡前の当事者の一方についての破産手続の開始
仮に、寄託を諾成契約として規定する場合には、寄託物が交付される前に当事者の一方が破産手続開始の決定を受けたときに寄託契約が失効する旨の規定を設けるかどうかについて、消費貸借に関して同様の規定を設けるべきであるとの考え方（前記第44、1(4)）についての検討状況に留意しつつ、検討してはどうか。

〔意 見〕
消費貸借と同様の規定を設けるべきであるとの考え方に基本的に賛成する。
〔理 由〕
消費貸借と同様の利益状況があるといえるので、寄託の特性をも考慮した上で、同様の規定を設けるべきである。

> 2 受寄者の自己執行義務（民法第658条）
> (1) 再寄託の要件
>   委任と寄託とは、当事者間の人的信頼関係を基礎とする点で共通しており、再寄託と復委任の要件に差を設ける合理的理由はないという指摘を踏まえて、再寄託が認められる要件を復委任の要件と整合させる方向で、更に検討してはどうか。その具体的な要件については、復委任の要件を拡張する考え方（前記第49、1(3)）を前提として、再寄託の要件を「受寄者に受託物の保管を期待することが相当でないとき」にも拡張するかどうかについて、より具体的な要件を定めて明確にする必要があるという指摘に留意しつつ、更に検討してはどうか。
>
>   【部会資料17－2 第6、3(1)［87頁］】

〔意 見〕
1 再寄託が認められる要件を復委任の要件と整合される方向で検討するとの考え方に賛成する。
2 再寄託の要件を「受寄者に受託物の保管を期待することが相当でないとき」にも拡張すべきとの考え方に特段反対しない。ただし、より具体的な要件を定めて明確化する必要があるとの考え方に賛成する。
〔理 由〕
1 対人的信頼関係を基礎とする寄託においても、委任の場合と同様に、承諾を得た場合以外であっても再寄託の必要性があり、寄託物の保管は第三者でも適切に行える場合があるので、これを認めるべきである。
2 再寄託の要件については、基本的に再委任の要件と整合されるべきであるが、上記文言は、不明確であって誤解を与えかねないから、その内容をより明確にし、表現を適切なものにするよう考慮すべきである（第18回議事録3頁・村上委員は同旨である）。

Ⅱ 全体版

> (2) 適法に再寄託が行われた場合の法律関係
>
> 　適法な再寄託がされた場合における受寄者の責任について、第三者が寄託物を保管することについて寄託者が承諾しただけで、受寄者の責任が限定される結果となるのは不当であるという問題意識を踏まえ、民法第658条第2項が復代理に関する同法第105条を準用している点を見直し、①一般的には、受寄者は自ら寄託物を保管する場合と同様の責任を負うこととするが、②寄託者の指名に従って再受寄者を選任した場合には、受寄者は、再受寄者が不適任又は不誠実であることを知らなかったときと、知っていたとしてもその旨を本人に通知し又は再受寄者を解任したときには、寄託者に対して責任を負わないものとするという考え方が示されている。このような考え方の当否について、復委任と異なる規律とすること（前記第49、1(3)参照）の当否が問題となるとの指摘があることに留意しつつ、更に検討してはどうか。
>
> 　また、民法第658条第2項が同法第107条第2項を準用し、寄託者と再受寄者との間に相互の直接請求権を認めている点を見直し、再寄託については、寄託者と再受寄者との間に直接請求権を認めないこととするかどうかについて、寄託者が寄託物の所有権を有しない場合や受寄者が支払不能に陥った場合に問題が生じ得るという指摘に留意しつつ、更に検討してはどうか。
>
> 【部会資料17－2　第6、3(2)［88頁］】

〔意　見〕
1　適法な再寄託がされた場合における受寄者の責任について、慎重に検討すべきである。
2　再寄託については、寄託者と再受寄者との間に直接請求権を認めないこととするべきであるとの考え方に賛成する。

〔理　由〕
1　適法な再寄託がされた場合における受寄者の責任については、受寄者は、自己執行義務を負うことが原則であるのだから、自ら寄託物を保管する場合と同様の責任を負うと考えるべきである意見と、再受寄者に適任者が選ばれれば問題はないはずであり、受寄者は、再受寄者の選任及び監督についての

第52　寄　託

み責任を負うべきであるとする意見の両論があった。
2　直接請求権を認めることによる法律関係の複雑化を避ける観点からも、これを認めない考え方が妥当である。第18回議事録3頁・山本(敬)幹事は、寄託者と受寄者の間の寄託契約が期間の満了や債務不履行解除などによって終了したとき、受寄者が支払不能等に陥った場合の問題点を指摘する。

3　受寄者の保管義務（民法第659条）
　有償寄託の場合の受寄者に要求される注意義務の程度について、寄託に固有の規定はなく、民法第400条が適用されることにより、受寄者は善管注意義務を負うこととされている。この点についての規律を明確にする観点から、寄託に固有の規定を設けるべきかどうかについて、同条の見直し（前記第1、2(1)）と関連することにも留意しつつ、更に検討してはどうか。
　また、民法に事業者概念を取り入れる場合に、事業者が行う一定の事業について適用される特則として、受寄者の保管義務に関して、原則として無償の寄託契約においては受寄者の保管に関する注意義務が軽減されるが、事業者がその経済事業（反復継続する事業であって収支が相償うことを目的として行われるもの）の範囲内において寄託を受けた場合には受寄者の注意義務の軽減を認めないものとすべきであるという考え方（後記第62、3(3)④参照）がある。このような考え方の当否について、更に検討してはどうか。
【部会資料17－2　第6、4［90頁］、部会資料20－2　第1、3(3)［20頁］】

〔意　見〕
　有償寄託の場合の受寄者に要求される注意義務の程度についての規律を明確化する観点から、寄託に固有の規定を設けるべきであるとの考え方に賛成する。
　事業者がその経済事業の範囲内において寄託を受けた場合には受寄者の注意義務の軽減を認めないものとすべきであるという考え方には、強く反対する。
〔理　由〕
　現行法の規定では、有償寄託の保管義務の程度が一見して明らかとはいえないので、これを明確にするために、上記考え方に賛成する。
　民法に「経済事業」概念を設けることは、これが国民には馴染みがなく、かつ内容が不明確であり、「国民に分かりにくい」と言うべきである。従って、

Ⅱ 全体版

これを前提とする規定を設けることにも強く反対する（第62、3⑶④）。

4 寄託物の返還の相手方

　受寄者は、寄託者に対して寄託物の返還義務を負っており、寄託物について所有権を主張する第三者から当該寄託物の返還請求を受けたとしても、強制執行等により強制的に占有を奪われる場合でない限り、この第三者に任意に引き渡してはならないと考えられているところ、このような寄託物の返還の相手方に関する規律を条文上明確にするかどうかについて、寄託者以外の第三者に任意に引き渡すことによっても受寄者が免責される場合があるという指摘にも留意しつつ、更に検討してはどうか。

　また、①寄託物について第三者が受寄者に対して引渡請求等の権利の主張をする場合において、寄託者が第三者に対して引渡しを拒絶し得る抗弁権を有するときは、受寄者が、権利を主張してきた第三者に対して、当該抗弁権を主張することを認めるかどうか、②寄託者が第三者の訴えの提起や差押え等の事実を既に知っている場合には、受寄者の通知義務が免除されるということを条文上明らかにするかどうかについても、更に検討してはどうか。

【部会資料17－2　第6、5［91頁］、同（関連論点）1［92頁］、
　　　　　　　　　　　　　　　　同（関連論点）2［92頁］】

〔意　見〕

1　（上記提案前段）　寄託物について所有権を主張する第三者から当該寄託物の返還請求を受けた場合における、寄託物の返還の相手方に関する規律を条文上明確にする方向で、更に検討するべきである。

2　（上記提案後段①）　寄託物について第三者が受寄者に対して引渡請求等の権利の主張をする場合において、寄託者が第三者に対して引渡しを拒絶し得る抗弁権を有するときは、受寄者が、権利を主張してきた第三者に対して、当該抗弁権を主張することを認めるとの考え方の方向性に賛成する。

　（上記提案後段②）　寄託者が第三者の訴えの提起や差押え等の事実を既に知っている場合には、受寄者の通知義務が免除されるということを条文上明らかにするとの考え方の方向性に賛成する。

〔理　由〕

第 52 寄 託

1　寄託者以外の第三者が、寄託物の所有権を主張して受寄者に対し返還請求がなされた場合の法律関係については、条文上必ずしも明確でなく、明文化の必要性は認められる。

　なお、寄託者の返還義務が免除される場合の規律として、動産・債権譲渡特例法第3条第2項の規律を参考にするべきであるとの意見もある。

　第18回議事録4頁中井委員も範囲を拡張する方向を示唆する。

2　（上記提案後段①）　上記考え方によれば、直接の訴訟当事者間で解決を図ることができるので、妥当である。

　（上記提案後段②）　受寄者の義務の範囲を明確にするという点では望ましいといえる。

5　寄託者の義務
(1)　寄託者の損害賠償責任（民法第661条）

民法第661条に対しては、委任者の無過失責任を定めた同法第650条第3項との権衡を失しているのではないかという立法論的な批判がされており、学説上、無償寄託の場合には同項を類推適用して寄託者に無過失責任を負わせるべきであるという見解が主張されていることを踏まえて、同法第661条の規定を見直し、一定の場合に寄託者に無過失責任を負わせるべきであるとの考え方が示されている。これに対しては、取引実務の観点からは現在の規定が合理的であって見直しの必要がないとの意見がある一方で、見直しの必要性を肯定しつつ、たとえ無過失責任が原則とされても必要に応じて寄託者の責任を軽減する特約を締結できるから、見直すことに不都合はないと反論する意見もある。これらの意見に留意しつつ、上記の考え方の当否について、更に検討してはどうか。

仮に規定を見直す場合には、具体的な規定の在り方について、①無償寄託についてのみ、寄託者に無過失責任を負わせる考え方、②有償寄託と無償寄託のいずれについても、原則として寄託者の責任を無過失責任とするが、例外的に、受寄者が事業者で、寄託者が消費者である場合に限定して、寄託者が寄託物の性質又は状態を過失なく知らなかった場合には免責されることとする考え方があることを踏まえて、更に検討してはどうか。

【部会資料17－2　第6、6(1)［93頁］】

Ⅱ　全体版

〔意　見〕

　寄託物の性質又は瑕疵によって受寄者に生じた損害の賠償責任について、無償寄託については寄託者の責任を無過失責任とし、有償寄託については民法第661条の規律を維持するという考え方に賛成する。

　また、消費者契約に関する特則を民法に規定することについては、賛成できない。

〔理　由〕

　多くが自然人の間で好意によってされる無償寄託において、寄託物の性質又は瑕疵によって受寄者に生じた損害の賠償責任につき、寄託者の無過失責任とすることに異論はない。

　しかし、有償寄託においては、受寄者は、寄託物を保管するための設備を有する事業者であることがほとんどであり、寄託物の性質等につき寄託者より詳しい知識を有する場合も多いであろうし、また、保険により危険を分散できる立場にあると思われる。逆に、寄託物の保管場所の状況次第によっては、大きな損害が発生するおそれもあり、それについて寄託者に無過失責任を課するのは酷という場合もあろう。

　従って、寄託者・受寄者の属性を問わず、有償寄託においては、民法第661条の規律を維持すべきであると考える。なお、部会資料が引用する標準倉庫寄託約款（甲）第45条は、寄託者が告知条項に違反した場合に無過失責任を負担するとしているにとどまり、寄託者が一般的に無過失責任を負担するとしているものではない。

　第18回議事録5頁奈須野関係官は民法第661条維持の意見があるとし、9頁中田委員はデフォルトして事業者消費者の類型を考えるべきとする。

　また、民法は私法の一般法であって、消費者契約に関する特則を規定するのは妥当でない。また、民法に規定した場合は適宜・迅速な改正が困難となって、かえって消費者保護にそぐわないと思料する。上記提案の趣旨には賛成するが、消費者契約法その他の特別法に規定するのが妥当である。

(2)　寄託者の報酬支払義務

　寄託を諾成契約として規定する場合には、報酬に関する規律として、①保管義務を履行しなければ、報酬請求権は具体的に発生しないという原則や、②当事者間の合意により寄託者が寄託物の引渡義務を負った場合に、

第52 寄託

寄託者の義務違反により寄託物が引き渡されなかったときは、受寄者は、約定の報酬から自己の債務を免れることによって得た利益を控除した額を請求することができることについての明文の規定を設けるという考え方がある。このような考え方の当否について、特に②においては、受寄者が請求する金銭債権の法的性質を損害賠償請求権と報酬請求権のいずれと考えるかという問題があることのほか、「寄託者の義務違反」の具体的な内容、請負や委任などほかの役務提供型典型契約及び消費貸借（消費貸借を諾成契約として見直すことを前提とする。前記第44、1。）に関する規律との整合性などにも留意しつつ、更に検討してはどうか。

また、受託者が事業者であり、経済事業（反復継続する事業であって収支が相償うことを目的として行われるもの）の範囲内において寄託契約を締結したときは、有償性が推定されるという規定を設けるべきであるとの考え方（後記第62、3(3)③）の当否について、更に検討してはどうか。
【部会資料17－2 第6、6(2)[95頁]、部会資料20－2 第1、3(3)[20頁]】

〔意　見〕
1　寄託を諾成契約として規定する場合に、保管義務を履行しなければ、報酬請求権は具体的に発生しないという原則についての明文の規定を設けるという考え方に賛成する。
2　寄託を諾成契約として規定する場合に、当事者間の合意により寄託者が寄託物の引渡義務を負った場合に、寄託者の義務違反により寄託物が引き渡されなかったときは、受寄者は、約定の報酬から自己の債務を免れることによって得た利益を控除した額を請求することができることについての明文の規定を設けるという考え方に反対する。
3　受託者が事業者であり、経済事業の範囲内において寄託契約を締結したときは、有償性が推定されるという規定を設けるべきであるとの考え方には、強く反対する。

〔理　由〕
1　寄託を諾成契約として規定する場合に、保管義務を履行しなければ、報酬請求権は具体的に発生しないという原則について異論はないであろう。
2　寄託を諾成契約として規定する場合に、寄託者の義務違反により寄託物が引き渡されなかったときは、受寄者は、約定の報酬から自己の債務を免れる

Ⅱ 全体版

ことによって得た利益を控除した額を請求することができるという規定を設けるという考え方については、賛成できない。

当事者間の合意により寄託者が負うとされる「引渡義務」の意味が不明確である。仮に寄託者が故意又は過失により寄託物を引き渡さない場合であれば、民法第536条第2項の適用が問題となるに過ぎないので、上記規定を設ける必要はない。

第18回議事録6頁中井委員は、報酬請求権か損害賠償請求権かの検討を要するとし、6頁深山幹事は、これを損害賠償の問題とし、7頁松本委員は、報酬請求の問題とする。

3 なお、民法に「経済事業」概念を設けることは、これが国民には馴染みがなく、かつ内容が不明確であり、「国民に分かりにくい」と言うべきである。従って、これを前提とする規定を設けることにも強く反対する（第62、3(3)③)。

---

6 寄託物の損傷又は一部滅失の場合における寄託者の通知義務

売買や請負の瑕疵担保責任の期間制限について、短期の除斥期間を廃止して消滅時効の一般原則を適用することに加えて、買主や注文者が瑕疵の存在を知った場合には売主や請負人に対する通知義務を負い、当該通知を行わなければ、買主や注文者は、損害賠償請求権等を行使することができないものとする考え方（前記第39、1(6)、第48、5(5)）を前提として、寄託物の損傷や一部滅失があることを寄託者が知った場合には、一定の合理的な期間内にその旨を受寄者に通知しなければ、寄託者は損害賠償請求権を行使することができないという規律を新たに設けるとする考え方の当否について、売買や請負における瑕疵担保責任の期間制限の見直しの方向に留意しつつ、更に検討してはどうか。

また、このような考え方を採る場合における制限期間の起算点について、民法に事業者概念を取り入れる場合に、契約当事者の一方が事業者である場合の特則として、原則として寄託者が損傷等を知った時とし、寄託者が事業者であるときは寄託者が損傷等を知り又は知ることができた時とすべきであるという考え方（後記第62、3(2)⑥)の当否についても、更に検討してはどうか。

第52 寄　託

【部会資料17－2 第6、7［96頁］、部会資料20－2 第1、3(2)［16頁］】

〔意　見〕
1　寄託物の損傷や一部滅失があることを寄託者が知った場合には、一定の合理的な期間内にその旨を受寄者に通知しなければ、寄託者は損害賠償請求権を行使することができないという規律を新たに設けるとする考え方に反対する。
2　民法に事業者の特則を盛り込むこと、及び制限期間の起算点について、寄託者が事業者であるときは寄託者が損傷等を知り又は知ることができた時とすべきであるという考え方には、強く反対する。

〔理　由〕
1　売買、請負の瑕疵担保責任についての期間制限の見直しとの整合が必要である。寄託者の主観的認識を起算点とし、一定の合理的な期間というあいまいで多義的な期間の経過によって損害賠償請求権の行使を制限しても、迅速で明確な法律関係の確定に資するとは思われない。第18回議事録8頁岡委員は、債務不履行の損害賠償の消滅時効の一般論で対処すればよいとし、8頁潮見幹事も、同旨と思われる。
2　寄託者が事業者である場合には損傷等を知ることができた時から合理的な期間内に通知しなければ、返還された寄託物に損傷又は一部滅失があった場合の賠償請求ができないとする考え方も、中小事業者に対してこのような義務を課すことが、「格差拡大の危険性」があり改正目的にそぐわない（第62、3(2)⑥）。

7　寄託物の譲渡と間接占有の移転

動産を倉庫等に寄託した寄託者が、当該動産を寄託した状態で第三者に対して譲渡し、引渡しをするという取引に関して、第三者に対する荷渡指図書の交付と受寄者に対するその呈示によって、形式的には指図による占有移転（民法第184条）の要件を充足し、引渡しがあったとも考えられるが、判例はこれを否定する。他方、寄託者が発行する荷渡指図書の呈示を受けた受寄者が、寄託者の意思を確認後、寄託者台帳上の寄託者名義を荷渡指図書記載の被指図人に変更する手続を行った場合に、そのような手続により寄託物の引渡しが完了したものとする処理が関係の地域で広く行わ

Ⅱ 全体版

れていたとして、寄託者台帳上の寄託者名義の変更により、指図による占有移転が行われたと判示した判例がある。この判例の趣旨を踏まえて、寄託者の契約上の地位の移転には、受寄者の承諾が必要であることを条文上明記すべきであるとの考え方が示されている。

　この考え方の当否について、契約上の地位の移転一般についての検討（前記第16）に留意しつつ、更に検討してはどうか。

　また、その場合には、法律関係が複雑化することを避けるために、寄託者の契約上の地位の移転と間接占有の移転の関係に関して、寄託者の契約上の地位の移転がない限り間接占有の移転が認められないことを明記するかどうかについて、民法第184条の実質的な意義を大きく変えることになりかねないという指摘等に留意しつつ、更に検討してはどうか。

【部会資料17－2 第6、8［97頁］】

〔意　見〕
1　寄託者の寄託契約上の地位の移転には、受寄者の承諾が必要であることを条文上明記すべきであるとの考え方の方向性に賛成する。
2　寄託者の契約上の地位の移転がない限り、寄託物について間接占有の移転が認められないことを明示するとの考え方については、慎重に検討すべきである。

〔理　由〕
1　契約上の地位の移転に関する総論的規定からも同様の結論を導くことは可能であるが、注意的に規定しても特に問題はないと思われる。
2　実務上重要な問題になり得るところであるが、賛成、反対の両論があるので、慎重に検討すべきである。

　なお、動産・債権譲渡特例法との関係については、同法による登記手続きを利用して、受託者に通知することなく動産を譲渡した場合、当該動産の所有権は譲受人に移転するが、当該動産の占有及び寄託者としての地位は移転せず、これらも移転させたいのであれば受寄者の承諾を得る必要がある、そして譲受人が受寄者に対し所有権に基づく寄託物の返還請求を行った場合には、受寄者は動産・債権譲渡特例法第3条第2項の定めるところにより、譲渡人に対し当該請求に異議があれば相当の期間内にこれを述べるべき旨を催告し、譲渡人が異議を述べなかった場合には、受寄者は寄託物を譲受人に引

第 52 寄　託

き渡すことができるが、報酬請求権など寄託契約自体の法律関係については、受寄者と譲渡人との間で別途処理するという形で整理することが出来るとの意見もある。

　第18回議事録8頁・奈須野関係官、8、9頁・山野目幹事、9頁・高須幹事は、反対し、10頁・中田委員は、賛成する。

8　消費寄託（民法第666条）

　民法は、消費寄託について、寄託物の返還に関する規律の一部を除き、基本的に消費貸借の規定（同法第587条から第592条まで）を準用している。

　消費寄託と消費貸借とが共通するのは、目的物（寄託物）の処分権が移転するという点にあることに着目して、消費貸借の規定を消費寄託に準用する範囲は目的物の処分権の移転に関するものに限定し、その他については寄託の規定を適用することに改めるかどうかについて、更に検討してはどうか。

　仮に上記の方向で検討する場合には、以下の各論点について、更に検討してはどうか。

① 寄託を諾成契約とする場合（前記1参照）には、消費寄託における寄託物の受取前の当事者間の法律関係は、仮に消費貸借をも諾成契約とする場合であっても（前記第44、1参照）、消費貸借の規定を準用するのではなく、寄託の規定（前記1(2)）を適用することに改めるべきであるという考え方がある。このような考え方の当否について、寄託一般において寄託者に寄託物の引渡義務を認めるか否かにかかわらず、特に消費寄託では受寄者にも寄託の利益があることを理由として、寄託者に寄託物の引渡義務を認めるべきであるとの意見があることも踏まえ、更に検討してはどうか。

② 消費寄託の寄託物の返還請求については、消費寄託が寄託者の利益を図るためのものであることを理由として、寄託の規定を適用して、いつでも返還を請求できるものと改めるべきであるとする考え方がある。他方で、消費寄託においては受寄者にも寄託の利益があることを理由に、返還時期を定めたときでも寄託者がいつでも返還を請求できるとする民法第662条は適用すべきではないとの意見がある。そこで、このような意見も踏まえ、消費寄託の寄託物の返還に寄託の規定を適用するという

Ⅱ 全体版

考え方の当否について、更に検討してはどうか。

【部会資料17－2 第6、9［100頁］】

〔意 見〕
① ア 寄託を諾成契約とする場合には、消費寄託における寄託物の受取前の当事者間の法律関係は、消費貸借の規定を準用するのではなく、寄託の規定を適用すべきであるとの考え方に基本的には賛成する。
　イ 特に消費寄託では受寄者にも寄託の利益があることを理由として、寄託者に寄託物の引渡義務を認めるべきであるとの考え方に反対する。
② ア 消費寄託の寄託物の返還請求については、寄託の規定を適用すべきであるという考え方に基本的には賛成する。
　イ 消費寄託においては受寄者にも寄託の利益があることを理由に、返還時期を定めたときでも寄託者がいつでも返還を請求できるとする民法第662条は適用すべきではないとの考え方に反対する。

〔理 由〕
上記①ア、②アのいずれの考え方も、その基本的な立場については賛成できる。また、上記①イ、②イの考え方は、消費寄託が寄託者の利益を図るためのものであるという基本的あり方にそぐわない。なお、寄託の規律が定まっていない現時点において、その具体的な妥当性を検討することは困難である。今後の進展をまって改めて検討することとしたい。第18回会議議事録11頁、18頁岡本委員は、①イ、②イに賛成し、15頁松岡委員は、銀行預金以外に適用場面がないので規定を疑問とする。

---

9 特殊の寄託―混合寄託（混蔵寄託）

混合寄託が、実務上、重要な役割を果たしているにもかかわらず、民法には混合寄託に関する規定が置かれていないことから、その明文規定を設けるかどうかについて、更に検討してはどうか。

仮に規定を設ける場合には、具体的に以下の①から③までのような内容の規定を設けるかどうかについて、更に検討してはどうか。

① 種類及び品質が同一である寄託物を混合して保管するには、全ての寄託者の承諾を要する。
② 混合寄託がされた場合には、各寄託者は、自らが寄託した物の数量の

　　　　　　　　　　　　　　　　　　　　　　　　第52　寄　託

　　割合に応じて、寄託物の共有持分権を取得する。
　③　各寄託者は、混合して一体となった寄託物の中から、自らが寄託した
　　のと同数量の物の返還を請求することができる。
　　　　　　　　　　　　　　　【部会資料17－2　第6、10［102頁］】

〔意　見〕
混合寄託につき民法に明文規定を設けるかどうかついては、慎重に検討すべきである。
①ないし③についても、慎重に検討すべきである。
〔理　由〕
混合寄託の適用場面は極めて限られているようであり、民法に明文を設ける必要性があるか疑問である。具体的な場面を考えると、商法等の特別法に規定すれば足りると思料する。

10　特殊の寄託―流動性預金口座

（前注）この「第52、10　特殊の寄託―流動性預金口座」は、主として、以下の場面に関する法律関係を取り上げるものである。
①　振込依頼人は、仕向銀行に対して、振込依頼を行うとともに、振込資金の交付又は預金口座からの引落しの依頼をする。
②　仕向銀行は、為替通知を被仕向銀行に送信する。
③　被仕向銀行は、受信した為替通知に基づき、受取人の流動性預金口座に入金記帳をする。

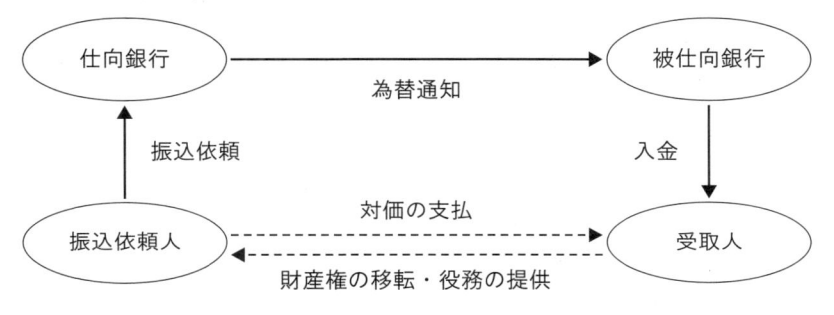

```
   仕向銀行  ──── 為替通知 ────→  被仕向銀行
     ↑                                  │
  振込依頼                              入金
     │                                  ↓
               対価の支払
   振込依頼人 ←──────────────  受取人
            ──────────────→
            財産権の移転・役務の提供
```

(1)　流動性預金口座への振込みによる金銭債務の履行に関する規律の要否

Ⅱ　全体版

ア　普通預金や当座預金等の流動性を有する預金口座への振込みは、現代の日常生活において極めて重要な役割を果たしているが、民法にはこの点に関する規定が置かれていないため、流動性預金口座への振込みが、金銭債務の弁済と代物弁済（同法第482条）のいずれに該当するかという点や、流動性預金口座への振込みによる金銭債務の消滅時期がいつかという点などの基本的な法律関係が必ずしも明らかではないという問題が指摘されている。そこで、流動性預金口座への振込みによる金銭債務の履行に関する明文の規定を設けるべきかどうかについて、更に検討してはどうか。

具体的な規定内容については、以下の①②のような内容の規定を設けるべきであるとの考え方があるが、被仕向銀行の過誤や倒産手続開始により入金記帳がされない場合があり得るという指摘や、他方で、入金記帳時以外に効力発生時点として適当な時点を定めることは難しいという指摘があること等にも留意しつつ、更に検討してはどうか。

① 流動性預金口座において金銭を受け入れる消費寄託の合意がされた場合において、流動性預金口座への入金や振込みがされたときは、受寄者が当該預金口座に入金記帳（入金記録）を行うことにより、既存の債権の額に当該金額を合計した金額の預金債権が成立する。

② 金銭債務を負う債務者が債権者の流動性預金口座に金銭を振り込んだときは、債権者の預金口座において当該振込額を加えた預金債権が成立した時点で、当該金銭債務の弁済の効力が生ずる。

イ　たとえこのような規定が必要であるとしても、民法に規定を置くことの当否については議論があり、預金債権が日常生活において極めて重要な役割を果たしていることから、預金債権に関する基本的な規定を民法に設けるべきであるとする意見があったが、他方で、一般法である民法に特殊な場面についての規定を設けることに違和感があるとする意見もあった。これらの意見を踏まえて、民法に規定を置くことの当否について、更に検討してはどうか。

〔意見〕
ア　流動性預金口座への振込みによる金銭債務の履行に関する明文の規定を設けるべきかについて、慎重に検討すべきである。
① 流動性預金口座において金銭を受け入れる消費寄託の合意がされた場合

第52 寄　託

において、流動性預金口座への入金や振込みがされたときは、受寄者が当該預金口座に入金記帳（入金記録）を行うことにより、既存の債権の額に当該金額を合計した金額の預金債権が成立するとの考え方に基本的に賛成する。

②　金銭債務を負う債務者が債権者の流動性預金口座に金銭を振り込んだときは、債権者の預金口座において当該振込額を加えた預金債権が成立した時点で、当該金銭債務の弁済の効力が生ずるとの考え方に基本的に賛成する。

イ　しかし、預金債権に関する基本的な規定を民法に設けるべきかどうかについては、慎重に検討すべきである。

〔理　由〕

現代の社会生活において預金債権は重要性があるが、はたして民法において規定すべきか疑問がある。

ウ　仮に民法に規定を置く場合の、その置き場所については、特に上記②が受取人の振込依頼人に対する債権の弁済について定める規定であることから、弁済の規定の中に置くべきであるとの意見があったことをも踏まえ、更に検討してはどうか。

【部会資料17－2 第6、11［104頁］】

〔意　見〕

ア②につき弁済の規定の中に置くべきであるとの考え方はなお検討されるべきである。

〔理　由〕

ウについては、ア②が債務の弁済に関する規定であるから、弁済の規定の中に置くことが理論的には妥当であるとの考え方もありえるものと思われる。

前記アからウまでについて、第18回議事録11頁・神作幹事は、入金記録による預金債権の成立、振込による金銭債権の弁済の効力発生には慎重を要するとし、12、13頁・油布関係官も、振込（特に入金記録）による金銭債権の弁済の効力発生に疑問とする。14頁・松本委員は、消費寄託で規定することを問題とし、17頁・中田委員は、規定する意義があるとする。17頁・中田委員は、効力発生時点として入金記帳の意義を示唆し、18頁・岡本委員も、これに賛成する。

> (2) 資金移動取引の法律関係についての規定の要否
> 　流動性預金口座への振込み等の資金移動取引に関する法律関係が必ずしも明らかではないことから、例えば、振込依頼人と受取人との間に原因関係がないにもかかわらず受取人に対して振込みがされた場合に、受取人が被仕向銀行に対する預金債権を取得するかという点に関する紛争が生じてきたと指摘されている。このような指摘を踏まえて、法律関係を明確にするために、例えば、振込依頼人と受取人との間の原因関係の存否にかかわらず、振込みがされた場合に、受取人が被仕向銀行に対して振込金額相当の預金債権を取得するとの判例法理を明文化するかどうか、その他の資金移動取引に関する規定を設けるかどうかについて、規定を設ける場合に新たな典型契約として位置付けるべきかという点にも留意しつつ、検討してはどうか。

〔意　見〕
　振込依頼人と受取人との間の原因関係の存否にかかわらず、振込みがされた場合に、受取人が被仕向銀行に対して振込金額相当の預金債権を取得する旨を明文化するとの考え方については、慎重に検討すべきである。
〔理　由〕
　判例を明文化するものであるかもしれないが、振込依頼人の保護が十分に図られるか否かについてなお明らかではない。

> (3) 指図に関する規律の要否
> 　上記(1)(2)の法律関係は、指図という法律行為を基礎とするものと解されることから、上記のような規定を設ける場合には、民法に指図に関する明文の規定を設けるべきであるとの考え方が示されている。このような考え方の当否について、検討してはどうか。

〔意　見〕
　指図の規定を設けるべきとの考え方は、その具体的提案を得た上で、更に検討すべきである。

第 52 寄　託

〔理　由〕
　指図の内容は明確ではないとされ、具体的な立法提案もされていない状況であるが、規律の必要性は認められる。
　山本(和)幹事も、規定の必要性を述べる（第24回議事録29、30頁）。

> ⑷　流動性預金口座に存する金銭債権の差押えに関する規律の要否
> 　流動性預金口座に存する金銭債権の差押えに関して、ある時点における残高に係る金銭債権を差し押さえることは可能であるとした上で、差押え時点の残高に係る金銭債権についてのみ差押えの効力が生じ、その限度で金銭債権の流動性は失われるが、これによって流動性預金口座自体の流動性が失われるものではないとするのが判例及び通説の立場とされる。そこで、これを明文化すべきかどうかについて、差押命令送達後に入金された金額に相当する預金債権をも含めて差押えの対象とすることの可否に関する民事執行法上の問題と関連することに留意しつつ、更に検討してはどうか。
>
> 【部会資料17－2　第6、11（関連論点）1 ［107頁］】

〔意　見〕
　流動性預金口座に存する金銭債権の差押えに関して、ある時点における残高に係る金銭債権を差し押さえることは可能であるとした上で、差押え時点の残高に係る金銭債権についてのみ差押えの効力が生じ、その限度で金銭債権の流動性は失われるが、これによって流動性預金口座自体の流動性が失われるものではないことを明文化すべきであるとの考え方については、慎重に検討されるべきである。

〔理　由〕
　流動性預金口座に存する預金債権に対する差押えは、債権回収の手法として極めて重要であり、かつ、頻繁に利用されていて、その法律関係の明確化が必要とされるところではあるが、民事執行法の問題であるともいえ、これを実体法である民法で規定することについてはなお疑問が残る。
　第18回議事録16頁・高須幹事、16頁・山本(和)幹事は、民事執行法の論点との関連で実体法に規定することにつき疑問とし、16頁・岡本委員は、実質的に賛成する。

Ⅱ 全体版

(5) 流動性預金口座に係る預金契約の法的性質に関する規律の要否
　第三者による振込みの流動性預金口座への受入れ、預金者の受寄者に対する第三者の預金口座への振込みに関する支払指図、その他の流動性預金口座に関する契約関係に関して、判例・通説は委任の規定が適用されるとしている。そこで、これを条文上明確にするかどうかについて、概括的な規定を設けるだけであればかえって硬直的な適用を招き望ましくないとの意見があることに留意しつつ、更に検討してはどうか。
【部会資料17－2 第6、11（関連論点）2［107頁］】

〔意　見〕
　第三者による振込みの流動性預金口座への受入れ、預金者の受寄者に対する第三者の預金口座への振込みに関する支払指図、その他の流動性預金口座に関する契約関係に関して、委任の規定が適用される旨を条文上明確にするとの考え方に賛成する。
〔理　由〕
　上記考え方は、判例・学説に沿うものであり、妥当である。第18回議事録13頁・岡本委員は、反対する。

11　特殊の寄託—宿泊事業者の特則
　民法に事業者概念を取り入れる場合に、契約当事者の一方が事業者である場合の特則として、商法第594条から第596条までを参照し、宿泊事業者が宿泊客から寄託を受けた物品について厳格責任を負う原則を維持しつつ（同法第594条第1項参照）、高価品について損害賠償額を制限するには宿泊事業者が価額の明告を求めたことが必要であること、正当な理由なく保管の引受けを拒絶した物品についても寄託を受けた物品と同様の厳格責任を負うこととすべきであるとの考え方（後記第62、3(2)⑧）が示されている。このような考え方の当否について、更に検討してはどうか。
【部会資料20－2 第1、3(2)［16頁］】

〔意　見〕
　上記の考え方の趣旨には賛成するが、民法に規定することについては、強く

反対する。
　〔理　由〕
　宿泊事業者が宿泊客の物品についての特別の責任を負う旨の規定を設ける必要があるとしても、民法に規定することには反対する。あくまで商法プロパーの問題であって、商法を改正すべきである（第62、3(2)⑧）。

> ## 第53　組　合
> ### 1　組合契約の成立
> #### (1)　組合員の一人の出資債務が履行されない場合
> 　組合員の一人の出資債務が履行されない場合について、同時履行の抗弁権等の契約総則の規定をそのまま適用することは組合の団体的性格に照らして適切であるとは言えないことから、組合契約の性格に即した規定を整備する方向で、更に検討してはどうか。具体的には、組合員の一人が出資債務の履行をしない場合であっても、他の組合員は原則として組合契約の解除をすることができないこと等を条文上明記するかどうかについて、更に検討してはどうか。
>
> 【部会資料18－2 第1、2(1)［4頁］】

〔意　見〕
異論はない。
〔理　由〕
明確性の観点から異論はない。

> #### (2)　組合契約の無効又は取消し
> 　組合契約について意思表示に関する民法総則の規定をそのまま適用することは、組合契約の団体的性格に照らして適切でない場合があることから、組合契約の性格に即した特別の規定を整備する方向で、更に検討してはどうか。
> 　その具体的な規定内容については、組合契約を締結する意思表示に錯誤等があった場合において、① 組合が第三者との取引を開始する前は、意思表示に関する規定がそのまま組合契約にも適用されるが、② 第三者との取引が開始された後は、錯誤等があった組合員の他に二人以上の組合員

がいるときは、原則として組合契約の効力は妨げられないこと等を条文上明記するとの考え方が提示されているのに対して、組合が第三者と取引をする前後で規定内容を区分することの妥当性を疑問視する意見があることに留意しつつ、更に検討してはどうか。

【部会資料18－2　第1、2(2)［8頁］】

〔意　見〕
1　基本的に異論はないが、組合員が一人でもいれば組合は存続するとすべきである。
2　また、組合が第三者と取引をする前後で規定内容を区分することについても賛成である。

〔理　由〕
1　組合員の意思表示に錯誤等があった場合に、組合契約の全部が無効となる結論は妥当でない場合があることから、組合契約の性格に即した特別の規定を整備する方向は、妥当である。

　　ただし、後述のとおり、組合員が一人でもいれば組合は存続するとすべきである。
2　なお、組合が第三者と取引をする前後で規定内容を区分することについて、確かに、第三者と取引をする前か後かで紛争が生ずるおそれは考えられるが、第三者の保護の必要性がなければ意思表示に関する総則の規定はそのまま適用されるべきであり、結論的な妥当性からすれば上記意見のとおり規定することについては賛成である。

2　組合の財産関係

　組合財産は、総組合員の共有に属すると規定されている（民法第668条）が、各組合員は持分の処分が制限され（同法第676条第1項）、組合財産の分割を請求することもできない（同条第2項）など、同法第2編（物権）の「共有」と異なり、組合員個人の財産から独立した性質を有するとされている。このような組合財産の特殊な規律を明確にする観点から、現在の通説的な理解に基づき、組合の債権及び債務について規定を明確にする方向で、更に検討してはどうか。

　具体的には、①組合財産の独立性に関して、各組合員の債権者は組合

財産に対して権利行使をすることができないという解釈を明文化すること、②組合の債権に関して、総組合員が共同しなければ請求することができないという解釈を明文化すること、③組合の債務に関して、組合員個人の債務とは区別して組合財産固有の債務を認める規定を設けることなどの当否について、更に検討してはどうか。

　また、組合員の全員が事業者であって、経済事業（反復継続する事業であって収支が相償うことを目的として行われるもの）を目的として組合の事業が行われる場合には、組合員は組合の債権者に対して連帯債務を負う旨の規定を設けるという考え方（後記第62、3⑶⑤）について、更に検討してはどうか。

　このほか、組合の債務者による相殺の禁止を定める同法第677条に関して、信託法第22条を参考とする例外規定を設けるかどうかについて、検討してはどうか。

【部会資料18－2 第1、3［10頁］、同（関連論点）［13頁］、
部会資料20－2 第1、3⑶［20頁］】

〔意　見〕
1　現在の通説的な理解に基づき、組合の債権及び債務について規定を明確化する方向に異論はない。
2　組合員の全員が事業者であって、経済事業を目的として組合の事業が行われる場合は、組合員が組合の債権者に対して負う債務を連帯債務とする考え方には、強く反対する。
3　組合の債務者による相殺の禁止を定める民法第677条に関して、信託法第22条を参考とする例外規定を設けるかどうかについては、さらに検討すべきである。
〔理　由〕
1　組合財産の特殊な規律については、明確性の観点から、可能な限り明文化すべきであって、各組合員の債権者は、組合財産に対して権利を行使することができない旨の規定を明文化することは妥当である。
2　民法に「経済事業」概念を設けることは、これが国民には馴染みがなく、かつ内容が不明確であり、「国民に分かりにくい」と言うべきである。従って、これを前提とする規定を設けることにも強く反対する（第62、3⑶⑤）。

Ⅱ 全体版

3 組合の債務者による相殺の禁止を定める同法第677条に関して、信託法第22条を参考とする例外規定を設けるかどうかについては、善意無過失の者を保護する意図であると思われるものの、逆に組合財産が害されないかなどにつき検討を要する。

---

3 組合の業務執行及び組合代理
(1) 組合の業務執行
　組合の業務執行の方法について定める民法第670条に関しては、主に組合の意思決定の方法を定めるにとどまり、その意思決定を実行する権限（業務執行権）の所在が分かりにくいなどの問題点が指摘されていることから、例えば、各組合員は原則として業務執行権を有する旨の規定を設けるなど、現在の通説的な理解に基づき条文を明確にする方向で、更に検討してはどうか。

【部会資料18－2 第1、4(1)［13頁］】

〔意見〕
賛成である。
〔理由〕
明確化の観点からは妥当である。

---

(2) 組合代理
　組合が対外的に法律行為を行う方法（組合代理）について、民法は業務執行に関する規定（同法第670条）を置くのみで特段の規定を置いていないため、組合代理についても同条の規定に従うべきか等をめぐって判例・学説は分かれている。この点については、近時の一般的な学説に従い、組合の業務執行とは別に組合代理に関する規定を整備する方向で、更に検討してはどうか。その具体的な規定内容については、例えば、組合代理の要件を欠いて行われた取引の相手方が保護されるには善意無過失であることを要するとの考え方に対して、組合の業務執行者の権限を第三者が確認することが困難であるとの指摘があること等に留意しつつ、更に検討してはどうか。

第 53 組 合

【部会資料 18 − 2 第 1、4⑵［15 頁］】

〔意 見〕
近時の一般的な学説に従い、組合の業務執行とは別に組合代理に関する規定を整備する方向は賛成である。
組合代理の要件を欠いて行われた取引の相手方が保護されるには善意無過失であることを要するとの考え方の方向性に賛成する。

〔理 由〕
明確性の観点から、組合代理についての規定を整備することは賛成である。
組合代理の要件を欠いて行われた取引の相手方が保護されるには善意無過失であることを要するとの考え方に対しては、第三者の保護要件として無過失を求めるのは適当ではないという意見があるが、一般的な表見代理と同様で問題ないと思われる。

4 組合員の変動
 ⑴ 組合員の加入
 組合成立後の新たな組合員の加入について、民法には規定が置かれていないが、判例・学説上、組合に新たな組合員が加入することも認められると解されている。そこで、組合員の加入に関する規定を整備し、加入の要件や加入した組合員の責任について条文上明らかとする方向で、更に検討してはどうか。

【部会資料 18 − 2 第 1、5⑴［17 頁］】

〔意 見〕
異論はない。
〔理 由〕
明確性の観点から妥当である。

 ⑵ 組合員の脱退
 組合員の脱退に関する規定（民法第 678 条から第 681 条まで）については基本的にはその内容を維持しつつ、やむを得ない事由があっても組合員が脱退することができない旨の組合契約の定めは無効であることや、脱退前

Ⅱ 全 体 版

の組合債務に関する脱退した組合員の責任に関して、判例・学説において示されてきた解釈を明文化する方向で、更に検討してはどうか。
　また、組合員に死亡その他の脱退の事由が生じたとき（同法第679条）であっても、当然に持分の払戻しをするのではなく、その持分を他の組合員が買い取ることができる仕組みを設けるかどうかについて、当該規定の趣旨や代替的な手段の有無にも留意しつつ、検討してはどうか。
【部会資料18－2　第1、5(2)［17頁］】

〔意　見〕
　やむを得ない事由があっても組合員が脱退することができない旨の組合契約の定めは無効であることや、脱退前の組合債務に関する脱退した組合員の責任に関して、判例・学説において示されてきた解釈を明文化する方向は賛成である。
　持分を他の組合員が買い取ることができる仕組みを設けることは賛成である。
〔理　由〕
　上記方向性は結論において妥当である。
　なお、持分を他の組合員が買い取ることができる仕組みを設ける意見に対して、脱退した組合員の持分権を買い取るのではなく、他の組合員が追加出資をすることによって、目的を達することができるという意見に対しては、やや迂遠な考え方であり、持分の買い取りを認める仕組みを設ける方が簡便かつ妥当ではないかと思われる。

5　組合の解散及び清算
(1)　組合の解散
　組合の解散事由については、民法に定められている事由（同法第682条及び第683条）のほか、総組合員が解散に同意した場合、組合契約で定めた解散事由が発生した場合、組合の存続期間が満了した場合など、解釈上認められている事由を新たに明文化する方向で、更に検討してはどうか。
　組合員が欠けた場合か、又は一人になった場合のいずれかを新たな組合の解散事由とするかどうかについては、構成員の入れ替わりが想定されている組合では、たまたま組合員が一人になった場合にも清算手続をしないで組合を存続させる必要性があるとの指摘があることに留意しつつ、更に

検討してはどうか。

【部会資料18-2 第1、6⑴ [21頁]】

〔意　見〕
　組合の解散事由について、解釈上認められている事由を新たに明文化する方向は賛成である。
　組合員が一人になった場合については、解散事由に当たらず、組合員が欠けた場合を解散事由として明記すべきである。
〔理　由〕
　組合員が一人になった場合を組合の解散事由とすることは、価値のある事業を精算することとなり、社会的損失が大きい場合も考えられる。従って、組合員が欠けたことを解散事由とすることが妥当である。

⑵　組合の清算
　組合契約の無効又は取消し（前記1⑵）に関する規定の整備の一つとして、その効力は将来に向かってのみ生ずることを明文化するとするという考え方が提示されているが、これと併せて、組合契約の無効又は取消しに係る訴訟の認容判決が確定したことを新たな清算原因として規定するという考え方も提示されている。このような考え方の当否について、判決の確定を要件とするのは他の清算原因との平仄が取れていないという指摘があることに留意しつつ、更に検討してはどうか。
　また、清算人を選任して清算事務を行わせる場合（民法第685条第1項後段）における清算人の職務権限については、判例・学説上、各清算人は清算事務の範囲内で全ての組合員を代理する権限を有するとされており、これを明文化してはどうか。

【部会資料18-2 第1、6⑵ [22頁]】

〔意　見〕
1　組合契約の無効又は取消しに係る訴訟の認容判決が確定したことを新たな清算原因として規定する考え方には異論はない。
2　清算人の職務権限として組合員を代理する権限があることを明文化するという考え方にも異論はない。

Ⅱ　全体版

〔理　由〕
1　組合契約の無効又は取消しに係る訴訟の認容判決が確定したことを新たな清算原因として規定する考え方に対して、判決の確定を要件とするのは他の清算原因との平仄が取れていないという指摘があるが、組合契約の無効又は取消しの効力が将来に向かってのみ生ずることから当然導かれるものであり、これを明確性の観点から明文化することは妥当であると考えられる。他の清算原因との平仄については、当該別の規定において検討されるべきでものである。
2　清算人の職務権限として組合員を代理する権限があることを明文化するという考え方は明確性の観点から妥当である。

6　内的組合に関する規定の整備

　内的組合は、構成員相互の間の契約に基づき共同して事業を行う点で民法上の組合と共通するものの、事業活動に必要な全ての法律行為を一人の組合員が自己の名で行い、組合財産も全てその組合員の単独所有とする点で組合とは異なる性質を持つものとして、判例・学説上、その存在が認められている。しかし、民法にはその規定が置かれていない。

　そこで、内的組合に関する規定を新たに設けるかどうかについて、規定を設ける必要性として、内的組合に関する法的関係が明確に示されるというメリットが指摘される一方で、許可事業等に関する規制を回避する受皿として濫用されるおそれがある等のデメリットも指摘されていることから、実務に与える影響に留意しつつ、更に検討してはどうか。

【部会資料18－2 第1、7［24頁］】

〔意　見〕
　内的組合について規定を設ける方向性は賛成であるが、実務に与える影響については留意すべきである。

〔理　由〕
　内的組合について民法上規定を設けることは、そのような類型の組合も存在することを示す点で意義があり妥当である。民法の規定の準用関係も明確化することも法律関係の明確化の観点から妥当である。

　内的組合の規定を置くことにより、共有にもなっていない内的組合の組合財

産に対して特殊な地位を与えることには問題があるとの意見に対しては、判例や学説において存在が認められている範囲を超えて、特殊な地位を与えるものではないように留意して規定すべきであると指摘できるが、規定を設けること自体は妥当であると思われる。

> ## 第54 終身定期金
> 　終身定期金契約については、実際にはほとんど利用されていない契約類型であると言われる一方で、終身性や射倖性のある契約の有効性を確認し、様々な無名契約を締結する手掛かりとなり得るという意義がある等の指摘がされていることを踏まえて、これを削除しない方向で、更に検討してはどうか。
> 　その上で、規定の在り方については、その存在意義にふさわしい規定内容とするための必要な見直しを行うべきであるとの意見があり、具体的に、①有償の終身定期金契約を中心に規定を再編成する（部会資料18－2第2、2［28頁］）、②特殊な弁済方法の一つとして、終身定期金としての不確定量の弁済の規定を設ける（同3［34頁］）、③終身定期金契約に代わる新たな典型契約として「射倖契約」の規定を設ける（同4［35頁］）、④現在の枠組みを基本的に維持した上で、使いやすいものとするための必要な見直しを行う等の考え方が示されている。このような考え方を踏まえつつ、終身定期金契約の規定の在り方について、更に検討してはどうか。
> 【部会資料18－2第2、1から4まで［25頁から35頁まで］】

〔意　見〕
　終身定期金契約の見直しに当たっては、有償の終身定期金契約を中心に規定を再編成する考え方に反対しない。但し、濫用の恐れがある（身寄りのない病弱の高齢者から、巨額の財産を終身定期金契約により移転を受け、同高齢者の早期死亡により対価としての定期金給付や役務提供の大半を免れようとするケースが生じる危険がある）ので、公正証書化することにより効力が生じるものとすべきである。

〔理　由〕
　終身定期金契約が実際にはほとんど利用されていないこと及び上記の濫用の危険性から、この規定を削除すべきとの意見も有力であるが、有償の終身定期

Ⅱ 全体版

金契約が債権者の老後の生活保障を目的として利用される余地もあるのであれば、上記の方向での見直しが妥当である。

　これに対し、終身定期金契約は典型契約としてではなく特殊な弁済方法の一つとして捉える考え方も有力であるが、債権者が不動産等の所有権を相手方に移転し、代わりに相手方である債務者が債権者の生存中、一定額の金銭を終身定期金基準者の死亡まで継続的に給付するという契約は、単なる売買の決済の一方法とは言い難いので賛成できない。

　また、終身定期金契約に代えて射倖契約の規定を設ける考え方が有力であるが、これについても、その要件（偶然性など）等について未だ確定した考え方があるとは言えず立法化は時期尚早である。

第55 和　解
1　和解の意義（民法第695条）

　和解の要件のうち当事者の互譲については、和解の中心的な効力である確定効（民法第696条）を与えるのが適当かという観点から、その存否が緩やかに判断されており、また、当事者の互譲がない場合であっても、争いをやめることを合意したのであれば、当該合意は確定効が認められる無名契約となることから、要件とする意義が乏しいとの指摘がある。このような指摘を踏まえて、和解の要件として当事者の互譲を不要とすべきかどうかについて、当事者の互譲は、和解の確定効を正当化する要素（特に権利変動を生じさせることを正当化する要素）として重要であるとの指摘や、当事者の互譲によって、和解の成立が促進されているという実務上の意義があるとの指摘にも留意しつつ、更に検討してはどうか。

　また、書面によらずに締結された和解契約を無効とする旨の規定を設けることの要否についても、検討してはどうか。

【部会資料18－2 第3、2 ［37頁］】

〔意　見〕
1　和解の要件として、「当事者の互譲」を必要とする考え方に賛成する。
2　書面によらずに締結された和解契約を無効とする旨の規定を設けることについては、慎重に検討すべきである。
〔理　由〕

1 現行民法が「当事者の互譲」を要件としており、これを変更すべき特段の必要性がないこと、一方当事者のみが譲歩している場合には、たとえ反対の証拠が出てもあきらめるという意思があるとは言いにくいので、当事者の互譲を和解の確定効の正当化要素として位置づけ、当事者の互譲を要件とすべきである。

2 和解は紛争解決契約であり、和解契約において紛争の内容、解決する紛争の対象をはっきりさせなければ、後に紛争蒸し返しの危険があり、和解契約の成立要件として書面を要求べきとの意見があるが、和解において書面が作成されない場合もあるため、書面によらずに締結された和解契約を一律に無効とすると、混乱が生じ、濫用のおそれがある。

2 和解の効力（民法第696条）

(1) 和解と錯誤

和解の確定効（民法第696条）は、紛争の蒸し返しを防止する機能を有するが、他方で、理由のいかんを問わず常に和解の確定効が認められるのは適当ではないため、どのような範囲で和解の確定効を認めるかという点が問題となる。この点について、判例・通説は、①争いの目的となっていた事項については錯誤による無効主張（同法第95条）は認められないが、②争いの目的である事項の前提又は基礎とされていた事項、③①②以外の事項については錯誤による無効主張が認められ得るなどとしているが、このように錯誤による無効主張が制限される場合があるのは、和解契約の性質から導かれる錯誤の特則であるとの指摘がある。このような指摘を踏まえて、錯誤による和解の無効の主張をすることができる範囲を条文上明確にすべきかどうかについて、適切な要件を設けることが困難であるとの指摘があることに留意しつつ、更に検討してはどうか。

規定を設ける場合の具体的な在り方については、当事者の一方又は双方が争いの対象となった事項にかかる事実を誤って認識していた場合であっても、錯誤による無効主張又は取消しの主張をすることができない（前記第30、3(4)参照）とする旨の規定を設けるべきであるという考え方や、当事者は争いの対象として和解によって合意した事項について、その効力を争うことができない（ただし、公序良俗違反や、詐欺・強迫の規定の適用についてはこの限りでない。）とする規定を設けるべきであるという考え方等、

Ⅱ 全 体 版

錯誤の主張が認められない範囲を明確にする方向からの規定を設けるべきとの考え方が提示されているが、錯誤の主張が認められる範囲を明確にする方向からの規定を設けることの要否も別途検討課題となるとの指摘があることも踏まえて、更に検討してはどうか。

【部会資料18－2　第3、3［39頁］】

〔意　見〕
通説・判例の見解を前提に、「当事者の一方又は双方が、争いの対象となった事項に係る事実を誤って認識していた場合であっても、錯誤の主張をすることができない」旨の規定を置くべきである。

〔理　由〕
「和解と錯誤」の問題に関する通説によれば、①争いの目的となっていた事項は錯誤無効の主張は認められないが、②争いの目的である事項の前提又は基礎とされていた事項及び③それ以外の事項、についてはいずれも錯誤無効の主張が認められるとしている。

しかし、錯誤の主張が認められるケースは、ごく例外的であるので、誤解や混乱を避けるために、上記のとおり原則のみを規定するのが妥当である（第18回議事録37頁　鹿野幹事）。

(2) 人身損害についての和解の特則

当事者が和解時に予見することができず、和解で定められた給付と著しい不均衡を生ずる新たな人身損害が明らかになった場合には、当該損害には和解の効力が及ばない旨の規定を設けるべきかどうかについては、個別の和解契約の解釈の問題であるから一般的な規定を設けるのは適当でないという指摘や、事情変更の法理を不当に広く認めることになりかねないという指摘等がある一方で、規定を設けることに積極的な立場から、人身損害についての特則ではなく財産的損害にも適用される規律とする必要があるとの指摘があることにも留意しつつ、更に検討してはどうか。

【部会資料18－2　第3、3（関連論点）［45頁］】

〔意　見〕
「和解で定められた給付と著しい不均衡を生ずる新たな人身損害が明らかに

なった場合には、当該損害について和解の効力が及ばない」旨の人身損害に関する特別規定を設けることに賛成する。但し、その要件については慎重に検討するべきである。

〔理　由〕
　基本的には、判例を法文化するものであり、分かりやすい民法の実現に資する。但し、人身損害について「和解の確定効の否定」を認めるかのような誤解を与え（第18回議事録37頁　鹿野幹事）、和解契約締結に慎重になるおそれがあって被害者保護にもとる危険性があるとの批判もあるので、要件は慎重に検討するべきである。

> ## 第56　新種の契約
> ### 1　新たな典型契約の要否等
> 　民法で定められている典型契約について、同法制定以来の社会・経済の変化や取引形態の多様化・複雑化などを踏まえ、総合的な見直しを行い、現在の13種類の契約類型で過不足が無いかどうか、不足があるとすれば新たに設けるべき契約類型としてどのようなものがあるかを検討する必要性が指摘されている。このような問題意識を踏まえ、既に個別的な論点として、ファイナンス・リース（後記2）のほか、準委任に代わる役務提供型契約の受皿規定（前記第50）などが取り上げられているが、このほか、典型契約として新たに定めるべき契約類型の有無及びその内容について、更に検討してはどうか。
> 【部会資料18－2　第4、1［42頁］】

〔意　見〕
特段指摘すべき事項はない。

> ### 2　ファイナンス・リース
> 　ファイナンス・リースに関しては、現代社会において重要な取引形態として位置づけられること、民法の典型契約のいずれか一つに解消されない独自性を有していること等を指摘して、これを典型契約として規定する必要があるとする意見がある一方で、その多くが事業者間取引であること、税制や会計制度の動向によって利用状況が左右される取引類型であること

Ⅱ　全体版

等を指摘して典型契約化の必要性を疑問視する意見や、仮に現在の実務と異なる規定内容となった場合の実務に与える影響を懸念する意見、典型契約とする場合にはユーザーを保護する必要性の高い類型のものがあることにも配慮すべきであるとする意見など、様々な意見がある。これらの意見に留意しつつ、ファイナンス・リースを新たな典型契約として規定することの要否や、仮に典型契約とする場合におけるその規定内容（部会資料18－2 第4、2(2)以下［45頁以下］参照）について、更に検討してはどうか。

【部会資料18－2 第4、2［43頁］】

〔意　見〕
　ファイナンス・リースを新たな典型契約として規定すべきであるとの考え方については慎重に検討するべきである。
　ファイナンス・リースを典型契約とすること全般について留意して検討すべき点は、判例等を前提として、リース提供者と利用者との利害関係が適正に調整できるものでなければならないということである。

〔理　由〕
　ファイナンス・リースは、今日の社会生活において一定の役割を有していながら、従来の典型契約である賃貸借、消費貸借によっては適切に解釈しきれない面があり、判例もある程度集積していることから、これを典型契約として新設することが適切である面がある。
　なお、ファイナンス・リースについては、民法と商取引法との関係をどのようにとらえるかの問題が関連するなど、解決されなければならない前提問題があるように思われる。
　また、ファイナンス・リースを典型契約とすること全般について留意して検討すべき点は、これが従来の典型契約では解消されないこととあいまって、リース提供者と利用者との利害が対立し、判例が集積してきたなどの経緯があることから、判例等を前提として、リース提供者と利用者との利害関係が適正に調整できるものでなければならないと考える。
　第18回議事録51頁山本(和)幹事、53頁高須幹事、54頁潮見幹事は、肯定的である。53、54頁鹿野幹事は、ユーザーの権利を明確にすべきとする。54、55頁岡委員、56、57頁中井委員は、零細事業者、消費者の保護を強調する。リース業界は反対し、利用数が減少傾向にあって疑問とする者も多い。

第 57 事情変更の原則
1 事情変更の原則の明文化の要否

　判例が認める事情変更の原則を明文化するという考え方に関しては、濫用のおそれが増加すること、個別具体的な事案に応じて信義則や契約解釈により柔軟に解決する方が望ましいことなどを理由に明文化に否定的な意見がある一方で、濫用防止のためにも明文化により適用範囲を明確にすべきであること、信義則の具体的内容を明らかにする趣旨で明文化する方が分かりやすく望ましいこと、弱者保護に資する可能性があることなどを理由に明文化に肯定的な意見があった。また、明文化に当たって留意すべき点として、適用場面が、事情の変更による契約目的の到達不能の場面か、経済的不能や双務契約における等価関係の破壊の場面かで性質に違いがあるという意見、労働契約への適用を否定すべきであるなど、契約類型の違い等に応じて、この原則の適用の可否や適切な要件・効果が異なり得るという意見、限定的に適用されることを要件だけでなく名称によっても表現すべきであるという意見等があった。これらを踏まえて、判例が認める事情変更の原則の明文化の要否について、明文化が取引実務に与える影響、契約目的の到達不能や経済的不能等の具体的な適用場面を踏まえた要件・効果の在り方、濫用防止の観点等に留意しつつ、更に検討してはどうか。

【部会資料19－2　第2、1［15頁］】

〔意　見〕
意見書Ⅰと同じである。

2　要件論

　判例が採用する事情変更の原則の要件（部会資料19－2第2、2①から④まで［16頁］参照）を明文化する考え方に関しては、重複する要件は一つにまとめるべきであるという意見があったのに対して、この原則が限定的にしか適用されないことを明らかにするため、可能な限り必要な要件を抽出して条文上明確にすべきであるという意見があり、また、例外的に適用されることを明確にする観点から、この原則と併せて、事情が変更しても契約は履行されるべきであるという原則を定める必要があるという意見

Ⅱ 全体版

等があった。これらの意見を踏まえて、前記１に関する議論及び他の法制上の契約変更に関する法理との整合性に留意しつつ、要件の在り方について、更に検討してはどうか。

【部会資料19－２　第２、２［16頁］】

〔意　見〕
意見書Ⅰと同じである。

3　効　果　論
(1)　解除、契約改訂、再交渉請求権・再交渉義務
　事情変更の原則の効果に関しては、解除を認める考え方や、裁判所による契約改訂を認める考え方があり、また、再交渉請求権・再交渉義務を規定すべきであるとの考え方などがある。このような考え方に対しては、いずれも賛成する意見がある一方で、履行の強制を阻止できる旨を定めることにとどめるべきではないかという意見、再交渉請求権・再交渉義務について、当事者による紛争解決が硬直化するおそれがあるという意見や、効果ではなく解除等の手続要件とすべきではないかという意見、解除について、債務不履行解除による処理に委ねれば足りるという意見、裁判所による契約改訂について、裁判所による適切な契約改訂の判断が実際上可能か否か等の観点から反対する意見が、それぞれあった。また、解除に関しては、解除に当たり金銭的調整のための条件を付すことができる旨の規定を設ける考え方について、金銭的調整になじまない契約類型があることに留意すべきであるという意見があった。これらの意見を踏まえて、事情変更の効果として履行の強制の阻止、再交渉請求権・再交渉義務、解除、契約改訂を認めるべきか否かについて、前記１及び２に関する議論及び他の法制上の契約変更に関する法理との整合性等に留意しつつ、更に検討してはどうか。

【部会資料19－２　第２、３［19頁］】

〔意　見〕
意見書Ⅰと同じである。

(2) 契約改訂の法的性質・訴訟手続との関係

裁判所による契約改訂を認める場合における手続的な条件等について、更に検討してはどうか。

【部会資料19－2 第2、3（関連論点）1［21頁］】

〔意　見〕
1　当事者による契約改訂請求がない場合にも、裁判所が契約改訂をすることができるとすることには反対する。
2　裁判所の裁量権については、現状では反対する。

〔理　由〕
1　当事者による契約改訂請求がない場合にも、裁判所が契約改訂をすることができるとすると、私的自治原則への過度の介入となる。
2　裁判所の裁量権については、下記の3説があるが、未だ確定した考え方はなく現状では明文化は困難と思料する。
(1)　契約改訂権を形成権と捉え、裁判所は、当事者による具体的な改訂内容の主張の有無に関わらず、裁量により「改訂後の契約」内容を定めることができる（地代等増減請求権と同じで簡明であるが、私的自治への介入を広く認め過ぎるとの批判あり）。
(2)　契約改訂権を、相手方に対して変更した事情に契約を適応させるように求める請求権とし、当事者が適応すべき改訂内容を詳細に示さない限りは、釈明権の行使は格別、裁判所は「改訂後の契約」内容自体を示すことはできない（ドイツ民法－私的自治原則には忠実であるが、裁判所の裁量を完全に否定する点で現実的でない）。
(3)　契約改訂権を、裁判所に対して形成訴訟を求める権能と捉え、当事者が主張する具体的な改訂案を専ら審理の対象とし、これが変更した事情及び契約に照らして合理的と判断するときに限り、当該改訂案に基づいて契約の改訂を命じることができる（検討委員会案－両当事者から改訂案が提出され、そのいずれもが合理的と認められる場合には、裁判所は、より合理的と認められる改訂案を採用することができるが、両改訂案を折衷するような改訂命令を行うことができず、やはり裁判所の裁量権に大きな制約があり、現実的ではないとの批判があろう）。

> (3) 解除権と契約改訂との相互関係
> 事情変更の原則の効果として解除と裁判所による契約改訂の双方を認める場合における両者の優劣関係について、更に検討してはどうか。
>
> 【部会資料19－2 第2、3（関連論点）2［22頁］】

〔意 見〕
慎重に検討すべきである。
〔理 由〕
契約の拘束力を重視して改訂を原則とする立場と、契約改訂は私的自治に対する介入をもたらすとして解除を原則とする立場がある。

> # 第58 不安の抗弁権
> ## 1 不安の抗弁権の明文化の要否
> 不安の抗弁権の明文化の要否に関しては、この抗弁権を行使された中小企業等の経営が圧迫されるなど取引実務に与える影響が大きいこと、この抗弁権が必要となるのは限定的な場面であり裁判例を一般的に明文化すべきでないことなどを理由に反対する意見があった一方で、特に先履行義務者にとっては、反対給付を受けられない具体的なおそれがあるにも関わらず、先履行義務の履行を強制させられることとなり酷であること、消費者保護に資する可能性があること、明文化により適用範囲を明確にすることで取引の予測可能性が増す可能性があることなどを理由に賛成する意見があった。このような意見を踏まえて、不安の抗弁権の明文化の要否について、取引実務に与える影響に留意しつつ、更に検討してはどうか。
>
> 【部会資料19－2 第3、1［27頁］】

〔意 見〕
不安の抗弁権を明文化することに賛成であるが、用語については内容に沿う形を更に検討すべきである。
〔理 由〕
契約段階で織り込んでいなかったリスクが顕在化した場合にも、先履行義務を課せられるのは債務者に酷である。

第 58 不安の抗弁権

　不安の抗弁権の持つ影響の大きさに鑑みれば、要件を厳格にし、効果も限定的にして濫用防止に充分配慮する必要があるが、それらを明文化し、当事者間の公平を図るべきである。
　一般的な意味での「不安」さえあれば履行を拒絶できるという誤解を招かないためにも、「不安の抗弁権」という用語については、要件が限定されることが用語上も表現されるよう、更に吟味すべきである。
（第19回議事録35頁・岡委員、38頁・中井委員と同旨。）
（※関連発言　第19回議事録33頁・大島委員（賛否両論あり）、同・奈須野関係官（賛否両論あるが反対が強い）、岡田委員（賛成）、36頁・佐成委員（賛否両論あるが反対が強い。履行拒絶までなら余地あり）、40頁・高須幹事（要件を厳格にすべき））

　２　要件論
　　不安の抗弁権の適用範囲その他の要件に関しては、先履行の合意がある場合に限って適用を認めるという考え方について賛否両論があったほか、取引実務に悪影響を与えるという観点から、契約類型の特徴等をも考慮して適用範囲を限定する必要があるという意見や、事情変更の原則と同様の厳格な要件設定が必要であるという意見、契約締結前に相手方の信用不安事情が生じていた場合への適用を認めるべきではないという意見等があり、これに対して、これらの意見よりも適用範囲や要件を緩やかに捉える傾向の意見もあった。これらの意見を踏まえて、① 適用範囲を債務者が先履行義務を負う場合に限定するか、② 反対給付を受けられないおそれを生じさせる事情を事情変更の原則と同様に限定的にすべきか、③ 反対給付を受けられないおそれが契約締結前に生じた場合においても一定の要件の下で適用を認めるべきかという論点を含めて、不安の抗弁権の適用範囲その他の要件について、更に検討してはどうか。
【部会資料19－2　第3、2［28頁］】

〔意見〕
① 先履行義務を負う場合に限定すべきである。
② 反対給付を受けられないおそれを生じさせる事情は厳格に捉えるべきである。立法提案については表現を更に工夫する必要がある。

Ⅱ 全体版

③ 契約締結前に生じた事情は適用外とすべきである。
〔理由〕
① 先履行義務は、相手方に対する信用供与に基礎を置くものであるから、その基礎となった信用供与を喪失させる事情が生じた場合には、不安の抗弁権を認め、同時履行関係に復させるのが妥当である。先履行の合意がない場合、原則として同時履行の抗弁権（民法第533条）が認められるから、不安の抗弁権を認める必要性が乏しい。
② 反対給付を受けられないおそれを生じさせる事情の範囲については、契約は守られなければならないという原則に対する例外であることのほか、この抗弁権は財務状況の良くない中小企業等に与える影響の大きさから、厳格に捉えるのが妥当である。不安の抗弁権を認める裁判例も、商品の継続的売買・給付契約の事案が多く、それらの裁判例においては、単に相手方の信用不安の存在のみならず、資産状態の事前調査の有無、資産状況に関する催告の有無、担保供与の交渉に応じたか否かなど、相手方の資力に対する疑念を払拭する努力をしたか否かという点を抗弁権の判断要素として重視している。

　例えば、東京地判平成2年12月20日判例時報1389号79頁は、「原告が被告に対して本件ベビー用品を約定どおりの期日に出荷、納入せず、また、被告との以後の新たな取引も停止することとしたのは、先に認定したとおり、被告との継続的な商品供給取引の過程において、取引高が急激に拡大し、累積債務額が与信限度を著しく超過するに至るなど取引事情に著しい変化があって、原告がこれに応じた物的担保の供与又は個人保証を求めたにもかかわらず、被告は、これに応じなかったばかりか、かえって、約定どおりの期日に既往の取引の代金決済ができなくなって、支払いの延期を申し入れるなどし、原告において、既に成約した本件個別契約の約旨に従って更に商品を供給したのではその代金の回収を実現できないことを懸念するに足りる合理的な理由があり、かつ、後履行の被告の代金支払いを確保するために担保の供与を求めるなど信用の不安を払拭するための措置をとるべきことを求めたにもかかわらず、被告においてこれに応じなかったことによるものであることが明らかであって、このような場合においては、取引上の信義則と公平の原則に照らして、原告は、その代金の回収の不安が解消すべき事由のない限り、先履行すべき荷品の供給を拒絶することができるものと解するのが相当である。従って、原告が右のとおり被告に対して本件個別契約にかかる本件

ベビー用品をその納入期日に出荷、納入せず、また、被告との以後の新たな取引も停止することとして継続的供給を停止したことには、なんら違法性がないものというべきである。いわゆる不安の抗弁権をいう原告の本訴請求についての再抗弁及び反訴請求に対する抗弁は、以上のような意味において理由がある」と判示した。

　また、知財高判平成19年4月5日LLI／DB判例秘書登載は、「継続的取引契約により当事者の一方が先履行義務を負担し、他方が後履行義務を負担する関係にある場合に、契約成立後、後履行義務者による後履行義務の履行が危殆化された場合には、後履行義務の履行が確保されるなど危殆化をもたらした事由を解消すべき事由のない限り、先履行義務者が履行期に履行を拒絶したとしても違法性はないものとすることが、取引上の信義則及び契約当事者間の公平に合致するものと解される。いわゆる不安の抗弁権とは、かかる意味において自己の先履行義務の履行が拒絶できることであると言うことができる。そして、後履行義務の履行が危殆化された場合としては、契約締結当時予想されなかった後履行義務者の財産状態の著しい悪化のほか、後履行義務者が履行の意思を全く有しないことが契約締結後に判明したような場合も含まれると解するのが相当である」と判示している。

　条文案として「具体的な危険が生じたこと」（検討委員会）、例示に加えて「客観的に困難とするような事由が生じたとき」（研究会）などが提案されているが、濫用を避ける見地から、表現を更に工夫する必要がある。

③　反対給付を受けられないおそれを生じさせる事情の存在時期については、契約締結後に発生した場合に限るのが妥当である。

　当該事情が契約締結前に発生していた場合については、本来そのリスクは織り込んで合意をしているはずであるから、原則的に不安の抗弁権により救済すべき理由はない。

　当該リスクが当初想定できなかった場合、例外的に保護が必要であると解されるが、この場合は錯誤や詐欺等によって処理が可能であるから、やはり不安の抗弁権を認める必要は乏しい。

3　効 果 論

　不安の抗弁権の効果として、債務者が債務の履行を拒絶することができ、その場合に債務者は債務不履行に陥らないことを明確にするものとしては

> どうか。
>
> 　さらに、担保提供の請求等を経た上での解除をも認めるという考え方に関しては、濫用のおそれがあるという指摘や、反対債務の履行期到来後の債務不履行による解除を認めれば足りるという指摘等があることを踏まえて、取引実務における必要性やこれに与える影響に留意しつつ、更に検討してはどうか。
>
> 　このほか、相手方が反対給付について弁済の提供をした場合や相当の担保を提供した場合には、履行拒絶等の不安の抗弁権の効果が認められない旨を明文化すべきであるという考え方の当否についても、更に検討してはどうか。
>
> 　　　　　　　　　　　　　　　　【部会資料19－2 第3、3［31頁］】

〔意見〕
1　不安の抗弁権の効果について、履行拒絶を正当化することには賛成する。
2　不安の抗弁権の効果として、更に契約の解除までは認めるべきでない。
3　弁済の提供などがある場合には、効果を否定すべきである。

〔理由〕
1　上記1でみたとおり、当事者の公平を図る趣旨から不安の抗弁権は認めるべきであるが、その趣旨からすれば、効果としては、あくまで履行を拒絶することができることや、債務者に債務不履行責任が生じないこと等、裁判例によって認められてきた範囲の防御的効果だけを認めれば足りる。
2　不安の抗弁権を行使する債務者は、本来、先履行義務をあえて負担した者であるにもかかわらず、その先履行を拒絶するのにとどまらず、更に、相手方が履行して、上記債務者の履行を求める可能性をも奪うのは行き過ぎである（第19回議事録38頁中井委員発言参照）。解除をするのであれば、期限到来を待ち、相手方の履行遅滞を原因として解除すれば足り、先履行義務をあえて負担し、リスクを織り込んでいる債務者にそれ以上の保護を与えるべきではない。
3　相手方が反対給付につき弁済の提供をした場合や相当の担保を提供した場合には、反対給付を受けられないおそれが解消され、不安の抗弁権の基礎が失われるので、これらの効果は認められないとするのが妥当である。

第59 契約の解釈
1 契約の解釈に関する原則を明文化することの要否

民法は契約の解釈を直接扱った規定を設けていないが、この作業が契約内容を確定するに当たって重要な役割を果たしているにもかかわらずその基本的な考え方が不明確な状態にあるのは望ましくないことなどから、契約の解釈に関する基本的な原則（具体的な内容として、例えば、後記2以下参照）を民法に規定すべきであるとの考え方がある。これに対しては、契約の解釈に関する抽象的・一般的な規定を設ける必要性は感じられないとの指摘や、契約の解釈に関するルールと事実認定の問題との区別に留意すべきであるなどの指摘がある。

これらの指摘も考慮しながら、契約の解釈に関する規定を設けるかどうかについて、更に検討してはどうか。

【部会資料19－2 第5、1［40頁］】

〔意 見〕
基本的には、賛成する。
〔理 由〕
「分かりやすい民法」の実現に資する。

2 契約の解釈に関する基本原則

契約の解釈に関する基本的な原則として、契約は、当事者の意思が一致しているときはこれに従って解釈しなければならない旨の規定を設ける方向で、更に検討してはどうか。他方、当事者の意思が一致していないときは、当事者が当該事情の下において合理的に考えるならば理解したであろう意味に従って解釈するという考え方の当否について、更に検討してはどうか。

また、上記の原則によって契約の内容を確定することができない事項について補充する必要がある場合は、当事者がそのことを知っていれば合意したと考えられる内容が確定できるときはこれに従って契約を解釈するという考え方の当否について、更に検討してはどうか。

Ⅱ 全 体 版

【部会資料19－2 第5、2［48頁］】

〔意 見〕
1 当事者の意思が合致している場合に、これに従って解釈しなければならない旨の規定を設けることには賛成する。
2 当事者の意思が一致していないときに、当事者が当該事情の下において合理的に考えるならば理解したであろう意味に従って解釈するという考え方については、反対する。
3 当事者が表示していない事項について補充する必要がある場合は、当事者がそのことを知っていれば合意したと考えられる内容が確定できるときはこれに従って解釈することには賛成する。

〔理 由〕
1 当然の規定で、分かりやすい民法に資する。
2 当事者の意思が異なるときは、実務では、通常人又は平均人の理解を基準に表示されたところの意味を解釈する考え方が取られているので、単に「合理的に考えるならば理解したであろう意味」とするのみでは不十分である。
3 異論はない。

3 条項使用者不利の原則

条項の意義を明確にする義務は条項使用者（あらかじめ当該条項を準備した側の当事者）にあるという観点から、約款又は消費者契約に含まれる条項の意味が、前記2記載の原則に従って一般的な手法で解釈してもなお多義的である場合には、条項使用者にとって不利な解釈を採用するのが信義則の要請に合致するとの考え方（条項使用者不利の原則）がある（消費者契約については後記第62、2⑪）。このような考え方に対しては、予見不可能な事象についてのリスクを一方的に条項使用者に負担させることになって適切でないとの指摘や、このような原則を規定する結果として、事業者が戦略的に不当な条項を設ける行動をとるおそれがあるとの指摘がある。このような指摘も考慮しながら、上記の考え方の当否について、更に検討してはどうか。

条項使用者不利の原則の適用範囲については、上記のとおり約款と消費者契約を対象とすべきであるとの考え方があるが、労働の分野において労

働組合が条項を使用するときは、それが約款に該当するとしても同原則を適用すべきでないとの指摘もあることから、このような指摘の当否も含めて、更に検討してはどうか。
【部会資料19－2 第5、3［50頁］、部会資料20－2 第1、2［11頁］】

〔意 見〕
約款について条項使用者不利の原則を規定すべきであるが、消費者契約については消費者契約法に規定すべきであるである。
労働組合が条項を使用する場合については、慎重に検討するべきである。

〔理 由〕
裁判例でも条項使用者不利の原則に言及したものがあり、現行の実務でも既に受け入れられている。消費者に関する特則は、消費者契約法その他の特別法に規定するべきである。
労働組合が条項を使用する場合については、当然に対象となるという意見と特別な配慮が必要である旨の意見がある。

第60 継続的契約
1 規定の要否等
継続的契約に関しては、その解消をめぐる紛争が多いことから、主に契約の解消の場面について、裁判例を分析すること等を通じて、期間の定めの有無を考慮しつつ、継続的契約一般に妥当する規定を設けるべきであるとの考え方がある。このような考え方の当否について、多種多様な継続的契約を統一的に取り扱おうとすることに慎重な意見があることや、仮に継続的契約一般に妥当する規定を設ける場合には、関連する典型契約の規定や判例法理との関係を整理する必要があることに留意しつつ、更に検討してはどうか。

【部会資料19－2 第7、1［67頁］】

〔意 見〕
既存の典型契約に関する規定と重複・矛盾が生ずるおそれがあるので、規定を設ける場合には、他の規定との関係についても慎重に検討すべきである。
また、継続的契約は多種多様な契約類型を含むことから、まず「継続的契

Ⅱ 全体版

約」の意義を明らかにした上で、個別類型ごとに規定を検討しつつ、共通する内容について、規定を設けるべきである。
〔理 由〕
　賃貸借契約のうち借地借家法の適用を受ける契約と、雇用契約は、それぞれ継続的契約に含まれると考えられるが、賃貸借契約については借地借家法及び信頼関係破壊法理が、雇用契約においては解雇権濫用の法理により、契約の終了事由が制限されている。
　そのため、仮に継続的契約一般に妥当する規定を設けるとしても、これらの契約については別個に規定する必要がある。
　それだけではなく、委任や組合においても、契約ごとに異なる要素があることから、規定の新設に当たっては、慎重に対処すべきである。
　また、たとえば契約の解消に当たっては、個人が建物の清掃の委託を受ける場合のような雇用に近い長期の継続的契約については、継続性ゆえに契約関係を維持するべきだ、という方向性を有するのに対し、1、2年の長期にわたる新聞の定期購読契約については、むしろ比較的容易に解消させようという考え方が妥当する。このように、契約の解消に対する見方についても、契約の類型によって180度違う考え方があり得る。
　従って、継続的契約における共通の規定を設けるためには、契約の類型化を進めた上で、共通項について規定すべきである。

2　継続的契約の解消の場面に関する規定
　(1)　期間の定めのない継続的契約の終了
　　仮に継続的契約一般に妥当する規定を設ける場合（前記1参照）には、期間の定めのない継続的契約に関し、当事者の一方が他方に対し、あらかじめ合理的な期間を置いて解約の申入れをすることにより、将来に向かって終了するとする規定を設けるかどうかについて、より厳格な要件を課す裁判例が存在するとの指摘があることも踏まえて、更に検討してはどうか。
【部会資料19－2 第7、2(1)［72頁］】

〔意 見〕
上記提案のような規定を設けるべきではない。
仮にかかる規定を設ける場合には、契約の類型によっては、適用されない場

第60 継続的契約

合があることを明記すべきである。具体的には、借地借家法の適用がある賃貸借契約の貸主、雇用契約及びこれに類する契約の使用者（に当たる者）については適用すべきではない。ただし、代理店契約・フランチャイズ契約については、別途考慮が必要であると考えられる。

　適用する場合にも、契約類型によって「合理的な期間」は異なるとともに、その判断が一義的には困難であることから、借地借家法における正当事由（28条）のように判断要素を挙げるべきである。

〔理　由〕
　雇用契約については被用者保護のため適用すべきでないのは当然であるが、人材派遣契約や、マンションの清掃のような雇用に近い個人の業務委託契約についても上記提案のような規定は適用すべきではないものと考えられる。
　「合理的期間」については、その期間が明確でないという点が問題である。
　その期間の長短については、契約の解除（告知）によって生じる相手方の損失（期待利益の減少）が軽微な場合、たとえばフィットネスクラブの会員契約などは短期でよいと考えられるが、法定更新などの事情により期限の定めのない不動産賃貸借契約については、再度借主の募集を行う必要があるなど相手方（貸主）の損失が大きいことから、ある程度長期に考えるべきであろう。
　また、数度にわたる自動更新により期間の定めのある契約であるという意識が契約当事者に希薄になっているような場合にも、期間の定めのない継続的契約と同様の規律に服した方がよいように思われる。

> (2) 期間の定めのある継続的契約の終了
> 　仮に継続的契約一般に妥当する規定を設ける場合（前記1参照）には、期間の定めのある継続的契約に関し、期間の満了によって契約が終了することを原則としつつ、更新を拒絶することが信義則上相当でないと認められるときには、例外的に更新の申出を拒絶することができないとする規定を設けるかどうかについて、期間を定めた趣旨が没却されるなどの指摘があることも踏まえて、更に検討してはどうか。
> 　　　　　　　　　　　　　【部会資料19－2 第7、2(2)〔73頁〕】

〔意　見〕
　上記提案のような規定を設ける必要はない。

Ⅱ 全体版

〔理　由〕
　期間が定めてある以上、期間の満了により契約が終了するのは当然である。また、更新を拒絶することが信義則上相当でないと認められるときは、更新の申出を拒絶することができないことも当然である。従って、このような規定を敢えて設ける必要はない。

> (3) 継続的契約の解除
> 　仮に継続的契約一般に妥当する規定を設ける場合（前記１参照）には、継続的契約の解除に関し、契約当事者間の信頼関係を破壊するような債務不履行がなければ解除することができないとし、さらに、債務不履行による契約当事者間の信頼関係の破壊が著しいときは、催告することなく解除することができるという規定を設けるべきであるとの考え方が提示されている。そこで、この考え方の当否について、債務不履行解除とは別に、やむを得ない事由がある場合には、継続的契約を解除させてよい場合があるという意見があることも踏まえて、債務不履行解除の一般則（前記第５参照）や事情変更の原則（前記第57参照）との関係に留意しつつ、更に検討してはどうか。
>
> 　　　　　　　　　【部会資料19－２　第７、２(2)（関連論点）［75頁］】

〔意　見〕
　信頼関係破壊理論の明文化は慎重にすべきである。

〔理　由〕
　いわゆる信頼関係破壊理論については、賃貸借契約の解除を中心に判例が集積し、実務上もこれにそった運用がなされているところ、継続的契約には多種多様な契約類型が存在することから、統一的な規定の新設については慎重に行うべきである。

> (4) 消費者・事業者間の継続的契約の解除
> 　消費者・事業者間の継続的契約については、消費者は将来に向けて契約を任意に解除することができることとすべきであるとの考え方（後記第62、２⑫参照）が提示されている。そこで、この考え方の当否について、検討してはどうか。

第60 継続的契約

〔意 見〕
上記の趣旨には賛成するが、消費者契約法その他特別法に規定すべきである。
〔理 由〕
消費者契約の特則は、消費者契約法に規定するほうが消費者保護に資する（後記第62、2⑫の通り。）。

> (5) 解除の効果
> 　仮に継続的契約一般に妥当する規定を設ける場合（前記1参照）には、民法上、賃貸借や委任等の解除について設けられている規定（同法第620条、第652条等）と同様に、継続的契約の解除は将来に向かってのみその効力を生ずるとする規定を設ける方向で、更に検討してはどうか。
> 　　　　　　　　　　　　　　　【部会資料19－2 第7、2(3)［75頁］】

〔意 見〕
異論はない。
〔理 由〕
判例通説の明文化であり、分かりやすい民法に資する。

> 3　特殊な継続的契約－多数当事者型継続的契約
> 　当事者の一方が多数の相手方との間で同種の給付について共通の条件で締結する継続的契約であって、それぞれの契約の目的を達成するために他の契約が締結されることが相互に予定されているものについて、その当事者は、契約の履行及び解消に当たって、相手方のうちの一部の者を、合理的な理由なく差別的に取り扱ってはならないものとすべきであるとの考え方が示されている。このような考え方に基づく規定を設けるかどうかについて、その当否や要件の明確性、効果の在り方などの点で問題を指摘する意見があることに留意しつつ、更に検討してはどうか。
> 　　　　　　　　　　　　　　　【部会資料19－2 第7、3(2)［77頁］】

〔意 見〕
かかる規定は不要である。
〔理 由〕

Ⅱ 全体版

契約自由の原則に大きく修正を加えるものであるが、これを必要とする事情が見あたらない。

---

4 分割履行契約

継続的契約と外見上類似しているが区別すべき契約として、総量の定まった給付を当事者の合意により分割して履行する契約（分割履行契約）があるとされている。このうち、金銭の支払のみが分割であるものに関しては、異なる規律が妥当すると考えられるので、これを除いたものについて、分割履行部分の不履行があった場合に、①当該部分についての契約解除、②将来の履行部分についての不履行の予防措置請求等、③当該部分と一定の関係がある他の部分についての契約解除ができるようにすべきであるとの考え方が示されている。このような考え方に基づく規定を設けるかどうかについて、その必要性に疑問があるとの指摘があることに留意しつつ、更に検討してはどうか。

【部会資料19－2 第7、3(1)［76頁］】

〔意　見〕

不要である。

〔理　由〕

「分割履行契約」という概念を用いる有用性が認められない。個別事情に応じた特約で対応することで十分足りる。

第61 法定債権に関する規定に与える影響

契約に関する規定の見直しが法定債権（事務管理、不当利得、不法行為といった契約以外の原因に基づき発生する債権）に関する規定に与える影響に関しては、①損害賠償の範囲に関する規定（民法第416条）の見直しに伴い、不法行為による損害賠償の範囲に関する規律について、その実質的な基準の内容と条文上の表現方法を検討する必要があり得るという意見があるほか、②債務不履行による損害賠償の帰責根拠を契約の拘束力に求めた場合（前記第3、2(2)）における法定債権の債務不履行による損害賠償の免責事由の在り方、③法律行為が無効な場合や契約が解除された場合等における返還義務の範囲（前記第5、3(2)及び第32、3(2)）と不当利得と

第 61 法定債権に関する規定に与える影響

の関係、④不法行為による損害賠償請求権の期間制限（民法第 724 条）の在り方（前記第 36、1(2)エ）、⑤委任に関する規定の見直し（前記第 49）に伴う事務管理に関する規定の見直しの要否、⑥特定物の引渡しの場合の注意義務に関する規定（民法第 400 条）を削除した場合（前記第 1、2(1)）における法定債権の注意義務に関する規定の要否などの検討課題が指摘されている。これらを含めて、契約に関する規定の見直しが法定債権に関する規定に与える影響について、更に検討してはどうか。

【部会資料 19－2 第 8［78 頁］】

〔意 見〕
① 損害賠償の範囲について
　提案は、民法第 416 条について、改正を議論の前提としているが、民法第 416 条を改正すべきでないとする立場からは、議論の前提を欠く。
　不法行為による損害賠償の範囲については、民法 416 条の規定を準用ないし類推適用するべきかを含め、今後、不法行為法の規定の見直しを考える際に問題となっていくものであり、議論はその場面で行うべきである。
　従って、不法行為による損害賠償の範囲に関する規律については、その内容面に関する検討をすべきではない。
　仮に、民法第 416 条の改正がなされ、それが不法行為に関する規定に影響を与えることになるのであれば、現状の裁判実務に影響がないよう、内容面に踏み込まず形式的な手当をするべきである。
② 法定債権の債務不履行による損害賠償の免責事由の在り方について
　法定債権の債務不履行による損害賠償の免責事由について、規定は不要である。
③ 無効、解除等の場合の返還義務の範囲について
　給付不当利得以外の不当利得法の規定については、具体的な改正提案がなされておらず、その当否を判断できないので、反対する。不当利得法の見直しが行われる際に議論されるべきである。
④ 不法行為による損害賠償請求権の期間制限について
　消滅時効の箇所に記載したとおりである（第 36、1(2)エ）。
⑤ 委任に関する規定の見直しに伴う事務管理に関する規定の見直しの要否
　準委任の適用対象の限定、役務提供型契約の新設、民法 647 条の削除はい

Ⅱ 全体版

ずれも相当でないので、事務管理についても現状のままでよい。仮に、準委任等について改正があった場合でも、事務管理についての詳細な見直しを行うときに、事務管理の規定を個別的に検討することになろう。上記改正の定まらない現時点で議論をする問題ではない。
⑥ 特定物の引渡しの場合の注意義務に関する規定について
現行法の規定を維持すべきである。
〔理 由〕
① 損害賠償の範囲について

不法行為法は、民法典においても、現行実務においても、非常に重要な地位を占めているといえ、民法の一大項目となっている。

そして、不法行為法に関する議論は、債権法(契約法)に関する議論と比肩するほどの質、量があることにも鑑みれば、規定の見直しを検討する際には、極めて十分な議論があってから見直しの検討がなされるべきである。

しかも、本論点は、「損害賠償の範囲」という不法行為法における本質的な内容に関わるものであるから、本来的には、不法行為法の規定の見直しの際に行われるべき問題である。

従って、不法行為による損害賠償の範囲に関する規律については、更に検討すべきではない。

この問題を更に考えるに、損害賠償の範囲に関する規律については、本来的には、民法における損害賠償法全体のあり方はいかなるものかとして、債務不履行及び不法行為について統一的に改正が検討されるべきであろう。

そして、現行の不法行為法ないし裁判実務に影響を与える結果を生むのであれば、裁判実務上、現行の不法行為法に緊急の改正の必要性がない以上、そもそも、不法行為法に重大な影響をあたえる債権法の改正を行うべきではないという考え方にも十分理由があると思われる。

少なくとも、債権法の改正に際し、本来の検討の対象外である不法行為による損害賠償の範囲について、「法定債権に関する規定に与える影響」という項目の中で検討されるべきものではない。

仮に、416条の損害賠償の範囲の条文が契約法で変更がなされ、不法行為に影響を与えてしまうことになった場合でも、不法行為においては、416条を類推するという最高裁判例が確立しており、裁判実務上緊急の改正の必要性がないことを踏まえ、たとえば416条をそのまま残す、又はその昔の条文

の類推で運用するなど形式的な手当に留め（第20回議事録23頁　岡委員）、内容的な変更は行うべきではない。不法行為の損害賠償の範囲は、今後、不法行為法の規定の見直しを考える際に問題となっていくものであろうし、議論はその場面で行うべきである。

② 法定債権の債務不履行による損害賠償の免責事由の在り方について

　　債務不履行による損害賠償（民法第415条）の帰責根拠を契約の拘束力に求め、同条の「債務者の責に帰すべき事由」を、その帰責根拠に適合する内容の免責事由と捉える考え方を採用するべきではないので、法定債権の債務不履行に関して独自の規定を置く必要はない。

③ 無効、解除等の場合の返還義務の範囲について

　　上記のとおりである。

④ 不法行為による損害賠償請求権の期間制限について

　　上記のとおりである。

⑤ 委任に関する規定の見直しに伴う事務管理に関する規定の見直しの要否

　　上記のとおりである。

⑥ 特定物の引渡しの場合の注意義務に関する規定について

　　特定物の引渡しの場合の注意義務について、契約に基づく債権を念頭に置いた規定を置く旨の立法提案によると、特定物の引渡しを内容とする法定債権の場合に特別な規定が必要かどうかを検討することになるのであろうが、民法第400条の適用を契約の場面に限定する必要はないから、現行法の規定を維持するべきである。

第62　消費者・事業者に関する規定
1　民法に消費者・事業者に関する規定を設けることの当否
2　消費者契約の特則
3　事業者に関する特則

論点整理、意見、理由とも、すべて意見書Ⅰと同じである。

第63　規定の配置

　民法のうち債権関係の規定の配置については、①法律行為の規定を第3編債権に置くべきであるという考え方の当否、②時効の規定のうち債

Ⅱ 全体版

権の消滅時効に関するものを第3編債権に置くべきであるという考え方の当否、③ 債権総則と契約総則の規定を統合するという考え方の当否、④ 債権の目的の規定を適切な場所に再配置する考え方の当否、⑤ 典型契約の配列について有償契約を無償契約より先に配置する考え方の当否、⑥ 第三者のためにする契約や継続的契約に関する規定（前記第26及び第60）等、各種の契約類型に横断的に適用され得る規定の配置の在り方等の検討課題が指摘されている。これらを含めて、民法のうち債権関係の規定の配置について、配置の変更により現在の実務に与える影響、中長期的な視点に立った配置の分かりやすさの確保、民法の基本理念の在り方等の観点に留意しつつ、更に検討してはどうか。

【部会資料20－2 第2［24頁］】

〔意 見〕

基本的な視点として、パンデクテン体系は民法全体にわたって規定を論理的に配列するために有用なものであり、大幅な変更には反対する。

なお、比較法的にも、パンデクテン体系を維持することが不当とは思われない。

規定の配置の詳細については、

① 法律行為（第1編第5章）の規定を、第3編債権に置くべきであるという考え方に、反対。

② 時効（第1編第7章）の規定のうち債権の消滅時効に関するものを、第3編債権に置くべきであるという考え方に、反対。

③ 債権総則（第3編債権のうち第1章）と契約総則（第2章第1節）の規定を統合するという考え方に、反対。

④ 債権の目的（第3編第1章第1節）の規定を、適切な場所に再編成する考え方は、慎重に検討すべきである。

⑤ 典型契約（第3編第2章第2節以下）の配列について、有償契約を無償契約より先に規定すべきであるという考え方には、賛成。

⑥ 第三者のためにする契約・継続的契約等、各種の契約類型に横断的に適用される規定を設けること自体に異論はないが、どこにどの程度の規定を設けるか、わかりやすさとバランス等に留意して慎重に検討すべきである。

⑦ 中長期的な視点に立つこと自体に異論はない。その場合、そもそもパンデ

クテン体系を変更すべきではなく、また必要のない配置の変更はすべきでない。

〔理　由〕

① 民法第1編第5章の法律行為に関する規定（心裡留保、虚偽表示、錯誤、詐欺、強迫、代理等）は、契約のみならず単独行為・合同行為なども含む概念であり、法律行為に関する規定の適用対象は第3編債権に限られない。

　従って、現在の民法と同様、第1編総則に配置するのが妥当である。

② 第1編第7章第1節及び第3節の債権の消滅時効に関する規定は、債権の消滅に関するものではある。しかし、時効制度は全体として理解することが望ましい。

　従って、債権の消滅時効に関する規定のみを第1編総則から分離することはせず、債権以外の財産権の消滅時効に関する規定と共に第1編総則に存置するのが妥当である。

③ 債権総則には、契約債権と法定債権の両者に等しく適用される規定群としての意義があり、安易な統合はパンデクテン体系を混乱させる恐れがあるからである。

　したがって、債権総則（第3編第1章）と契約総則（同編第2章第1節）の関係については、債権総則と契約総則を区分する現在の構成を維持するのが妥当である。

④ 債権の目的（第3編第1章第1節）に置かれた規定は、主として物の給付を内容とする債務を想定したものであり、これを債権編の冒頭に一括して置く必要は乏しい。

　また、「適切な場所」についての明確な指摘がない以上、これ以上検討することは難しいため、この点を明確にしながら検討すべきである。

⑤ 現代の取引社会において果たす役割は、無償契約よりも有償契約の方が大きく、有償契約の規律を分かり易い形で規定する方が望ましい。

　したがって、典型契約（第3編第2章第2節以下）のうち同種の契約類型内の配列については、有償契約を先に規定するのが妥当である。

　なお、同種の契約類型毎に「所有権移転契約」、「物の利用契約」等の表題を付けて階層化を図ることも、分かり易くするためには有益と考えられる。

　役務提供型契約（雇用、請負、委任、寄託）の配列に関して、雇用に関する規定の適用場面は限られていることから最後に配置することにも一定の合理

性はあるが、あえて現行法と順番を変えるまでの必要性はないと考える。なお、役務提供型契約の総則的規定を設ける必要性は乏しく、各種の役務提供型契約に該当しない役務提供型契約に直接適用する規定をまとめることも困難であるから、これらを役務提供型契約の類型の冒頭に配置する考え方には反対である。

⑥ 各種の契約類型に横断的に適用される規定を設けることは、総論を設けるということであるから、それ自体に異論はない。

　ただ、総論がどこに設けられるかによってかえって分かりづらいものになる可能性もあるし、あまりに多くの規定を設けると各論との間のバランスを失する可能性もある。

　したがって、どの程度の規定を設けるか、わかりやすさとバランス等に留意して慎重に検討すべきである。

⑦ 中長期的な視点に立つのであれば、適切に処理する必要があるが、そもそもパンデクテン体系を混乱させるのは、中長期的に見ても問題である。また、大きく体系を変えることは、現在の実務への不要な混乱を招くおそれがあり、その影響は大きい。必要のない配置の変更はすべきでない。

あ と が き

　今回の民法(債権法)改正は、従前から指摘されていたとおり、すでに終了したはずの「検討委員会」により、人的にも内容的にも強力にリードされている。
　そして、「検討委員会」は、民法を「国際的な取引ルール」や英米法に近づけることを目指しており、他方、消費者契約法などの特別法を大幅に民法に取り入れようとしている。特に、前者については、逆に真の国際化に繋がる各国の実情、すなわちこれまでの判例の蓄積を踏まえた多様性をもった民事実務の存在を軽んじる傾向も懸念される。そのことは「検討委員会」の経緯に照らして、研究者と法務省中心の理念先行の「熱狂と暴走」のおそれ、すなわち、わが国の市民・企業を民法研究の新たな実験台とするつもりなのかとの不安を払拭できていない。
　例えば、**意見書Ⅰ**で述べたように、契約法の基礎部分を始め重要な点において、「国民に分かりにくい見解」のみならず「格差拡大のおそれがある見解」、さらには「民法の規律を複雑化させる見解」であるとの批判が実務家等から生じていることを指摘できよう。
　「国民のための改正」を目指すのであれば、真に国民に分かりやすく、かつ真に格差拡大に対応し、かつ規定ぶりも明快でなければならない。
　今後の民法(債権法)改正が、本意見書の発刊を一つのきっかけとして、「国民のための改正」に向けて動き出すことを願ってやまない。
　なお、本意見書は、東京弁護士会において、法制委員会民法部会のうち下記の会員が原案を作成したうえで、消費者問題特別委員会、民事介入暴力対策特別委員会、民事訴訟問題等特別委員会、労働法制特別委員会、及び倒産法部会、並びに法友会、法曹親和会、期成会の各会派の意見書を踏まえて修正のうえ、本年7月の2回の常議員会での慎重審議を経て、成立したものである。上記各委員会、法律研究部、各会派その他の関係者の多大なご協力に感謝する次第である。
　最後に、本意見書の発刊にあたりひとかたならぬご尽力を賜った信山社出版株式会社の袖山貴社長を始め関係者の皆様に厚く御礼を申し上げたい。

東京弁護士会　法制委員会
委　員　長　篠　塚　　力

〈原案作成担当者〉

氏名	修習期	事務所名	氏名	修習期	事務所名
篠塚 力	36	篠塚・野田法律事務所	池田 竜郎	53	日比谷ステーション法律事務所
小林 信明	35	小林総合法律事務所	坂本 隆志	55	坂本法律事務所
大西 英敏	38	大西綜合法律事務所	川 義郎	56	東京ブライト法律事務所
児玉 隆晴	40	千代田オーク法律事務所	岩田 修一	57	四谷東法律事務所
富永 浩明	42	富永浩明法律事務所	泉原 智史	61	篠塚・野田法律事務所
米山 健也	44	東京法律会計事務所	古川 敬嗣	61	本島信法律事務所
安部 公己	44	安部公己法律事務所	山本 悦子	62	西村あさひ法律事務所
鹿島 秀樹	44	鹿島法律事務所	小松 達成	62	大西清法律事務所
中込 一洋	46	司綜合法律事務所	大橋 美香	62	ウカイ＆パートナーズ法律事務所
角田 伸一	46	角田法律事務所			
日高 章	47	黒潮綜合法律事務所	小尾 重樹	63	シティユーワ法律事務所
町田 健一	52	町田法律事務所	染谷 隆明	63	今村記念法律事務所

総合叢書
9

「民法（債権関係）の改正に関する
中間的な論点整理」に対する意見書
Ⅰ 改正目的関連重要論点について Ⅱ 全体版

2011(平成23)年9月15日　第1版第1刷発行 5459-4-050-010-005

編著者　東京弁護士会
　　　　（会長 竹之内 明）
発行者　今井 貴・稲葉文子
発行所　株式会社 信 山 社
　　　　編集第2部

〒113-0033 東京都文京区本郷 6-2-9-102
Tel 03-3818-1019　Fax 03-3818-0344
henshu@shinzansha.co.jp
東北支店 〒981-0944 宮城県仙台市青葉区子平町1番1号
笠間才木支店 〒309-1611 茨城県笠間市笠間 515-3
Tel 0296-71-9081　Fax 0296-71-9082
笠間来栖支店 〒309-1625 茨城県笠間市来栖 2345-1
Tel 0296-71-0215　Fax 0296-72-5410
出版契約№ 2011-5459-4-01010　Printed in Japan

© 東京弁護士会，2011　印刷・製本／東洋印刷・渋谷文泉閣
ISBN978-4-7972-5459-4 C3332 ¥12000 E 分類 324.000-a009
5459-01011：p568 013-050-010-005 〈禁無断複写〉

JCOPY 〈㈳出版者著作権管理機構 委託出版物〉
本書の無断複写は著作権法上での例外を除き禁じられています。複写される場合は、
そのつど事前に、(社)出版者著作権管理機構（電話03-3513-6969, FAX 03-3513-6979,
e-mail: info@jcopy.or.jp）の許諾を得てください。

最新刊

大村敦志 著　フランス民法

潮見佳男 著　不法行為法Ⅱ〔第2版〕

山本和彦 著　ブリッジブック民事訴訟法入門

潮見佳男 著

プラクティス民法 債権総論〔第3版〕

木村琢麿 著

プラクティス行政法

山川隆一 編

プラクティス労働法

柳原正治・森川幸一・兼原敦子 編

プラクティス国際法講義

信山社